협상 가능

EVERYTHING

IS ——◇—— 협상 가능

NEGOTIABLE

어떤 상황에서도 원하는 것을 얻는 25가지 방법

개빈 케네디 지음 | 박단비 옮김

위즈덤하우스

프롤로그

협상 능력이 필요 없는 사람은 없다

1980년부터 1982년까지 컴퓨터 업계의 선임 영업사원들을 대상으로 '협상 테이블에서(At the Bargaining Table)'라는 제목의 세미나를 진행했다. 그들이 세미나에 집중하게 하는 건 쉬운 일이 아니었다. 다들 실적이 꽤 좋았고, 연봉이 1억 원(1파운드=1,500원의 환율을 적용했다-옮긴이)을 넘는 사람도 여럿 있었으니 말이다(그중 한 명은 자기네 회사의 상무이사보다도 돈을 더 많이 벌었다).

참석자들은 세미나를 썩 달가워하지 않는 듯했다. 내가 세미나실에 들어서서 처음으로 인사를 건넸을 때 '또 시간 낭비를 하겠군!' 하는 표정이 역력했기 때문이다(그래도 세미나를 마칠 때는 대부분이 다정한 목소리로 고맙다고 말해줬다).

4

나는 질문지를 나눠주거나 무작위로 질문을 던지면서 다양한 상황이 주어졌을 때 어떻게 행동할 것인지 묻고, 영업 협상 분야에 퍼져 있는 각종 격언에 대한 그들의 생각을 들어보기도 했다. 참석자들은 질문에 답하느라 바빴기 때문에 세미나가 진행되는 1~2시간 동안 딴생각을 할 여유가 없었다.

세미나가 끝나면, 대부분 참석자가 방금 사용한 테스트 질문들의 사본을 줄 수 없느냐고 묻곤 했다. 그래서 나는 '이 질문들을 책으로 엮어서 더 큰 시장에 진출해보는 건 어떨까?'라는 생각에 이르렀다. 1981년, 나는 그때까지 진행한 세미나를 바탕으로 원고를 완성하여 열정적인 편집자 비비안 제임스(Vivien James)에게 넘겼다. 이듬해인 1982년 랜덤하우스 비즈니스북스에서 《모든 건 협상이 가능하다 (Everything is Negotiable)》라는 제목으로 출간했고, 지금까지 3판을 찍었다.

하지만 1판이 출간됐을 때 모든 사람이 이 책을 좋게 평가한 것은 아니었다. 심지어 어떤 경제지 비평가는 내 책이 몇 달 안에 염가 처분될 운명이라고 예언하기도 했다. 다행히도 그런 일은 일어나지 않았고, 출간 이후 승승장구하고 있다. 도리어 얄궂게도, 혹평을 실었던 그 경제지가 이 책의 2판이 나오기도 전에 절판되고 말았다. 내 책을 구입함으로써 비평가의 예측이 틀렸다는 사실을 증명해준 수만 명의 협상가들에게 감사의 마음을 전한다.

이제 4판을 펴내면서 나는 그 전에 출간된 세 판본의 내용을 재검토하고, 1972년부터 2007년까지 나의 협상 경험에서 얻은 새로운 자료를 추가했다. 초판과 2판의 실용적인 형식으로 다시 돌아와 체계를 깔끔하게 다듬느라 3판에서 소개한 '당나귀, 양, 여우, 부엉이' 특성이나 독자들의 많은 사랑을 받았던 몇몇 캐릭터에게는 작별을 고해야 했다.

이 책의 내용과 관련하여 궁금한 점이 있다면 gavin@negweb.com으로 메일을 보내주기 바란다. 내가 협상을 하느라 바쁘지만 않다면 며칠 내로 답장을 보낼 수 있도록 최선을 다하겠다고 약속한다(애석하게도 저자는 2019년 4월에 세상을 떠났다─옮긴이).

이 책은 여러 해 동안 우리 회사 네고시에이트(Negotiate Ltd., 현재는 플로렌스 케네디(Florence Kennedy)가 운영하고 있다)에 수많은 고객을 유치해줬다. 업무를 의뢰해오는 독자들 중에는 오래전 상사에게 이 책을 선물 받은 덕에 현재 관리자의 위치에 오른 이들도 적지 않다. 그들이 자신의 팀원들에게도 이 책이 전수하는 협상 기술을 소개해주고 싶다면서 세미나를 의뢰할 때마다 얼마나 뿌듯한지 모른다!

이 책은 전 세계 실무 협상가들이 사용하는 '거래 언어'를 생생히 전달하는데, 당연하게도 나 혼자만의 노력으로 완성된 것이 아니다. 가장 큰 도움을 준 이들은 바로 고객이다. 그들이 내게 협상 문제를 해결해볼 수많은 기회를 선사한 덕분에 이 책에 실전적이고 다양한 사례를 소개할 수 있었다(물론 당사자가 누구인지 추측할 수 없도록 내용을 세심하게 재구성했다). 네고시에이트의 직원들 역시 저마다의 다양한 경험을 바탕으로 내 생각을 보완하고 통찰을 제공함으로써 이 책의 내용을 더욱 풍성하게 해줬다. 그중에는 공산주의 몰락 이후 시장경제 체제가 새롭게 수립된 나라들에서 협상 기술 관련 교육과 컨설팅의 발전을 이끄는 이들도 있다. 사이먼 가더(Simon Garder), 로버트 하트넷(Robert Hartnett), 스티브 힐(Steve Hill), 이언 테이트(Ian Tait), 쇠렌 힐링쇠(Søren Hilligsøe), 찰스 잭(Charles Jack), 트레퍼 존스(Trefor Jones)와 티나 존스(Tina Jones), 조너선 심스(Jonathan Sims), 잭 퀸런(Jack Quinlan), 콜린 로즈(Colin Rose)와 주디 로즈(Judy Rose), 라두 이오네스쿠(Radu Ionescu), 존 호턴(John Horton), 위텍 리크로스키(Witek Rychlowski), 로이 웹(Roy Web) 그리고 딸 플로렌스 케네디에게 감사의 마음을 전한다.

책을 쓴다는 건 저자 자신만이 아니라 가족의 인내와 지원을 끝없이 요구하는 일이며, 나 역시 예외는 아니었다. 하지만 늘 그렇듯 이 책의 집필 과정에서 나의 훌륭한 협상 상대가 되어준 아내 퍼트리샤에게 사랑을 전한다.

개빈 케네디

차례 ———————————◇———————————

1 | 날쌘 토끼 이야기

자기 자신을 정확히 파악하는 법

토끼 스튜 레시피 첫 줄에는 이렇게 적혀 있다. '먼저 토끼를 잡아라.'

스튜 끓일 준비를 다 했더라도 토끼가 없다면 말짱 도루묵이다. 그러니 맛있는 저녁을 먹으려면 준비의 첫 단계를 건너뛰어선 안 된다.

혹시 당신이 채식주의자라면 토끼 스튜라는 말이 불쾌했을지도 모르겠다. 진심으로 사과드린다. 다만 이는 핵심을 잘 전달하려고 든 비유일 뿐이니 안심하기 바란다. '당근 스튜 레시피 첫 줄에는 먼저 당근을 수확하라고 적혀 있다'라고 바꾸면 어떤가? 당근을 뽑는 건 토끼 사냥보다 훨씬 쉬운 일이라서 내 요점을 극적으로 전달하는 효과는 떨어지지만 말이다.

이제 본론으로 돌아가자. 협상 기술 보충수업에 들어가기 전에 당신은 제일 먼저 자신을 정확히 파악할 수 있어야 한다. 이것이 협상이라는 저녁을 맛있게 먹기 위한 첫 번째 준비 단계다. 나는 단 한 문장의 테스트로, 어떤 조치를 하기 전에 자신을 현실적으로 바라볼 준비가 된 협상가들과 선의와 의욕만 앞선 협상가들을 구별해낼 수 있다.

당신이 당당하게 그 테스트를 통과할지도 모르겠다. 축하한다! 하지만 대개는 운으로 한 문제를 맞힐 뿐이어서 계속 정답을 맞히리라는 보장이 없다.

이 책에 등장하는 '자기평가 테스트'를 풀 때는 오랫동안 고심하지 않고 즉시 답을 고르는 것이 중요하다. 그 답은 당신이 완강한 협상가를 맞닥뜨렸을 때 나타낼 실제 반응에 더 가까우니 시사점이 많을 것이다.

축구 경기를 직접 뛰는 것보다는 해설이 훨씬 쉽다. 해설가의 자리에서는 다른 선수들의 위치가 잘 보이지만, 골대를 향해 빠르게 돌진하는 선수는 전방 몇 미터만 볼 수 있기 때문이다. 활짝 열리다시피한 골문 앞에서 동료가 기다리고 있는데도, 그 사실을 까맣게 모른 채엉뚱한 곳으로 패스하는 장면이 왜 나오겠는가. 경기 중에는 차분히생각할 시간이 없다. 거의 본능적으로 즉각 반응해야 한다.

당신도 협상 테이블에서 어떤 말을 하거나 결정을 내리기 전에 충분히 따져볼 여유가 있으리라고 생각해서는 안 된다. 그런 착각에 빠져 있기보다는 여기에서 배운 교훈들을 마음에 새기는 편이 훨씬 유익하다. 그러니 정답을 맞히려는 집착을 버리고 자신을 현실적으로 평가하는 데 의의를 두기 바란다.

그럼 긴말할 필요 없이 문제를 풀어보자.

■ 자기평가 테스트 1

다음을 읽고 맞는지 틀리는지를 '즉시' 선택하라.

1. 까다로운 적수를 만났을 때는 선의를 끌어내기 위해 별로 중요하지 않은 사안을 양보하는 것이 더 좋다.

　① 그렇다.

　② 아니다.

　나는 수년간 우리 세미나에 참가했던 각계각층의 협상가 3만 명 이상에게 이 질문을 했다. 응답자들은 다양한 국가 및 문화권 출신이었으며 언어적 배경이나 학습 의지도 제각각이었지만, 96퍼센트라는 압도적인 비율로 같은 답을 선택했다.

　이전에 다른 협상 강좌를 들은 경험이 있는 응답자들 역시 만장일치에 가까운 결과를 보였다. 그중 한두 개는 비싼 수강료로 악명이 높았는데, 테스트 결과를 보니 사람들이 강좌에 집중하지 않았든 강사가 강의보다는 홍보에 더 소질이 있었든 간에 확실히 문제가 있었던 것 같다. 명심해라. 반짝인다고 모두 금은 아니다(당신도 거액의 협상 강좌를 듣고 나서 여전히 틀린 답을 고른 축에 속한다면 환불을 요구해라!).

　먼저 '배움'이라는 주제로 잠깐 이야기를 하고 싶다. 모든 사람은 적어도 한 번은 인생에서 아주 학습을 잘하던 시기를 거친다. 갓 태어났을 때다. 그때 어떤 방식으로 세상을 배웠을까?

아기 때 우리는 모호한 것들이나 실수를 바로잡아가면서 학습했다. 걸음마를 떼거나 말하는 법도 전부 이렇게 익혔다. 근육이 더 튼튼해져서 잘 설 수 있게 될 때까지 수도 없이 넘어졌고, 처음에는 옹알이를 하다가 점차 단어를 소리 내어 말하는 법을 터득했다.

어른들은 우리가 일어설 수 있도록 도와주고, 옹알이를 알아들을 수 있는 말로 바꿔줬다. 조금 커서 자전거 타는 법을 배울 때도 마찬가지였다. 세발자전거에서 두발자전거로 갈아탈 때, 겁에 질린 우리를 안심시키며 같이 달리다가 어느 순간 슬쩍 손을 놓는 기지를 발휘해 혼자 탈 수 있게 해줬다. 그때부터는 아무리 오랜만에 자전거를 타도 중심 잡는 법을 잊지 않는다.

자기평가 테스트가 그런 일을 해줄 것이다. 그러니 이를 나와 당신 사이의 경쟁으로 여기지 말기 바란다. 이 테스트의 목적은 오답을 고른 이들에게 모멸감을 주는 것이 아니라(그건 말도 안 된다!) 학습을 돕는 것이다. 당신은 테스트를 통해 현재 자신의 협상 방식이 어떤지 생각해보면서 많은 교훈을 얻을 수 있을 것이다. 또한 책이라는 매체의 특성상 각 개인에게 맞춤화된 수업을 일일이 고안할 수 없는 여건이니, 내가 한 번에 모든 독자에게 다가갈 방법을 쓸 수밖에 없다는 점도 염두에 두기 바란다.

그래서 당신은 어떤 답을 선택했는가? ①번인가, ②번인가?

답은 ②번이다.

대부분 응답자가 ①번 '그렇다'를 고르기 때문에 내가 답을 제시하면 반대 의견이 봇물처럼 터져 나오곤 한다. 하지만 자신이 고른 답을 토대로 곰곰이 생각해본 뒤 자신의 협상 태도가 어떤지 깨달은 사람들은 끝까지 자기 의견이 옳다고 주장하지 않는다. 끝끝내 자신의 선택이 옳다고 믿는 한두 사람이 있긴 한데, 그들을 돕는 것은 내 역량 밖의 일이며 그들의 운명은 협상이라는 현실 세계에서 결정될 것이다. 그들이 당신의 연금을 관리하는 사람이 아니기를!

당신은 자기평가 테스트 1을 바탕으로 자신이 협상을 어떻게 이해하고 있는지를 파악할 수 있다. 혼란이나 실수를 바로잡아가며 협상기술을 배우는 동안, 특히 이 점을 염두에 둬야 한다. 바로, '내 태도가 협상 행동의 대부분을 좌우한다'라는 사실이다. 협상에서 양방향 상호작용이 이뤄지는 동안 당사자들은 중압감을 견뎌가며 신속하게 선택을 해야 한다. 그런데 당신이 한 가지 확고한 협상 태도를 고수하지 못하면 어떤 일이 벌어질까? 다시 말해서 당신에게 여러 협상 태도가 존재하는데 그것들이 자주 상충하는 데다가, 당신이 그중에서도 실수와 혼란을 불러일으키는 태도를 거듭해서 선택하면 어떤 일이 벌어질까? 이 책에 등장하는 다양한 사례와 유사한 상황에서 당신은 생각보다 적절하게 대처하지 못하는 자신을 발견할 것이다.

그렇다면, 테스트에서 '그렇다'를 선택한 사람들의 협상 태도에는 어떤 오류가 있을까?

테스트 문장을 다시 한번 읽어보자.

'까다로운 적수를 만났을 때는 선의를 끌어내기 위해 별로 중요하지 않은 사안을 양보하는 것이 더 좋다.'

이 문장에는 태도상으로 다섯 가지 오류가 존재한다.

1. '까다로운 적수를 만났을 때는'

이 말을 들었을 때 가장 먼저 무엇이 떠올랐는가? 예전에 만난, 한 대 쥐어박고 싶을 정도로 인내심을 시험하던 고약한 상대가 떠오르던가?

까다로운 사람은 어떤 사람일까? 공격적이거나 짜증을 유발하는 사람 또는 목소리가 크거나 위협적인 사람 또는 전반적으로 피곤하게 하는 사람일 수도 있고, 훼방을 잘 놓거나 상대에게는 아무것도 양보하지 않으면서 자신의 요구만 내세우는 사람일 수도 있다. 당신의 제안을 모조리 거부하거나 더 나쁘게는 끊임없이 대화 주제를 바꾸는 사람도 될 수 있다.

'까다롭다'에 '적수'라는 단어까지 더해졌으니 당신이 바짝 긴장하는 것도 이해할 만하다. 한 가지 짚고 넘어갈 점은, 이 단어가 잘못된 협상 태도를 끌어낸다는 것이다. 나와 상대가 서로 다른 것을 원할 순 있지만, 그렇다고 그가 내 '적수'인 것은 아니다.

우리가 협상하는 이유는 상대와 공동의 합의안을 얻기 위해서다. 양쪽 당사자에게 가장 이로운 결론을 도출하려면 서로 협력해야 한다. 그런데 양쪽이 자신에게 유리한 내용만 고집한다면, 뾰족한 해결책 없이 힘겨루기만 계속될 것이다. 그러므로 협상에 임할 때는 절대 상대를 적수로 여기지 말아야 한다.

스포츠 경기에서는 한쪽만 승자가 될 수 있으니 상대를 적수라고 부를 수 있다. 축구에서는 골을 가장 많이 넣은 팀, 테니스에서는 득점을 가장 많이 한 쪽, 골프에서는 가장 적은 타수로 18홀을 마친 사람이 승자가 된다. 어느 쪽이 승자인지 판단하는 건 전혀 모호한 일이 아니다. 그러나 협상에서는 상황이 다르다. 양쪽이 하나의 해결책에 동의하면 모두가 '승자'가 된다. 처음에 얻으려고 했던 해결책이 아닐 수는 있지만 양쪽 모두 얻는 것이 있기 때문이다. 협상은 누가 이기고 지느냐를 따지는 경쟁이 아니다. 양쪽 모두 '좋다'고 이야기한다면 둘 다 승자가 되는 것이고, 양쪽 모두 '싫다'고 이야기한다면 승자는 없는 것이다.

2. '선의를 끌어내기 위해'

선의를 끌어낼 생각을 했다는 점은 칭찬할 만하지만 부디 조심하기 바란다. 내가 무언가를 양보한다고 해서 상대도 좋게 나오리라고 기대할 수는 없기 때문이다. 그건 까다로운 사람들의 사고방식이 아니다. 아무런 대가도 없이 상대가 원하는 것을 내준다면 당신은 만만한 사람이 되며, 그 이치를 이해하지 못한다는 것은 당신이 큰 착각을 하고 있다는 증거다.

상대의 까다로운 행동에 보상을 해주는 것은, 점점 강해지는 압박에 당신이 어디까지 양보할지 시험해보라고 부추기는 행위나 다름 없다. 애초에 상대가 왜 '까다로운' 사람이었는지 생각해봐라. 성질을 부리면 빠른 항복을 받아낼 수 있기 때문이 아니겠는가(아이들은 그것을 부모나 특히 조부모로부터 재빨리 배운다).

선의를 끌어내는 가장 좋은 방법은 상대가 원하는 것과 내가 원하는 것을 맞바꿔 양쪽 모두 혜택을 얻을 수 있는 거래를 하는 것이다.

3. '별로 중요하지 않은 사안을'

당신이 공짜로 양보하겠다는 사안은 누구에게 중요하지 않다는 것인가? 자신에게? 아니면, 상대에게?

그 차이는 어마어마하다. 내겐 중요하지 않더라도 상대방은 어떻게 생각할지 반드시 알아내야 한다. 내가 하찮게 여기는 무언가가 상대방에겐 아주 귀중한 것일 수도 있다. 무엇이든 자신의 입장에서만 생각하는 자기중심적인 자세에서 벗어나라.

양보하려는 것이 상대에게 중요한 사안이라면 그것이 당신의 유일한 카드일지도 모른다. 그런데 이 카드를 아무렇게나 내팽개친다면 어떻게 되겠는가? 맞바꿀 것이 남아 있지 않기에 더 많은 대가를 치러야 겨우 합의점에 도달하게 될지도 모른다. 협상에서는 '맞교환'이 가장 중요하다.

4. '양보하는 것이'

저런! 협상가들은 양보를 하지 않는다. 그들은 교환을 할 뿐이다.

협상 상대가 억지로 양보를 받아내려고 갖다 붙이는 온갖 미사여구는 그냥 무시해라. 양보란 상습적으로 포기하는 사람들의 언어일 뿐이다. 오직 맞교환으로만 원하는 것을 손에 넣을 수 있다는 사실을 반드시 기억해라. 대가가 없다면 절대 양보해서는 안 된다(양보라는 단어는 입에 올리지도 마라). 한 치도 물러서지 말고 반드시 맞교환해라!

5. '더 좋다'

무엇보다 더 좋다는 말인가? '더 좋다'는 비교 대상이 존재함을 전제로 하는 표현이므로, 비교 대상이 무엇인지 알 수 없을 때는 함부로 쓰면 안 된다. 테스트 1에서는 양보를 하지 않는 것이 분명 더 좋은 선택이다.

지금까지 얘기한 바의 결과로, 나는 협상을 이렇게 정의한다.

> 내게서 무언가를 얻기 원하는 상대에게
> 내가 원하는 것을 얻는 과정

이제 테스트에서 자신이 고른 답을 차분히 생각해보자. 이어지는 모든 장에서는 도입부마다 새로운 자기평가 테스트가 당신을 기다리고 있다. 문제를 풀 때는 답을 신속히 고르는 것이 기본 원칙이다. 자신의 평소 태도에 맞게 답을 골라라. 그래야 실전에서 즉각적인 반응과 행동을 끌어내는 자신의 협상 태도를 제대로 파악할 수 있다. 각 장의 끝부분에는 자기평가 테스트 해설이 있다. 이를 통해 각각의 답안을 선택했을 때 발생할 수 있는 잠재적 유익이나 위험을 알 수 있을 것이다.

당신이 평소 태도를 기반으로 틀린 답안을 골랐다면, 그런 태도가 무엇 때문에 자신을 잘못 인도하는지 이해해야 한다. 하지만 자신이 고른 답이 더 맞는 것 같다는 생각을 떨쳐낼 수 없다면, 그것도 좋다.

나 역시 모든 것을 알고 있지는 않으며, 모든 경우의 수에서 당신이 특정한 방식으로 반응해야 하는 이유를 계산에 다 넣지 못했을 수도 있으니 말이다. 중요한 건 당신이 도전의식을 느끼고 깊이 고찰해보는 것이다. 차근차근 자기평가를 해나가면서 자신을 더 많이 알아가라. 그것만으로도 더 좋은 협상가가 될 수 있다.

2 | 양배추와 아이스크림 사이

어린 시절의 단호함을 되찾는 법

■ **자기평가 테스트 2**

1. 나는 협상 경험이 많다.

　① 그렇다.

　② 아니다.

　③ 잘 모르겠다.

2. 모름지기 협상가라면 이기는 데 집중해야 한다.

　① 그렇다.

　② 아니다.

　③ 잘 모르겠다.

당신이 처음 협상을 시작한 장소는 회의실이 아니라 집 안이었다. 그 시절을 졸업하면 그다음에는 학교 놀이터에 가서 생애 최대의 혹독한 상대, 곧 '다른 아이들'을 마주해야 했다. 그곳에서 당신은 자신의 운명을 스스로 결정하거나 다른 사람 손에 내맡기는 법을 배웠고, 때로는 두 영역 모두에서 실패하기도 했다.

이렇게 우리는 비즈니스 세계에 입성하기 훨씬 전인 기저귀 차던 시절부터 원하는 것을 얻으려고 부단히 애를 써왔다. 거래를 하자는 제안이 아니라면 무엇 때문에 울었겠는가. "우유를 주고 기저귀도 갈아주세요. 그러면 나도 뚝 그치고 방글방글 웃을게요."

머지않아 당신은 훨씬 영리해졌고 요구 사항도 더 복잡해졌다. 협상 상대를 고를 때도 더욱 신중을 기하게 됐다. '어떤 어른이 부탁을 잘 들어줬더라?' 당신은 마케팅 전문가를 방불케 하는 깐깐함으로 협상 상대를 엄선했고, 이 모든 기술을 네 살이 채 되기도 전에 터득했다.

당신은 뭔가를 부탁하기에 가장 좋은 시간이 야구 중계나 드라마가 시작되기 직전이라는 사실도 알아냈다. 어른들이나 형제자매는 좋아하는 프로그램이 시작된 이후보다는 당신을 조용하게 만들거나 다른 곳으로 보내버릴 수 있는 그 순간에 요구 사항을 더 잘 들어줬다. 그러나 집에 손님이 찾아왔을 때처럼 잘못된 순간을 골라 어른들을 방해했다가는 부정적인 반응이 돌아오곤 했다.

당신은 할머니, 할아버지가 응석을 가장 잘 받아준다는 사실뿐만 아니라 어떻게 할 때 그분들이 엄한 표정이 되는지도 알아냈다. 또한 어느 시점에, 어떤 어른에게 부탁하는 것이 더 유리할지 판단하는 법도 익혔다. 만약 엄마와 아빠가 '전쟁' 중이라면, 한쪽을 찾아가 미소나 포옹으로 자신이 같은 편이라는 사실을 넌지시 알리면서 구슬릴 줄도 알게 됐다.

세계 최고의 협상가

자녀

- 자신이 무엇을 원하는지 정확히 안다.
- 원하는 것을 손에 넣는 방법을 안다(글 읽는 법을 깨우치기 한참 전부터 부모를 파악한다).
- 목표를 향해 가차 없이 돌진한다.
- 수치심도, 후회도, 양심의 가책도 없다.
- 목적을 이루기 위해서라면 인정사정 봐주지 않는다.
- 부모에게 요구만 하면 끝도 없이 나올 것으로 여긴다.
- 미래는 전혀 생각하지 않는다.

부모

- 일관성 없이 아이의 요구를 들어주기도 하고 거절하기도 한다.
- 부부끼리는 서로 요구를 들어준다.
- 책임감을 느낀다.
- 후회로 속을 썩는다.

- 죄책감을 느껴 쭈뼛거리기도 한다.
- 한없이 인정을 베푸는 사람이 된다.
- 실제로 자녀의 대부분 요구를 끝도 없이 들어준다.
- 미래를 걱정한다.
- 타인의 자녀 양육에 관해서 만큼은 전문가다.

결과는?

보통은 자녀들이 협상에서 이긴다.

애나와 세 살짜리 딸 서맨사 사이에서 벌어지는 일상생활의 협상을 살펴보자.

저녁 시간, 서맨사는 "너무 배불러"라면서 자기 접시에 있는 양배추를 먹지 않고 버티고 있다. 애나는 딸의 균형 잡힌 식단을 위해 양배추가 꼭 필요하다고 생각하지만, 양배추의 영양학적 역할에 대해 설교를 늘어놓고 싶지는 않았다.

고민 끝에 애나는 딸이 아주 좋아하는 아이스크림을 놓고 협상을 시도했다. "양배추를 다 먹지 않으면 아이스크림을 한 개도 주지 않을 거야." 서맨사는 잠시 눈물을 글썽이는가 싶더니, 이내 단호한 표정으로 아이스크림을 달라고 요구하기 시작했다. "배가 부르다면서 아이스크림을 어떻게 먹겠다는 거니?"라고 말해봤지만 소용이 없었다. 자기 말과 행동에 모순이 있건 아니건 개의치 않았다.

애나는 새로운 제안을 했다. "좋아. 양배추를 네 조각만 먹으면 아이스크림을 조금 줄게." 서맨사는 고개를 젓더니 양배추 접시를 멀리 밀어버렸다.

애나에게 또 다른 아이디어가 떠올랐다. 냉장고에서 아이스크림을 꺼내 보여주면 아이가 내 말에 넘어오지 않을까? 그러나 서맨사는 양배추와 아이스크림을 둘 다 외면할 뿐이었다. 그 모습을 보며 애나는 말했다. "그럼, 두 조각만 먹어볼래?"

서맨사는 꿈쩍도 하지 않았다. 애나는 양배추 접시를 다시 서맨사 앞으로 밀어놓고 말했다. "한 조각만 먹으면 아이스크림을 마음껏 먹게 해줄게!"

서맨사는 대답 대신 손으로 눈을 가리고는 양배추 접시를 쳐다보지도 않겠다는 의지를 드러냈다. "아이참, 서맨사." 애나가 구슬렸다. "일단 양배추를 보기만이라도 해봐. 그러면 아이스크림을 조금 줄게!"

애나와 서맨사의 협상 전략은 어떠한가? 누가 '승자'라고 생각하는가?

서맨사는 채소도 먹이고 싶어 하는 엄마 마음도 몰라준 채 목적을 달성했다. 만약 서맨사가 고집을 부리는 동안 애나가 아이스크림, 초콜릿, 탄산음료 같은 것들을 모조리 금지했더라면 더 세게 압박할 수 있었을 것이다. 그러면 서맨사가 초등학교에 입학해 급식 시간에 원하는 음식을 맘대로 골라 먹을 수 있게 되기까지 앞으로 몇 년간은 애나가 승리를 독차지했을 것이다(식자재 납품 회사를 운영하는 내 친구가 말하길, 불량식품을 가장 많이 사는 아이들은 그런 것들이 일절 금지된 '귀한 집' 아이들이라고 한다).

어쨌든 우리는 서맨사가 보여줬던 고집불통의 단호함을 누구나 가지고 있었지만, 성인이 되면서 점차 바뀌었다. 대체 그사이에 무슨 일이 일어난 걸까? 도통 자기밖에 모르던 아이가 자라서는 '받기'보다 '주기'를 더 잘하는 고분고분한 어른이 됐다. 한때 양배추 전쟁에서 눈부신 승리를 쟁취하던 당신은, 이제 자신이 원하는 것을 누군가가 방해할 때마다 양배추를 억지로 입에 쑤셔 넣는 어른이 되고 말았다.

이유가 무엇일까? 일단 서맨사가 엄마를 상대로 한 치의 양보 없이 완벽한 승리를 거둘 수 있었던 것은 엄마의 사랑 때문이었다. 엄마는 딸을 너무나 사랑하기에 아이의 정서적 협박에 취약하다. 하지만 유치원 입학과 함께 거대한 외부 세계에 발을 내디딘 아이는 이제 '타인'이라 불리는 완전히 다른 부류의 사람들을 상대해야 한다. 그들은 떼쓰기 전략을 받아주지 않을 것이며, 계속 고집을 부리다간 가까스로 사귄 친구들도 곧 싫증을 낼 것이다. 서맨사를 비롯하여 대부분 아이는 서서히 자제력을 배워가면서 자기 고집만 피우는 면과 고분고분한 면이 어느 정도 섞인 고유한 성향으로 변해가고, 그에 맞게 나머지 삶을 살아간다.

10대가 될 즈음에는 협상 스타일이 좀더 뚜렷해진다. 사실 10대의 연애란 일련의 협상 실험과도 같다. 아이들은 자신의 선택에 따라 쓰디쓴 실패를 맛볼 것이며, 대개는 그로부터 회복하겠지만 그러지 못하는 이들도 있을 것이다. 그런 과정을 거쳐 대다수는 더 좋은 선택지라고 믿는 것들을 찾아낸다. 그것이 삶이다.

자신을 맹목적으로 사랑해주는 성인이 아닌 다른 10대들과 협상하면서 당신의 협상 스타일도 변화한다. 다른 아이들은 당신이 누구이며 무엇을 원하는지 별로 궁금해하지 않거나 아예 무관심할 수도 있기 때문이다. 당신을 보고 '사랑'에 빠졌다가도 한순간에 마음을 바꾸고 다른 상대를 찾아가는 이성 친구도 있을 것이다. 삶은 늘 그렇게 흘러왔다. 이런 일들을 겪을 때마다 당신은 혼란스러웠을 것이고, 의지력을 시험받기라도 하듯 혹독했던 그 시절이 이제는 그저 추억으로 남아 있을 수도 있다.

연애라는 문제에서 협상을 하던 당신에게는 두 가지 변화가 일어났다. 첫째, 당신은 어린이 협상가로서의 고집을 버렸다. 원하는 것을 즉시 얻기 위해 요구 사항을 절충하는 법을 터득했으며, 타인의 필요도 함께 고려할 수 있게 됐다. 둘째, 당신은 자기 자신과 협상하는 법을 터득했다. 바로 이때부터 우리의 타고난 성향이 흔들리기 시작하는데, 당신은 이 행동을 반드시 바로잡아야 한다. 자신이 아닌 타인과 협상하던 때로 되돌아가야 한다는 의미다. 당신은 원하는 것을 손에 넣지 못했을 때, 지금 얻을 수 있는 대안에 만족함으로써 자신과 타협하곤 했다. 스스로 눈높이를 낮췄고, 처음에 원했던 사람이 아닌 다른 사람의 곁에 있다가 금세 후회하기도 했다.

인생은 아이스크림만으로 이루어지지도 않았고, 양배추만으로 이루어지지도 않았다. 하나가 있으면 다른 하나도 공존하기 마련이다. 그런데 당신이 '아이스크림'이라고 생각한 것이 다른 협상가에게는 '양배추'일지도 모른다. 협상의 기술은 아이스크림과 양배추 사이의 균형을 찾는 것이다. 당신이 아이스크림에서 본 가치를 상대는 양배추에서 찾을 수도 있고, 그렇다면 그는 자신의 소유를 포기해서라도 당신의 양배추를 얻고 싶어 할 것이다. 도널드 트럼프는 '상대가 무엇을 원하는지 알아내는 것'이 거래의 기술이라고 이야기했다. 상대가 원하는 것이 내게 있다면 내가 원하는 것과 맞교환해야 하기 때문이다.

성인이 된 당신의 목표는 '승리'하는 것이 아니라 '성공'하는 것이다. 협상에 성공했다면, 당신과 상대가 합의하에 거래를 성사시켰다는 의미이기에 패배자가 존재하지 않는다. 기억해라. 우리는 내게서 무언가를 바라는 상대와 거래하여 자신이 원하는 것을 획득한다.

이 책은 당신이 어른의 세계에 입문하면서 잃었던 '단호함'이라는 기량을 되살려 성인의 협상 실전에서 활용할 수 있는 기술을 단련하게 해줄 것이다. 협상은 '승리'나 '항복'의 문제가 아니라 내가 가진 것과 상대가 원하는 것을 맞바꿔 자신의 목적을 달성하는 과정이다!

■ 자기평가 테스트 2 해설

1. 나는 협상 경험이 많다.

① 그렇다? 정답이다. 당신은 거의 태어났을 때부터 협상을 해왔다. 단지 자각하지 못했을 뿐이다.

② 아니다? 아마 당신은 어린 시절부터 쌓아온 협상 경험은 무시하고, 직장 같은 곳에서 경험하는 전문적인 협상만 떠올린 것 같다. 곰곰이 생각해보자. 당신은 생각보다 훨씬 자주 협상을 해왔고, 지금도 하고 있다.

③ 잘 모르겠다? 자신의 협상 경험이 어느 정도인지 확신할 수 없다면 평소에 무

의식적으로 하는 행동들을 더 잘 이해해보려고 노력해야 한다. 친구가 가진 야구 카드가 욕심나서 만화책과 바꾸자고 하거나, 인형 옷을 주고 장갑을 받아본 경험은 없는가?

2. 모름지기 협상가라면 이기는 데 집중해야 한다.

① 그렇다? 틀렸다. 승리에만 집착하는 것은 현명하지 않다. 물론 그렇다고 질 생각만 하라는 의미는 아니다. 아직 우리는 '승리'의 의미를 살펴보지 않았다.

② 아니다? 맞았다. 당신이 오직 승리에만 혈안이 되어 있다면 충분히 가능성 있던 거래마저도 놓칠 수 있다. 승리보다는 성공에 관심을 가지는 편이 훨씬 현명하고 유익하다.

③ 잘 모르겠다? "모든 건 상황에 따라 다르다"라고 이야기하는 신중파·성실파들의 전형적인 답변이지만, 이번에는 틀렸다. ①의 해설을 참조해라.

3 | 협상 상대에게 할 수 있는 최악의 행위

좋은 거래를 망치는 법

1. 당신은 요트를 처분할 생각이며, 가격을 4억 5,000만 원 정도 받을 수 있다면 더할
나위 없겠다고 생각한다. 그런데 당신이 판매 광고를 내려는 참에 어떤 요트 애호
가가 찾아와 현찰 4억 8,000만 원을 제시하며 요트를 바로 구입하고 싶다고 이야기
한다. 어떻게 하겠는가?

   ① 즉시 제안을 받아들인다.
   ② 요트 광고가 나갈 때까지 기다리라고 한다.
   ③ 가격을 더 흥정한다.

2. 당신이 새 요트를 사려고 하는데 마음에 쏙 드는 '이소벨'이라는 요트가 5억 2,000
만 원에 매물로 나와 있다. 하지만 당신이 최대로 조달할 수 있는 금액은 5억 원뿐

이다. 부둣가에서 판매자를 만난 당신은 이소벨에 관심이 있다고 가볍게 이야기하며 최대 예산이 5억 원이라고 언급했다. 그런데 판매자가 그 가격에 이소벨을 넘기겠다고 말한다. 어떻게 생각하는가?

① 거절할 수 없는 제안이다.
② 골치 아픈 상황이다.
③ 저렴한 가격에 살 수 있으니 좋은 일이다.

당신이 협상 상대에게 할 수 있는 최악의 행위는 무엇일까?
사람들은 이런 답변을 하곤 한다.

- 상대를 모욕하는 것
- 상대를 짜증 나게 하는 것
- 상대를 거부하고 상급자만 찾는 것
- 상대를 바보로 만드는 것

몰론 이런 행동들도 전부 피해야 하겠지만, 최악의 행위는 따로 있다.

협상 상대에게 할 수 있는 최악의 행위는
상대의 첫 제안을 단번에 수락하는 것이다!

첫 제안을 받아들이는 것이 왜 그토록 나쁜 행동일까? 특히나 그 제안이 '거절하기엔 너무나 매력적인' 조건이라면 더더욱 말이다.

'거절할 수 없는 제안'이라는 함정에 잘 빠지는 사람들이라면 초보 영업사원들을 빼놓을 수 없다. 이들이 매번 찍소리 한 번 못 하고 상대의 제안을 그대로 수락하게 된 데는 잘못된 트레이닝의 영향도 있다. 트레이너들은 '회사의 이윤'이라는 더 중요한 가치를 간과한 채 "첫째도 주문, 둘째도 주문! 무조건 주문!"이라고 외치며 영업사원들을 세뇌한다. 이런 트레이닝을 받은 사원들은 꼭 골인밖에 모르는 컴퓨터 게임 속 축구 선수들처럼 행동한다. 프로그래머가 깜빡 잊고 자살골과 일반골을 똑같은 골인으로 설정해뒀다면, 이들은 자살골마저 악착같이 넣으려고 할 것이다!

초보 영업사원들이 첫 제안을 수락하는 치명적인 실수를 하는 또 다른 이유는 경험이 부족해서다. 어려운 임무(판매는 만만한 일이 아니잖은가)를 달성한 순간에는 희열감이 생기기 마련이다. 무작정 찾아가거나 전화를 걸어 상품 구매를 권유한 경험이 있다면, 첫 주문을 따내기가 얼마나 어려운지 잘 알 것이다.

초보 사원들은 누군가에게 구매할 마음이 있다는 사실에 희열(또는 안도감)을 느낀 나머지, 첫 제안만 듣고 곧바로 "좋습니다"라고 이야기해버린다. 행여나 거래가 깨질세라 얼른 서명을 받은 뒤, 계약서를 들고 줄행랑을 놓는다.

첫 제안을 수락하는 경향이 초보자들 사이에서만 나타난다면 그건 큰 문제가 아니며, 시간이 지나면 저절로 고쳐질 것이다. 영업사원들은 경험을 계속 쌓아가면서 상대방의 첫 제안에는 반드시 이의를 제기해야 한다는 교훈을 얻는다. 그런데도 버릇을 고치지 못한다면 다른 직업을 찾아봐야 할 테고 말이다.

그런데 놀랍게도 첫 제안을 수락하는 협상가가 많고, 그중에는 경험이 상당한 상급자들도 적지 않다(같은 경험이 늘 반복되니 그럴 수밖에 없다. 그래서 이 책이 필요한 것이다!). 당신도 단단히 대비해야 한다. 머지않아 첫 제안을 수락할지 말지 결정해야 하는 순간이 찾아올 테고, 당신은 제안을 수락하고 싶다는 유혹을 받을 것이다. 그보다 더 골치 아픈 건, 누군가가 당신의 첫 제안을 수락하는 상황이다.

스코틀랜드 서부에 사는 내 친구도 상대의 첫 제안을 수락하고 나서 심한 마음고생을 했다. 이 지역에 즐비한 요트클럽에는 다양한 사회 계층 인사의 발걸음이 끊이지 않는다. 삶의 여느 영역처럼 최고급 요트 주인과 소박한 소형 보트 주인의 재력 차이는 어마어마하지만 그들 사이에는 계급을 초월한 동지애가 꽤 있는 편이다. 이 세계에서는 통상적으로 배의 크기나 성능을 보고 주인의 사회적 지위를 짐작한다. 속물 같은 버릇이지만, 그렇게 하지 않는 사람은 거의 없다. 누군가가 요트를 "끊임없이 돈이 새 나가는 바다의 구멍"이라고 이야기한 것도 다 이런 이유에서였을 것이다.

어떤 이들은 항해 자체를 즐기기 때문에 배를 구입한다. 그 덕에 스코틀랜드 서부에서는 풍력 8(약 4미터의 파도와 시속 80킬로미터의 바람-옮긴이)의 강풍에서도 능숙하게 배를 다루는 전문가들이 탄생한다. 그런가 하면 버뮤다나 지중해 같은 곳에는 사람들이 그저 일광욕이나 즐기려고 배를 타기도 한다. 실제로 프랑스 남부 휴양지 생트로페에는 항구를 떠날 생각이 전혀 없으면서도 수백만 원을 내고 며칠씩 요트를 대여하는 사람들이 있다. 그들이 하는 일이라고는 최고급 요트 갑판에 앉아 샴페인을 홀짝이거나, 부둣가에 몰려든 인파들이 자신을 구경하는 모습을 지그시 바라보는 것뿐이다.

어쨌거나 요트 주인들은 그런 고객들의 욕구를 훤히 알기에 당당하게 엄청난 가격을 부르곤 한다.

첫 제안은 신중하게

어떤 성미 급한 시계 도매상이 시골에 있는 소매상들과 몇 번 협상을 해보고 나서 한 가지 결심을 했다. 앞으로는 가격을 두고 흥정하거나 입씨름하는 일이 없도록 지난번에 서로 합의한 가격을 곧바로 제시하기로 한 것이다.

그는 캣츠킬산맥 고속도로를 빠져나오자마자 만난 첫 소매상에게 자신의 계획을 시험해보기로 했다. "사장님, 이제 더는 시간과 에너지를 낭비하지 맙시다. 서로 가격을 놓고 옥신각신하지 말자는 이야기입니다." 그가 말했다.

소매상 주인은 미심쩍어하는 눈치였지만 아무 말도 하지 않았다. 이를 동의의 의미로 받아들인 도매상은 이어서 말했다. "좋습니다. 제가 단도직입적으로 최저가를 제시하죠. 절대 농담이 아니고, 바가지를 씌울 생각은 추호도 없습니다. 시계를 몇 개 구입할 건지만 알려주시겠어요? 그러면 얼른 계약을 마치고 이 화창한 오후에 함께 낚시라도 하러 갈 수 있지 않겠습니까."

그는 정말 솔직하게 최저가를 제시했고, 그 가격은 지난번에 합의한 것보다도 훨씬 낮았다. 어떤 구매자라도 구미가 당길 만한 가격이 분명했다. 그러나 소매상은 여전히 말이 없었다.

"시계를 몇 개 구매하시겠어요?" 그가 소매상에게 물었다.

"한 개도 사지 않겠습니다." 소매상이 대답했다.

"한 개도요? 사장님, 그 가격은 작년보다도 훨씬 저렴하지 않습니까. 최저가가 확실하다니까요. 그러니 몇 개를 살 건지만 알려주시죠." 도매상이 말했다.

"우리 시골 사람들을 바보로 아나 보군요. 도시 깍쟁이들이 최저가라고 하는 말을 믿으면 안 된다는 건 진작에 배웠습니다. 말은 그렇게 해도 한참 더 깎아야 진짜 최저가를 알려주더군요. 그 가격이 얼마인지 알아내도 살까 말까예요." 소매상이 대답했다.

그들은 오후 내내 실랑이를 했고, 해가 지고도 한참이 지나 소매상이 최종적으로 요구한 가격은 그곳까지 가는 데 든 기름값도 못 댈 수준이었다.

도매상은 이 일을 계기로 시골 사람들이 절대 도시 깍쟁이들의 첫 제안을 받아들이지 않으리라는 교훈을 얻었다. 앞으로 그는 충분히 흥정할 여지를 남겨놓아 구매자들을 만족시켜주기로 했다.

요트 얘기로 다시 돌아가자. 글래스고에 사는 내 친구 앵거스 맥타비시는 돈이 꽤 많은 변호사다. 더 큰 요트를 찾고 있던 앵거스는 요트클럽 회장이 클럽 소식지에 팔겠다고 광고한 요트가 맘에 들었다. 소식지를 읽어보니 클럽 회장도 자기처럼 변호사였는데, 그는 자신의 요트 이소벨의 가격으로 5억 2,000만 원을 원했다. 앵거스보다 훨씬 부유했던 그도 더 큰 요트를 살 생각이었다.

앵거스가 끌어모을 수 있는 돈은 5억 원으로, 지난달 자신의 작은 요트를 처분하면서 받은 돈과 은행에 넣어둔 현금을 합친 금액이었다. 그러던 어느 날 앵거스는 클럽에서 회장을 만나 대화를 나눴고, '더 큰 요트' 이야기를 하다가 자연스럽게 회장의 요트에 관심이 있다는 뜻을 내비쳤다. 그러자 회장은 클럽의 우수회원인 앵거스와 아내 앤에게 흔쾌히 자신의 요트를 넘기겠다고 말했다.

앵거스는 잠시 망설이다가 솔직히 털어놓기로 했다. "제가 최대로 낼 수 있는 돈은 4억 9,000만 원뿐입니다(그는 가격을 말하기 전에 조금 머뭇거렸다). 이 가격엔 어렵겠지요?"

그러나 회장의 대답에 앵거스는 깜짝 놀라고 말았다. "좋아요, 앵거스. 4억 9,000만 원에 넘기겠어요." 그들은 거래를 하기로 하고 서로 악수했다(스코틀랜드에서는 구두 약속도 법적 효력이 있다).

그러나 몇 분이 채 되지 않아 앵거스에게는 의구심이 생기기 시작했다. 조금 전 일어난 일을 되돌아보니 속이 울렁거릴 지경이었다. 아내 앤(그녀도 요트 애호가다)에게 신나게 달려가서 요트클럽 회장의 이소벨을 얻었다는 희소식을 전할 생각보다는 자신이 옳은 일을 한 건지 의심만 생겼다.

5억 2,000만 원짜리 요트를 4억 9,000만 원에 샀다고 하면 아내는 뭐라고 이야기할까? 아내 역시 변호사인지라 협상에 시간이 얼마나 걸렸으며 양쪽이 각각 무엇을 양보해서 거래를 성사시켰는지 물을 것이다. 그런데 서로 악수를 하기까지 고작 15초가 걸렸다고 말하면, 아내는 두말할 것도 없이 이소벨의 가격이나 상태를 의심할 것이다.

실제로 앵거스는 이소벨에 어떤 문제가 있는지 생각하기 시작했다. 이소벨을 타고 이미 여러 번 항해를 해봤으니 심각한 하자가 없다는 사실은 알았지만, 미처 몰랐던 결점이 있지는 않을까 염려되기 시작했다. 거래 전에는 요트의 자잘한 결점들에 마음을 쓰지 않을 생각이었지만, 15초 만에 계약을 하고 나서는 마음이 심란해졌다. 무엇보다도 회장이 그의 첫 제안을 단번에 수락했다는 사실이 끝도 없이 그를 괴롭혔다. 그는 좋은 거래를 했다는 기쁨보다 바가지를 쓴 건 아닌가 하는 불안감이 컸다.

결국 앵거스는 요트를 인수했지만, 그 후에도 마음은 편하지 않았다. 그가 속한 사회에서 요트는 주택 다음으로 비용이 많이 드는 자산이었기 때문이다. 일단 4억 7,000만 원 정도만 제시해봤어야 할까? 아니, 4억 5,000만 원은 어땠을까? 답을 알 수 없는 질문들이 그의 머릿속에서 계속 맴돌았다.

요트클럽 회장은 앵거스의 첫 제안을 수락함으로써 그에게 어떤 일을 저지른 걸까?

앵거스가 불행해진 건 확실하다. 그는 저렴한 가격에 좋은 물건을 얻었다고 생각하는 대신 미심쩍은 거래를 했다고 생각했다. 회장은 앵거스가 협상가로서 지닌 자존심을 망가뜨렸고, 자기 자신도 앵거스와 비슷한 처지가 됐다. 그는 앵거스가 더 비싼 값을 부를 수도 있었는지 어떤지를 영영 알지 못할 것이다. 회장이 앵거스를 협상가로서 더 존중했더라면, 흥정 끝에 똑같이 4억 9,000만 원에 합의를 보더라도 양쪽 모두 더욱 행복했을 것이다. 어쩌면 앵거스가 처음 제시한 것보다 더 높은 가격에 요트를 사들였을지도 모르는 일이다.

회장은 15초 만에 맺은 거래보다 더 나쁜 조건으로도 더 만족스러운 거래를 할 수 있었다. 앵거스가 처음 부른 가격에 그가 흥정을 시도했다면 어땠을지 생각해보자. 여기서 회장이 어떤 방식으로 흥정했는지는 크게 중요하지 않다. 1,000만 원을 올려 5억 원을 달라고 요구했을 수도 있고, 그보다도 높게 불러 앵거스가 장모님에게 돈을 빌리게 만들었을 수도 있다. 어쨌건 이들이 처음보다 더 높은 가격에 합의를 봤다면 앵거스는 더 행복했을까?

그렇다! 그는 집으로 달려가서 아내에게 대단한 협상을 했다고 자랑할 것이다. 예컨대 5억 원에 샀다고 해도 "내가 이소벨을 5억 원에 샀다니까! 정말 싸게 잘 샀지?"라고 말할 수 있었을 것이다. 또한 요트의 아주 사소한 결점들은 눈에 들어오지도 않았을 것이다. "그저 조금 닳았을 뿐이야. 전체적으로는 전투함만큼이나 튼튼한걸." 게다가 이렇게 '훌륭한 배'를 소유한 가족의 이미지까지 덩달아 좋아질 것이 분명하다. 이웃은 말할 것도 없고 생트로페 휴양지에서 사람들의 부러운 눈초리를 한 몸에 받았을 것이며, 이 모든 이유로 앵거스는 자신이 매우 자랑스러웠을 것이다.

그건 회장도 마찬가지다. 그가 한 번이라도 앵거스에게 더 높은 가격을 요구했다면 최소한 1,000만 원은 더 받아낼 수 있었을 것이다. 아내도 조금은 칭찬을 해주거나, 적어도 덜 실망할 테고 말이다. 회장은 협상가로서 자신의 능력을 증명할 수 있었을 것이다.

지금까지 이야기한 바는 이들이 결국 처음 가격 그대로 합의를 하게 되더라도 변함이 없다. 어떻게 그럴 수 있을까?

회장이 흥정을 해서 가격을 더 받아내지 못하더라도 다른 조건(지금 당장 계약금을 보내고 금요일까지 잔금을 치르게 하거나 요트는 넘기더라도 GPS를 뺀 다른 옵션은 모두 제외하는 등)에서 양보를 받아내려 노력했다면, 앵거스 쪽에서도 거래를 성사시키려고 더 애쓸 수밖에 없다. 이렇게 열심히 노력해서 성사시킨 거래에는 더 큰 보람이 따르기 마련이다.

이 협상의 문제는 합의된 가격이 아니라 합의에 이르는 방식이었다. 내가 마지막으로 앵거스를 만난 건 그가 이소벨을 사고 25년이나 흐른 후였지만, 여전히 그때 일을 이야기하는 앵거스를 보며 그가 아직도 괴로워하고 있다는 사실을 알 수 있었다(첫 제안을 수락한 이들이 대체로 그러듯, 그 역시 자기 자신을 탓했다). 난 그가 생을 마감하는 순간까지(그는 2007년에 세상을 떠났다) 이소벨과 항해하면서 결국에는 마음속 의심을 걷어내지 않았을까 생각해본다.

협상가들은 상대와 협상할 것을 기대한다. 그런데 누군가가 그 기대를 저버리면 속았다는 기분이 된다. 첫 제안이 흥정 한 번 없이 곧바로 수락되는 순간, 협상가들의 자존감과 거래에 대한 자신감은 곤두박질친다. 처음에 제시한 조건이 수락될 만한 것이었다면, 또 다른 조건들을 제시했을 때도 상대가 동의했으리라는 생각에서 벗어나지 못하기 때문이다.

1. 당신은 요트를 처분할 생각이며, 가격을 4억 5,000만 원 정도 받을 수 있다면 더할 나위 없겠다고 생각한다. 그런데 당신이 판매 광고를 내려는 참에 어떤 요트 애호가가 찾아와 현찰 4억 8,000만 원을 제시하며 요트를 바로 구입하고 싶다고 이야기한다. 어떻게 하겠는가?

① 즉시 제안을 받아들인다? 틀렸다. 당신은 요트에 얼마만큼의 잠재 가치가 있는지 시험해볼 생각은 하지 않고 당장의 이윤만 바라고 있다. 매물의 가치는 판매자 개인이 아닌 시장이 결정하며, 최종 가격을 결정하는 건 결국 구매자다. 당신은 첫 제안을 곧바로 수락했을 때 발생할 수 있는 문제들을 간과하고 있다. 상대의 첫 제안에는 반드시 이의를 제기해라.

② 요트 광고가 나갈 때까지 기다리라고 한다? 틀렸다. 지금 제정신인가? 고객이 제 발로 찾아와 당신 생각보다 더 좋은 가격을 제시했는데 그냥 돌려보내는 건 정말 바보 같은 짓이다. 그가 마음을 바꿔 다른 요트를 사기로 하면 어떡할 텐가. 물론 다른 구매자가 나타나 더 좋은 조건을 제시할 수도 있겠지만, 그런 일이 일어나지 않을 수도 있다.

③ 가격을 더 흥정한다? 정답이다. 방식이 어떻든 흥정을 하기만 하면 된다. 요트 장비나 돛을 제외하고 거래를 해도 좋고, 그 분기에 이미 납부한 계선료(배를 대어두는 대가로 지급하는 비용—옮긴이)를 돌려받겠다고 해도 좋고, "다음 달에 예정된 요트 경기를 마친 다음에 넘겨드리죠"처럼 요트를 넘기는 날짜를 두고 협상을 해도 좋다. 상대가 낮은 가격을 제시한 만큼, 거래를 빨리 성사시키려면 무엇이 됐든 더 양보를 해야 한다고 주장하면서 협상해나가는 것이 최선이다. 그렇다고 너무 오래 실랑이를 해서는 안 된다. 단지 구매자가 더 높은 가격을 제시할 수 있을지 시험해보라는 것이다. 거래 결과보다 중요한 것은 협상 시도를 했느냐 아니냐.

2. 당신이 새 요트를 사려고 하는데 마음에 쏙 드는 '이소벨'이라는 요트가 5억 2,000
만 원에 매물로 나와 있다. 하지만 당신이 최대로 조달할 수 있는 금액은 5억 원뿐
이다. 부둣가에서 판매자를 만난 당신은 이소벨에 관심이 있다고 가볍게 이야기하
며 최대 예산이 5억 원이라고 언급했다. 그런데 판매자가 그 가격에 이소벨을 넘기
겠다고 말한다. 어떻게 생각하는가?

① 거절할 수 없는 제안이다? 틀렸다. 제안을 덥석 받아들인 당신은 신중하지 못
하고 성급한 협상가다.

② 골치 아픈 상황이다? 그렇다. 그는 얼마나 낮은 가격까지 수락할 생각이었을
까? 그렇게 빨리 가격을 깎아줬다면 이소벨에 하자가 있는 것은 아닐까? 당신
은 거래를 잘 한 것인지 영영 확신할 수 없고, 그 사실이 앞으로 누릴 즐거움을
끊임없이 방해할지도 모른다. 당신이 어떤 거래를 했는지 가족이나 연인에게
설명하는 것도 당장 눈앞에 닥친 문제다.

③ 저렴한 가격에 살 수 있으니 좋은 일이다? 틀렸다. 요트를 정말 저렴하게 샀는
지 어떻게 알 수 있단 말인가! 훗날 실제로 요트를 싸게 잘 샀다는 결론을 내릴
수도 있지만, 눈에 잘 보이지 않던 하자들을 발견하고 걱정하는 것은 물론 보수
를 하느라 엄청난 수고와 비용을 들여야 할지도 모른다.

4 불평은 협상이 아니다

불만을 효과적으로 제기하는 법

■ **자기평가 테스트 4**

1. 당신이 배우자의 생일을 기념하여 식당을 예약해뒀다가 시간에 맞춰 일행과 함께 식사를 하러 왔다. 그런데 식당 측은 20분이 넘도록 자리를 안내해주지 않고 있다. 어떻게 할까?

   ① 지나가는 웨이터에게 안내가 늦어졌다고 불만을 제기한다.

   ② 가장 직급이 높은 웨이터를 찾아 불만을 제기한다.

   ③ 직급이 높은 웨이터에게 '기다리는 동안 일행에게 무료 와인을 제공해달라'고 요청한다.

   ④ 불만을 제기해야겠으니 사장을 불러달라고 한다.

2. 영업지원부에서 2년째 일한 당신은 어떤 동료들이 급여를 더 많이 받고 있다는 사

실을 우연히 알게 됐다. 그중에는 팀에 합류한 지 6개월밖에 되지 않은 신입 직원도 있었다. 어떻게 할까?

① 상사에게 처우가 나쁘다고 불평하고 당신도 급여 인상을 받을 자격이 있다고 주장한다.
② 상사에게 당신이 신입 직원보다 훨씬 더 일을 잘한다고 이야기한다.
③ 상사에게 어떤 기준으로 연봉 인상률을 결정하는지 설명해달라고 한다.

누군가가 능력이나 관심이 부족해서 당신의 일을 제대로 처리해주지 않은 경험이 있는가? 물론 있을 것이다. 사람들은 당신을 실망시키기 마련이다. 심지어는 계속 당신을 실망시키리라는 점을 빼고는 도무지 믿을 만한 구석이 하나도 없는 사람들도 있다. 이혼 법정에 가면 배우자가 약속을 지키지 않았거나 기대를 저버렸거나 꿈을 이뤄주지 않았다고 주장하는 사람들이 차고 넘친다. 이혼 법정뿐만이 아니다. 어느 법정에서든 단 몇 시간만 머물러보면 여태까지 사이좋게 동업해온 파트너가 신뢰를 깼다며 상대를 소송하고 응징하려는 사람들을 늘 볼 수 있다.

이런 불운은 누구에게든 어느 때나 찾아올 수 있으며, 그건 비즈니스에서뿐만이 아니다. 집, 식당, 호텔, 술집, 공항 수화물 카운터, 극장 매표소, 출입국 관리소, 마트 계산대, 택시 승강장, 학부모 회의실 같은 곳에서도 실망스러운 상대를 만나곤 한다. 남녀 관계에서는 말할 것도 없이, 한쪽이 하거나 하지 않은 일로 다른 한쪽이 불평하는 일이 반드시 생긴다.

내 말만 들을 것이 아니라 스스로 생각해봐라! 어떤 일이나 사람 때문에 불평하고 싶었던 때가 마지막으로 언제였는가? 8시간보다 더 됐다면, 당신은 아마 천사이거나 그동안 잠을 자고 있었거나 둘 중 하나일 것이다(잠을 잤다면 분명 꿈에서라도 불평을 했을 것이다). 인간의 사회 활동에서 불평은 결코 빼놓을 수 없는 한 부분을 차지한다.

나는 여기서 불평하는 버릇을 줄여야 한다고 호소하려는 것이 아니다. 옛날 덴마크의 크누트 왕이 파도를 다스릴 수 없는 인간의 무력함을 몸소 보여줬듯이, 우리에게는 인간의 본성을 거슬러야 하는 사명도 없고 그럴 가망성도 없다. 내 목표는 당신에게 더욱 효과적으로 불만을 제기하는 방법을 가르치는 것이다. 실망을 안겨준 사람에게 불평·불만만 늘어놓다가는 "제발 그만해"라는 소리만 되돌아올 것이 뻔하기 때문이다.

전화를 걸지 말고, 전화가 오게 해라

자산개발회사들은 급변하는 시장에서 사업을 영위하기 때문에 자사의 재정 상황 정보에 크게 의존한다. A 회사 역시 자금을 운용하는 데에는 매일 영업 개시 후 1시간 이내에 받는 정보가 특히 중요했다. 예컨대 간밤에 회사의 자금 규모가 줄었다면, 자산을 매입하기 전에 그 사실을 인지하고 있어야 금리가 높더라도 단기 자금을 끌어와서 부족한 자금을 메울 수 있었다. 이런 회사들이 단기 자금을 얻으려고 1년에 몇 차례씩 시장에 진입하다 보면 투자에 악영향이 생길 수도 있다.

그런데 A 회사의 재무팀 직원들이 아침 일찍 은행과 통화하는 일이 점점 어려워지면서 업무에 차질이 생기기 시작했다. 이 때문에 은행 담당자들과 A 회사 재무팀 사이에 마찰이 일어났고, 관계가 급속도로 틀어지기 시작했다. A 회사에서는 은행의 '무능력, 처리 지연, 서비스 태만'을 지적하며 주거래 은행을 바꿔야 한다는 여론이 형성됐다. 급기야 이들은 은행에 비상 회의를 요청했고, 재무팀 직원들은 주말도 반납하고 지난 두 달간 은행이 업무를 제대로 수행하지 않아 회사 측에 손실을 초래한 사례들을 정리해서 문서 자료를 만들었다.

회의 당일 아침, A 회사 전무이사(자수성가형 백만장자)는 재무팀 직원들의 방식이 완전히 틀렸다고 이야기하며 그들이 작성한 두꺼운 보고서와 근거 자료들을 전부 쓰레기통에 던져 넣었다. 그는 직원들이 현재 주거래 은행이나 새로운 은행에 바라는 내용이 무엇인지 물었고, 답변을 듣고 나서 이렇게 지시했다. "직접 은행에 전화를 거는 헛수고를 하지 말고, 은행 쪽에서 매일 오전 9시 5분에 전용회선으로 전화를 해달라고 요청하세요."

은행은 기꺼이 회사의 제안을 받아들였고, 문제는 원만하게 해결됐다. 만약 A 회사 재무팀 직원들이 회의에 참석해서 결의를 불태우며 은행의 잘못을 조목조목 비난하는 데만 집중했다면 건설적이지 못한 언쟁만 오갔을 것이다.

서로 배려가 넘치고 기분 좋은 협상 관계만 있는 것은 아니다. 어떤 관계는 아주 험악하게 치닫기도 하며, 그런 일은 비즈니스나 국제 관계에서도 일어난다. 상거래에서 어느 한쪽이 상대에게 의무를 제대로 이행하지 않는 순간 계약은 파기된다. 누군가가 약속을 어기거나, 제시간에 물품을 배송하지 않거나, 품질 관리에 실패하거나, 제품 사양이 떨어지거나, 실적이 기대에 미치지 못하는 경우가 그렇다.

비즈니스에서 양측이 합의에 이르는 것과 합의한 계약을 이행하는 것은 별개의 문제다. 생산 공정상의 여러 복잡한 문제로 납품이 제대로 이뤄지지 못할 위험은 언제나 존재한다. 그러므로 계약서에 서명한 후 양쪽의 이익이 상충할 때는 해결 방안을 찾아내야 한다.

사람들이 업무상의 문제나 개인적인 문제가 생겼을 때 흔히 겪는 어려움이 하나 있다. 가장 중요도가 떨어지는 일은 곧잘 하면서도, 정작 중요한 일을 해결하는 능력은 떨어진다는 사실이다.

불평하는 방법을 잘 모르는 사람은 거의 없다. 사람들은 누군가가 조금이라도 자신을 무시하거나 부당하게 대하는 기미가 보이면, 철저히 준비했다가 유감없이 실력을 발휘하며 불만을 표현한다. 그런데 불만 사항을 개선할 준비에는 서툰 사람들이 많다. 가장 중요한 문제와 관련된 아이디어, 즉 어떻게든 불만을 해결할 방안을 제시하지 못하는 경우가 다반사다. 그래서 나는 강력히 권한다.

불평만 하지 말고,
해결 방안을 제시하라.

기억해라. 잘못을 지적하는 데 연연할 것이 아니라, 해결책을 모색하는 데 집중해야 한다. '해결책 없는 불평'이란 어떤 것인지 내 경험을 예로 들어 설명해보겠다.

어느 늦은 오후, 나는 싱가포르에서 런던으로 향하는 연결 비행편을 타고 글래스고에 도착했다. 당시 나는 '피곤하다'라는 말로는 표현이 안 될 정도로 완전히 지친 상태였다. 한 글로벌 기업의 재무팀이 개최하는 주말 워크숍에 합류할 예정이었고, 그들이 스코틀랜드에서 진행하고 있는 대형 민간 금융 프로젝트의 협상 경과를 체크한 후, 진척이 없다면 원인이 무엇인지 함께 검토할 예정이었다. 그런데 그들이 예약해준 로몬드 호숫가의 5성급 대형 호텔에는 한 가지 큰 문제가 있었다. 내가 머물 방은 커튼이 열린 채 온종일 뜨거운 여름 햇빛에 노출된 듯했고, 에어컨마저 꺼져 있었다. 안은 사우나를 방불케 할 만큼 후덥지근했다.

시간이 늦은 데다 피곤한 몸을 이끌고 달리 갈 곳도 없으니 나는 그냥 샤워를 하고 잠자리에 들기로 했다. 다음 날 아침부터 사람들을 만나서 많은 업무를 처리해야 했고, 긴 비행과 시차 적응으로 지치기까지 한 터라 저녁도 건너뛰었다. 그렇다고 내게 불만이 없었다고 생각했다면 큰 오산이다.

시차로 수면 리듬이 깨진 데다가 숨이 막힐 듯한 열기로 밤새 잠을 뒤척이면서 나의 불만은 점점 더 커져만 갔다. 같은 최고급 호텔이라지만, 전날 밤을 지낸 싱가포르 래플스 호텔과 비교할 때 화가 날 정도로 서비스 수준 차이가 심각했다. 래플스 호텔의 청소 직원들은 낮 동안 항상 커튼을 닫아두었고 방 정리를 마친 후에는 에어컨을 켜두었기 때문에 나는 저녁에 방에 들어가 에어컨의 온도만 조절하면 됐다.

나는 다음 날 아침 호텔 지배인에게 할 이야기를 미리 연습해뒀다. 상상 속에서 나는 스코틀랜드처럼 열대지방이 아닌 곳에서조차 남향 호실의 커튼을 열어두면 어떤 끔찍한 일이 벌어질 수 있는지 설명했다. 그리고 같은 5성급인 싱가포르 호텔의 서비스 수준과 비교해서 이야기할 작정이었다. 나는 내 불만 사항이 정당하거니와, 아주 거세게 항의했다는 사실 때문에라도 호텔 지배인이 쩔쩔매면서 사과를 할 것으로 확신했다. 또한 그가 대리석 화장실과 전용 발코니가 딸린 스위트룸으로 방을 옮겨주지 않을까 하는 기대도 살짝 품었다.

다음 날 나는 단단히 준비한 후 아침 일찍부터 프런트를 찾아가서 깔끔하고 감각적인 옷차림의 젊은 여성 직원에게 말을 걸었다. 커튼이 열려 있어서 방 안이 사우나처럼 더웠다는 이야기는 했지만, 그녀가 일하는 호텔과 싱가포르의 래플스 호텔을 비교하지는 않기로 했다.

그 직원의 반응이 어땠는지 아는가? 그녀는 왜 창문을 열어보지 않았느냐고 물었다! 객실을 업그레이드해주겠다는 이야기는 아예 나오지도 않았다. 나는 할 말을 잃었고, 항의를 계속할 의욕을 완전히 상실한 채 패배감에 휩싸여 그 자리를 떠났다.

얼마 후 에어컨이 빵빵하게 나오는 회의실에 앉아 그 일을 곱씹어본 끝에, '다른 누구도 아닌 자기 자신을 탓할 수밖에 없다'라는 결론에 이르렀다. 내가 다른 방을 달라고 요구하지도 않았는데, 직원이 나서서 방을 바꿔주겠다고 말할 이유가 있겠는가? 내가 원했던 해결책이 새 객실을 받는 것이었다면(그곳이 사우나 전문 호텔이 아닌 이상 내 요구는 충분히 합리적이었다), 불만을 제기하는 내 쪽에서 요구 사항을 분명히 밝혔어야 했다.

당신이 해결 방안을 제시하지 않는다면 선제권은 상대에게 넘어가며, 그들은 당연히 자신에게 더 유리한 해결책만 생각해낼 수밖에 없다. 호텔 직원도 뜨거운 공기가 들어오건 말건 창문을 열어보라는 식의 하나도 쓸모없는 해결책을 제시하지 않았는가.

불편을 초래한 상대를 원색적으로 비판할수록 상대방이 비협조적으로 대응할 가능성은 커진다.

- 상대를 공격하면 그는 자신을 방어한다.
- 상대를 맹렬하게 공격하면 그는 더 거세게 자신을 옹호한다.
- 상대의 자질에 의문을 제기하면 그도 당신을 조목조목 파헤치려 든다.
- 상대의 부모를 욕하면 그는 당신의 자녀를 욕한다.
- 상대에게 책임을 돌리려 하면 그는 자신은 문제와 무관하다며 책임을 회피한다.

상대의 인내력을 시험하면 할수록 그들의 성미를 가라앉히기는 어려워진다. 또한 다툼이 오래갈수록 목만 쉴 뿐 다른 해결책을 얻을 가능성은 작아진다. 우리가 마음에 새겨야 할 교훈은 명료하다. 불만을 제기하려고 격렬한 논쟁을 준비하는 것은 시간 낭비, 에너지 낭비일 뿐이다.

무료 음료를 받아내는 팁

얼마 전 나는 한 식당 앞에서 어떤 손님이 일행을 대표로 큰 소란을 피우는 장면을 봤다. 아마도 예약을 해뒀지만 먼저 온 손님들이 아직 식사를 마치지 않아 자리에 앉을 수 없는 상황인 것 같았다. 일행의 대표는 당장 자리에 앉게 해달라고(식사 중인 손님들을 내보내지 않는 이상 들어줄 수 없는 요구였다) 소리를 지르면서, 식당이 예약을 받아놓고도 자리를 마련해두지 않았다며 강력하게 항의했다.

그 무리는 식당을 나서면서 우리를 스치고 지나갔지만 사과 한마디 없었고, "이따위 식당에 다시 오나 봐라"라며 한마디씩 해댔다. 이제 우리 차례가 돌아왔다. 화난 기색이 역력한 사장에게 내가 다가가자, 그는 또 한바탕 실랑이를 할 각오가 돼 있다는 눈빛으로 나를 바라봤다. 그는 먼저 온 손님들이 식사를 끝내지 않아서 내가 예약한 4인석을 내줄 수 없다고 말하고, 15분 정도(아마 30분이라는 뜻이었을 것이다) 기다려야 자리가 날 것이라고 이야기했다.

"그렇군요." 내가 말했다. "그럼 준비될 때까지 바에 앉아 기다릴 테니, 무료 음료를 제공해줄 수 있을까요?" 사장은 대답했다. "좋습니다. 문제없죠. 로코, 케네디 씨 일행께 원하는 음료를 드리세요." 그래서 우리는 썩 괜찮은 와인을 즐기며 자리가 준비될 때까지 기다릴 수 있었다.

타당한 서비스를 제공하지 못해 난감해하고 있는 사람들은 상대방이 타당한 해결책을 제시하면 쉽게 수락한다. 그런데 당신이 부당한 비난을 쏟아부어 상대를 더욱 난감하게 만든다면, 타당하지 못한 서비스를 받고도 아무런 보상이나 해결책을 기대할 수 없을 것이다.

그렇다면 어떻게 해야 할까? 해결 방안을 제시하려면 적당한 아이디어가 있어야 하고, 아이디어를 떠올리려면 생각할 시간이 필요하다. 해결책을 협의할 수 있도록 준비하는 동안 다음의 네 가지를 유념해라.

- 주도권은 당신에게 있다. 자신에게 더 유리한 해결 방안을 선택해라.
- 자신이 느낀 불평·불만의 감정을 토로하기보다 해결책을 모색하는 데 집중하면서 협상해나가야 한다.
- 당신 쪽에서 해결책을 제시하면 상대방에게도 도움이 된다. 어떻게 해야 당신과 계속 거래할 수 있을지 혼자 추측할 필요가 없어지기 때문이다.
- 당신이 구체적인 해결책을 제시했을 때 상대는 당신의 합리적인 면을 좋게 볼 수도 있다(물론 당신이 무엇을 요구하느냐에 달려 있다).

비즈니스에서 당신이 해결책을 사전에 생각해두지 않으면, 문제에 대응해야 할지 그리고 대응해야 한다면 해결 방안은 무엇인지 등을 전적으로 상대에게 맡기는 셈이 된다. 만약 당신이 공격에만 집중한다면, 상대는 해결책을 찾기보다는 자신을 방어하는 데 급급할 것이다. 아니면 공격을 받을 때는 잠자코 있으면서 당신이 '이겼다'고 생각하게 내버려 뒀다가 나중에 하는 거래에서 뒤통수를 칠 수도 있다. 실제로 대형 조직의 직원들이 까다로운 고객에게 사적으로 복수하려고 그들의 시스템이나 작업을 은근슬쩍 망치는 사례를 심심찮게 접할 수 있다. 비즈니스나 청춘사업에서 이런 종류의 배신을 당해본 사람이라면 내 이야기가 과장이 아님을 잘 알 것이다.

설령 당신에게 권력이 있다고 해도 상대를 압박해서 유리한 해결책을 얻어낼 수 있다는 보장은 없다. 상대가 어떤 식으로든 조치를 할 수는 있겠지만, 그것은 최소한의 수준일 것이다. 그러나 만일 당신이 직접 (합리적인, 즉 당신이 겪은 불편에 상응하는) 해결책을 제시한다면 상대의 동의를 얻기가 한결 수월해진다.

불만스러운 상황을 피하는 한 가지 방법은 상대와 거래하면서 일어날 수 있는 문제들을 예상해보고 가능하면 미리 해결책을 구상해두는 것이다. 상대의 실망스러운 행동으로 감정의 회오리에 휘말려 판단력이 흐려질 수도 있으니 사전에 해결 방안을 정하고 합의해두는 편이 더 유리하다.

나중에 살펴보겠지만 불만의 가장 큰 원인은 모든 일에 모호한 약속이나 확언을 하는 경솔함이다. 그러므로 예기치 않게 일이 어긋난다면, 현재 논의되고 있는 문제와 관련된 현실적인 대안에 집중해야지, 관련성이 떨어지는 지엽적인 문제들에 힘을 낭비해서는 안 된다. 예컨대 음식 맛이 형편없었다면, 식당에 들어섰을 때 직원이 인사하고 자리를 안내하는 태도 등의 문제에 초점을 맞추는 것은 적절하지 않다. 배우자가 약속에 늦었다면 그 부분에 집중해야지, 배우자의 부모님을 들먹이거나 작년에 잊고 지나간 기념일을 끌어들여서는 안 된다.

자신의 필요에 맞는 해결 방안을 찾아봐라. 라자냐의 맛이 별로였다면 음식값을 깎아달라고 제안해보면 어떨까? 호텔 방의 TV가 고장 났다면 무료 음료를 달라고 하는 것은 어떨까? 프런트에서 깜빡하고 조식 시간을 알려주지 못했다면, 택시 비용을 보상해달라고 요구해보면 어떨까?

언젠가 나는 쿠알라룸푸르에서 밤새 비행기를 타고 암스테르담 공항에 도착하여 녹초가 된 상태로 환승을 기다리고 있었다. 그런데 항공사의 실수로 내가 비즈니스석이 아닌 이코노미석에 배정됐다. 지나가던 승무원이 우울해하는 내 표정을 보고 무슨 문제가 있느냐고 말을 걸었다. 나는 상황을 설명하고 짐이 비행기에 잘 실렸는지조차 모르겠다고 하소연했다. 그런 다음, 항공사 때문에 조금 속상하긴 하지만 공짜 브랜디를 마실 수 있다면 마음이 풀릴 것 같다고 덧붙였다. 그러자 승무원은 금세 브랜디 두 잔을 내 자리로 가져왔다. 나는 양손에 브랜디를 하나씩 들고 흐뭇한 미소를 지으며 여행을 즐길 수 있었다.

1. 당신이 배우자의 생일을 기념하여 식당을 예약해뒀다가 시간에 맞춰 일행과 함께 식사를 하러 왔다. 그런데 식당 측은 20분이 넘도록 자리를 안내해주지 않고 있다. 어떻게 할까?

① 지나가는 웨이터에게 안내가 늦어졌다고 불만을 제기한다? 틀렸다. 웨이터에게 불평을 해봤자 무엇을 얻을 수 있겠는가. 웨이터는 서빙을 하느라 이미 바쁜 상태이고, 당신의 불평을 들어줘야 한다면 더더욱 응대를 안 해주려 할 것이다.

② 가장 직급이 높은 웨이터를 찾아 불만을 제기한다? 틀렸다. 책임자를 요청하는 것은 올바른 방향성이긴 하나, 해결책은 제시하지 않고 불평만 늘어놓는다면 아무리 직급이 높은 웨이터라도 당신이 무엇을 원하는지 알아내지 못할 수도 있다.

③ 직급이 높은 웨이터에게 '기다리는 동안 일행에게 무료 와인을 제공해달라'고 요청한다? 훨씬 괜찮은 선택이다. 소리치지 말고 차분하게 해결책을 제시하라. 이제 그는 안내가 늦어져서 불만인 당신을 어떻게 만족시킬 수 있는지 혼자서 추측하지 않아도 되며, 그에게는 문제를 해결할 재량권도 있다.

④ 불만을 제기해야겠으니 사장을 불러달라고 한다? 틀렸다. 불평만 하려는 목적으로 사장을 불러달라는 것은 지나가는 웨이터에게 불평하는 것과 별반 차이가 없다.

2. 영업지원부에서 2년째 일한 당신은 어떤 동료들이 급여를 더 많이 받고 있다는 사실을 우연히 알게 됐다. 그중에는 팀에 합류한 지 6개월밖에 되지 않은 신입 직원도 있었다. 어떻게 할까?

① 상사에게 처우가 나쁘다고 불평하고 당신도 급여 인상을 받을 자격이 있다고 주장한다? 틀렸다. 상사에게 불평을 한다고 해서 무슨 이득이 있겠는가? 사람들은 누구나 연봉이 더 올라야 한다고 생각하며, 불평하는 이들의 수도 적지 않

다. 그런 이야기를 항상 들어온 상사 입장에서는 당신이 정말 급여를 인상받을 자격이 있는지에 관해 다른 의견을 갖고 있을지도 모른다.

② 상사에게 당신이 신입 직원보다 훨씬 더 일을 잘한다고 이야기한다? 당신이 신입 직원보다 능력이 뛰어나다는 것은 자신의 의견일 뿐이며, 상사의 견해는 다를 수도 있다. 요청 사항을 구체적으로 밝히지 않고 불평만 한다면 효과가 없을 것이다.

③ 상사에게 어떤 기준으로 연봉 인상률을 결정하는지 설명해달라고 한다? 맞았다. 이렇게 하면 분명 도움이 될 것이다. 협상을 할 때는 막연한 불평이 아닌 해결책에 초점을 맞춰야 한다. 당신이 상사가 정해둔 인상 기준을 알아내고 그것을 충족한다면 급여가 인상될 확률이 극적으로 높아질 것이다.

5 | 허버드 아주머니 예찬

내 예산에 맞게 상대를 움직이는 법

1. 사무용품회사의 영업사원인 당신은 지역 가정폭력 보호소의 문의를 받아 구매 상담을 하고 있다. 사회복지사는 당신이 가져온 카탈로그를 보고 320만 원짜리 컬러 프린터가 맘에 들지만 정부에서 책정한 예산 한도가 260만 원뿐이라고 말한다. 어떻게 하겠는가?

   ① 아쉽지만 거래가 어렵겠다고 이야기한다.
   ② 당신의 재량으로 가격을 깎아준다.
   ③ 더 저렴한 모델을 고려해보라고 제안한다.

2. 당신은 고객에게 주방 리모델링 견적서를 작성해주고 있다. 어떻게 하겠는가?

① 견적에 모든 항목의 가격을 상세히 포함한다.

② 항목을 대략 나눠 견적가를 알려준다.

③ 견적 총액만 알려주고 세부 항목은 되도록 공개하지 않는다.

한번은 런던 소호 거리에 있는 한 클럽에서 변호사 친구 넬슨과 함께 점심을 먹었다. 회사에서 컴퓨터 시스템 구매 건을 맡게 된 그는 영업사원과 어떻게 협상해야 하는지 내게 조언을 구했다. 나는 주요 컴퓨터 기업 두세 곳을 상대로 영업 컨설턴트 일을 했기에 그 시장에 익숙했고 영업사원들이 일하는 방식도 잘 알고 있었다.

넬슨의 문제는 이랬다. 마음에 드는 컴퓨터 시스템이 있었지만, 영업사원이 제시한 견적가보다 예산이 350만 원 부족했다. 하지만 넬슨은 로펌에 합류한 지 얼마 안 된 터라 이번 거래를 멋지게 성사시켜 강렬한 인상을 남기고 싶어 했다. 그는 다른 사무실 설비 건도 함께 맡고 있어서 예산을 더 쓸 수는 없다고 했다. 나는 이런 상황을 고려하여 '허버드 아주머니(영국 동요에 등장하는 인물. 아주머니가 기르는 개에게 뼈다귀를 주려고 찬장을 열어보지만 아무것도 없었다는 내용이 가사에 등장한다-옮긴이)' 작전을 써보라고 제안했고, 점심을 사주겠다는 넬슨의 말에 넘어가 식사 내내 이 전략을 자세히 설명해줬다.

그 후에 영업사원을 만나러 사무실로 돌아간 넬슨은 협상을 아주 잘했고, 내 고객들의 경쟁사이기도 한 컴퓨터회사가 꼼짝없이 낮은 가격에 계약을 하게 만드는 쾌거를 이뤄냈다.

넬슨은 상상력을 발휘해서 아주 그럴듯한 각본을 구상했다. 우선 그는 영업사원에게 컴퓨터의 장점을 다시 설명해달라고 하고(잘한 일), 그 주 후반에 자신의 사무실에서 파트너들 및 실무 비서들을 대상으로 시연회를 해달라고 요청했다.

영업사원은 이제 넬슨을 '유망한 고객'으로 여기고 거래를 성사시키기 위해 꾸준히 밑작업을 진행했다(잘한 일). 그러나 그는 이 회사를 고객으로 확보하면 법조계 전체에서 판매량을 크게 늘릴 수 있겠다는 생각에 넬슨과 꼭 계약하고 싶다는 의사를 드러내고 말았다(잘못한 일).

넬슨은 이 업계의 컴퓨터 판매가 모두 자신에게 달려 있는 양 행세하지는 않았지만, 영업사원이 말한 대로 컴퓨터 품질이 뛰어나다면 입소문이 퍼져 분명 좋은 영향이 있을 거라고 넌지시 이야기해줬다(잘한 일). 법정에서 늘 서로 싸우는 변호사들도 일을 떠나서는 아주 친하게 지내는 경우가 많으니 말이다(물론 늘 그런 것은 아니다).

일주일 뒤 사무실 시연회가 끝나자 넬슨은 허버드 아주머니로 돌변했다. 그는 영업사원에게 컴퓨터 구매 건을 승인받았지만 총예산이 1,700만 원으로 책정됐다고 말했다. 넬슨은 "여기서 단돈 10원도 예산을 더 쓸 수는 없어요"라고 말하고, 거짓말이 아니라는 듯 주간 회의록을 꺼내 들고 결정된 사항을 읽어 내려갔다. 그는 영업사원에게 보란 듯이 회의록을 책상 위에 펼쳐두었다.

넬슨으로서는 정말 잘한 일이었다. 왜 그럴까? 모세가 산에서 십계명 돌판을 받은 이래로, 사람들은 말보다 글에 훨씬 큰 권위가 담겨 있다고 믿기 때문이다. 사람들은 어떤 사실이 말보다는 글로 전해질 때 그것을 진실로 더 잘 받아들인다(단, TV만큼은 제외다). 영업사원들이 가격 목록을 인쇄해서 들고 다니면서 보여주는 것도, 그렇게 하면 이 상하리만치 설득력이 생기기 때문이다. 넬슨은 정말 아쉽다는 듯이, 영업사원이 제시한 컴퓨터 시스템 가격이 1,700만 원이고 교육비 70만 원에 연간 유지보수 비용 280만 원을 더하면 총 2,050만 원이 되므로 조금 더 현실적인 가격의 시스템을 찾아보라는 지시가 떨어졌다고 이야기했다.

이 소식에 영업사원은 눈에 띄게 실망한 모습이었고(이렇게 자신의 감정을 그대로 드러내는 것은 실수다), 예상대로 1,700만 원은 말도 안 되는 가격이라며 항의했다. 그는 소프트웨어를 무상으로 설치해주고 교육비를 깎아주며 대금 납부 기간을 연장해주겠다고 했다(잘못한 일). 그러나 다른 부분들을 아무리 양보한들 정해진 예산 한도라는 가장 큰 문제를 해결할 수는 없었다. 한편 넬슨은 그 와중에도 영업사원이 제시한 내용을 향후 협상에서 유용하게 쓸 수 있겠다며 잘 기억해뒀다(잘한 일). 그는 1,700만 원이라는 가격에서 꿈쩍도 하지 않고, 더 내고 싶어도 그럴 돈이 없다고 버텼다. 회의록을 보고 그것이 거짓말이 아니라고 생각한 영업사원은 넬슨도 이 상황을 아쉬워하고 있다고 철석같이 믿었다. 넬슨은 예산에 맞는 다른 시스템을 찾으려면 아주 번거롭겠지만 2,050만 원은 너무 비싸니 어쩔 수 없겠다고 말했다.

영업사원은 진퇴양난에 빠졌다. 주문을 따내려면 가격을 크게 깎아줘야 했고, 그러려면 합당한 이유가 있어야 했다. 당장 방법이 없었던 그는 본사와 협의한 후에 다시 연락하겠다고 말했다. 그런 식으로 자신에게 권한이 없다는 사실을 상대가 짐작할 수 있게 하는 대신,

"조금 더 생각해보겠다"라고 말했더라면 훨씬 좋았을 테지만 말이다. 게다가 그가 본사와 협의하는 동안 다른 회사들이 유망 고객에게 접근할 수 있다는 점에서도 그런 결정은 위험했다(경쟁이 치열한 컴퓨터 시장에는 언제나 더 저렴한 시스템이 존재하거나 곧 출시되기 마련이다).

3일 후 영업사원은 넬슨에게 전화를 걸어, 특별 할인가 1,550만 원에 시스템을 판매하겠다고 말했다. 그뿐이 아니었다. 영업사원은 컴퓨터 품질에 자신이 있는 만큼, 첫 12개월간 연간 유지보수 비용 280만 원을 면제해주겠다는 소식도 전했다.

영업사원은 '다신 없을' 이번 할인 혜택 덕분에 교육비 70만 원을 더해도 구매가가 총 1,620만 원에 불과하니 예산보다 80만 원이나 싸게 살 수 있다고 말했다(그가 넬슨의 허버드 아주머니 연기에 완전히 넘어갔다는 증거다). 나는 넬슨의 성공을 축하해주고 교육비 70만 원마저도 깎을 수 있었을지 모른다고 말했다. 내 관점으로는, 자기 제품을 사는 고객에게 사용법을 가르친다는 명목으로 돈을 받는다는 건 가당치도 않기 때문이다.

그러나 몇 년 후부터 나는 대형 컴퓨터 기업들에 영업사원들이 교육비를 깎아주도록 놔두지 말고 제대로 청구하라고 컨설팅하기 시작했다. 그 전까지 영업사원들이 선뜻 할인을 해줬던 이유는 이 돈을 자기 팀이 아닌 유지보수 예산에서 충당했기 때문이다. IBM도 과거에는 제품을 팔면서 귀중한 소프트웨어를 무상으로 제공하곤 했지만, 결국에는 전략을 정반대로 바꿔서 하드웨어는 무상으로 제공하고 소프트웨어 개발 비용을 청구하기 시작했다.

어쨌든 넬슨은 처음으로 시도한 허버드 아주머니 작전을 통해 큰 성공을 거뒀고, 회사는 예산을 430만 원이나 절감할 수 있었다. 나에게 점심을 사준 대가로 얻은 성과치곤 훌륭하지 않은가!

"그 가격이라면 차라리 팔아버려야겠군요"

자가용, 요트, 경비행기 같은 물건을 수리하려면 꽤 거금이 들기도 한다.

해리 스미스가 주말에 타는 소형 보트의 엔진이 고장 났다. 그는 정비소에 가서 보트를 맡기고 수리비가 얼마나 나올지 견적을 내달라고 했다. 일주일 후 정비사는 해리에게 전화를 걸어 엔진이 망가졌으니 교체해야 하고, 그러지 않으면 하루도 못 가 보트가 고장 날 거라고 알렸다. 새 엔진 가격은 130만 원이었고, 20만 원의 공임비도 따라붙었다.

해리는 자주 쓰지도 않는 보트에 150만 원이나 낼 생각이 없었다. 그래서 그는 또 다른 버전의 허버드 아주머니 작전을 시도해보기로 했다. 그는 정비사에게 얼마가 됐든(보트의 현재 상태로는 120만 원쯤 받을 수 있을 것 같았다) 팔아버려야겠다고 말하고, 다음 주 월요일에 보트를 찾으러 가겠다고 했다.

월요일이 되자 해리는 정비소에 가서 보트를 사겠다는 사람을 찾았으며, 배를 처분한 돈으로 엔진이 없는 소형 보트를 살 작정이라고 정비소 소장에게 말했다. 소장 입장에서는 엔진을 팔 기회도 놓칠뿐더러 보트의 유지 관리와 정비를 의뢰할 장기 고객도 잃을 판이었다. 소장은 해리에게 엔진 교체 비용으로 얼마까지 낼 수 있는지 물었다. 허버드 아주머니로 변신한 해리는 교체 비용이 50만 원 이하로 든다면 이 보트를 계속 유지할 수 있겠다고 말하면서 엔진이 없는 기종은 수리비, 유지비, 연료비가 들지 않아 좋다고 덧붙였다.

소장은 50만 원에 최대한 맞춰보기로 했다. 그는 어떤 고객이 3년 전에 엔진을 두고 간 후 연락이 두절됐는데, 괜찮다면 그것을 새로 고쳐서 60만 원에 팔겠다고 제안했다. 또한 현재 보트의 엔진을 정비소에 넘긴다면 공임비는 10만 원만 받겠다고도 이야기했다.

최종적으로 해리는 공임비는 내지 않고 2년 동안 보증 서비스를 받는 조건으로 57만 원에 새 엔진을 구입했다.

구매자들은 종종 이런 질문을 한다. 허버드 아주머니 작전을 써서 가격을 깎으려고 하는데, 전체 가격이 어떤 세부 항목들로 이뤄졌는지 잘 모를 때는 어떻게 협상해야 하느냐는 것이다. 그건 좋은 질문이며, 질문자들이 허버드 아주머니 작전의 핵심을 잘 이해했다는 뜻이기도 하다. 판매자들은 자신이 제시한 가격이 상대의 예산에 맞지 않을 경우 전체 가격에 어떤 항목들이 포함되어 있는지 다시 한번 검토해볼 수밖에 없다. 따라서 구매자의 임무는 그들이 이 정보를 솔직히 공개하도록 만드는 것이다.

가격의 세부 항목을 낱낱이 알려달라고 단도직입적으로 요청할 수도 있다. 그런데 영업사원들은 트레이닝을 받으면서, 가격 항목들을 대략적으로만 나누고 고객에게 속속들이 공개하지 말아야 한다는 점을 반복해서 배운다. 만약 구매자들의 요청을 거절하기 힘들 경우 다음으로 할 수 있는 조치는, 경험이 적은 사람들의 눈에 언뜻 자세한 듯 보여도 실제로는 별 정보가 없는 견적서를 설계하는 것이다.

　견적서를 보면 보통 일당이나 (더 간단한 일일 경우) 시간당으로 공임비를 청구하고 여기에 재료비나 부품비(언제나 정찰제)를 더해 기본 가격이 책정돼 있다. 하지만 에베레스트산이 거기에 있기에 오른다는 말처럼, 단지 무언가가 목록에 있다고 해서 전부 문제 삼고 조목조목 따지는 데 연연할 필요는 없다. 당신이 문제점을 정확히 짚어낼 수도 있지만, 공연히 다른 항목을 걸고넘어지느라 자신이 잘 모르는 항목에서 가격이 훨씬 부풀려 있다는 사실을 놓칠 수도 있기 때문이다.

　전문 구매자나 판매자들은 그 분야의 지식을 바탕으로 거래하지만, 당신에게는 그런 정보가 없을 수도 있다. 넬슨 역시 변호사로서는 유능했지만 컴퓨터 시스템 방면의 전문가는 아니었다. 하지만 마치 축구 감독이 직접 시범을 보이지 않고도 골키퍼가 공을 전천후로 막아내게 하듯이, 넬슨은 예산 부족이라는 무기를 써서 영업사원이 가격 항목들을 재검토하게 만들었다. 어찌 됐건 판매자들은 각 항목 중에서 어떤 부분이 더 조정의 여지가 있으며, 상대가 계속 압박을 가한다면 어디에서 양보해도 여전히 이윤을 남길 수 있을지 잘 안다.

　그렇다고 세부 항목이 열거된 정식 견적서를 요청하지 않을 이유는 없다. 특히 정부기관에서 나온 구매자의 경우, 판매자는 물론이고 그들의 하도급 업체들이 청구하는 모든 비용을 세세히 알려달라고 요구할 권한이 있다. 그들은 이것을 '투명한 거래'라고 말하지만, 어떤 사람들은 정부의 강압이나 협박이라고 생각하기도 할 것이다. 하지만 당신에게는 그런 강압적인 권한이 없을 테니, 원하는 결과를 얻을 때까지 세부 항목을 알려달라고 여러 차례 요구해야 할지도 모른다. 아니면 다른 업체들에서도 견적을 받아 항목별로 비교하는 식으로 판매자를 압박하는 방법도 있다.

■ **자기평가 테스트 5 해설**

1. **사무용품회사의 영업사원인 당신은 지역 가정폭력 보호소의 문의를 받아 구매 상담을 하고 있다. 사회복지사는 당신이 가져온 카탈로그를 보고 320만 원짜리 컬러 프린터가 맘에 들지만 정부에서 책정한 예산 한도가 260만 원뿐이라고 말한다. 어떻게 하겠는가?**

   ① 아쉽지만 거래가 어렵겠다고 이야기한다? 틀렸다. 단박에 거래를 거절하는 것은 고객을 잃을 위험이 있는 근시안적인 조치다. 당신은 그녀를 잠재 고객으로 대우하고, 판매 가능성이 어느 정도인지를 먼저 알아봐야 한다. 즉, 그녀가 말한 예산의 기준이 무엇인지 알아내야 한다는 뜻이다.

   ② 당신의 재량으로 가격을 깎아준다? 틀렸다. 당신이 거래를 따내려고 알아서 가격을 깎아준다면, 사회복지사는 힘 들이지 않고 하버드 아주머니 작전에 성공한 셈이 된다.

   ③ 더 저렴한 모델을 고려해보라고 제안한다? 맞았다. 다른 모델을 고려해보라고 제안하면 그녀가 어떤 기능을 더 중요하게 생각하는지 알아낼 수 있다(그녀가 컬러 인쇄 기능을 중시하는 이유는 무엇인가? 업무상 꼭 필요하기 때문인가,

아니면 단순히 선호도 때문인가?). 컬러 인쇄 기능이 없는 저렴한 모델을 사용해도 업무에 전혀 지장이 없을지도 모른다. 아니면 그녀가 컬러 프린터는 잉크 때문에 더 비싸다는 사실을 모른 채 그 모델을 골랐을 수도 있다. 당신이 질문을 하지 않는다면 어떤 제품이 구매자의 필요에 맞는 모델인지 알아낼 방법이 없다. 더 저렴한 모델이 구매자의 필요에 부합하지 않을 경우, 그들은 꼭 필요한 기능이 있는 모델을 구입하려고 예산을 조금이라도 더 높일지 모른다.

2. 당신은 고객에게 주방 리모델링 견적서를 작성해주고 있다. 어떻게 하겠는가?

① 견적에 모든 항목의 가격을 상세히 포함한다? 틀렸다. 가격을 품목별로 상세히 알려주는 일은 삼가야 한다(반대로 당신이 구매자라면 항상 그렇게 해달라고 요청해라). 그러지 않으면 구매자들은 이런저런 항목에서 가격을 깎아달라고 할 것이다.

② 항목을 대략 나눠 견적가를 알려준다? 틀렸다. ①에서 설명했듯 구매자가 직접 요청하지 않는 이상 가격 항목을 상세히 알려줘서는 안 된다. 최대한 대략적인 견적을 제시하고 협상을 시작해라. 잠재 고객들에게 내부적인 가격 정보를 속속들이 공개해야 할 의무는 없다.

③ 견적 총액만 알려주고 세부 항목은 되도록 공개하지 않는다? 맞았다. 우선은 총액만 알려주고, 그것이 불가능하다면 항목을 몇 가지씩 묶어서 가격을 알려줘라.

6 백지 한 장만도 못한 가치

변심이라는 리스크를 피하는 법

1. 사업이 잘 풀려서 이제 점점 늘어나는 제품 수요를 관리할 사람이 필요해졌다. 당신은 친한 친구와 이야기를 하다가 그가 이직을 고려하고 있다는 사실을 알게 됐다. 그가 적임자라고 생각한 당신은 업무를 소개하고 연봉을 제시하면서 친구에게 관리자 일을 맡아달라고 했다. 친구는 모든 제안에 동의하고 당신 회사에 합류할 준비가 됐다. 이제 어떻게 할까?

   ① 법무사를 통해 친구와 협의한 사항을 요약한 위촉장을 발급한다.
   ② 친구와 오랫동안 친밀한 관계를 쌓아왔으니 구두 협의로 충분하다.

2. 당신은 노련한 국제 조달 관리자로, 수년간 다양한 국가에서 UN 등의 국제기구가 후원하는 단기 프로젝트를 진행해왔다. 최근 한 프로젝트를 성공적으로 완수한 당

신은 어떤 개발도상국에서 신정부를 위한 조달 임무를 수행해달라는 제의를 받았다. 여러 번의 면접을 거쳤는데, 유일한 최종 후보가 당신이라는 확신이 든다. 이 일의 보수나 복지 혜택 등은 꽤 괜찮은 편이지만, 보안 문제 때문에 '단신 부임(가족 동반이 불가하다는 의미)'으로 2년의 임기를 채워야 한다. 결국 당신은 제의를 받아들이기로 하고 의뢰인 측에서 지원하는 비용으로 해당 국가에 넘어갈 준비를 마쳤다. 그런데 몇 번이나 요청했지만 당신은 출국 전까지 계약서를 받지 못했고, 현지에 도착하여 업무를 시작한 지 2주가 지났지만 상황은 여전히 마찬가지다. 어떻게 하겠는가?

① 일은 차례차례 진행되고 있으며, 당신이 고용된 이유도 바로 이런 지연 문제를 해결하기 위해서라는 현지 공무원과 대사관 직원의 구두 약속을 믿고 기다린다.

② 신분이 보장될 수 있도록 정식 계약서를 보내라는 내용의 공문을 발급해달라고 고집한다.

③ 면접 합격 통지서, 현지 공무원 및 대사관 직원과 프로젝트 조달 책임자 직무에 관해 주고받은 모든 서신의 복사본을 만들고 집에도 보내서 안전하게 보관해둔다.

넬슨의 협상을 돕고 나서 5년 후, 나는 세계적인 소프트웨어 개발사 한 곳에서 워크숍을 이끌었다. 이 회사의 영국 국내 영업팀이 대형 계약을 수주하는 데 실패한 후 그 원인을 진단해보는 것이 주목적이었다. 쉬는 시간이 됐을 때 그 자리에 있던 선임 관리자 한 사람이 내게 다가와 자신을 '네빌'이라고 소개했다. 그는 이 책의 앞장에서 내가 소개했던 컴퓨터회사 영업사원이 바로 자신이라고 밝혔다. 그러니까 넬슨의 허버드 아주머니 작전에 넘어간 사람 말이다.

잠시 어색한 순간이 흘렀지만 그가 내게 앙심을 품은 것 같지는 않았다. 그는 내 책의 초판을 읽으면서 넬슨 사례에 이르자, 그게 자기 이야기라는 것을 곧바로 알아차렸다고 했다. 자신의 첫 정식 고객이었던 넬슨을 회상하는 그의 목소리에는 애정이 듬뿍 담겨 있었다. "키가 2미터 가까이 되는 미남에 유창한 말솜씨를 지닌 녀석이었죠." 당시 영업 분야에 막 발을 들인 그는 넬슨과의 경험으로 큰 교훈을 얻었다고 말했다. "내가 그놈의 현란한 언변에 넘어갔으니 그런 식으로 당해도 싸긴 해요. 하지만 그 시절 나에겐 반드시 주문을 따내야겠다는 생각밖에 없었고, 필요했다면 가격을 더 깎아줬을지도 몰라요."

네빌의 이야기만 들어봐도, 예산이 빠듯하거나 상사에게 칭찬을 받고 싶을 때는 허버드 아주머니 작전을 시도해볼 만한 가치가 있는 듯하다! 그러나 그가 언급한 다른 문제도 함께 고찰해보면 좋을 것 같다. 대화를 이어나가면서 나는 그가 생각한 넬슨의 결정타가 무엇이었는지 물었고, 그는 곧바로 답을 줬다. "예산 한도가 얼마인지 쓰여 있던 회의록이요. 그 전까지는 넬슨이 없는 이야기를 꾸며낸 것일 수도 있다고 생각했지만, 문서로 된 증거를 본 순간 그를 믿을 수밖에 없었다니까요." 그러고는 덧붙였다. "그날 이후로 전 지나치게 헐값으로 거래하는 일을 방지할 수 있도록 가격 정책이 적힌 서류를 들고 다니며 중요한 순간에 고객들에게 보여주곤 한답니다."

이것이 바로 글로 적힌 말을 대하는 사람들의 전형적인 자세다. 글로 표현된 말은 품위와 권위가 있고 사람들에게 확신을 준다. 제아무리 언변이 뛰어난 영업사원의 말일지라도 그것은 내뱉는 순간 사라지는 반면, 글로 적힌 말은 훨씬 오래 남는다. 에이브러햄 링컨 대통령이 게티즈버그 연설을 글로 남기지 않았다면 오직 그 자리에 있었던 이들만 이 명연설을 들을 수 있었을 것이다. 그러나 링컨이 낭독문을 작성하고 그것이 인쇄되면서, 게티즈버그 연설은 서구 역사상 가장 위대한 연설 중 하나로 남게 됐다. 네빌이 주목했던 서면 증거의 중요성은 판매자와 구매자 모두에게 광범위하게 적용될 수 있다. 사실 서면 증거는 종류를 막론하고 모든 계약 관계의 당사자들에게 영향을 미친다(아니, 계약 관계를 넘어 모든 인간관계에도 적용된다).

비즈니스에서 누군가가 어떤 약속을 하고 이행하지 않아서 상대쪽에 손실을 발생시키면 위약금이 발생한다. 때로는 그 액수가 상당하며, 당신도 액수가 커질수록 어떻게든 약속을 이행하려고 애쓸 것이다. 예컨대 런던 금융가의 주식중개인들은 '내 말이 곧 보증이다'라는 신조에 따라 일한다. 그들은 어떤 손해를 감수하더라도 자신이 한 말을 지킨다. 그렇게 하지 않으면 아무도 다시는 그들과 거래하려 하지 않을 것이며, 중개인으로서 생명은 끝장나고 만다. 평생 사회적으로 철저하게 외면당하는 것은 물론, 자신과 가족 모두에게 막심한 피해가 돌아갈 수도 있다.

우울한 독일 철학자 프리드리히 니체는 다음과 같이 자신의 성격이 그대로 녹아난 말을 남겼다. "인간은 값비싼 대가를 치러가며 약속을 이행하는 법을 학습한 최초의 동물이다. 그래서 온 세상은 약속을 어긴 이들이 흘린 피로 붉게 물들어 있다."

법정에 가면 계약서상의 이런저런 내용을 위반했다며 다투는 소송인들이 늘 북적거린다. 영안실은 또 어떤가. 실제로 계약서를 썼는지는 모르겠으나, 심각한 계약 불이행의 빚을 목숨으로 갚은 이들의 시신이 드물지 않다. 말을 글로 남기는 행위의 가장 큰 목적은 증거로 사용하는 것이지만, 문서의 힘은 그 이상으로 협상 관계의 모든 측면에서 속속들이 영향력을 떨친다. 네빌이 회의록이라는 문서에 넘어갔던 것처럼 말이다.

그렇다면 협상가들이 말보다 글이 더 강력하다는 사실을 자꾸만 잊어버리는 이유는 무엇일까? 거짓된 안정감에 경계가 해이해진 탓도 있고, 협상가가 처한 특정 상황이 문제일 수도 있다.

예를 들어 북해에서 원유 시추선을 가동하려면 아주 다양한 활동을 해야 하며, 그중에는 필수 작업을 수행하는 여러 하도급 업체를 관리하는 일도 있다. 시추선 가동 날짜가 다가올수록 일정은 더욱 빠듯해지고 관계자들은 정신없이 바빠진다. 어떤 업체는 일을 이미 마쳤지만 다른 업체가 여러 사정으로 작업을 망쳐놓는 바람에 재작업을 해야 할 수도 있고, 예기치 못한 문제가 발생하여 예정에 없던 일정을 추가해야 할 때도 있다. 그런가 하면 다른 작업이 지연되어 장비 사용이 중단되고, 공정을 시작조차 하지 못하는 경우도 생긴다.

도급업자들은 계약상의 주문 내용이 변경될 경우 그 내용을 반영하여 서류를 다시 작성해야 한다. 그러나 마감 기일을 앞두고 급한 일이 터지거나 업무 부담이 늘어나고 프로젝트 관리진의 주의를 필요로 하는 상황이 여럿 발생하면, 서류 작업이 뒷전으로 밀려나기 일쑤다. 중요하고 위급한 사안이 제대로 문서화되지 않은 채 변경될 수도 있다는 의미다.

서류 관리는 현장이 아닌 본사의 소관이며, 본사 회계팀은 철저하게 문서를 기반으로 도급 업체에 대금을 지급한다. 따라서 도급 업체들이 추가 작업을 요청받아 수행하고도 주문 변경서에 서명을 받아두지 않으면 대금을 지급받기가 어려워진다. 문제는 관리자의 서명을 받으려고 서류 작업을 하느라 작업을 제때 마치지 못할 수도 있다는 점이다. 이들이 마감 기한을 지키지 못하면 다른 업체들의 작업에 크게 지장을 줘서 시추선 가동 개시 일자가 지연될 수도 있고, 그렇게 되면 계약 불이행으로 위약금이 발생할 수도 있다.

육지에 있는 본사 회계팀은 현장을 거의 방문하지 않기에 공정의 긴박함을 전혀 이해하지 못한다. 게다가 솔직히 말해서 이들은 도급 업자들을 어떻게든 돈을 더 뜯어내려 하는 '사기꾼'들로 여기는 경향이 있다. 그들 입장에서 관리자가 서명한 서류가 없다는 것은 도급 업체가 근거 없는 비용을 청구하려 한다는 의미이며, 그런 행동은 절대로 용인할 수 없다.

토목 분야에서 서류 작업은 뜨거운 논란거리다. 내가 아는 한 토목 기사는 하도급업자로 일하는 것을 관두고 서류 전담 분쟁조정자로 전업하여 현장 곳곳에서 새 나가는 비용을 식별하고 감시하는 일을 하고 있다. 그는 이 일을 우연한 계기로 시작하게 됐다. 그의 회사가 상대적으로 한가하던 달에 영국 남부의 터널 공사 현장에서 하도급 업체 몇 군데의 주문 변경 건을 검토해달라는 요청을 받은 것이다.

그는 분쟁의 상당 부분을 해결한 대가로 사례금을 두둑이 받았고, 업계에 소문이 퍼지면서 다른 현장들도 그에게 일을 의뢰했다. 얼마 지나지 않아 그는 자신의 토목회사를 매각하고 현장 서류 유효성 검증을 전문으로 하는 사업을 시작했다. 자신의 고객사가 현장 출입증을 얻은 순간부터 발주처에 인수인계할 때까지 발생하는 모든 서류 문제를 관리한다. 그는 업체들이 부당한 금액을 청구하는 수법을 익히 알고 있기 때문에 유효한 청구 건과 가짜를 구분할 수 있었다.

이제 그의 사업은 꽤 수익을 올리고 있다. 그가 고용한 열 명의 직원은 도급 업체들이 기상 상태, 결근, 각종 사건·사고 등 작업 공정에 큰 영향을 줄 수 있는 긴급 상황에서도 필수 서류 작업을 누락하지 않도록 관리하는 업무를 수행한다. 흙더미 속이나 콘크리트 아래 숨어 있던 미심쩍은 작업들은 이제 더는 건설 현장의 주된 속임수로 쓰일 수 없게 됐다.

최악의 경우: 재작업을 했지만 대금을 받을 수 없을 때

어떤 하도급 업체가 석유회사의 항만 크레인에 방수처리 작업을 막 완료했는데, 잠시 후 또 다른 하도급 업체가 와서 케이블을 설치하느라 크레인 표면에 부속품을 용접했다. 이 때문에 방수 기능이 심하게 망가져 방수 페인트를 다시 칠해야 했다. 이 업체는 일정에 맞춰 급히 재작업을 하느라 관련 문서를 작성하여 프로젝트 관리진의 서명 받는 일을 하지 못했다. 후에 이 업체가 추가 재료비와 인건비 대금을 청구했는데, 석유회사 회계팀은 주문 변경 동의서에 서명이 없다는 이유로 결국 대금 지급을 거절했다.

꼭 문서 근거를 남길 필요가 있는지 의심이 드는 순간이 있는가? 의심은 버려라. 지금 당장, 아니 현장 출입증을 얻은 그 순간부터 서류를 제대로 관리하지 못할 경우 발생할 수 있는 비용은 당신의 생각보다 크다.

어떤 계약에서건 설계상의 사소한(때로는 큰) 변화는 불가피하며, 통상적으로 이런 상황은 각 당사자 대표들이 대화를 통해 처리한다. 그런데 양쪽 회사가 수년간 긴밀하게 협업했다는 이유로 이런 식으로 의견을 교환하면, 양쪽이 변경된 내용을 잊어버리지는 않더라도 절차가 비공식적이며 기록도 남지 않는다는 문제가 생긴다.

대부분의 사람은 믿을 만한 상대가 사소한 문제를 변경하자고 하면, 별생각 없이 동의한다. 그러나 '좋은 게 좋은 거다'라며 선의를 바탕으로 타협을 일상화하고 양쪽의 서명이 담긴 문서를 남기는 걸 번거롭게 여긴다면, 가랑비에 옷 젖듯 나중에는 생각지 못한 골치 아픈 일이 발생할 수도 있다.

지금 함께 일하는 사람을 잘 알고 있고 깊은 신뢰를 쌓은 상황이라면, 온통 일 처리에만 집중하고 문서 작업은 빼먹어도 괜찮다고 생각하기 쉽다. 그러나 오랫동안 당신과 거래하면서 차곡차곡 관계를 쌓아온 담당자가 떠나고 새로운 담당자가 부임할 수도 있다. 아직 신뢰가 부족한 상황에서 새 담당자는 지금까지 용인됐던 예외적인 진행 방식이나 사전에 합의된 사항을 더는 인정하지 않을지도 모른다. 예컨대 기존 담당자라면 변경된 사안이나 새로운 방침을 문서로 남기지 않더라도 별문제 아니었을 수 있지만, 이제는 쉽게 넘어가지 못할 것이다.

 문서 작업을 했으나 기록을 남기지 않은 것과 별반 차이가 없는 경우도 있다. 7장에서 그 사례로 '트럭 한 대 계약'을 소개할 텐데, 이 계약서는 단 한 가지 위험 요소를 없앤 것(당신이 차량 임대인이라는 사실을 증빙한 것) 외에는 임대 기간에 발생할 수 있는 여러 문제를 예방하거나 중재하는 기능을 전혀 하지 못한다. 한 문장만으로는 어림도 없다는 사실을 명심해라. 변경된 내용이 공지된 즉시 당신은 기존 방침에서 어떤 부분이 변경됐고, 그 과정에서 추가로 소요되는 비용(시간, 인력, 재료 등)은 어떻게 처리하기로 했는지 직접 정리하여 문서화해둬야 한다. 그러고 나서 이 문서를 이메일로 보내고 우편으로도 발송한 다음, 당신 쪽 사람들이 작업을 시작하기 전에 의뢰인 측의 서명을 받게 해야 한다.

동업자들이 멀어질 때

 친구와 동업하는 사람들은 특히 수익성이 좋을 때 사업을 빼앗기는 경우가 종종 있다. 동업 초창기에 그들은 신의를 바탕으로 수익을 공평하게 배분하기로 합의하고, 얼마 동안은 순조롭게 이 체제를 유지한다. 그러다가 어느 한쪽에서 자신이 친구보다 더 일을 많이 하고 있다고 생각한 것이 발단이 되어 욕심을 품기 시작한다. 이윤을 50:50으로 배분하자던 우정과 신뢰의 약속은 잊고, 지난달에 누가 더 실적을 많이 올렸는지 등의 문제로 사소한 언쟁이 오간다. 다툼이 지속되면서 감정의 골은 깊어지고, 그들은 결국 완전히 등을 돌려 각자의 길을 걷는다.

내가 자주 들르던 와인 바의 두 사장은 서로 절대 대화를 하지 않아서, 직원이 둘 사이를 오가며 용건을 전달해줘야 했다. 내가 컨설팅을 하며 접한 사례도 있다. 동업자 중 한 사람이 해외 업무를 전담하면서 오랫동안 고국에 돌아가지 못하는 동안, 다른 사람은 국내 업무만을 담당하며 매일 집으로 퇴근하는 문제로 큰 언쟁이 일어나 관계가 틀어졌다고 했다.

두 동업 관계는 결국 파국을 맞았다. 아무것도 기록으로 남겨두지 않았으니 서로 옳고 그름을 가릴 근거도 없었다. 두 사업 모두 경쟁력이 있고 수익성도 좋았다는 사실이 안타까울 뿐이다.

누군가가 딴지를 걸면 미리 인쇄해둔 주문 변경서 뒷면을 보여줘라. 그곳에는 거래처의 서명이 있어야 당신의 회사가 보험을 적용받을 수 있다는 등의 내용이 명시되어 있을 것이다. 어떤 정책이 있다고 말로 백번 주장하는 것보다 글로 보여주는 편이 훨씬 설득력 있다는 사실을 항상 기억해라!

대형 계약 건에서는 상호 동의를 전제로 설계 변경 요청을 수용해야 하는 상황이 발생하기 마련이다. 논란의 여지가 없는 사소한 문제 때문에 전체 계약을 새로 협상하고 싶어 하는 사람은 아무도 없을 것이다. 하지만 당신이 대비만 제대로 해둔다면 그런 번거로움을 충분히 피할 수 있다. 인사팀 직원이나 법무사 또는 회계사들은 지출되는 비용이 지나치지 않도록 관리해야 하는 임무가 있고, 그중에는 당신을 희생시켜서라도 회사에 잘 보이려는 사람들도 있을 것이다. 이들이 문제를 제기하거든 양사가 주고받은 편지를 증거 자료로 제시해라. 그곳에 상세한 변경 내용과 날짜가 적혀 있다면 아무도 더는 트집을 잡지 못할 것이다.

가까운 친구든 상대적으로 낯선 사람이든, 서로 간의 구두 약속이 깨지는 일은 비일비재하다. 그러므로 우리는 기억력이 변덕을 부릴 것에 대비하여 서로 협의한 내용을 반드시 글로 적어두는 예방조치를 해둬야 한다. 기억력의 변덕은 아마도 우리에게 있는 선천적인 방어 기제에 따라 유쾌하지 않은 사건, 애초 예상했던 것보다 불리하거나 수익성이 낮을 것 같은 사실들을 떠올리지 못하도록 억제하는 경향과 연관성이 있을 것이다.

기억력에 전혀 문제가 없더라도 어떤 사람들은 과거에 선의와 예절을 바탕으로 합의했던 내용을 뒤에 가서 다르게 해석하고 정당화하기도 한다. 그렇다. 탐욕은 순진한 이들을 유혹해 악덕에 빠지게 한다. 당신도 유혹을 이겨낼 의지가 가장 약해지는 순간에 선택적 기억 상실증에 걸리지 않도록 각별히 조심해야 한다.

감언이설만 늘어놓는 수상쩍은 눈빛의 낯선 사람은 물론, 가장 친한 친구를 대할 때도 똑같은 법칙을 적용해라. '이 사람이 얼마나 정직한가?'보다는 그가 돈 냄새를 맡은 후에 '어느 정도까지 부정직해질 수 있는가?'의 문제가 더 중요하다. 말로는 얼마를 자기 몫으로 가져가기로 약속했건 간에(확정의 의미로 악수까지 했으면서!), 상대는 그 구두 약속이라는 장애물만 없애면 당신의 몫까지 가로챌 수 있다는 유혹에 얼마든지 흔들릴 수 있다.

다음에 전개될 일은 뻔하다. 사업을 시작하고 일자리를 준 것은 당신인데도, 상대는 당신이 하는 일들에 트집을 잡기 시작한다. 그는 당신을 반복적으로 비난하면서 당신을 내치려는 자신의 행동을 스스로 정당화한다. 그런 낌새를 발견하고 빠르게 조치하려 해도 일은 복잡해질 수 있다. 만약 당신이 구두 약속에서 그치지 않고 상대에게 일자리를 제공한다는 내용의 정식 계약서만 작성해뒀더라도 수많은 문제를 예방할 수 있었을 것이다.

이는 당신이 해야 하는 최소한의 조치다. 가족이나 친구 등 아무리 가까운 사람과 동업을 하더라도 마찬가지다. 그 사람이 매형이든 사위든, 교황이나 대주교의 축복을 받은 사람이든 내 생각에는 변함이 없다. 당신이 자녀들에게 그러듯, 사업 역시 세심하게 보살펴줘야 한다. 고용계약서에는 직원이 동일 분야·유사 업종에 종사할 수 없으며, 사업체가 소유하거나 허가받은 지식재산권이나 노하우의 개인적 사용을 일절 금하고, 당사 거래처와 개인적으로 일하거나 그들에게 직접 대금을 받아서는 안 된다는 단서 조항들이 포함되어야 한다(법무사에게 초안 작성을 맡겨서 고용계약서 표준으로 활용해라).

당신이 운영하는 사업의 특성상, 고용하려는 직원이나 동업자와 논의를 시작한 직후부터 회사 내부 사정에 대한 발설을 금하는 별도의 기밀유지 동의가 필요할 수도 있다. 그럴 때는 논의를 공식적으로 하든 비공식적으로 하든 상관없이 사전에 동의서를 준비해서 서명을 받아야 한다. 정보보호법(유럽의 경우)이나 일반적인 사생활보호법 등을 거론하며 기밀유지의 필요성을 설명해줘라. 만일 누군가가 부주의하게(더 나쁘게는 '용의주도하게') 또는 너무 성급하게 회사 기밀을 유출할 경우, 회사가 망해버릴 정도로 막심한 손해가 발생할 수도 있다. 예를 들어, 자금 조달 문제로 대화를 나눌 때는 듣는 쪽이 반드시 기밀유지협약서(NDA, Non-Disclosure Agreement)에 서명을 하게 해야 한다. 기밀이 누설되어 발생할 수 있는 손실 비용에 비하면, 한 페이지 분량의 짧은 NDA를 작성하는 데 드는 비용은 아무것도 아니다(게다가 향후에도 원본 양식이나 수정본을 활용할 수 있다).

예전에 나는 한 고객을 대행하여 영국의 타블로이드판 신문에 기삿거리를 제보한 적이 있다. 신문 편집자 입장에서는 당연하지만, 그는 가격을 협의하기 전에 원고를 보고 싶어 했다. 내 고객은 신문사가 원고는 사지도 않고 '독점' 기사를 낼까 봐 불안해했지만, 신문 편집자는 내가 내민 NDA에 별 이의 없이 서명을 해줬다. 만약 내 고객이 걱정했던 일이 일어났다면 이는 치열한 경쟁 속에서 틈만 나면 배신을 해대는 편집자들의 잘못도 있지만 NDA에 서명을 해달라는 기본적인 부탁도 하지 못한 이들의 불찰도 있다.

반대로 누군가가 계약 내용을 자기 식대로 해석하고 당신도 동의했다고 말을 지어낸 다음 계약 위반으로 당신을 소송하려 할 경우, 양쪽의 서명과 날짜가 담긴 고용계약서와 기밀유지협약서까지 있는 상황에서 판사를 설득하려면 꽤 애를 먹어야 할 것이다.

다른 사람 대신 상거래를 하는 상황에서도 서명이 담긴 동의서가 꼭 필요하다. 누군가를 대신하여 물건을 사거나 팔 때는 협상 입장이 더 불리해질 수도 있다. 자신이 대행인이라는 사실을 드러내는 순간, 당신은 언제라도 상대에게 '기만'당할 위험에 노출될 것이다. 상대방이 더 욕심을 부리거나 그냥 당신을 빼고 거래할 마음을 먹는다면, 비밀스레 당사자와 협의하여 당신을 배제할 수도 있다. 당신이 이 세상에 태어난 순간 어머니는 첫눈에 당신과 사랑에 빠졌겠지만, 사람들의 취향은 각양각색이고 상대의 생각은 어머니와 다를 테니 말이다.

한번은 나를 찾아온 두 젊은이의 주도면밀한 전문성에 감탄한 적이 있다. 젊은이들이 제안한 내용은 자신들을 대행하여 내 지인들에게 포르투갈에 있는 부동산들을 팔아달라는 것이었다. 당시 나는 다른 일로 바빠서 별 흥미를 느끼지 못했고 그들과 거래를 맺지는 않았다. 어쨌든 그들은 부동산 매물들의 정확한 위치를 파악할 수 없도록 국가 외의 정보들을 잘 가려놓은 상태로 내게 18홀 골프 코스를 비롯한 매력적인 매물 사진들을 보여줬다. 그 후에 젊은이들은 거래할 마음이 있다면 '기만금지협약서(NCA, Non-Circumvention Agreement)'에 서명을 해달라고 이야기했다. 다른 거래들을 통해 이 협약서가 익숙했던 나는 그들이 이 일에 정말 진지하다는 사실을 알 수 있었다. 내가 서명을 하면, 최소한 나나 내 지인들이 그들의 의뢰인을 직접 찾아가서 수수료를 내지 않고 거래하는 일은 막을 수 있을 것이다.

거래할 생각은 없었지만, 나는 잊지 않고 "내 수수료를 떼먹지 않겠다는 보장은 어디 있죠?"라는 질문을 제기했다. 나를 보호할 책임은 나 자신에게 있지, 다른 사람들이 나를 보호하리라 기대할 수는 없는 노릇이기 때문이다. 물론 '대리계약서'만 제대로 작성해둔다면 실제로 일을 누가 했건 내 소개로 이뤄진 매매 건들로부터는 수수료를 받을 수 있었을 것이다. 그날 일을 되돌아보면, 이들이 왜 꼭 함께 다녔는지 알 것 같다. 누군가가 계약 세부 사항에 이의를 제기하면 2:1로 싸울 수 있기 때문이 아니겠는가!

이런 조치는 계약상 중요한 역할을 할 뿐만 아니라 결정적인 증거 역할을 할 수도 있다. 넬슨과 네빌의 협상 사례에서 그 점이 잘 드러났듯이 말이다. 규모가 작은 거래에서는 문서화된 거래 조건이 그 역할을 하는데, 흔히 송장이나 주문서 뒷면(나는 심지어 흐린 회색 글씨로 적힌 것도 봤다)에 관련 내용이 인쇄되어 있다. 그런데 공급 업체가 청구하는 송장과 고객사 주문서에 있는 내용이 서로 다른 경우가 있다. 그러면 공급 업체가 주문서 조항을 이행했는지 또는 고객사가 송장 조건에 맞게 대금을 지급했는지를 놓고 분쟁이 일어날 수 있다. 주도권이 공급 업체에 있다면 그들은 송장에 있는 조항을 고집할 것이고(과거에 IBM은 고객들에게 송장 자체 조항에 따라 대금을 지급하라고 요구했다), 컴퓨터 업계에서처럼 시장 상황에 따라 구매자가 우위를 점한다면 구매자가 제시한 조항에 더 힘이 실릴 것이다.

기록을 남기지 않았다면

한 중소 교육 기업은 수년간 대기업 인사팀과 협업을 해왔다. 대기업은 전국 곳곳에서 교육을 의뢰했고 촉박하게 요청하는 경우도 잦았다. 정규 업무 사항은 계약서에 명시되어 있었지만, 인사팀에서 특정 주제에 관한 예상 교육 횟수를 적게 잡아둔 경우에는 추가 업무가 발생하기도 했다. 긴급 교육이 실시될 경우에는 일이 다 끝난 후에야 관련 서류가 도착하기도 했다(아예 송장 대금 수표와 함께 오는 일도 흔했다).

어느 날 이 교육 기업의 직원이 본사에 전화를 걸었다. 그녀는 강의를 하러 호텔에 갔지만 고객사 직원이 한 명도 나타나지 않았으며, 호텔 측은 세미나용으로 회의실이 예약된 내역도 없다고 했다. 그러나 분명 본사 인사팀장이 지난달에 전화로 세미나를 예약했고 일주일 뒤에는 참석자 명단까지 보내준 상황이었다.

교육 기업 직원이 인사팀장의 사무실에 전화를 걸자, 한 여성이 전화를 받더니 세미나 관련 기록을 확인할 수 없다고 말했다. 더 자세히 물어보니, 회사가 인수되어 모든 교육 일정이 보류된 상태이고 새로 부임한 인사팀장은 자리를 비웠다는 설명이 돌아왔다. 또한 자신은 교육 기업이 말하는 세미나에 대해 아는 바가 없고, 계약서에 언급되지 않은 강의 건의 취소에 대해서는 이쪽 책임이 아니라고 말했다.

교육 기업 직원은 난처해졌다. 참석자 명단을 제외하고는 기록으로 남겨둔 것이 아무것도 없었기 때문이다. 기존 담당자는 그만뒀고 새 경영진은 모두 부재중이어서 이 문제를 논의할 수 없었다. 서면 계약서를 제시할 수 없다면 교통비와 숙박비를 비롯한 취소 비용을 청구해봤자 돌려받을 가능성이 희박했고, 손해배상 청구 소송을 해도 아무런 가망이 없을 것이다. 그러니 울며 겨자 먹기로 자사가 부담하는 수밖에 없었다.

구속력이 있는 제한 사항, 이사회가 지시한 내용, 법률 규정이나 정책 등은 항상 말로 주장할 때보다 문서화된 증거를 보여줄 때 훨씬 설득력이 있다. 구두 약속만 했는데 상대가 일을 처리하지 않았다면, 당신이 이의를 제기해도 상대는 적극적으로 해결책을 제시하기보다는 어깨를 으쓱하고 말 가능성이 더 크다.

그것이 바로 노련한 협상가들에게 다음과 같은 분명한 원칙이 있는 이유다.

기록을 남겼다면 가망이 있는 것이고
기록을 남기지 않았다면 가능성은 희박하다.

1. 사업이 잘 풀려서 이제 점점 늘어나는 제품 수요를 관리할 사람이 필요해졌다. 당신은 친한 친구와 이야기를 하다가 그가 이직을 고려하고 있다는 사실을 알게 됐다. 그가 적임자라고 생각한 당신은 업무를 소개하고 연봉을 제시하면서 친구에게 관리자 일을 맡아달라고 했다. 친구는 모든 제안에 동의하고 당신 회사에 합류할 준비가 됐다. 이제 어떻게 할까?

　① 법무사를 통해 친구와 협의한 사항을 요약한 위촉장을 발급한다? 맞았다. 분별력 있는 사람이라면 상호 간의 의무를 명시한 문서가 없을 때 어떤 문제가 발생할 수 있는지 알기 때문에 반드시 증빙 문서를 남겨둘 것이다. 서로 협의한 내용을 정리해서 공식 위촉장을 발급하고 복사본 2부를 만들어라. 이 서류를 친구에게 보내서 양쪽에 서명한 후에 1부는 돌려달라고 해도 좋고, 그가 업무를 시작하는 첫날 아침에 보여주고 서명을 받아도 좋다.

　② 친구와 오랫동안 친밀한 관계를 쌓아왔으니 구두 협의로 충분하다? 맙소사! 가장 친한 친구나 연인끼리도 사이가 틀어질 수 있다. 그런 일이 일어나면 정신적 충격은 말할 것도 없고, 비난과 맞대응이 오가면서 심한 스트레스를 받을 뿐 아니라 값비싼 대가를 치러야 할 수도 있다. 구두 약속에는 백지 한 장만큼의 가치조차 없다.

2. 당신은 노련한 국제 조달 관리자로, 수년간 다양한 국가에서 UN 등의 국제기구가 후원하는 단기 프로젝트를 진행해왔다. 최근 한 프로젝트를 성공적으로 완수한 당신은 어떤 개발도상국에서 신정부를 위한 조달 임무를 수행해달라는 제의를 받았다. 여러 번의 면접을 거쳤는데, 유일한 최종 후보가 당신이라는 확신이 든다. 이 일의 보수나 복지 혜택 등은 꽤 괜찮은 편이지만, 보안 문제 때문에 '단신 부임(가족 동반이 불가하다는 의미)'으로 2년의 임기를 채워야 한다. 결국 당신은 제의를 받아들이기로 하고 의뢰인 측에서 지원하는 비용으로 해당 국가에 넘어갈 준비를 마쳤다. 그런데 몇 번이나 요청했지만 당신은 출국 전까지 계약서를 받지 못했고, 현지에 도착하여 업무를 시작한 지 2주가 지났지만 상황은 여전히 마찬가지다. 어떻게

하겠는가?

① 일은 차례차례 진행되고 있으며, 당신이 고용된 이유도 바로 이런 지연 문제를 해결하기 위해서라는 현지 공무원과 대사관 직원의 구두 약속을 믿고 기다린다? ②보다는 낮지만 최선의 조치는 아니다. 구두 약속에는 아무런 효력이 없을 수도 있다. 만일 당신이 어떤 이유로 고객의 문제를 해결하지 못하고 있다면 그들은 당신의 계약 문제보다 조달 실패 문제에 더 우선순위를 둘 것이다. 서류가 없으면 정부기관이나 대행사로부터 대금을 지급받지 못할 수 있다는 사실을 기억해라(심지어 서류가 있어도 대금을 지급하지 않을 때가 있다).

② 신분이 보장될 수 있도록 정식 계약서를 보내라는 내용의 공문을 발급해달라고 고집한다? 약하다. 신분을 보장해달라고 '고집'한다는 것이 어떤 의미인가? 고집을 부린답시고 고국으로 돌아간다는 둥 부질없는 협박을 해도 의뢰인 측(그들 중에도 몇 달씩 급여를 받지 못한 이들이 있을지 모른다)은 꿈쩍도 하지 않을 것이다. 요청하는 내용을 기록으로 남겨야 하는 것은 분명 맞지만, 그것만으로는 부족하다.

③ 면접 합격 통지서, 현지 공무원 및 대사관 직원과 프로젝트 조달 책임자 직무에 관해 주고받은 모든 서신의 복사본을 만들고 집에도 보내서 안전하게 보관해둔다? 맞았다. 이런 서류나 당신이 직무에 관해 문의한 이력이 묵시적 계약의 증거 자료로 사용될 수 있다. 이런 것들은 내뱉은 직후 사라지는 구두 약속보다 훨씬 쓸모 있다. 물론 가장 좋은 자료인 정식 계약서만큼은 아니지만, 당신과 계약하려는 의뢰인 측 정부의 의도를 확인할 수 있게 하는 증빙 자료다. 이 서류들의 원본과 복사본을 모두 집에 보내줘야 한다. 그 나라에서 출국하는 길에 가방 검사를 받고 서류를 모조리 압수당할 수도 있다(나도 그런 경험이 있다).

7 | 협상가에게 가장 유용한 질문

트럭 한 대의 덫을 피하는 법

■ **자기평가 테스트 7**

1. 당신은 택배 업체를 운영하는데, 바쁜 주말을 앞두고 차 한 대가 고장 났다. 마침 친구가 여분의 트럭이 있으니 수리가 끝날 때까지 빌려주겠다고 한다. 친구는 '트럭한 대. 일주일 렌트 비용 120만 원'이라고 적힌 인수증을 주며 서명을 해달라고 한다. 어떻게 할까?

   ① 친구가 하라는 대로 서명한다.
   ② 법적 효력이 있는 정식 계약서를 쓰자고 주장한다.
   ③ 친구 사이에는 인수증 같은 것이 없어도 된다고 말한다.
   ④ 더 구체적으로 적어달라고 한다.

2. 어떤 석유회사가 당신에게 대규모 민간 프로젝트 계약 건을 협상해달라고 한다. 어

떻게 할까?

① 수익성이 좋은 석유 업계에 진출할 기회이니, 보수 문제로 너무 까다롭게 굴지 않는다.

② 시장이 탄탄한 만큼 높은 보수를 요구해도 된다.

③ 석유회사가 어느 정도의 보수를 제시할지 기다리면서 지켜본다.

④ 얼마를 받아야 이윤을 남길 수 있을지 따져보고 그에 맞는 금액을 요구한다.

일상적인 업무를 수행할 때는 경험이 큰 도움이 된다. 그 분야에서 일이 어떻게 돌아갈지 예상할 수 있고, 예기치 못한 상황 탓에 진땀을 빼는 일도 거의 없기 때문이다. 또 어느 한 분야에서 얻은 경험이 다른 분야에서 유용하게 쓰일 때도 있다. 이는 당신이 그 분야에 완전히 문외한이라서 무엇이 '정상'이며 무엇이 '비정상'인지 분간조차 할 수 없을 때도 마찬가지다.

나는 처음으로 석유·가스 업계에 입문했을 때 '의무인수(take or pay, 구입자가 일정 기간에 상품을 인도받지 않더라도 대금을 지급해야 하는 계약-옮긴이)'라는 형식의 계약이 흔하다는 사실을 알고 깜짝 놀랐다. 내 상식으로는 일정 시일 내에 물품을 보내거나 받지 못했다면 인도가 완료될 때까지 지급을 보류하는 것이 이치에 맞기 때문이다. 하지만 석유와 가스는 연중무휴로 출하되고, 기다리는 데 드는 비용이 만만치 않다. 이런 조건에서는 아무리 불가항력적인 상황이 발생하고 이해할 만한 사유가 있다 해도 지연으로 발생하는 문제를 해결하는 데는 도움이 되지 않을 것이다.

그렇다면 충분히 고민할 시간이 주어질지 알 수도 없는 상황에서 자신의 부족한 경험을 보완할 방법은 없을까? 중대한 문제를 앞두고 참고할 만한 협상 경험이 전혀 없다면, 단순히 운이 좋기만을 바랄 수는 없다. 다행히도, 당신이 협상의 기본 원칙에 따라 결정을 내린다면 얼마든지 운신의 폭을 넓힐 수 있다.

여기서 중요한 점은 협상에 걸린 돈의 크기에 연연하지 않는 것이다. 새로운 시장에 진출한 사람들은 지금까지 경험한 것보다 훨씬 더 크거나 적은 금액이 걸린 문제를 두고 협상을 해야 할 수도 있기 때문에 돈이 얼마나 걸려 있느냐는 그다지 신경 쓸 필요가 없다. 물론 첫 제안을 단번에 수락하는 초보자들이 바로 이 이유를 대며 자신의 행동을 합리화하곤 하지만 말이다. 당신이 평소에 몇십 단위로 협상을 하는데 누군가가 0이 몇 개나 더 붙은 액수를 언급하더라도 너무 놀란 티를 내서는 안 된다. 놀란 표정을 짓는 순간 당신의 협상 입장이 불리해진다. 한편, 평소 만지는 큰 금액에 비해 하찮은 액수가 오간다고 해서 진지하게 협상에 임하지 못하는 정반대의 덫에도 걸려들지 말아야 한다. 내가 아는 협상의 달인 중에서도 몇만 원이 걸린 작은 거래에서 실패한 경험이 있다고 털어놓은 사람이 있다.

비교적 가치가 낮다고 생각하는 대상에 상당한 액수의 돈을 제시하는(또는 정반대로 당신이 아주 가치 있다고 여기는 대상에 하찮은 액수를 제시하는) 사람이 있다면, 이 점을 기억해라.

그 사람이 정신 나간 것이 아니라

당신이 순진해 빠진 것인지도 모른다!

그러니 이런 상황이 발생했을 때는 서명을 하지 말고 계약서를 잡아챈 다음 얼른 도망쳐라. 어떤 시장에서는 헐값에 팔리는 물건이 다른 곳에서는 얼토당토않은 높은 가격에 거래될지도 모른다. 멍청한 짓을 했다는 사실을 뒤늦게 깨닫는 것만큼 자존감에 해로운 일은 없다. '거절할 수 없을' 정도로 매력적인 제안이라면 더더욱 신중하게 따져봐라.

글래스고 한복판에서 갈증을 느끼는 관광객은 물 한 통의 가격으로 얼마까지 지급할 용의가 있을까? 글래스고는 거의 1년 내내 비가 오는 곳이니 그리 큰 금액은 아닐 것이고, 당신도 물값으로 바가지를 쓰는 일은 거의 없을 것이다. 어리숙하게도 그 지역의 '생명수'라는 것을 한 컵 사버릴 가능성은 제외하고 말이다.

하지만 사막 한복판에서 당신이 물 한 통의 가격으로 낼 수 있는 돈은 얼마일까? 나는 몇 년 전 해외에서 석유탐사 작업을 하고 있는 영국인들에게 다이아몬드를 판매하려고 사륜구동차를 몰고 사막을 횡단한 적이 있다. 심한 탈수 증세가 시작돼 고통스러웠고, 물을 30킬로미터에 4리터씩은 마셔야 입안이 말라붙다 못해 쩍쩍 갈라지는 것을 겨우 막을 수 있었다. 불편한 건 그것만이 아니었다. 나는 선배들의 무시무시한 조언들에 신경이 곤두서 있었다. 문이 활짝 열린 술 공장을 지나칠 기회가 있더라도 절대 알코올을 입에 대서는 안 되며, 내 몸의 구멍이란 구멍은 다 메울 기세로 불어대는 모래 바람에 불평하지 말아야 하고, 무슨 일이 있어도 여자 문제는 생각조차 하지 말아야 한다는 내용이었다. 어떤 선배는 "낙타를 봐야 한다면 먼저 수컷이 맞는지부터 확인해"라고 충고까지 해줬다!

솔직히 말해, 어떤 이유에서건 그런 기후 조건에서 물을 구할 수 없는 상황이 한동안 지속된다면 나는 다이아몬드 샘플과 자동차를 전부 주고라도 물 한잔을 얻으려 했을 것이다. 그러므로 내가 처한 상황에 따라 좋은 가격의 기준도 달라지게 마련이다. 즉 협상에서 자신의 입장을 재빨리 정리하려면, 적정 가격이 얼마이고 이 거래로 어떤 영향이 생길 수 있는지 판단할 수 있도록 정보를 충분히 얻어야 한다는 의미다.

거래가 엎어지는 일이 너무 많다 보니 계약을 체결하고 이행하는 것만도 용하다는 생각이 들 때가 있다. 그러나 계약서에 빽빽이 적힌 조항들을 검토하는 일은 펜을 들고 서명하기 전에 이루어져야 한다. 일이 터지고 나서 변호사 사무실에서 뒤늦게 검토해봐야 아무 소용이 없다. 변호사를 선임하더라도 그들이 너무 많이 개입하려 하면 오히려 일이 더 복잡해질 수도 있고, 심지어 그들은 문제가 생각대로 풀리지 않으면 종종 책임을 회피하기도 한다.

새로운 국가나 익숙하지 않은 분야에서는 협상에 직접 뛰어들고 생존하면서 경험을 쌓아나가기가 어렵고, 온갖 함정에 빠지지 않는 법을 터득하기에는 위험 요소가 많다. 실패를 거듭하며 차곡차곡 경험을 쌓지 않고도 '단 한 번'의 협상에서 더 나은 결과를 얻고 싶다면, 제일 먼저 요행에 의지하려는 자세를 버려야 한다. 운이 모든 것을 해결해주지는 않는다. 당신이 직접 나서서 자신의 이익을 챙겨야 하며, 그러려면 무엇이 내게 이로운지 식별할 수 있어야 한다.

거래가 모두 끝나고 때늦은 깨달음을 얻을 순 있어도, 어떤 거래를 피해야 할지 사전에 예측하기는 쉽지 않다. 술집이나 파티 자리에 가면, 당신이 일을 어떤 식으로 처리했어야 한다고 조언해줄 똑똑한 이들이 차고 넘친다. 하지만 '사후' 통찰보다는 '사전' 통찰이 훨씬 희소 가치가 있는 재화다.

종종 상황이 우리를 그렇게 몰아가긴 하지만, 꼭 피해야 할 한 가지 유형의 거래는 '트럭 한 대' 계약이다. 이런 계약에서는 꼭 머피의 법칙처럼 엇나갈 수 있는 일들은 전부 엇나가고, 하필이면 보험료 납부를 깜빡한 후에 사건이 터져 보상을 놓치곤 한다. 잘못된 판단이 불러올 재앙을 피할 수 있는 시간은 계약서에 서명하기 전까지다. 먼저 협상을 하고 나서 서명해라.

오만의 수도 무스카트에서 한 '친구'가 제시한 자동차 임대계약서에는 다음과 같이 적혀 있다.

'트럭 한 대, 한 달 렌트 비용 500만 원'

깔끔하고 간단한 것 같은데, 어떤 문제가 있는 걸까? 복잡할 것도 없고 불필요한 양식이나 언쟁 거리도 없다. 500만 원을 지급하고 차를 가져가기만 하면 끝이 아닌가? 그러나 기억해라. 이런 계약서는 양쪽 당사자 모두를 머피의 법칙에 내맡기며, 어느 쪽도 보호해주지 못한다.

문제가 생겨 소송을 한다 해도 보람 없이 돈만 날릴 수 있다. 내가 일했던 어떤 국가에서는 판사에게 가장 큰 뇌물을 주는 사람이 소송에서 이기기도 했다! 어떤 식으로 소송을 치르건 법정에서 웃는 사람은 변호사와 그들의 은행 담당자들뿐이다.

당신이 트럭을 빌리는 쪽이라고 생각해보자. 차를 찾으러 갔을 때 '친구'라는 사람이 예전에 보여준 멀쩡한 차가 아닌 구석에 숨겨뒀던 망가진 고물차를 내주지 않으리라는 보장이 있는가? 물론 당신은 "이 친구는 나와 같은 학교 출신이에요. 정말 믿을 만하다니까요"라고 말할지도 모르며, 실제로 그가 당신의 가장 좋은 친구일 수도 있다. 그러나 영국에서 '길 위의 신사들(gentlemen of the road)'이라는 애칭으로, 미국에서는 '부랑자'라는 조금 더 노골적인 이름으로 불리는 빈털터리 협회 회원들은 자신이 몰락의 길을 걷게 된 배경을 소개하며 이렇게 서두를 떼곤 한다. "내 친한 친구와 동업을 하기로 하고, 아주 친절한 은행 직원을 만나 대출을 받았는데…."

이번에는 당신이 빌려주는 쪽이라면 어떨까? 트럭이 인도 당시와 동일한 상태로 반납되리라는 보장이 있는가? 차를 돌려받았는데(일단 돌려받기라도 했다면), 상태가 엉망이라서 행여 누가 타보기라도 할까 봐 차고 깊숙이 숨겨둬야 할 지경이면 어떻게 하겠는가? 당신도 '트럭 한 대' 계약에 걸려들 또 다른 바보에게 그 차를 떠넘겨야 할 것이다.

이렇게 '트럭 한 대' 계약에는 다양한 의견 충돌의 여지가 있다. 예를 더 들어보자면, 임대인이 트럭을 반납하는 시기, 보험 가입 여부,

주차 위반 벌금을 누가 내야 하는지 등의 문제로도 논쟁이 일어날 수 있다.

그렇다면 이런 계약을 피하는 방법은 무엇일까?

생각보다 어렵지 않다! 어떤 언어권에서든 같은 의미로 통하는 간단한 두 글자를 사용하여 되도록 많은 질문을 해봐라. 궁금한 내용이 완전히 해소될 때까지 계속해서 질문을 제기해야 한다. 두 글자는 다음과 같다.

만약

황량한 황무지에서 사륜구동차를 빌려주는 상황에 이 전략을 대입하여, 당신이 생각해낼 수 있거나 대답할 준비가 되어 있어야 하는 질문들에는 무엇이 있는지 살펴보자.

- 만약 임차인의 부주의나 일상적인 마모와 관련 없는 고장이 발생했고 예비 부품이 없는 상황이라면?
⋯▸ 교체용 부품이나 대체 트럭을 제공받는다는 내용의 보증 및 책임 조항을 협의한다.

- 만약 운전자의 부주의로 차량이 고장 난다면?
⋯▸ 운전자 과실에 의한 고장에 대해서는 수리나 대체 트럭을 제공할 책임이 없으며, 임차인이 비용을 부담하여 차량을 반납해야

한다고 주장한다.

- 만약 임차인이 부주의하게 주차해서 차를 도난당한다면?
⋯→ 이런 사례에서 법적 책임을 지지 않게 하는 면제 조항을 넣는다. 당신의 형제를 최종 권한을 지닌 유일한 중재인으로 임명하여 '부주의'의 범위가 어디까지인지 판단하게 한다.

- 만약 양쪽 다 보지 못한 사이에 누군가가 차에 흠집을 냈다면?
⋯→ 여기에도 면제 조항을 넣는다. 다만 임차인에게 차량을 인도하기 전에 함께 외관 상태를 확인하고 서류에 서명한다.

- 만약 차량이 압류되어 임차인이 영업 출장을 마칠 수 없다면?
⋯→ 대체 트럭을 즉시 제공하기로 하는 보험을 들고, 보험금은 차주 측에서 부담해야 한다고 주장한다.

- 만약 차를 도난당해서 임차인이 그달 안에 영업 출장을 마칠 수 없다면?
⋯→ 대체 트럭을 즉시 제공해주는 보험을 들어두기로 합의한다. 다만 영업에 지장이 생겨 발생한 손실에 대해서는 책임 의무를 인정하지 않는다(영업사원들이 상대를 탓하면서 '소소한' 거래를 놓쳤다고 말하는 경우는 없다. 그들은 '엄청난 대어'를 아깝게 놓쳤다고 말하는 낚시꾼보다 더 허풍이 세다).

- 만약 임차인이 부적절하게 행동하여 동네 사람들이 앙갚음으로 트럭을 박살 낸다면?
…▸ 이런 상황을 대비하여 '환급 가능한' 고액의 보증금을 받아뒀다가 환급을 거부한다(당신의 형제를 중재인으로 임명해라).

- 만약 임차인이 낙타를 들이받았는데, 낙타 주인이 배상금으로 트럭을 가져간다면?
…▸ 보증금을 환급해주지 않는다.

- 만약 국경 간 이동이 허가되지 않은 차량인 것을 모르고 임차인이 국경을 넘었다면?
…▸ 임차인이 국내에서만 차량을 쓸 수 있으며, 이민법을 위반할 경우 법적 책임을 물어야 한다는 조항을 넣는다. 또한 해외 반출 보증금을 청구하고 국경을 확인할 수 있도록 지도도 팔아넘긴다.

- 만약 차량의 손상이나 긁힘 정도를 두고 분쟁이 생긴다면?
…▸ 중재 조항을 따라 임명된 당신의 형제에게 판단해달라고 한다.

- 만약 임차인이 차량 임대 기간이 끝났지만 제때 돌려주지 못한다면?
…▸ 반납 기한을 초과할 경우 일 단위로 급격하게 높아지는 요금을 부과하고, 보증금을 환급할 수 없다는 조항을 넣는다.

- 만약 임차인이 법에 저촉되는 목적을 위해 트럭을 사용했다가 경찰에게 차량을 압수당하면?
- ⋯ 차량을 합법적으로만 사용하도록 요구하며, 그러지 않을 경우 보증금을 환급해주지 않는다.

- 만약 집에 갈 시간이 다 됐는데도 이런 '만약'의 상황들에 합의를 보지 못했다면?
- ⋯ 최후의 필살기를 쓴다. 내 조건에 동의한다면 지금 당장 차를 가져갈 수 있지만 그렇지 않으면 차를 빌려주지 않겠다고 말한다.

이런 '만약'의 예시들은 조금은 우스갯소리처럼 들리긴 하지만, 모든 협상가에게 중요한 메시지를 전해준다. 다음의 짧은 임대계약서를 읽고 앞서 소개한 '트럭 한 대' 계약과 비교해보자.

- 2019년형 신형급 사륜구동차. 총 주행거리 19,345킬로미터(계기판 확인)
- 모든 부품은 정상 작동하며, 19,000킬로미터에 정기 점검 완료함
- 스페어타이어, 팬 벨트, 배기장치, 플러그, 새 배터리, 체인 구비
- 주유 100리터 완료
- 임대인이 다음 주 화요일 오전 6시까지 차량을 호텔로 가져다주기로 함
- 렌트비 500만 원은 현찰로 납부

- 한 달 보험료, 교통법규 위반 시 법적 책임과 벌금 납부 의무는 전부 임차인에게 있음
- 차체 결함은 차량 인도 시 통지하며, 그렇지 않을 경우 특이 사항 없는 것으로 간주함
- 렌트 비용은 다음 주 화요일부터 11월 2일까지 한 달간 사용료이며 주행거리는 제한 없음
- 렌트 기간 종료 후 임차인은 기름을 채워 차량을 양호한 상태로 오전 6시까지 반납해야 함
- 손상이나 결함, 예비 부품 분실 시 현금으로 배상하기로 함

이 계약서가 법적으로 완벽하지 않을 수는 있지만 앞서 친구가 제시했던 '트럭 한 대' 거래보다는 확실히 더 낫다. 당신이 과거에 렌터카 업체에서 작성했던 계약서를 보면 그 점을 잘 알 수 있을 것이다. 이런 회사들은 '트럭 한 대' 계약을 피하는 데 선수이며, 그러지 못하는 업체들은 업계에서 살아남을 수 없다.

그런데 주도면밀하다는 점에서는 항공사들이 렌터카 업체보다 한 수 위다. 이들의 면책 약관에 따르면, 비행기가 활주로에서 당신을 들이받고 두 번이나 깔아뭉갠다고 해도 당신, 아니 당신의 배우자는 아무런 보상을 받지 못할 수도 있다. 항공사는 이른바 '바르샤바 협정(1933년 발효된 국제 항공운송 협정으로, 사고 발생 시 항공사의 책임을 규정함-옮긴이)'을 운운하면서 어떤 법적 책임도 지지 않으려 할 것이다. 신생 저가항공사들의 경우는 더 심하다. 비행기 안에서 또는 여행을 앞두고 흔히 발생

하는 온갖 문제에 대해 그들은 어떤 책임도 인정하지 않는다.

대형 계약 건에서 자신의 이익을 보호하려면, '만약'이라는 질문을 더 많이 던지고 답을 생각해둬야 한다. 특히 새로운 거래를 하거나 생소한 국가에 있을 때는 '만약'이라는 질문의 목록을 더 철저히 준비할 필요가 있다.

협상에서 상대방이 자신에게 유리하도록 미리 작성해둔 계약서를 내밀면 난감한 상황이 벌어진다(상대는 바로 그 점을 노리고 사전에 준비를 해 온 것이다). 이제 당신은 어디서부터 논의를 시작해야 할지 막막해질 것이다.

협상을 시작하기 전에 미리 질문을 하고 고민을 해본다면, 어떤 조건을 내걸고 협상을 하면 좋을지 아이디어가 떠오르기 마련이다. 어떤 거래에서든 '만약'이라는 질문은 수천 개씩 나올 수 있다. 평상시에 고려하기엔 너무 많은 숫자이지만 그중에서 몇 가지만 골라 검토해봐도 협상에서 내밀 수 있는 카드들을 찾아내는 데 도움이 될 것이다. 상황에 따라 변동될 수 있으며, 한쪽에서라도 가치 있게 여기는 대상이라면 무엇이든 맞바꿀 만한 조건이 될 수 있다.

물론 혼란의 시기를 지나고 있는 세계의 여러 지역에서는 '트럭 한 대' 계약 외에 다른 선택지가 없을지도 모른다. 다행히 자주는 아니겠지만, 혹여 이런 상황에 처한다면 그냥 받아들이는 수밖에 없다. '만약'이라는 질문이 상황에 어울리지 않는 경우도 있다. 예를 들어 위험 국가를 벗어나게 해줄 마지막 비행기 탑승을 앞두고 있다면, 만약이라는 질문은 시간만 지체시킬 뿐이다. 그러나 당신이 일하는 '멋진 도시'에서 협상을 할 때 이 질문을 하지 못했다면, 그건 변명의 여지가 없다. 유익한 조건은 놓치고 모든 위험 부담이 당신에게만 돌아가서 상대에게 전적으로 유리한 계약을 맺게 될지도 모른다.

■ **자기평가 테스트 7 해설**

1. 당신은 택배 업체를 운영하는데, 바쁜 주말을 앞두고 차 한 대가 고장 났다. 마침 친구가 여분의 트럭이 있으니 수리가 끝날 때까지 빌려주겠다고 한다. 친구는 '트럭 한 대. 일주일 렌트 비용 120만 원'이라고 적힌 인수증을 주며 서명을 해달라고 한다. 어떻게 할까?

① 친구가 하라는 대로 서명한다? 틀렸다. 이런 계약에 군말 없이 서명을 하면 당신의 위험 부담이 아주 커진다. 이 계약은 돌이킬 수 없고, 문제가 생긴다면 결국 중재인이 개입하여 무엇이 계약 범위에 포함되고 무엇은 그렇지 않은지를 판단해줘야 한다.

② 법적 효력이 있는 정식 계약서를 쓰자고 주장한다? 물론 시간이 충분하다면 정식 계약서를 쓰는 것이 양쪽 모두에게 좋겠지만, 문제는 시간이 부족하다는 것이다. 여유가 없을 때는 ④번처럼 해야 한다.

③ 친구 사이에는 인수증 같은 것이 없어도 된다고 말한다? 맙소사! 제 무덤을 파는 일이다. 물론 당신에게는 오랫동안 우정을 나눈 친구들이 있으리라고 믿지만, 다시는 안 보는 사이가 된 친구들도 그만큼 많을 것이다. 설마 아무와도 사이가 틀어진 적이 없다고 생각하는 건가?

④ 더 구체적으로 적어달라고 한다? 정답이다. '만약'이라는 질문으로 구체적인 사항들을 알아내고, 친구의 답변에 따라 협상해라. 당신에게 중요한 문제는 무엇이며 어떤 위험 요소에 대비하고 싶은지 알아보고, 그런 내용이 충분히 협의될 수 있도록 조치해야 한다.

2. 어떤 석유회사가 당신에게 대규모 민간 프로젝트 계약 건을 협상해달라고 한다. 어떻게 할까?

① 수익성이 좋은 석유 업계에 진출할 기회이니, 보수 문제로 너무 까다롭게 굴지 않는다? 틀렸다. '싼 몸값으로 유명해지는 것'은 부자가 되는 길이 아니다. 미래 전망만 보고 보수를 정하면 실망할 확률이 높다.

② 시장이 탄탄한 만큼 높은 보수를 요구해도 된다? 틀렸다. 검증되지 않은 추측은 위험하다. '높은' 보수는 얼마이고, '낮은' 보수는 얼마일까? 자신의 합리적인 기준에 따라 초임을 정하고, 상대가 문제를 제기했을 때(틀림없이 그럴 것이다) 방어할 만한 합당한 근거를 마련해두는 것이 좋다.

③ 석유회사가 어느 정도의 보수를 제시할지 기다리면서 지켜본다? 틀렸다. 당신이 너무 조심스럽게 구는 유형이라는 걸 상대가 알아챈다면 처음부터 더 낮은 액수를 제시할 것이다. 상대가 수락할 수 있는 조건이 어느 정도인지 나름대로 생각하고 그에 맞게 보수를 제시해도 상대는 이의를 제기하기 마련이다. 그러니 내가 용인할 수 있고 상대에게 합당한 근거를 댈 수 있는 수준에서 협상을 시작해야 한다.

④ 얼마를 받아야 이윤을 남길 수 있을지 따져보고 그에 맞는 금액을 요구한다? 정답이다. 당신이 그들에게 필요한 인재일수록 보수는 더 올라갈 것이다. 그러므로 항상 자신의 상황에 맞게 소신껏 보수를 요구해야 한다.

8 | 모든 건 '재협상'이 가능하다!

가만히 앉아 속 끓이지 않는 법

1. 새로 주문한 컴퓨터들이 방금 도착했다. 그런데 '설치'를 해준다던 업체가 한 일은 2미터 거리에 있는 콘센트에 플러그를 꽂고 전원을 켜주는 것이 전부였다. 당신이 기대한 것은 '설치 기사'가 새 장비들을 건물 내에 있는 스무 곳의 네트워크 그룹에 연결해주는 것이었다. 어떻게 하겠는가?

   ① 고객을 속였다고 판매자를 비난한다.
   ② '설치 기사'에게 컴퓨터들을 도로 가져가라고 한다.
   ③ 판매자 본사에 전화를 걸어 계약을 재협상하자고 한다.

2. 어떤 건설 컨소시엄의 현지 중개인이 토목공사 장비 구매가를 5퍼센트 할인해주면 요르단 납품 입찰에서 당신의 회사를 선정하겠다고 이야기한다. 어떻게 하겠는가?

① 3퍼센트만 할인해주겠다고 한다.

② 할인해주기로 한다.

③ 입찰 조건을 변경하면 가능하다고 한다.

기업 임원들은 회계부, 재무부, 법무부 사람들처럼 특정 분야를 잘 아는 전문가들의 이야기에 귀를 기울인다.

회계사들은 재정을 감독하고 재무 관리자는 적재적소에 예산을 할당한다. 그러니 전문가의 말에는 항상 귀를 기울여라. 또한 그들은 선천적으로 진지한 사람들임을 명심해라. 농담은 자기들끼리만 주고 받으니, 재미로라도 그들에게 농담을 건넬 생각은 하지 않는 것이 좋다. 또한 그들과 상사의 사이를 갈라놓을 생각은 절대 하지 말아야 한다. 혹시라도 그런 일이 생기면, 이 전문가들은 당신을 탐탁지 않게 보고 당신이 거래처들의 신망을 잃도록 요리조리 공격할 것이다.

내가 한 대기업 임원들을 상대로 컨설팅을 하던 때의 일이다. 문제의 요점은 이 회사 특정 부서의 지역 관리자들이 불리한 조건으로 계약을 체결한 것이었고, 회장은 약관을 바꿀 수 없다면 아예 계약을 파기하고 싶어 했다. 그들은 계약에서 동의한 조항 중에 막대한 비용을 발생시킬 수 있는 오류가 있다고 말했는데, 나의 해석 또한 그랬다.

이런 상황에서 나는 다음과 같은 이야기를 먼저 했다. "일단 서명한 내용은 반드시 지켜야 합니다." 여기까지 듣고 그 자리에 있던 회계사는 내 말에 동의한다는 듯 고개를 끄덕였다. 앞서 자신도 회장에게 같은 이야기를 했던 모양이다.

내가 이어서 말했다. "그러니 재협상을 해서 조항을 바꿔야 합니다." 회장은 과연 그게 가능할지 물었고, 나는 모든 계약은 재협상이 가능하다는 내 견해를 밝혔다.

이 시점에서 나는 회계사를 힐끗 바라봤다. 그녀는 더는 고개를 끄덕이지 않았고, '저 사람 바보 아냐?' 하는 눈빛으로 날 보고 있었다. 전문가들은 자신의 진지한 성격에 맞게 무뚝뚝하게 굴기를 좋아한다. 그녀 역시 퉁명스럽게 이야기했다. "그렇다면 우리가 한 건 계약이 아닌가 보군요." 회장은 미간을 모은 채 내 대답을 기다렸다. 나는 또 한 번 반복해서 "모든 계약은 재협상이 가능한 법이죠"라고 말한 다음, 잠시 뜸을 들였다가 이어서 이야기했다. "어떤 계약이든 약관 변경의 가능성을 차단하려 합니다만, 우리가 의사를 명확하게 전달하면 재협상을 향한 문이 열릴 겁니다." 이제 회계사는 대놓고 나를 비웃고 있었다. 아마 돈 한 푼 주지 않고 나를 문밖으로 내보낼 수 있겠다고 생각한 모양이다. "단어 표현은 조금씩 다르더라도 계약서에는 모두 비슷한 내용이 적혀 있습니다. 당사자들이 계약 조항에 전부 동의했으며, 양측의 서명 없이는 내용이 변경될 수 없다는 것이 요지죠."

"그건 다들 아는 내용이잖아요." 회계사가 퉁명스럽고 한편으론 의기양양한 목소리로 말했다. "그럼 다시 한번 말해드리겠습니다." 이렇게 나는 그녀의 의견에 반박함으로써 내 돈으로 점심값을 내야 할지도 모르는 위험을 감수했다. 사실 전문가에게 이의를 제기해서 득이 되는 경우는 거의 없다. 특히나 그들에게 대금을 지급하거나 거부할 권한이 있다면 말이다.

"양쪽의 서명 없이는 계약 내용을 변경할 수 없습니다. 그건 상대방의 동의가 있으면 다시 협상을 할 수 있다는 의미이기도 하니, 모든 계약은 재협상이 가능하다는 겁니다!"

"아, 그럼 상대를 어떻게 설득할 건데요?" 그녀가 말했다.

"음, 나도 쉬운 일이라고는 말하지 않았어요." 내가 천천히 대답했다. 그녀는 이제 체념했다는 듯 의자에 털썩 앉아 회의 내내 뾰로통한 표정으로 말 한마디 하지 않았고, 내가 이 일로 회사를 방문할 때마다 나를 본체만체했다.

회계사의 그런 태도는 비즈니스에서 꽤 흔히 접할 수 있으며, 이는 자신이 속한 협회 정회원이 아니면 일단 싫어하고 보는 회계사들만의 특성도 아니다. 그렇다고 내가 전문 회계사들이나 그들의 협회에 악감정을 품었다고 오해하진 않았으면 좋겠다. 내 사위도 회계사고, 내 친한 친구 중에도 회계사가 둘이나 있다!

사실 지금도 세계 곳곳에서는 일 단위로, 아니 분 단위로 계약이 체결되고 있다. 성사된 계약은 대부분 훌륭하고 좋은 것들이겠지만, 그렇지 않은 계약들도 분명 있다. 바로 이런 몇몇 계약 때문에 우리는 모든 것을 재협상할 수 있다는 사실을 자신에게 상기시켜줘야 한다.

내게 이 이야기를 처음 해준 사람은 에든버러에서 기업 고객을 관리하던 한 은행 간부였다. 그는 탁월한 협상가로, 보통 사람들이 밤잠을 설쳐가며 놓친 부분은 없을까 염려할 만큼 규모가 큰 계약 건들을 깔끔하게 마무리하는 능력자였다. 우리는 같은 동호회 회원이었지만 내가 계속 출장을 다닌 탓에 몇 년간 그를 만날 기회가 없었다. 한번은 그와 사업 이야기를 하고 있는데, 그가 최근에 나를 떠올렸다는 이야기를 했다. 자신이 담당하는 고객이 어떤 계약을 체결하고는 후회하고 있었는데, 그 거래에서 고객을 빼내 주려고 돕는 와중에 불현듯 내 책의 제목《모든 건 협상이 가능하다》가 떠올랐다는 것이다. 그와 동업자는 이 말을 단서 삼아 고객을 도울 방법이 있을지 찾기 시작했다. 동업자는 그 제목을 '모든 건 재협상이 가능하다'라고 재치 있게 바꿨고, 두 사람은 이를 실제로 입증해냈다.

계약을 재협상하는 일은 때로 스트레스를 불러오기도 하지만 긍정적인 문제 해결법이라고 할 수 있다. 재협상이 '계약 파기'로 이어진다면 스트레스는 더욱 심해질 것이다. 다만 나는 계약 파기라는 말보다는 '양측의 이익에 더욱 부합할 수 있도록 계약서를 재구성하는 작업'이라는 표현을 더 선호한다. 그런데 상대방 입장에서 자신에게 유리할 수도 있는 조항을 재협상한다는 데 동의해야 할 이유가 있을까? 당신이야 물론 조항이 불리하니 재협상을 원하는 것이지만, 상대의 입장은 정반대일 테니 말이다. 상대에게 이로운 계약을 재협상하는 데 동의를 받아내는 것이 늘 가능하지는 않으므로, 이쪽에서 어느 정도 '압박'을 가해야 할 수도 있다.

과거에는 복사기 임대 계약을 체결한 회사들이 끝도 없이 발생하는 추가 비용의 함정에 걸려들어 복사기 업체들의 배만 불려주는 일이 많았다. 다달이 날아오는 송장은 거의 상처에 소금을 뿌리는 격이었다. 이 업계는 영업사원들이 온갖 사기 행위를 자행하는 것으로 악명이 높았다. 심지어 나는 어떤 복사기 업체가 고객사 사무소장의 새

차 할부금을 지원할 목적으로 송장 대금 항목을 부풀려줬다는 이야기도 들었다. 이처럼 영업사원들은 노골적인 뇌물을 비롯한 여러 종류의 압력으로 기업을 구슬려 '순진한' 그들이 계약서에 서명을 하게 만든다. 이런 계약서는 양면으로 되어 있고, 뒷장에는 추가 비용을 발생시킬 수 있는 온갖 조항이 작은 글씨로 빼곡하게 적혀 있다. 제대로 알아보기도 어려운 이 조항들은 잘 해석해보면 영업사원이 거의 사기를 치는 것이나 다름없다. 본사는 언제나 그런 행태가 자신들과는 무관하다면서 관련자를 해고했다고 주장하지만(진위를 확인할 길은 없다), 그들에게 유리한 수상쩍은 조항들은 여전히 삭제하지 않는다.

이처럼 사기에 가까운 계약 이야기를 들을 때면 나는 피해자들에게 두 가지 선택지가 있다고 조언한다. 조용히 입을 다물고 돈을 내거나, 복사기 업체의 서비스부서가 감당해야 하는 비용을 증가시키는 작전을 펼치는 것이다. 출장 서비스를 불렀을 때 그들의 서비스에 조금이라도 빈틈이 있다면, 이를 트집 잡아 그들이 비용을 더 들이게 만들어라. 그러면 머지않아 본사에 있는 누군가가 이 문제에 주목하기 시작할 것이다. 출장 서비스 호출 빈도, 수리나 부품 교환 횟수, 고객사가 요청하는 보고서나 일반적인 사무 업무 내용이 일정 수준을 넘어서면 업체 쪽에서는 관심을 보일 수밖에 없다.

우선 상대는 '완벽한 서비스'만을 요구하는 당신이 그런 권리를 행사하지 않도록 설득하려 할 것이다. 그러면 당신은 그 말을 한 사람의 이름이 무엇이며 그가 정확히 뭐라고 이야기했는지 잘 적어뒀다가 나중에 그대로 인용해라. 만일 그들이 새로운 계약 조건(현재보다 임대료는 살짝 낮지만 임대 기간이 더 긴)에 기기를 새것으로 교체해준다고 하더라도, 제안을 거절하고 출장 서비스를 전보다 더 자주 요청해라. 복사기 업체가 출장비와 부품비를 청구하겠다고 위협할 경우, 당신도 '계약 위반'을 언급하며 계약을 해지하겠다고 대응해라. 그들이 일정 횟수(몇 번 안 되는) 이상의 출장 서비스를 거부할 때도 '조항 위반'으로 계약을 종료하겠다고 엄포를 놔라. 또한 그들이 팀장급과 영업사원을 보내 자기 쪽의 제안을 수락하라고 '설득'하려 한다면, 공손한 태도는 유지하되 합리적으로 굴지는 마라. 이런 상황이면 그쪽에서 계약을 해지하겠다고 협박하거나, 먼저 계약을 해지하자는 반가운 소리를 해줄 수도 있다. 그러면 당장 그 해지 요구를 받아들여라.

이 사례에서는 양쪽이 입은 비용 손실이 비교적 작았고, 복사기 업계의 착취 행태는 결국 법의 개입을 통해 점차 사라졌다(나는 금융 서비스 업계에서도 비슷한 사기성 행위가 나타났다가 이런 악습이 근절되는 과정을 목격했다). 당신은 다른 분야에서도 이런 방식으로 재협상에 필요한 사전 준비를 할 수 있다.

그렇다면 큰 예산이 드는 대형 계약 건은 어떨까?

재협상을 거친 계약들에는 모두 한 가지 공통점이 있다. 바로 상대방 측 지휘계통에서 최대한 높은 위치에 있는 담당자의 관심을 불러일으켰다는 점이다. 서비스 계약의 경우라면, 상대 회사의 생산성에 차질을 줄 정도로 비용을 발생시킬 수 있는 서비스에 어떤 것들이 있는지 알아내야 한다. 그러면 그 정보를 단서 삼아 가장 효과적으로 상대의 주의를 끌 방법을 찾을 수 있을 것이다.

영리한 변호사들은 고객들이 어떤 수법으로 비용을 발생시키려 들지 잘 안다. 그래서 과거에 고객들이 쓴 수법들을 꼼꼼이 기록해뒀다가 그에 맞게 계약서를 수정, 보완하여 나중에 발생할 수 있는 문제나 비용을 방지하려고 노력한다. 다시 강조하지만, 제1의 방어선은 상대가 제시하는 조건을 신중하게 따져보는 것이다. 공급 업체 측의 변호사는 공급계약서를 작성하며, 당신이 아닌 공급 업체를 위해 일한다는 사실을 기억해라. 한편, 덩치가 큰 구매 기업들은 자사 측 변호사가 작성한 자체 구매계약서를 발급한다.

정유회사들은 파이프라인 전체를 구매하든 연필 한 묶음을 구매하든 똑같은 계약서 양식을 사용한다. 예전에 한 석유회사가 우리 회사에 여러 페이지로 된 계약서를 이메일로 보낸 적이 있다. 거기에는 약관과 기술 규격서 전문, 각종 비용을 대비한 보증서 또는 보증금 11억 원(공급자 부담) 요청, 부주의에 의한 과실을 포함하여 어떤 경우에도 공급 업체에 배상을 하지 않는다는 조항, 엄격한 기밀유지 조항, 우리 측이 공급망 관리 강좌에 사용한 자료에 대한 저작권 권리 주장 등의 내용이 담겨 있었다. 그것들을 자세히 읽지 않으면 귀중한 지식재산권을 잃는 최소한의 손해를 포함하여 여러 문제가 발생할 수 있다. 당신이 동의하지 않는 내용에는 절대 서명하지 말아야 한다. 상황이 걷잡을 수 없을 정도로 악화되는 동안, '몰랐다'라는 변명은 아무런 도움도 되지 않는다. 손해를 앞둔 불리한 상황에서 재협상을 하는 것보다는 애초에 제대로 협상하는 것이 최선이다.

어떤 행동을 하고 난 뒤에야 '그렇게 하지 말았어야 한다'라는 지적을 받는다면, 기분 좋게 받아들일 사람이 어디 있겠는가. 그러니 쓸모없는 충고를 하거나 듣는 데 에너지를 낭비하지 말고, 한시라도 빨리 해결책을 찾는 데 집중해야 한다. 이미 엎질러진 물이다. 그러면 이제 어떻게 해야 할까?

재협상을 한다는 것은 과거에 양 당사자가 어떤 동의서를 작성했다는 의미다. 그 문서는 법적 효력을 지닌 계약서로, 통상적으로 업무를 수행할 때 따라야 하는 약관이 명시돼 있으며, 계약서마다 조항의 구체성은 달라질 수 있다. 당신은 바로 이런 약관들에 주목해야 한다.

가장 빠르게 약관을 '재협상'하는 방법은 상대측에서 최대한 높은 위치에 있는 간부에게 직접적으로 문제를 거론하는 것이다. 만약 당신이 아무런 권한이 없는 하급 직원의 관문을 넘지 못한다면 그들을 상대로 재협상을 시작해야 할 것이고, 일은 아주 더디게 진척될 것이다.

재협상은 '점잖은' 방식과 '점잖지 않은' 방식, 두 특성이 섞인 중간 방식으로 진행될 수 있다.

우선 '점잖은' 방식이란, 당신에게 정말 문제가 있고 그 정도가 심각할 때 상대가 조금이라도 편의를 봐주길 기대해보는 것이다. 일본의 철광석 협상가들은 20년도 더 전에 고정 가격으로 자재를 공급하겠다는 내용의 장기 계약을 체결한 일로 골머리를 앓아야 했다. 에너지 공급 업체들도 관세 변화의 영향으로 유사한 문제를 겪곤 했다. 이런 업계에서는 시장 상황에 따라 공급 자재의 톤 단위 또는 소비 에너지의 킬로와트 단위로 손해가 발생하기도 한다. 그럴 때 그들은 상대측이 비즈니스 '파트너'로서 자신들의 어려운 상황을 참작해주길 기대하며 '점잖게' 도움을 요청할 수 있다. 다만 이런 방식이 효과가 있을 때도 있지만, 그렇지 않을 때도 있다.

그렇게 해서 별 효과를 볼 수 없었다면 남은 선택지는 별로 없다. 지속적으로 물품을 공급하면서 막대한 손실을 감수하거나, 계속기업(going concern, 계속해서 존재하며 사업을 영위할 것으로 전제하는 기업-옮긴이)으로서 거래하기를 고의로 중단해서 손실을 피하는 방법 정도가 있을 뿐이다. 그들이 개별적인 법인으로서 장기 계약을 체결한 경우라면, 상대는 그들이 파산하더라도 모기업에 상환 청구를 할 수 없다. 그러면 결국 양 당사자 모두 손해를 보는 것 외에는 뾰족한 수가 없다. 파산한 기업에 상업 계약을 이행하라고 강제하려 해봤자 법률 비용만 낭비할 뿐이다.

계약상 불리한 입장에 있는 당사자는 바로 이 가능성을 구실로 재협상을 유도해볼 수 있다. 상대 회사는 과거에 실사를 진행하며 이런 허점을 포착해내지 못한 점을 후회하겠지만, 이는 장기적인 관점에서라면 몰라도 지금 당장에는 아무 쓸모가 없다. 이런 방식으로 재협상을 유도하려면 단호한 결단력이 필요하다. 그럴 때는 당신이 변화한 시장 상황을 고려하여 사정을 봐달라고 부탁했을 때 상대의 거절에 어떤 감정이 들어 있었는지 떠올리면 도움이 될 것이다. 무역회사들은 오랜 경험을 통해 계약 안에서 자신을 보호하는 법을 터득하지만, 당신과 거래하는 모든 기업이 반드시 그런 경험을 해보지는 않았을 수도 있다. 게다가 가장 치밀하게 다듬어진 계약조차 얼마든지 문제의 소지가 있을 수 있다.

무엇보다 상대가 어떤 변경안을 원할지를 알아내는 것이 중요하다. 그런 다음에는 내 쪽에서 계약 조항을 변경하자고 제안할 때 그것들을 맞교환 조건으로 내걸 수 있을지 평가해봐야 한다.

은행과 고객

도심 근교의 시골에 있는 어떤 은행의 지점장은 소매점 사장들과 은행 수수료 협상을 하고 나면 늘 난감한 상황을 겪곤 했다. 소매점 사장들 중 많은 수가 가족 또는 친지였기 때문이다.

그가 누구와 어떤 조건으로 계약을 하건 그 소식은 금세 퍼졌고, 다른 소매점 사장들이 아침 일찍부터 은행에 몰려와서 자기들도 이런저런 은행 수수료를 면제해달라고 요구하곤 했다. 그는 이 문제로 고객들을 응대하느라 시간을 아주 많이 빼앗겼다.

각각의 고객은 개별적인 거래처로 간주됐고 사업장마다 거래 이력이나 수수료 체계도 전부 달랐다. 하지만 그들의 성화에 지점장은 향후 12개월간은 확정적이라고 생각했던 거래 조건들을 어쩔 수 없이 재협상해서 변경해야만 했다.

지점장이 내게 조언을 구하자, 나는 그들이 찾아오는 것은 환영할 일이라고 말했다. 양측이 이미 합의한 내용을 재협상하는 것은 지점장 맘에 안 드는 부분을 재협상할 기회이기도 하기 때문이다.

나는 계약 내용을 바꾸자는 고객들의 요청에 한없이 응하는 대신, 다음에 방문하는 고객에게 이렇게 말해보라고 조언했다.

"싱 사장님의 법인 계좌 이야기라니, 반갑군요. 새로 협의하실 내용이 무엇인가요? 마침 저도 부탁드릴 문제가 하나 있어서 함께 조정해나가야 할 것 같네요. 테이블에 계약서를 올려놓고 서로 어떻게 도울 수 있을지 이야기를 나눠볼까요? 구체적으로 어떤 도움이 필요하신지요?"

지점장은 이미 합의가 끝난 계약을 재협상하자는 요청을 받았을 때 각 거래처와 관련 있는 구체적인 건의안을 제시해달라고 요구했다.

이 방식을 시도하고 나서 약 7개월 동안 그는 고객들과 흥미로운 대화를 나눈 적은 있지만, 지점장 자신이 바라는 변경안을 협상 테이블에 올린 후에도 기존의 합의 내용을 변경하자고 우기는 고객은 거의 없었다고 말했다. 그들은 "생각을 좀 해보겠다"며 자리를 떠났고 대부분은 연례 검토일이 도래할 때까지 다시 나타나지 않았다. 그렇다고 거래처를 다른 곳으로 옮긴 고객도 없었다. 그들은 여전히 지점장과 즐겁게 '대화'를 나눴다. 사교성을 아주 중요하게 생각하는 사람들이었기 때문이다.

두 번째 방식은 그다지 점잖지 않다. 당신의 사정상 큰 변화가 필요해서 특정 계약을 재협상하거나 종료해야 할 수도 있고, 다른 이유들로 거래 자체에서 완전히 빠져나오고 싶을 때가 있을 것이다. 재협상이 필요한 이유는 너무도 다양해서 여기에서 전부 다루기는 불가능하다.

협상가들은 때때로 누군가를 대신하여 방침을 전달하기도 한다. 그렇게 하는 것에 거부감이 없다면 내 제안대로 해보는 것도 좋다('난 위에서 시키는 대로 한 것뿐이에요'라는 의미를 내포하는 '뉘른베르크 방어'는 합법적인 정당방위로 간주되지 않으며 확실히 도덕적인 방어책은 아니라는 점을 기억해라).

대부분의 계약에는 '해지' 조항이 포함되어 있어, 한쪽에서 합법적인 계약을 일방적으로 해지할 수 있는 근거들을 명시한다. 그 안에는 송장 대금을 제때 지급하지 않거나 양질의 상품을 공급하지 않거나 상대측의 평판을 떨어뜨리는 등 각종 계약 의무 위반에 관한 하위 조항이 포함되어 있다. 영리한 변호사들은 정책을 더욱 강화할 목적으로 상대가 계약을 위반했을 경우 그것을 30일(또는 60일이나 90일) 이내에 바로잡아야 하며, 그러지 않을 경우 피해를 본 쪽에서 계약을 일방적으로 해지할 수 있다는 처벌적 의무 조항을 추가하기도 한다.

더 나아가 '계약을 위반한 쪽이 시정 가능한 부분을 30일 이내에 바로잡을 것'이라는 요구 조항을 끼워 넣는 기업들도 있다. 이런 조치들은 손해 입은 쪽을 보호하는 안전장치 역할을 할 수 있을 것이다. 같은 이치로 계약서에는 '시정이 완료된 한 차례의 계약 위반 건이 전체 계약을 무효화하지 않는다'라는 내용이나 '어떤 위반 사항에 특별한 조치가 없더라도 향후 같은 사항을 위반할 경우 따르는 책임이 면제되지는 않는다'라는 내용이 포함되기도 한다.

어지럽지 않은가? 법률 용어들을 읽다 보면 머릿속이 복잡해진다. 그러나 협상가들이 이런 조항을 꼼꼼하게 읽어보고, 무엇보다도 중요하게는 전문 변호사가 아닌 협상가의 입장에서 따져본다면 반드시 도움이 된다. 변호사들이 유능한 건 사실이지만, 상대측 변호사는 당신이 아닌 상대를 위해 일한다. 알다시피 그가 변호사에게 돈을 주지 않는가.

우리가 주목해야 할 핵심 문구는 '시정 가능한 부분'이다. 물론, 이 말은 상대가 계약을 '본의 아니게' 위반하고 나서 그것을 잘 바로잡기만 한다면 기존의 파트너 관계를 안정적으로 유지할 수 있다는 의미로 느껴지기도 한다.

하지만 재협상을 원하는 당신에게 그것은 너무 편협한 관점이며 시야를 더 넓히는 것이 좋다. 나는 수년간 다양한 계약 위반 사례를 다루면서 바로 이 부분을 근거로 진지한 재협상의 포문을 열거나, 의뢰인이 원할 경우에는 계약을 해지시키기도 했다. 때로는 업계 최고의 고문 변호사를 선임한 자산 가치 몇조 원의 기업들도 상대해야 했다.

이들은 크게 힘 들이지 않고도 우리 쪽을 이길 수 있다고 자만했지만, 한 가지 중요한 단어를 간과하곤 한다.

비즈니스 관계에서 모두가 그 존재를 인정하지만 명확한 정의는 내리지 않는 한 가지 영역이 바로 '신뢰'다. 신뢰의 관점에서라면, '시정 가능한'이라는 별문제 없어 보이는 표현에 다양한 해석의 여지가 만들어진다. 상대를 '신뢰 위반'으로 공격해라! 상대의 계약 위반을 신뢰의 문제로 돌리면, 30일 이내든 언제든 '시정 가능한'이라는 그들의 변론이 힘을 잃을 것이다.

'신뢰 위반'을 어떻게 바로잡을 수 있을까? 이 문제는 내게 묻지 말고 이혼 법정의 사람들이 하는 이야기를 들어봐라. 한껏 격앙된 그들은 배우자의 배신에 어떤 기분이 든다고 말하는가? 변호사들이 어떤 식으로 그들을 변론하는지도 들어봐라.

예를 들어 당신의 사업 파트너가 잘못된 송장을 보냈다면, 서면으로 불만 내용을 통지하고 신뢰 위반의 문제를 언급해라. 신뢰 앞에 '수탁인(fiduciary)'이라는 단어를 추가하여, 상대측이 '수탁인의 신뢰 의무'를 위반했다는 내용으로 편지를 보내는 것이다.

상대방이 이런 항의서를 받았다면 바로 변호사를 불러야 하지만 대부분은 그렇게 하지 않는다. '수탁인'이라는 단어의 의미를 알 정도의 인사들은 회사로 날아오는 모든 편지를 읽지는 않기 때문이다. 사전에는 '수탁인'이 '다른 사람(예를 들면 상업 파트너)의 이익을 위해 어떤 행위를 할 책무를 지닌 사람'이라고 설명되어 있다.

공급 업체, 판매 담당 대리점, 합작회사, 고객 등 상업 파트너들과의 관계에서는 당사자 간의 신뢰가 명확하게 요구된다. 고객들은 당신이 협상가로서 하는 이야기를 성실히 이행하리라고 신뢰할 권리가 있다. 또한 공급 업체가 물품을 발송하면, 우리는 상자 겉면에 쓰인 문구와 그 안에 있는 물품이 일치하리라고 믿을 권리가 있다.

판매 내역서, 활동 보고서, 당신을 대리하여 처리한 일들이 정리된 장부, 비용 청구서, 거래 명세표, 품질 보증서, 공정 상황, 판매 전망, 비용 견적, 소유권 증빙, 유선상으로 확인한 내용, 그리고 무엇보다 상대가 당신에게 한 약속들은 전부 수탁인의 신뢰 범주에 속하는 문제다. 따라서 당신이 일어난 일의 결과에 맞게 해석할 수 있는 영역이기도 하다.

그러므로 신뢰는 중요하다. 또한 당신과 사업 파트너 사이에서 수탁인의 신뢰 위반이 발생한다면 시정할 것을 요구할 권리가 있다. 믿고 의지하던 누군가가 실제로는 완전히 당신을 기만하고 있었다는 사실을 깨닫는 것만큼 비참한 일도 없지 않은가.

여기서 '수탁인의 신뢰 위반'이 제 몫을 톡톡히 한다. 이와 관련된 위반 사항이 발생했을 때는, 당신에게 불리했던 약관을 재협상하든 계약을 일방적으로 해지하든 정당하게 구제책을 요구할 수 있다. 상대가 정해진 기일 안에 문제를 바로잡겠다고 제안해도 충분하지 않다. 신뢰 위반이라는 문제에 관한 한 손쉽고 저렴한 구제책이란 존재하지 않으며, 사실상 구제책이 없다고도 볼 수 있다.

신뢰 위반으로 간주할 수 있는 사소한 사건 하나가 당신의 보상 요구를 정당화하기에는 부족할 수도 있다. 그러나 전체 그림에 비하면 하찮아 보이는 행위들도 연속적으로 발생했을 때는 아주 심각한 문제로 간주할 수 있다. 그렇다면 의무 불이행 행위는 몇 번까지 용인해 주는 것이 합리적일까? 당신에게 이익을 제공할 의무가 있는 상대가 연속적인 신뢰 위반 행위를 한다면 이는 절대 정당화될 수 없다. 아니, 당신이 어떤 기준을 가지고 있느냐에 따라 단 한 차례의 위반 행위조차 정당화될 수 없는 경우도 있다.

"여자가 한을 품으면 오뉴월에도 서리가 내린다"라는 말이 있다. 어떤 이들은 마치 사무치는 원한을 품은 여인이 된 듯 상대의 신뢰 위반을 맹렬히 공격한다. 그러나 나는 '수탁인의 신뢰 불이행' 작전을 쓸 때는 분노보다는 슬픔을 앞세워 침착하게 대처할 것을 권한다. 협상 테이블에 앉아(또는 전화로) 이야기할 때는 신중하게 행동하는 편이 훨씬 효과적이다.

당신이 상대 쪽에 더 유리한 계약을 해지하려 하면, 상대는 문제가 되는 조항(예를 들면 자기평가 테스트에서 예로 든 컴퓨터 '설치'와 같이 오해의 소지가 있는 내용)을 재협상하자고 제안할 가능성이 크다. 그러면 앞으로 어떻게 할 것인지는 당신에게 달렸다. 상대 쪽에서는 계약 해지를 막으려고 지금까지 협상에서 숨겨왔던 유연성을 보이는 등 적극적인 자세를 취할 것이다.

■ 자기평가 테스트 8 해설

1. 새로 주문한 컴퓨터들이 방금 도착했다. 그런데 '설치'를 해준다던 업체가 한 일은 2미터 거리에 있는 콘센트에 플러그를 꽂고 전원을 켜주는 것이 전부였다. 당신이 기대한 것은 '설치 기사'가 새 장비들을 건물 내에 있는 스무 곳의 네트워크 그룹에 연결해주는 것이었다. 어떻게 하겠는가?

① 고객을 속였다고 판매자를 비난한다? 틀렸다. 판매자를 비난하는 것은 불평·불만처럼 들릴 것이고, 이제 당신은 단순한 불평이 문제 해결에 거의 쓸모없다는 사실을 알고 있다. 당신에게 필요한 것은 컴퓨터를 제대로 설치하는 것이지, 누가 당신에게 어떤 말을 했는지를 두고 언쟁하는 것이 아니다. 다만 일이 일어난 순서와 판매자가 했던 이야기를 기억나는 대로 적어둔다면 ③에서 유용하게 써먹을 수 있을 것이다.

② '설치 기사'에게 컴퓨터들을 도로 가져가라고 한다? ③번과 비교하면 최선의 조치는 아니다. 설치 기사에게 컴퓨터를 가져가라고 말하는 것은 단호한 행동이긴 하나, 더 중요한 건 그다음에 따라오는 일이다. 당신 회사의 다른 직원이

배송 인수증에 서명하고 제품을 개봉하기까지 했다면 수령이 완료된 것으로 간주될 수도 있다. 만약 계약 조건을 재협상하고 싶다면, 박스 몇 개를 제외한 대다수가 아직 트럭에 실려 있는 상태에서 수령을 거부하는 것이 가장 효과적이다. 배송 인수증에는 보통 제품 수령을 거부하고 반송을 요청할 수 있는 기간이 언제까지인지 명시되어 있다. 당신은 계약서에서 관련 조항을 확인하고 꼭 기한 내에 업체에 연락해야 한다. 제품을 수령하고 일정 기간이 흘러간 상황에서도 '설치'라는 단어의 범위가 어디까지였는지 알아채지 못하면 문제가 더 복잡해질 것이다.

③ 판매자 본사에 전화를 걸어 계약을 재협상하자고 한다? 맞았다. 본사 판매부서에 전화를 걸어 고함을 치지 않고 차분하게 거래 조건을 재협상하자고 하면 그들의 주의를 끌 수 있을 것이다. 물론 그들이 즉시 요청을 거부할 수도 있다. 그럴 때는 이 장에서 소개했던 '수탁인의 신뢰 의무 위반'을 주된 이유로 삼아, 재협상에서 더 나아가 계약 해지까지 요구해볼 수도 있다.

2. 어떤 건설 컨소시엄의 현지 중개인이 토목공사 장비 구매가를 5퍼센트 할인해주면 요르단 납품 입찰에서 당신의 회사를 선정하겠다고 이야기한다. 어떻게 하겠는가?

① 3퍼센트만 할인해주겠다고 한다? 틀렸다. 중개인에게 3퍼센트 할인을 제안하면 그는 컨소시엄 관계자들에게 당신이 어떤 제안을 했는지 보고할 것이다. 그 이야기를 들은 관계자들은 오히려 5퍼센트나 그 이상을 밀어붙이려 할 것이다. 일단 가격을 깎아주기 시작하면 미끄러운 비탈길에서 굴러떨어지듯 끝도 없이 내려가야 할지도 모른다.

② 할인해주기로 한다? 절대 안 된다! 곧바로 동의하는 건 ①번보다도 더 경사가 급한 비탈길에 올라서는 행위다. 그들은 당신이 더 빨리 굴러떨어질 수 있도록 기름을 들이부을 것이다!

③ 입찰 조건을 변경하면 가능하다고 한다? 정답이다. 이렇게 제안함으로써 당신은 가격 방어선이 서서히 무너지는 것을 방지함과 동시에 상대의 제안을 기꺼이 고려해볼 의향이 있다는 신호를 보낼 수 있다. 상대방이 어떤 입찰 조건을

변경하고 싶은지 물었을 때 당신은 구체적으로 대답할지 아니면 모호하게 대답할지 선택해도 된다. 그러나 어떻게 하기로 정하든, 이런 상황에서는 항상 상대가 원하는 것과 당신이 원하는 것을 맞교환해야 한다는 점을 분명히 전달해야 한다. 요약하자면, 가격 할인과 입찰 조건 변경을 떼어놓고 협상해서는 안 된다.

9 | 늑대가 썰매에 관심을 두지 않게 하려면

선의의 양보라는 미신을 극복하는 법

■ 자기평가 테스트 9

1. 당신은 광섬유 케이블 제조 업체를 운영하는데, 어느 날 유럽 최대의 케이블회사 사장이 여러 차례의 거절 끝에 당신을 만나주겠다고 했다. 사장은 히스로 공항에서 호주행 비행기에 탑승하기 전에 잠깐 여유가 있으니 5번 터미널로 찾아오라고 했다. 절호의 기회가 온 것이다! 약속에 조금 늦은 사장은 출국심사장으로 향하면서 "당신 회사 엔지니어들이 테스트 후 특허 등록까지 마친 6-시그마 리피터 케이블을 6개월간 납품할 경우 최저가로 얼마를 제시할 수 있습니까?"라고 묻는다. 어떻게 할까?

① 최저 견적가를 있는 그대로 알려주고 일단은 '발을 들여놓는 것'에 집중한다.

② 최저가보다 약간 더 비싸게 부른다.

③ 협상의 여지를 남겨둘 수 있도록 우선 높은 가격을 제시한다.

④ 사장에게 편안한 여행을 하라고 빌어준다.

2. 대형 화학회사의 구매 담당자가 당신이 제시한 나프타 가격을 듣고 "이렇게 경쟁이 치열한데 그런 가격이 가당키나 하겠소?"라고 이야기한다. 어떻게 반응해야 할까?

① 주문만 한다면 그 대가로 가격을 할인해준다고 제안한다.

② 당신이 제시한 가격이 타사보다 얼마나 높은지 묻는다.

③ 그냥 다른 업체와 거래하라고 제안한다.

④ 타사가 어떤 제안을 했는지 보여달라고 한다.

⑤ 당신의 제안서 중에 어떤 부분이 맘에 들었는지 묻는다.

협상가들이 당면하는 가장 어려운 과제는 역설적이게도 '양보'일 것이다. 그런데 간단한 규칙 하나만 잘 지켜도 평균 이상의 성과를 기대할 수 있다.

거래를 할 때는 성 프란체스코보다

스크루지 영감처럼 행동하라.

인정머리 없는 조언이라고 생각할지도 모르지만, 당신이 거래를 원활히 성사시키려고 너그럽게 굴어봤자 그런 행동은 상대에게 전염되지 않는다(전염이 된다면 얼마나 좋겠는가만).

실제로 내 경험에 비춰 보면, 상대를 움직이고 싶을 때 당신이 할 수 있는 최악의 행동은 스스로 먼저 숙이고 들어가는 것이다. 당신이 이미 양보를 한 마당에 상대가 뜻을 굽힐 이유가 있을까? 그는 꿈쩍도 하지 않고 어떻게 하면 더 많은 양보를 받아낼 수 있을지 궁리할 것이다. 뜻을 조금 굽히는 것이나 완전히 양보하는 것이나 효과는 거의 같다. '팽팽한' 협상 상황에서 나보다 상대에게 더 중요할지도 모르는 무언가를 공짜로 넘기다시피 했다면, 어떤 유익을 기대할 수 있겠는가.

당신이 협상에서 양보할 생각을 완전히 뿌리 뽑길 바라며, '선의의 양보'라는 미신을 살펴보고자 한다. 이 이론은 어디에서 유래했을까? 분명하진 않지만 내가 알아낸 바에 따르면, 그 기원은 1890년대 캐나다 북부 허드슨만 지역에서 활동한 비요른 매켄지라는 행상인에게까지 거슬러 올라간다. 추가 연구에서 또 다른 기원이 밝혀진다 한들 큰 상관은 없다. 중요한 건, 이 이론이 이미 비즈니스 각계각층에 널리 퍼져 영향을 미치고 있다는 사실이다. 협상가들에게 선의의 양보를 하고 있느냐는 질문만 해봐도 이 행위가 얼마나 만연해 있는지 알 수 있다(내가 1장에서 다룬 첫 번째 질문에 절대다수가 고른 답이 무엇이었는지 생각해 봐라).

선의의 양보를 입 마르게 찬양하는 사람들은 내 비판을 잘 받아들이지 않는다. 협상 세미나를 진행할 때마다 나는 선의의 양보라는 습관을 옹호하는 이들에게 거센 항의를 받곤 했다. 그들이 공통으로 제시하는 근거는 다음과 같다.

"난 협상 초기에 사소한 것을 양보해서 상대를 누그러뜨리곤 해요."
"누군가가 나서지 않으면 협상에 진전이 없을 겁니다."

경험보다는 착각에서 비롯된 이 주장들을 들어볼 때, 그들은 좋은 거래를 낳는 행동이 무엇인지 완전히 혼동하고 있는 것 같다. 물론 내가 이토록 직설적으로 이야기하는 것은 아무 쓸데 없이 사람들을 모욕하기 위해서가 아니다. 내 목적은 그들의 심기를 불편하게 해 진지한 고찰을 해보도록 유도하는 것이다.

선의의 양보를 옹호하는 첫 번째 주장의 경우, 이를 입증하는 증거는 무엇인가? 내가 놓친 부분이 있을지도 모르기에 '모든'이라는 말을 쓰지는 않겠지만, 적어도 '내가 아는' 모든 연구에 따르면 오히려 정반대가 사실인 것 같다.

선의의 양보는 상대를 '누그러뜨리는' 것이 아니라

오히려 더 '완강하게' 만든다!

잠깐만 생각해봐도 양보를 옹호하는 사람들의 주장이 틀렸음을 알 수 있을 것이다. 자신의 너그러운 면을 보여줘서 상대를 누그러뜨리면 자연스럽게 너그러운 행동을 유도할 수 있다고 생각했는가? 그건 상대가 당신의 행동을 다르게 읽을 수 있다는 가능성을 간과한 판단이다. 상대가 당신의 행동을 해석하는 방식은 아마 두 가지일 것이다. 하나는 '선의를 베풀고 있다'라는 해석이고, 다른 하나는 '약한 모습을 보인다'라는 해석이다.

상대가 설령 당신의 행동을 선의로 받아들였더라도, 자기 또한 관대하게 행동함으로써 선의의 양보에 화답해야 한다는 필요성을 강하게 느끼지 않을 수 있다. 오히려 당신보다 덜 타협적인 자세로 나가고 싶다는 유혹을 받을 것이고, 사실 그렇게 할 선택권이 있기도 하다. 그리고 상대가 두 번째 방식으로 당신의 행동을 해석한다면, 더욱 완강한 태도를 취하는 쪽으로 마음이 기울 것이다.

상대가 어떤 점에서 나보다 더 우위에 있는지 아는 상황이라면, 무조건 양보를 해야 한다는 강박에 사로잡혀 있지 않고서야 대부분은 선의의 반응보다 강경한 반응을 보인다. 만일 당신과 상대가 모두 양보해야 한다는 강박을 느끼는 스타일이라면, 언제나 서로를 협상 상대로 만날 수 있길 빈다.

하지만 당신과 다른 부류의 사람을 만나면 어떤 일이 일어날까? 당신의 양보 전략이라고 해봤자, 상대방이 당신의 본보기를 따라 그 자리에서 마음을 바꾸기를 바라는 것 외에는 뾰족한 수가 없다. 그렇다면 상대의 마음을 어떻게 돌릴 것인가? 당신이 양보한 건 사실 상대의 마음을 누그러뜨리기 위해서였다고 털어놓을 것인가? 그것은 낙하산도 없이 비행기에서 뛰어내리는 행위다. 아니면 너무 솔직하게 굴지 않고 자신의 진짜 동기를 숨길 것인가?

상대를 누그러뜨린답시고 당신이 한 행동에 어떤 결과가 따를 것 같은가? 인간 본성에 관한 박사 학위가 없더라도, 상대가 당신의 양보를 강함이 아닌 약함의 표시로 받아들이리라는 사실은 쉽게 짐작할 수 있을 것이다.

이번에는 두 번째 주장으로 넘어가, 양보 강박증을 가진 이들의 말에서 느껴지는 절박함에 주목해보자. 즉 '누군가가 나서지 않으면',

'일을 진전시킬 수 없다'라는 주장 말이다. 전략상 이 주장에는 첫 번째 주장과 같은 반응을 끌어낸다는 취약점이 있다. 선의보다는 더 완강한 태도를 도발할 가능성이 더 크다는 의미다. 다른 볼일이 있어서, 상대가 내놓은 물건이 꼭 필요해서, 단순히 인내심이 없어서 등 당신이 어떤 중요한 이유로 협상을 오래 끌 수 없다고 해서 상대도 당신과 비슷한 압박에 시달리고 있으리라는 법은 없다. 상대 입장에서 급할 것이 없다면 당신의 절박함을 보고 어떤 생각을 하겠는가? 당신이 발을 동동 구르는 동안 늑장만 부리면서 더 큰 압박을 가하려 할 것이다.

만일 상대방 역시 급한 상황이라고 가정한다면, 이때는 선의의 양보가 최선의 전략이 될 수 있을까? 당신이 한 일이란, 아무런 조건 없이 상대가 원하는 방향으로 한 걸음 움직인 것에 불과하다. 항복을 하려고 미끄러운 비탈길 꼭대기에 제 발로 올라간 셈이다. 압박을 가하거나 조금 미적거렸다는 이유로 상대의 양보를 받아낼 수 있다면, 누구든 더 세게 밀고 나가는 것이 최선의 전략이라고 생각하지 않겠는가?

1960년대 학생 시절에 나는 런던 지하철 기관사들의 파업 회의에 가서 선의의 양보에 어떤 문제가 있는지 잘 드러나는 한 가지 이야기를 들었다. 그때는 방학 기간이었고, 나는 노조 관계자의 비서가 병가로 자리를 비운 사이에 대신 일을 하면서 전화 업무나 잔심부름 등을 했다. 그러다가 한번은 차량 기지 밖에서 파업 중인 직원들의 회의에 참석할 기회가 생겼다.

회의 참석자 중 누군가가 경영진의 위협적인 발언을 의식하여 노조의 파업 전략에 비판의 목소리를 냈는데, 의장이 그 응답으로 어떤 이야기를 들려줬다. 나는 거기에 약간의 장식을 더해 이곳에 소개하려 한다.

툰드라 북부 지역 사람들은 선의의 양보자들보다 훨씬 더 현명하다. 쓰디쓴 실패를 몸소 겪어가며 선의의 양보에 어떤 문제가 있는지 똑똑히 배웠기 때문이다. 혹여 어떤 선의의 양보자가 노르웨이 북부, 시베리아, 캐나다, 알래스카 등지의 북극권 촌락에 들러 양보에 대한 자신의 애정을 드러냈다가는 섭씨 영하 40도의 눈보라 속으로 내쫓길지도 모른다. 어떤 교역소에서는 선의의 양보가 지방 조례로 금지되어 있고, 법원은 해당 조례를 위반한 도시인들에게 결코 선처를 베풀지 않는다. 그들은 선의의 양보를 철저히 반사회적인 행위로 간주한다.

어떤 일이 일어났던 걸까? 아주 오래전 도시의 영업사원들이 냉장고, 선탠 크림, 차가운 맥주 같은 문명의 이기를 판매하러 처음 진출했을 때 이곳 사람들은 세계적인 명성에 걸맞은 온정과 따뜻함으로 영업사원들을 반겨줬다.

영업사원들은 개썰매에 판매할 물건들을 싣고 소도시를 오갔는데, 나는 이들을 단순한 영업사원이 아닌 세일즈'맨'이라고 부르고 싶다. 재앙의 원인을 제공한 이들은 남쪽에서 넘어온 약삭빠른 남자들이었으며, 당시 툰드라에 있는 여성이라곤 그곳에서 나고 자란 이들이 전부였기 때문이다. 문제는 그중의 한 세일즈맨이 다른 문명의 폐해와 함께 선의의 양보라는 백해무익한 관행을 들여왔다는 것이다.

처음에 원주민들은 자신의 보금자리에 스며든 독이 무엇인지도 모르는 채 새로운 친구들의 방문을 기쁘게 반겼으며, 삶은 한동안 평소처럼 흘러갔다. 그러다가 원주민들이 썰매를 오래 타고 다른 소도시로 넘어가야 하는 세일즈맨들에게 식량을 사냥하는 방법을 가르친 것이 화근이 됐다. 재앙은 서서히 번져나갔지만, 일단 탄력을 받고 나서부터는 극단의 조치 없이는 도무지 진압이 불가능했다.

스웨덴인과 스코틀랜드인의 피가 섞인 것으로 추정되는(전승되는 이야기들이 조금씩 다르다) 맥주 상인 비요른 매켄지는 어느 날 오후, 몇 킬로미터 뒤에서 자신을 뒤쫓고 있는 늑대의 존재를 감지했다. 그는 방금 큰 엘크 한 마리를 사냥하여 자신의 거대한 썰매에 실어놓은 참이었다. 귀청을 찢는 듯한 늑대 울음소리가 아주 가까이에서 들리는 듯하자 비요른은 정신이 아찔해졌다.

겁에 질린 그는 황급히 짐을 정리하고 썰매에 오른 뒤, 개들을 재촉하여 가장 가까운 마을로 피신하기로 했다. 총을 쏘려고 했지만 늑대는 사정거리 밖에 있었다. 비요른이 속력을 높이자 그와 맥주 샘플들, 죽은 엘크의 무게로 썰매가 크게 휘청거렸다. 늑대는 더욱 거리를 좁혀왔고, 이제는 숨을 헐떡거리는 소리까지 들을 수 있었다. 그는 절박한 심정으로 위기를 타개할 방법을 찾기 시작했다.

그때 번득이는 생각이 떠올랐다. 굶주린 늑대는 엘크 고기를 노린 것이 분명했다! '엘크 고기를 조금 잘라 던져주면 썰매도 더 빨리 달릴 수 있으니, 지금으로선 이 방법이 최선이겠어.' 그는 아들을 이렇게 똑똑하게 낳아준 어머니께 감사했다. 굶주린 늑대는 먹을 것을 받고 만족해서 더는 자신을 괴롭히지 않을 테고, 비요른은 그 틈을 타고 안전한 마을에 다다를 수 있을 것이다. 그는 울퉁불퉁한 길을 빠르게 달리는 썰매 위에서 가까스로 고기를 잘라 등 뒤로 던졌다. 아직 고기가 많이 남아 있으니 한 조각쯤 줘도 상관없었고, 늑대의 맹렬한 기세를 어느 정도는 누그러뜨릴 수 있을 것이 분명했다.

잠시 동안은 모든 것이 계획대로 흘러갔다. 개들이 악착같이 달렸고 썰매는 얼음이 덮인 미끄러운 길을 꽤 잘 통과하고 있었다. 비요른은 마을에 당도한 후에 자신이 얼마나 똑똑하고 용감하게 게걸스러운 늑대를 따돌렸는지 자랑할 생각에 벌써부터 마음이 부풀었다. 그러나 또다시 늑대의 울부짖는 소리와 거친 숨소리가 들려왔다. 게다가 이번에는 두 마리, 아니 세 마리는 되는 것 같았다!

비요르는 심장이 덜컹했고, 정신을 차리지 않으면 금방이라도 두려움에 까무러칠 것 같았다. 재빨리 머리를 굴린 그는 늑대에게 고기를 충분히 주지 않은 것 같다는 결론에 도달했다. 다른 두 마리가 어디에서 왔는지 생각할 겨를도 없이, 그는 고기를 더 잘라 세 덩이를 뒤로 던졌다. 그만큼을 더 포기해도 저녁으로 먹을 양은 충분했다.

후에 비요른은 친구들에게 이 이야기를 전하며, 얼마 못 가 또다시 늑대 소리가 들려왔다고 말했다. 이번에는 확실히 세 마리 이상이 따라오고 있었고 길가의 나무 사이사이에서도 늑대 몇 마리가 썰매를 노리고 달리는 모습이 보였다. 마치 영화의 한 장면처럼, 비요른은 미친 듯이 채찍을 휘두르면서 목이 쉬어라 "이랴! 이랴!"를 외쳐댔다. 또 한편으로는 정신없이 엘크 고기를 잘라 큼지막한 덩어리들을 사방으로 던져야 했다. 그래도 늑대들은 달려왔다. 이제는 열 마리가 넘는 늑대가 이곳저곳에서 몰려와 고기를 더, 더, 더 많이 달라고 컹컹댔다.

고기를 받아먹은 늑대들은 비요른을 비웃는 것 같았다. 무엇을 줘도 그들을 만족시킬 수 없을 것 같았고, 원래도 사나운 짐승인 이 늑대들은 극도로 흥분해 제정신이 아닌 듯했다. 이제 비요른은 몇몇 늑대에게만 고기를 던져주기 시작했다. 그가 늑대들의 메인 요리가 되는 최후의 순간, 고기를 더 많이 받아먹은 늑대들이 자신을 친구로 알아봐 주길 바라면서 말이다.

엘크 고기는 곧 동날 듯했지만 늑대의 수는 줄어들지 않았고, 이제는 거의 수백 마리가 모여든 것 같았다! 정말 아슬아슬하게도, 늑대들에게 최후의 한 덩이를 던진 순간 간신히 안전한 마을에 도달할 수 있었다. 겨우 목숨을 부지하고 늑대에게서 벗어난 그는 운이 좋았다고 생각했다. 조금만 나눠주려던 엘크 고기를 모조리 빼앗긴 건 사실이지만, 목숨을 건졌고 마을 사람들과 동료 세일즈맨에게 늑대를 따돌린 자신의 무용담도 들려줄 수 있으니 말이다.

원주민들은 툰드라 지방에서 오랫동안 썰매를 타고 다녔지만 비요른이 들려준 것과 같은 이야기는 금시초문이었다. 썰매 가까이에 접근하는 늑대도 없었거니와 무리를 지어 귀찮게 군 적은 더더욱 없었다. 그들은 그저 도시 깍쟁이가 이야기를 꾸며냈다고 생각하며 고개를 저었다.

반대로 늑대를 만난 경험이 없고 늑대들의 습성도 잘 알지 못했던 세일즈맨들은 비요른의 이야기를 들은 즉시 엘크 고기를 썰매에 신고 다니기 시작했다. 굶주린 늑대를 맞닥뜨릴 위험이 있는 이상, 방어책도 없이 툰드라에 들어갈 순 없다고 생각한 것이다!

그것이 바로 재앙의 근원이었다. 그 후 6개월 동안 비요른을 비롯한 세일즈맨들은 냉장고, 선탠 크림, 맥주 등을 싣고 달리면서 늑대를 만날 때마다 고기를 던져주었다. 세일즈맨들은 회사가 떼돈을 벌어오라며 툰드라로 파견한 이래 자신들이 얻은 가장 유용한 팁이 바로 비요른의 늑대 퇴치법이라고 생각했다. 물론 그들 중에 떼돈을 번 사람은 아직 없었지만, 아무도 늑대에게 잡아먹히지 않은 것도 사실이니 말이다.

그러던 어느 날 믿을 수 없이 충격적인 일이 일어났다. 원주민들이 갑자기 몰려와 세일즈맨들에게 총구를 들이대고는 짐을 싸서 떠나라며 그들을 강으로 끌고 간 것이다. 험악한 표정의 원주민들이 임시로 만든 카누에 그들을 밀어 넣는 동안 세일즈맨들은 물었다. "우리가 여러분께 문명의 선물을 가져다주지 않았습니까?"

"맞소." 선탠 크림을 발라 피부를 구릿빛으로 태운 원주민들이 냉장고에서 차가운 맥주를 꺼내 총을 들고 있는 이들에게 가져다주며 말했다. "하지만 늑대들은 어쩔 거요?" 그들이 따지자 비요른과 친구들은 당황했다.

"늑대? 늑대가 어떻다는 거죠?" 비요른이 물었다. "우린 늑대에게 아무 짓도 하지 않았습니다. 다들 내가 고안한 늑대 퇴치법을 따랐기 때문에 늑대들이 얼씬도 하지 못했잖습니까."

이 말을 들은 원주민들은 비요른을 그 자리에서 때려눕히기라도 할 기세로 노려봤다. "멍청하기는. 당신은 늑대들을 쫓은 것이 아니요." 원주민들이 소리쳤다. "늑대들에게 배고프면 썰매를 따라가라고 가르친 거지!"

툰드라의 선량한 원주민들에게 일어난 이 사건은 우리에게도 통렬한 교훈을 준다. 그들은 자신의 보금자리에 선의의 양보라는 악습을 들여온 세일즈맨들을 추방함으로써 늑대들이 먹이를 얻으려고 썰매를 쫓아오는 문제의 근본 원인을 깨끗이 제거했다. 결국 늑대들은 썰매를 쫓아가도 맥주 깡통만 되돌아온다는 사실을 깨닫고, 썰매를 내버려 둔 채 자연에서 먹이를 얻는 옛 방식으로 돌아갔다.

비요른과 친구들은 이미 오래전 세상을 떠났으며, 툰드라 지역에서 선의의 양보라는 악습은 자취를 감췄다. 그러나 세계 곳곳의 대도시에서는 아직 이런 개선 조치가 시행되지 않았다.

여전히 협상가들은 까다로워 보이는 상대를 만났을 때 선의의 양보를 선뜻 투척하곤 한다. 때로는 협상을 진전시키지 못할까 하는 두려움에, 때로는 상대방이 자신을 친구로 인정하고 상냥하게 대할 것이라는 기대에서 말이다. 이 악습은 전염병처럼 널리 퍼져 있으며, 오랜 기간 사람들을 괴롭히다가 결국엔 불치병으로 발전하기도 한다. 그런 사람들은 결국 더 강한 상대를 만나 혼쭐이 날 것이고, 그러고 나면 자신은 세일즈 강사 일이 적성에 맞는 것 같다며 업종을 바꿀지도 모른다. 아마 강사가 된 그들은 앞날이 창창한 젊은 세일즈맨들에게 비요른의 굶주린 늑대 퇴치법을 전수하고 있지 않을까.

1. 당신은 광섬유 케이블 제조 업체를 운영하는데, 어느 날 유럽 최대의 케이블회사 사장이 여러 차례의 거절 끝에 당신을 만나주겠다고 했다. 사장은 히스로 공항에서 호주행 비행기에 탑승하기 전에 잠깐 여유가 있으니 5번 터미널로 찾아오라고 했다. 절호의 기회가 온 것이다! 약속에 조금 늦은 사장은 출국심사장으로 향하면서 "당신 회사 엔지니어들이 테스트 후 특허 등록까지 마친 6-시그마 리피터 케이블을 6개월간 납품할 경우 최저가로 얼마를 제시할 수 있습니까?"라고 묻는다. 어떻게 할까?

① 최저 견적가를 있는 그대로 알려주고 일단은 '발을 들여놓는 것'에 집중한다? 틀렸다. 그는 당신 같은 순진한 어린양을 아침 식사로 즐겨 먹는 사람이다. 그 사장의 위협이 당신에게 효과가 있는 것 같다. 그는 당신이 타협하리라는 사실을 알고 있으며, 더 많은 것을 요구할 것이다. 사장이 물어봤다는 이유로 '최저가' 견적을 실토해봤자 그는 당신이 가격을 부풀려서 제시했다고만 생각할 것이다(사장이 당신의 머릿속을 들여다볼 수는 없지만 첫 제안을 바로 수락하면 안 된다는 사실은 알고 있으니 말이다).

② 최저가보다 약간 더 비싸게 부른다? 틀렸다. 사장은 당신이 '최저가보다 약간 더 비싸게' 불렀다는 사실을 모른 채, 처음 제시된 가격에서 최대한 깎으려고만 할 것이다. 지금처럼 짧은 첫 만남에서 그렇게 큰 양보를 한다면, 다음 만남에서 어떤 카드를 써야 첫 거래를 성사시킬 수 있을까? 사장이 귀국해서 당신과 더 오래 미팅을 한 후에는 얼마나 더 낮은 가격을 기대할까? 처음부터 크게 양보하고 들어가는 것은 좋은 작전이 아니다.

③ 협상의 여지를 남겨둘 수 있도록 우선 높은 가격을 제시한다? 나쁘지 않다. 높은 가격을 제시하여 협상의 여지를 확보한다는 점에서 ①번이나 ②번보다는 훨씬 낫지만, 최선의 작전은 아니다. 어쨌든 사장의 협박 작전에 겁을 먹지 않은 것은 잘한 일이다. 하지만 사장이 24시간이나 소요되는 호주행 비행기를 타기 직전이라는 특별한 상황을 고려했을 때 ④번을 시도하는 편이 더 낫다.

④ 사장에게 편안한 여행을 하라고 빌어준다? 맞았다. 그러면서 귀국 후에 연락

을 달라고 말해라. 그동안 당신은 상대 회사 쪽 기술부서 사람들과 이야기를 나누면서 그들이 정확히 어떤 점 때문에 6-시그마 리피터 케이블을 맘에 들어 하는 것인지 알아내야 한다. 기술 분야 종사자들은 이런 이야기를 아주 좋아하기 때문에 열성적으로 대화에 응하면서 상업적으로 유용한 정보를 많이 흘릴 테고(예를 들면 그들이 당신 회사의 신제품을 얼마나 간절히 원하는지), 사장은 당신이 그런 정보를 얻는 걸 원치 않을 것이다. 한편, 구매부서 직원들로부터는 얻을 수 있는 정보가 거의 없으니 그들의 눈에는 띄지 않는 것이 좋다. 그러면 호주에서 사장이 구매부서 직원들에게 전화를 걸었을 때 그들은 당신이 회사에 들른 적이 없다고 말할 것이다. 사장은 공항에서 당신을 만나 첫 제안부터 선의의 양보를 하게 만들고 나중에 또 다른 미팅을 하면서 가격을 더 깎을 작정이었다. 바로 이런 이유로 내 고객사인 글로벌 전자 기업은 기술부서 방문객들이 제조 구역에 출입하는 것을 금지한다. 방문이 허용되는 유일한 조건은 사전에 안면이 있는 구매 관리자가 동반해주는 것이다. 이제 사장은 호주에 다녀오는 길 내내 당신의 속셈이 무엇인지 궁금해하며 속을 썩을 것이다.

2. 대형 화학회사의 구매 담당자가 당신이 제시한 나프타 가격을 듣고 "이렇게 경쟁이 치열한데 그런 가격이 가당키나 하겠소?"라고 이야기한다. 어떻게 반응해야 할까?

① 주문만 한다면 그 대가로 가격을 할인해준다고 제안한다? 틀렸다. 주문의 대가로 할인을 해주겠다고 제안하는 건 마치 비공개 경매에 참여하는 것과 같다. 당신은 경쟁사가 얼마를 제시했는지도 모른 채 비싸다는 상대의 말만 듣고 가격을 깎아줬으며, 상대는 당신이 이전에 가격을 부풀렸기 때문에 깎아준 것으로 해석하고 더 많은 할인을 요구할 것이다.

② 당신이 제시한 가격이 타사보다 얼마나 높은지 묻는다? 틀렸다. 상대는 액수를 제멋대로 말할 것이다(그래도 알 길이 없지 않은가). 만일 상대방이 다른 업체의 가격이 더 낮다고 말하며 가격 목록을 보여준다면, 왜 아직도 당신과 대화를 하고 있을지 생각해봐라. 혹시 그가 보여준 가격 목록이 그날 아침에 급히 작성된 것은 아닐까?

③ 그냥 다른 업체와 거래하라고 제안한다? 틀렸다. 다른 업체가 더 좋은 가격을

제시했다는 말이 허풍이든 아니든, 이렇게 반응하는 것은 위험하다. 상대가 허세를 부린 것이 아니라고 우길 수도 있고, 가격이 낮은 대신 더 불리한 조건을 제안받았다는 사실만 쏙 빼고 자기 말이 옳다고 반박할 수도 있다. 어떤 식으로 반응하든 당신은 거래를 놓치게 된다.

④ 타사가 어떤 제안을 했는지 보여달라고 한다? 틀렸다. 다른 업체가 제안한 내용을 보여달라는 것은 ③에서 설명한 위험 요소를 더 악화시킬 뿐이다. 또한 상대방은 기밀유지 규정을 들먹이며 다른 업체의 입찰가를 공개할 수 없다고 주장할 수도 있다. 이 요청 때문에 상대방은 당신이 자신을 거짓말쟁이로 여기고 있다고 받아들일 수도 있다.

⑤ 당신의 제안서 중에 어떤 부분이 맘에 들었는지 묻는다? 정답이다. 그가 여전히 당신과 거래 이야기를 하려 하는 것으로 보아, 분명 당신이 제안한 내용 중에 구미가 당기는 부분이 있는 듯하다. 그 부분이 무엇인지 식별하는 동안 당신의 제안과 다른 회사들의 제안 이야기로 대화가 자연스럽게 이어질 수도 있다. 업체 선정에서 변수가 되는 것은 가격뿐만이 아니며, 보통은 같은 가격이라도 이를 둘러싼 조건이 전부 다를 것이다. 당신이 제시한 조건이 다른 업체가 제안한 가격과 비교했을 때 전체적으로는 더 매력적일 수도 있다.

10 | 첫 제안에서 충격요법을 사용해라

상대를 당황시켜 가격을 깎는 법

■ 자기평가 테스트 10

1. 당신은 지금보다 성능이 더 좋은 노트북을 사려고 한다. 업체가 당신에게 적당한 모델을 제안하고 가격이 300만 원이라고 말한다. 얼마나 할인받을 수 있다고 생각하는가?

    ① 5퍼센트

    ② 할인을 받을 수 없다.

    ③ 15퍼센트

2. 당신은 중고 재규어가 매물로 나온 것을 봤다. 시세를 알아보니 비슷한 모델이 1,000만 원에 판매되고 있다. 당신은 눈 딱 감고 현찰 500만 원을 제시해본다. 주인은 어떻게 반응할까?

① 흥정을 하지만 제안을 받아들인다.

② 흥정을 하지만 거절한다.

③ 그 가격은 안 된다며 단박에 거절한다.

캘리포니아 버클리에 사는 잭은 최근 경제학 교수직과 지방 변호사 자리에서 물러나 은퇴 생활을 즐기고 있다. 그는 경제학자로서 거창하지만 현실성 없는 예측을 내놓기도 했고, 가난한 이들을 위해 시간제 자선 변호사로 일하면서 소박하지만 현실적인 예측을 통해 정의를 쟁취하기도 했다.

잭의 오랜 취미는 1960년경에 출시된 구형 자동차인 재규어를 수집하는 것이다. 그는 2년에 한 번씩 영국 에든버러에 있는 아내의 가족을 만나러 갔고, 스코틀랜드에서 구형 재규어나 엄선한 부품들을 사서 미국에 있는 집으로 가져왔다. 구형 재규어나 그 부품을 수집하는 것은 캘리포니아 부유층의 생활 양식을 대변하는 하나의 특징인 것 같다. 모든 걸 가진 이들은 특이하거나 가장 질이 좋은 것들만을 원하기 마련이다.

집에 돌아온 잭은 스코틀랜드에서 사 온 부품들로 자신이 애지중지하는 구형 재규어를 새로 단장하거나 부품을 모두 조립해서 차체를 복원하며 몇 시간씩을 보내기도 한다. 순전히 그 일을 즐기기 때문이다. 그가 돌아왔다는 소식이 재규어 마니아들 사이에 퍼지면, 잭은 안달복달하는(캘리포니아인들에게 뜨뜻미지근한 열정이란 건 없다) 그들에게 자신이 복원한 차나 특정 모델의 부품을 팔기도 한다. 물론 그것은 저속한 돈 욕심이 아닌 이웃을 향한 정으로 베푸는 호의이며, 자신의 재규어가 '좋은 집'으로 간다는 보장이 꼭 있어야 한다.

잭이 차를 사려고 협상하는 모습을 보는 건 내게도 즐거운 일이었다. 협상은 주로 이렇게 시작됐다. 그는 나와 차를 타고 어딘가에 가다가 버려져 있거나 주차된 구형 재규어를 보면 차를 세우라고 말했다(잭의 이런 습관은 목적지가 어디고 약속시간이 얼마나 촉박하건 예외가 없었다). 그는 협상의 일분일초를 모두 즐겼고, 거래를 하고 집으로 돌아오는 길에는 상기된 목소리로 자신이 어떤 작전을 펼쳤는지 떠들곤 했다. 들어줄 사람이 없다면 아마 혼잣말이라도 했을 것이다. 집에 도착하면 이제 그의 참을성 있는 아내 마지에게 이야기를 할 차례였다. 그는 마치 이야기를 처음 하듯 즐거운 기색이 하나도 줄어들지 않은 채 아내에게 그날 있었던 일을 들려주곤 했다. 잭만큼 열정과 애정을 가득 담아 협상에 임하는 사람은 본 적이 없다.

또 그는 협상이 생각처럼 잘 안 되더라도 절대 상대를 탓하지 않고 자신만을 탓한다. 자동차 구입에 관한 성공담과 실패담을 한 보따리씩 가지고 있는 그는, 자신이 협상에서 실패하는 가장 빈번한 원인이 다음과 같은 철칙을 지키지 않아서라고 말한다.

첫 제안에서 충격요법을 사용해라.

잭은 이 철칙이 수년간 아주 유용하게 쓰였다고 단언한다. 아마도 어마어마한 손해배상 청구로 상대를 충격에 빠뜨리던 잭 내면의 변호사다운 면모가 또 다른 모습으로 발현된 것이 아닐까 싶다.

어떤 것이 충격요법일까? 간단하다. 처음에 가격을 제시할 때 당신이 사는 쪽이면 아주 낮은 가격을, 파는 쪽이면 아주 높은 가격을 부르면 된다. 잭은 자신이 최종으로 합의할 만한 수준에 가까운 금액을 처음부터 제시하면 안 된다고 생각한다. 그는 협상의 여지를 많이 남겨놓길 원한다. 잭의 주장에 따르면, 처음부터 적당하다고 생각하는 가격을 제시해버리면 별 성과 없이 그대로 합의를 보거나, 원래 기대했던 수준보다 훨씬 불리한 가격에 거래를 마치게 된다.

첫 제안에는 많은 위험 요소가 있는데, 당신이 처음부터 무난한 가격을 제시한다면 상대방은 협상의 여지가 얼마 정도인지에 대해 잘못된 기대치를 갖게 된다. 만약 상대가 가격을 큰 폭으로 조정할 수 있겠다고 생각하면 최대한 이윤을 남기려고 더욱 강경하게 흥정할 것이고, 그 과정에서 당신은 억지로 더 타협해야 할 수도 있다. 상대는 당신이 제시할 수 있는 최고가나 최저가가 얼마인지 알지 못하기 때문에 당신이 아무리 항의해도 받아들이지 않고 그저 엄살을 부린다고 여길 것이다.

어떤 관점에서든, 애초에 의도한 것보다 훨씬 나쁜 조건에 합의를 보는 것은 좋은 거래가 아니다. 여러 가지 여건을 고려했을 때 이 정도면 '만족'한다고 스스로 합리화하면 자존감에는 도움이 될지도 모르겠다. 그러나 처음부터 협상의 여지를 많이 확보해두면, 당신의 별볼 일 없는 성과를 합리화할 필요도 없고, 자신을 속여 얻은 것과는 차원이 다른 큰 만족감을 느낄 수 있을 것이다. 잭이 협상하는 모습을 잘 관찰해보면 내 주장에 더욱 수긍이 가리라 생각한다. 그는 맨 처음에 충격적인 가격을 제시함으로써 최고가나 최저가보다 훨씬 유리한 조건으로 수많은 거래를 성사시킬 수 있었다.

이 사업장의 주인이 누군지 보여주겠어!

애버딘의 중고차 딜러가 구형 재규어를 2,700만 원에 내놨다. 이 차를 본 잭은 매장으로 들어갔고, 사장이 직접 나와 협상을 했다. 오랜 흥정 끝에 잭은 차 가격으로 1,800만 원을 제시했다.

협상에는 진전이 없었고 그들은 여러 가지 문제를 놓고 계속해서 실랑이를 했다. 사장도 2,700만 원을 전부 받아낼 수 있을 것으로 생각하진 않았지만, 잭이 자신이 제시한 가격에서 얼마나 더 낼 용의가 있는지 알 길이 없었다. 이들이 한참 이야기를 나누고 있는데, 사장의 아들이 또 다른 재규어를 몰고 주차장으로 들어왔다. 그 모습을 눈여겨본 잭은 사장과 함께 차를 더 자세히 보려고 다가갔다. 아들이 몰고 온 차는 조금 더 구형 모델이었고 상태가 훨씬 좋은 것으로 보아 관리가 아주 잘된 것 같았다.

아들은 이 차가 판매용이 아니라 자기 것이라고 말했다. 그러나 사장은 그렇지 않다면서, 차는 회사 소유이며 자신이 원한다면 판매할 수도 있다고 말했다. 여기서 뭔가 낌새를 챈 잭은 이 차의 가격으로 1,500만 원을 불렀다. 두 사람이 또다시 흥정을 하는 중에 사장은 지급 방식이 무엇인지 물었다.

"현금이오." 잭이 대답했다. 그는 달러를 많이 들고 있었고, 애버딘 사람들은 북해의 활발한 석유 사업 덕분에 달러에도 아주 익숙했다. 결국 그들은 1,650만 원에 합의를 봤고 사장은 아들에게 라디오와 스피커를 포함해서 차에 있는 짐을 모두 꺼내라고 말했다. 아들은 시무룩한 얼굴로 아버지의 지시에 따랐으며, 잭은 돈을 낸 다음 재빨리 차를 몰고 떠났다.

훗날 나는 잭에게 상태가 더 좋아 보이는 차에 더 낮은 값을 부른 이유가 무엇인지 물었다. 그는 원래 사장과 흥정을 하면서 처음에 봤던 차를 다시 끌어들일 생각이었다고 했다. 그러나 이 남자는 아들에게 사업장의 주인은 바로 자신이라는 점을 분명히 주지시키는 데 집중한 나머지(예전에도 이 문제로 비슷한 논란이 있었던 것 같다) 잭이 처음 제안한 것과 비슷한 가격에 거래를 맺고 말았다. "아쉬움이 조금 남기는 해. 처음에 본 차는 완전히 가죽 시트로 되어 있어서 집에 가져가면 꽤 값어치가 나갈 것이 분명하거든." 그가 말했다. 하지만 그가 산 차만 해도 스코틀랜드에 가져가면 가격을 거의 두 배는 받을 수 있고, 캘리포니아에서는 그보다도 훨씬 비싸게 팔 수 있을 것이다.

잭을 상대로 이윤을 많이 남기기는 쉽지 않다. 그리고 당연하겠지만, 잭은 쉽게 손에 넣은 것보다는 상대와 적극적으로 흥정해서 얻은 물건을 더 귀중하게 여긴다. 이는 자신의 기대에 못 미치는 가격으로 거래를 했을 때도 마찬가지다(3장에서 앵거스가 첫 제안을 수락하고 어떤 기분을 느꼈는지 생각해봐라).

사는 쪽에서 처음부터 충격적인 가격을 부르면 판매자들은 물건에 대한 현재 시장 가치에 대해 다시 한번 생각해보기 마련이다. 잭은 자신이 판매자가 생각한 최저가보다도 훨씬 낮은 가격을 제시했을 때 협상 자체가 이뤄지지 않는 경우도 더러 있었지만, 평균적으로는 자신이 지급할 수 있겠다고 생각한 최대 금액보다는 처음에 제시했던 낮은 가격에 근접한 액수로 합의를 본 경우가 대부분이라고 말했다. 만일 생각했던 최대 액수에 더 가까운 돈을 내기로 합의하게 되더라도 처음부터 그 가격을 제시했을 때보다 나쁠 것은 없다. 단점이라면, 상대방의 기댓값이 잭이 생각해둔 최대 금액에 근접할 경우 처음의 아주 낮은 가격에서부터 먼 거리를 이동하는 수고를 해야 한다는 점이다.

우선 협상 시작 단계에서는 자신의 입장을 정리해봐야 한다. 거래하려는 물품이 재규어든, 알바니아산 시멘트 수백만 톤이든, 폴란드에서 들여온 TV 1만 대든, 그리스에 정박해 있는 노르웨이 컨테이너선이든, 멕시코 기념품 가게에 있는 밀짚모자든 제대로 거래할 줄 아는 사람이라면 목표 가격을 정해뒀을 것이다. 이는 구매하는 입장이라면 최대로 지급할 수 있는 가격이며 판매하는 입장이라면 최소한으로 받고 싶은 가격으로, 여기에서는 기댓값이라고 부르겠다.

협상을 시작하기 '전'에 기댓값이 결정된 방식이 어땠는지보다는 정해둔 기댓값이 협상을 하면서 바뀐다는 점이 더 중요하다. 미리 적절한 기댓값을 설정해뒀더라도 상황이 전개되는 양상과 상관없이 무조건 그 기준을 고집해야 하는 것은 아니다. 협상이 본격적으로 시작된 이후에 당신은 기댓값을 받아낼 가능성이 얼마만큼인지 따져보며 그에 따라 금액을 변경해나갈 수도 있다.

만일 상대의 이야기를 들어보기 전까지 기댓값을 정해두지 않고 있다가 협상을 진행하면서 정할 생각이라면, 협상 중에 발생하는 여러 상황에 따라 기댓값이 계속해서 바뀔 것이다. 아니, 더 정확히 말하면 당신이 그 상황들을 해석하는 관점이 달라질 것이다. 이런 상황에서 당신은 기댓값을 낮출 수도 있고 다른 거래처를 찾아갈 수도 있다. 아니면 협상이 자신에게 유리하게 흘러가서 처음의 기댓값을 고수하거나 높일 수 있을지도 모른다. 기댓값은 주관적이라서, 협상이 시작되고 나서 당신과 상대가 상황을 읽는 방식에 따라 달라질 뿐 독자적인 생명력을 지니지는 않는다.

잭은 기댓값에 가장 큰 영향을 주는 결정적인 순간이 처음 가격을 제시할 때라고 믿는다. 그때는 양쪽 모두 얼마를 기대해야 하는지 확실히 알 수 없기 때문이다. 그러므로 잭은 상대가 높은 기댓값을 설정하고 가졌던 자신감을 송두리째 흔들어버릴 수 있도록 초반부터 강하게 나가야 한다고 생각한다. 한편 상대가 기댓값을 확실히 정해두지 않은 상황이라면, 잭이 제시한 충격적인 가격을 들은 후에 그가 현실적으로 잭에게서 기대할 수 있는 액수는 큰 폭으로 제한을 받을 것이다. 충격이 클수록 이 작전의 효과도 커진다는 것이 잭의 지론이다.

나는 미국의 법조계에 있는 잭의 동료들이 민사 손해배상 소송에서 너무 빈번하게 충격요법을 쓴다고 생각한다. 실제로 미국의 한 판사는 한인 이민자가 운영하는 세탁소에 맡긴 20만 원 상당의 바지가 분실됐다는 이유로 손해배상 500억 원을 청구하기도 했다. 다행히 항소법원에서 하급법원의 판결을 기각했으니, 미국 사회의 정의에 대한 이 한국계 미국인의 신뢰는 회복됐으리라 믿는다.

잭이나 나는 첫 제안에서 충격요법을 사용하면 무조건 성공적인 거래를 할 수 있다고 우기려는 것이 아니다. 당신의 사업을 인수하려는 사람이 최대 120억 원을 지급할 생각으로 협상 자리에 왔는데, 당신이 처음부터 240억 원을 요구한다면 상대는 속으로 여러 가지 질문을 해볼 것이다. 저 사람이 한 말은 진심일까? 그가 제시한 가격은 현실적일까? 내가 생각한 가격은 현실적일까? 내가 계산을 제대로 한 것일까? 회계사들이 보고한 것처럼 정말 상대측의 상황이 어려운 걸까? 상대는 요리조리 생각하는 와중에도 태연한 척을 할지 모르지만, 속으로 당신의 제안을 곱씹는 동안 다른 생각을 할 여유는 분명 없을 것이다. 연관성이 없는 주제로 상대의 주의를 잠깐 돌린 다음, 충격이 가라앉은 이후에 인수 건 이야기를 재개해라.

당신이 어떤 가게에 들어가 가격을 15퍼센트 깎아달라고 했는데, 점원은 회사 마진율이 7퍼센트밖에 안 된다고 말한다. 어떻게 해야 할까? 점원의 말을 100퍼센트 믿지는 않지만, 15퍼센트나 깎기는 어렵겠다고 생각하지 않겠는가? 이제 당신은 기댓값을 낮추든 다른 가게에 가보든 선택을 해야 할 것이다.

당신은 TV에 광고를 내보내기로 하고 이 프로젝트에 예산 9,000만 원을 할당했다. PD는 40초씩 나누어 송출될 5분짜리 영상을 촬영할 경우 최소 비용이 분당 2,500만 원이라고 말하면서, 그것보다 저렴하게 제작할 수 있다면 오스카상도 따낼 수 있을 거라고 덧붙인다. 심지어 이것은 단순한 제작비로, 송출 비용은 제외한 것이다. 어떻게 해야 할까? 예산을 올리든지 TV 광고를 포기해야 한다.

이 짧은 이야기들은 충격요법의 효과를 생생히 보여준다. 각각의 등장인물은 어찌 됐건 눈을 낮추거나 다른 곳에서 운이 따르길 기대할 수밖에 없다. 상대방이 내가 설정해둔 기댓값과 아주 거리가 먼 가격을 처음에 제시했다면, 그들을 움직이기란 마치 맨몸으로 에베레스트를 오르듯 어려운 일이다. 나의 목표는 별처럼 높은 곳에 있는데, 상대가 초등학교 운동장의 철봉 높이에서 협상을 시작하려 한다면 아무리 애를 써도 별에 닿을 정도로 높이 올라가기는 어렵다. 사람들은 보통 협상에서 비현실적인 요구라고 '믿는' 것들은 끝까지 고집하지 않으며, 결국엔 뒤로 물러서고 만다.

잭이 나눠준 통찰을 일반화해보자면, 첫 제안을 가장 잘하는 방법은 가장 강하게 밀고 나가는 것이다. 다른 방법을 썼다가는 협상 결과에 대한 당신의 영향력이 약화될 수 있다. 그런데 충격요법에도 어느 정도의 신빙성은 있어야 한다. 처음에 제시한 가격이 너무 얼토당토않은 수준이라면 아무런 쓸모가 없다는 의미다. 엠파이어스테이트 빌딩을 사겠다면서 20만 원을 제시하면 누가 진지하게 받아들이겠는가.

충격적인 가격과 터무니없는 가격의 경계는 모호하기 때문에 그 차이를 정의하기는 쉽지 않다. 다만 충격적인 가격은 상대에게 믿음을 주는 반면, 터무니없는 가격은 그렇지 않다는 것이 중요한 차이점이다.

충격적인 오타

한 노조 대표가 임금 인상 요구안을 서면으로 제출하고 일주일 후에 경영진을 만나 새로운 계약을 협상하기로 했다.

협상 당일, 그는 경영진이 회사의 판매 동향과 각종 경비를 정리한 풍부한 자료, 향후 2~3년의 재무 전망 보고서를 준비해 온 것을 보고 깜짝 놀라고 말았다. 경영진의 이례적인 행동에 당황한 노조 대표는 회의가 예정보다 길어지겠다고 생각하며 테이블 위에 있는 자료들을 눈으로 훑었다. 자료 더미 꼭대기에는 자신이 제출한 요구안이 있었는데, 거리가 가까워서 거꾸로도 내용을 알아볼 수 있었다.

그는 문제의 원인을 찾아냈다. 그의 비서가 숫자를 잘못 타이핑한 모양이었다. 노조가 요구한 임금 인상폭은 12퍼센트(약 7퍼센트로 합의를 볼 것이라 예상하고 정한 가격이었다)였는데, 비서는 이를 '21'퍼센트라고 적었다. 경영진이 왜 그토록 철저하게 준비를 해왔는지 알 만했다!

경영진이 회사의 형편이 얼마나 어려운지 구구절절 설명을 마치자, 노조 대표는 현명하게도 아무 말도 하지 않고 그들의 제안을 들어보기로 했다. 경영진이 처음으로 제안한 인상률은 12퍼센트였고, 그들은 결국 15퍼센트에 합의했다. 노조 대표가 회의에 들어가기 전에 기대했던 인상률보다 8퍼센트포인트나 높은 결과였다. 이 일로 그는 지금까지 노조가 얼마나 소박한 요구를 해왔는지 깨달았다.

당신이 충분한 근거를 통해 신뢰를 줄 수 있다면, 아무리 터무니없어 보이는 가격을 제시했더라도 협상에 유리하게 작용할 수 있다. 또한 당신이 왜 처음에 그런 가격을 불렀는지 설명할 때 신뢰를 줘야 할 대상은 지금 이야기를 듣고 있는 상대방이며, 중립적이고 정보가 많은 제삼자들까지 전부 고려할 필요는 없다는 점도 기억해라.

예를 들어, 잭이 스코틀랜드에서 협상을 시작한다면 그에게는 한 가지 유리한 점이 있다. 그의 말투를 들은 사람은 누구라도 그가 뉴욕주 브롱크스 출신이며 지금은 캘리포니아에 사는 시끄러운 미국인이라는 사실을 알 수 있다. 만일 그가 형편이 어려워 가격을 낮게 부를 수밖에 없다고 말한다면 믿을 사람은 거의 없을 것이다. 그러므로 잭이 흥정할 때 돈이 없다는 핑계를 대지 않는 것은 당연하며, 그가 써먹을 수 있는 그럴듯한 대사는 따로 있다. 차를 캘리포니아까지 운송해야 하기 때문에 '비용이 두 배나 든다'고 판매자에게 어필하는 것이다. 또한 협상 중에 현금으로 지급하겠다는 내용도 언급한다. 중고차 거래에서는 현찰이 거래 성사의 강력한 유인책이 되는 경우가 많기 때문이다. 게다가 잭이 차를 캘리포니아까지 가져간다는 것은 그가 판매자의 집 근처에 머물지 않는다는 의미이므로 '뒤끝 없는' 거래가 될 수 있음을 암시한다. 즉, 판매자는 차를 팔아넘긴 후에 이런저런 문제로 속 썩지 않으리라고 생각할 것이다. 잭은 바로 이런 점들을 협상에서 유리하게 활용한다.

여기서 중요한 건 스코틀랜드에서 재규어의 값어치가 어느 정도이며, 미국까지 운송하는 비용이 얼마인지가 아니다. 정말 중요한 건, 잭이 차를 캘리포니아로 가져갔을 때 얼마의 값어치인가에 있다. 캘리포니아 버클리에서 구형 재규어와 그 부품의 가치는 잭이 스코틀랜드에서 지급한 액수보다도, 그리고 판매자가 처음에 제시했던 액수보다도 훨씬 높을 것이다.

통상적으로 당신이 충격적인 가격을 제시했을 때 그것이 믿을 만한 수준이라면 그 가격을 기준으로 협상이 이뤄질 가능성이 크다. 그러므로 첫 제안을 할 때는 최대한 강력하게 밀어붙여야 하며, 그와 동시에 상대가 의문을 제기했을 때는 신빙성 있는 근거로 방어할 수도 있어야 한다. 상대가 당신을 설득하느라 진땀을 빼게 만들어라.

1. 당신은 지금보다 성능이 더 좋은 노트북을 사려고 한다. 업체가 당신에게 적당한 모델을 제안하고 가격이 300만 원이라고 말한다. 얼마나 할인받을 수 있다고 생각하는가?

   ① 5퍼센트? 좋다. 소박한 기댓값이긴 하지만 할인을 요구하는 연습은 시작한 셈이다. 연습을 거듭할수록 당신은 더욱 대담해질 것이다.

   ② 할인을 받을 수 없다? 틀렸다. 이렇게 대답한 사람들에게는 보충수업이 시급해 보인다. 당신은 실전 연습에 집중해야 한다.

   ③ 15퍼센트? 맞았다. 15퍼센트의 할인을 기대한다는 것은 당신이 가격에 이의를 제기할 자세가 됐다는 사실을 보여준다.

2. 당신은 중고 재규어가 매물로 나온 것을 봤다. 시세를 알아보니 비슷한 모델이 1,000만 원에 판매되고 있다. 당신은 눈 딱 감고 현찰 500만 원을 제시해본다. 주인은 어떻게 반응할까?

   ① 흥정을 하지만 제안을 받아들인다? 그렇다. 이런 협상 자세는 긍정적일 뿐만 아니라, 첫 제안에서 충격요법을 쓰려는 협상가의 올바른 접근법이기도 하다.

   ② 흥정을 하지만 거절한다? 틀렸다. 상대가 흥정을 하고 나서도 거절할 것으로 생각하는 것은 비관적인 협상 자세다. 상대가 가격이 낮다고 문제 삼으면 우물 쭈물하면서 신빙성이 하나도 없는 이유를 댈 생각인가? 그런 마음가짐이라면 금세 깎을 생각을 포기할 것이고, 자연히 더 불리한 협상 결과를 얻을 수밖에 없다. 당신이 흥정을 시도하더라도 상대가 가격 측면에서는 타협하지 않을 수도 있다(현금으로 정가를 받아야 하는 경우). 그럴 때는 현금가에 영향을 주지 않는 선에서 다른 양보를 받아내도록 협상해볼 수 있다. CD 플레이어나 GPS, 그가 여분으로 가지고 있는 차량 덮개 같은 것들 말이다.

   ③ 그 가격은 안 된다며 단박에 거절한다? 틀렸다. 평소에 흥정을 해보려고 노력

하긴 하는가? 당신이 충격적인 가격을 제시했을 때 상대가 고려해볼 가치도 없다는 반응을 보이면 알았다고 말하고 바로 포기할 것인가? 그가 얼마나 완강하게 가격을 고집할지 시험하기 전까지는, 그가 무슨 생각을 하고 있고 어떤 압박을 받고 있으며 어떤 조건들을 고려해줄 수 있는지 알 방법이 전혀 없다.

11 | 오리를 독수리로 만들기

흥정하지 않는 방법

1. 당신은 지금 타는 차를 처분해서 새 차 구입에 보탤 생각이다. 사소한 하자가 몇 개 있는 점을 고려할 때 판매 가격은 800만 원이 적당할 것 같다. 광고에는 얼마라고 적을까?

   ① 800만 원(절충 가능)

   ② 850만 원

   ③ 900만 원(절충 가능)

   ④ 가격을 따로 적지 않는다.

   ⑤ 800만 원

2. 당신에게 쓸 만한 트레일러가 한 대 있는데 새로 구입한 차와 호환이 되지 않아 동

네 무료 신문에 광고를 내서 판매하려고 한다. 트레일러의 상태가 양호하고 수요도 많기 때문에 가격은 75만 원이 적당할 것 같다. 광고에 가격을 얼마라고 적을까?

① 80만 원
② 85만 원
③ 75만 원(절충 가능)
④ 구매자가 가격을 제안할 것
⑤ 75만 원(협상 불가)
⑥ 가격을 넣지 않는다.

중고 가정용품 시장은 다양한 국가를 아우르는 비즈니스 세계에 비하면 보잘것없어 보이지만, 어떤 협상가든 이곳에서 강력한 교훈을 얻을 수 있다. 아이들은 장난감을 사고팔거나 교환하면서 쓰던 물건을 친구와 거래하는 법을 일찍부터 터득하며, 부모들도 일상에서 자연스럽게 이런 거래를 한다. 이렇듯 비공식적인 가정용품 시장은 일반적인 비즈니스 및 상거래와 더불어 세계 곳곳에서 빠르게 성장하고 있다.

개발도상국도 예외는 아니다. 평범한 사람들은 법이 뭐라고 하든 자신의 물건들을 비공식적으로 거래하고 있다. 당신이 가난한 나라의 중심가를 걷고 있다면 물건을 사고 싶다며 접근하는 사람이 꼭 있을 것이다. 심지어 당신이 입고 있는 옷을 사겠다는 사람도 있을 것이다! 공산주의에서 회복하고 있는 경제 체제에서는 어마어마한 규모의 시장이 다시 문을 열면서 사람들이 지금껏 억압받아왔던 물물

교환의 습성을 되찾기도 한다. 미국에서는 자기 집 차고에서 중고 물품을 판매한다고 해서 '차고 세일(garage sales)'이라는 용어를 사용하며, 영국에서는 트렁크에 물건을 싣고 다니면서 판다는 의미로 '카부트 세일(car-boot sale)'이라는 용어를 쓴다. 중동에서는 '수크(souk)'나 '바자(bazaar)'라는 용어가 같은 뜻을 의미한다. 길거리 시장이 있는 곳은 어디든 알록달록한 색상과 각종 냄새, 다양한 상품이 가득하며 싼 가격에 좋은 물건을 구하러 몰려든 사람들로 북적거리기 마련이다.

인쇄 매체에는 보통 '작은 광고' 코너가 있는데, 〈익스체인지앤드마트(Exchange and Mart)〉 같은 잡지를 보면 소규모 거래가 얼마나 활발하게 이뤄지는지 잘 알 수 있다. 현존하는 공산주의 국가나 짐바브웨 같이 열악한 국가에서도 사정은 마찬가지다.

관리통화제도(화폐발행량이 금에 연동되지 않고 정책당국에 의해 관리되는 제도-옮긴이)하에서는 사람들이 불이익을 감수하고라도 공식 환율보다 더 높은 가격에 당신의 달러나 파운드를 사려고 할 것이다. 구소련 시절, 내가 바르샤바의 열차 경유지에서 환전을 마치고 플랫폼에서 서 있는데, 환전소 직원이 부스를 닫더니 보행자 터널을 지나 내게 다가와서는 환전소에서 사용한 공식 환율보다 두 배 비싼 값에 내 달러를 추가로 사고 싶다고 말했다. 또 한번은 워싱턴 DC에 있는 서점에 갔는데, 점원이 내가 입고 있던 빨간색 줄무늬 티셔츠를 현금 20달러에 사겠다고 해서 크게 당황한 적도 있다. 그 점원의 취향은 칭찬할 만한데 타이밍이 참 아쉬웠다. 당시 나는 두 블록 떨어진 곳에서 열리는 국제통화기금(IMF) 오찬 모임에 참석할 예정이었고, 웃통을 벗고 그곳에 도착한다면 일을 망쳐버릴 것이 분명했기 때문이다. 아무리 미국이 유별날 정도로 격식을 차리지 않는 나라라고 해도 그 정도의 행동은 과하다고 평가되지 않겠는가.

협상할 수 있습니까?

어떤 컨설턴트가 방금 10분짜리 발표를 마쳤다. 그녀는 의뢰인이 겪고 있는 유통 문제와 관련해서 자신이 생각하는 해결 방안이 무엇인지 간략히 소개하고, 자문 비용이 1억 원이라고 이야기했다.

의뢰인, 즉 회사 사장이 몸을 앞으로 기울이고 물었다. "자문료도 협상할 수 있습니까?" 그녀가 "그렇다"라고 대답한다면 어쩔 수 없이 가격을 깎아줘야 할 것이고, "안 된다"라고 대답하면 가격이 맞지 않는다는 이유로 거래를 놓칠 수도 있는 상황이었다. 그녀는 잠시 생각한 다음 이렇게 대답했다. "제 제안서의 채택 가능성을 높이는 건설적인 의견들이라면, 언제든 들을 준비가 되어 있습니다."

사장은 그녀의 대답을 듣고 아무 말도 하지 않았다. 일주일 뒤 그녀는 프로젝트에 착수해달라는 요청을 받았고 비용(또는 그녀가 한 말이 무슨 의미였는지)에 대해 더는 언급이 없었다.

사실 사람들은 누구나 물건을 사고판 경험이 있다. 청바지, 중고차,

가구, 오래된 책, 신간 증정본, 축구 경기표, 아직 만료되지 않은 주차권 같은 것들 말이다. 거래 상대는 친구, 이웃, 가족은 물론 생판 모르는 사람도 될 수 있다. 사람들은 누군가가 거래 상대를 찾고 있다는 사실을 직접 듣거나 다양한 종류의 광고를 통해서 알아내기도 한다.

문제는 당신이 독수리와 오리 중에 어느 쪽이냐는 것이다. 오리보다 훨씬 높은 상공에서 하늘을 나는 독수리는 가격을 자신 있게 제시하고 흥정을 즐긴다. 그에 반해 높이 나는 일이 거의 없는 오리는 독수리에게 하늘 위 공간을 내준다. 오리에게 가격이란 두려운 주제라서 언급하는 것조차 꺼리며, 흥정은 몇 초 해보지도 못하고 독수리가 겁을 주는 즉시 꽁무니를 뺀다.

영국 사람들은 차를 처분하려고 할 때 흔히 자동차 유리에 광고문을 붙이고 원하는 가격을 함께 적어둔다.

'이 차를 판매함
800만 원'

그런데 오리 유형의 차주들은 관례라도 되는 양 다음과 같은 내용을 덧붙이기도 한다.

'가격 절충 가능'

오리들은 왜 가격을 제시한 다음 이런 내용을 덧붙일까? 이유는 다양하다. 어떤 이들은 "사고 싶어 하는 사람이 있어도 가격 때문에 포기할까 봐"라고 대답한다. 하지만 '절충 가능'이라는 말이 어느 가격에라도 따라붙을 수 있는 말이라는 점을 고려할 때, 단지 그 표현이 없다고 해서 사람들이 바로 포기할까? 어떤 가격도 독수리들을 단념시키지는 못한다. 오히려 도전의식을 불러일으킬 뿐이다.

오리들은 사람들이 가격을 절충할 수 있을 것 같으면 더 적극적으로 차에 대해 문의할 거라고 주장한다. 또 다른 오리들은 가격을 조금(결국엔 아주 많이) 낮춰서라도 차를 꼭 팔고 싶기 때문이라고도 말한다. 하지만 여기서 정말 중요한 문제는, 사람들이 오직 '절충 가능'이라는 문구만 보고 가격을 얼마나 '많이' 또는 '조금' 조정할 수 있을지 판단할 수 있겠는가 하는 점이다. 대부분은 '다른 사람들도 그렇게 하니, 중고 거래를 할 때는 이 문구를 의례적으로 써야 하나 보다'라고 생각하고 이 문구를 덧붙인다.

나는 이 문구를 쓰는 것이 실수라고 생각하며, 솔직한 심정으로는 제발 좀 그러지 말라고 이야기해주고 싶다. 왜냐고? 구매자가 '절충 가능'이라는 문구를 보면 어떤 생각을 할 것 같은가? 그들은 당신이 차의 성능과 상태가 어떻다고 설명하기도 전에 최소한 800만 원보다는 낮은 가격에 살 수 있겠다고 생각할 것이다. 독수리들에게는 듣던 중 반가운 소리가 아닐 수 없다.

그러면 판매자는 불리해진다. 구매자들은 차를 맘에 들어 하는 다른 사람들과 경쟁해서 800만 원보다 더 높은 가격에라도 차지할 각오를 하는 대신, 당신이 800만 원도 못 받고 차를 팔아야 할까 봐 조바심내고 있다는 사실을 알아챈다. 그러면 유리해지는 쪽은 당연히 구매자다!

당신은 '절충 가능'이라는 문구를 넣어 800만 원보다 낮은 가격에라도 차를 팔고 싶다는 간절함을 내비침으로써 자신의 협상 입장을 약화시켰다. 게다가 당신은 상대방이 차를 얼마만큼이나 원하는지도 아직 알아내지 못했다. 물론 자존심이 있는 독수리라면 쉽게 알려주지 않을 테지만 말이다. 이렇게 당신은 테니스에서 40점을 먼저 내주고 경기를 시작하듯 불리한 조건에서 협상을 시작하게 됐다. 사러 온 사람이 가족 행사 때문에 꼭 차가 필요한 상황이며, 시간이 얼마 남지 않은 상황에서 그날 다섯 번째로 본 차가 당신의 차였을지도 모를 일이다. 그랬다면 800만 원이나 그보다 더 높은 가격으로 거래가 이뤄지더라도 양쪽 모두 만족했을 수도 있다.

아무리 뛰어난 협상가라고 해도 상대의 머릿속을 들여다볼 순 없다. 직접 만나서 이야기하기 전에는 상대가 얼마나 절박한지 알 수 없지만, 일단 얼굴을 보고 대화하기 시작하면 상대의 입장을 더 분명히 알아낼 실마리를 얻을 수 있다. 상대가 어떤 사실을 숨기려고 회피하는 듯한 태도를 보일 때 그것을 눈치챈 사람들은 이를 이용하려 들 것이다.

하지만 당신이 쓸데없이 광고에 '절충 가능'이라는 문구를 넣었다면 어떨까? 이야기를 시작하자마자 후회가 밀려들 것이다. 당신이 그 문구를 넣지 않았다고 가정했을 때, 과연 협상 첫머리부터 800만 원에 차를 팔고 싶지만 더 낮은 가격도 괜찮다는 말을 하겠는가? 당연히 아닐 것이다! 그런데 왜 상대를 만나보기도 전에 굳이 깎아주겠다는 말을 하는 건가.

상대는 '절충 가능'이라는 문구 하나로 당신의 마음가짐이 어떤지 짐작할 수 있다. 800만 원에 차를 팔 수 있으리라고는 기대하지 않는다는 점 말이다. 다음으로 상대가 할 생각은 아마도 '800만 원에서 얼마나 더 깎아줄까?'일 것이다. 여기서 당신은 거래 정보의 비대칭을 자초함으로써 상대를 더 유리한 입장으로 만들어줬다. 구매자가 "800만 원이면 괜찮지만 그보다 더 많이 낼 수도 있어요"라고 말할 리는 없지 않겠는가. 혹시 정말 그렇게 말하는 구매자가 있다면, 당신도 "얼마나 더요?"라고 물을 것이 분명하다. 상대가 절박하다는 신호를 포착한 셈이니까. 흥정에서는 더 절박한 쪽이 약자가 되며, '절충 가능'이라는 문구는 절박함의 신호다. 그런 거래에서는 최종 가격이 구매자 쪽에 더 유리하게 합의될 가능성이 크다. 독수리들은 그런 상황에서 큰 쾌감을 느낄 것이다.

그런데 내 경험상 적지 않은 구매자가 가격을 깎아보라고 초대하는 것이나 다름없는 '절충 가능'이라는 문구를 무시하고, 판매자가 요구한 가격 그대로 물건을 산다! 그런 사람들은 틀림없이 독수리가 아닌 오리 유형일 것이다. 오리형 구매자들은 '절충 가능'이라는 문구에 내포된 뜻을 읽어내지 못해서 판매자에게 득이 되는 일을 해준다. 협상에서 실수를 해놓고 나중에 또 다른 오리에게 떠넘길 수 있기를 기대하는 것이다.

구매자들은 왜 이런 실수를 하는 걸까? 요지를 벗어나긴 했지만,

인간의 비정상적인 행동 양식에 관심이 있는 사회학자나 심리학자들이 은퇴 후에 이 주제로 연구를 해봐도 좋을 것 같다. 어쨌든 독수리들이 보기에도 800만 원이 괜찮은 가격이라면, 그들에게는 더 높은 가격을 지급할 용의도 있을 것이다. 이 점을 당신이 깊이 생각해보면 좋겠다.

판매자가 가격을 제시하면서 '절충 가능'이라는 문구를 달아놓는다면, 그의 최대 기댓값은 광고에 적어둔 것보다 낮을 것이며, 그가 수락할 수 있는 최저가는 그보다 더 낮으리라는 점을 쉽게 알 수 있다. 당신이 상대를 떠보기 전까지는 그가 얼마까지 깎아줄지 알 수 없다(잭의 법칙을 기억하라). 판매자가 오늘 다섯 번째로 만난 사람이 바로 당신이고 매번 거래가 무산돼 낙담하고 있는 참이라면, 더는 시간을 지체하지 않고 낮은 가격에 합의할 생각이 있을지도 모른다. 어떤 거래에서든 시간제한은 있기 마련이고, 당신이 여유를 부리며 차를 요목조목 뜯어보는 동안 판매자는 더 조급해질 것이다. '절충 가능'이라는 문구를 넣은 그는 아마추어 오리처럼 협상에 임한 것이다. 그에게 비즈니스는 이렇게 하는 것이라고 가르쳐줄 필요는 없다. 오히려 당신은 상대와 지역 사회 전반에 유익한 일을 하는 셈이다. 그 보상으로 당신은 가격을 더 깎을 수 있고, 상대는 귀중한 경험을 하게 되니 말이다. 이를 다음처럼 표현할 수도 있다.

돈 있는 자와 경험 있는 자가 만나면,
경험이 있는 자는 돈을 차지하고

돈이 있는 자는 경험을 얻는다.

냉정하지만 우리는 이렇게 험난한 방식으로 교훈을 얻기도 한다. 더 쉬운 방법은 '절충 가능'이라는 말을 덧붙이지 않고 협상하는 법을 익히거나, 당신이 구매자라면 처음에 충격적인 가격을 제시하여 상대를 당황시키는 것이다. 평생 오리로 살지 말고, 이젠 독수리가 되어보는 것이 어떤가!

오리 유형에게 '절충 가능'이라는 말을 왜 넣었냐고 물어보면 그들이 내놓는 전형적인 대답은 다음과 같은 것들이다.

"집이 좁은데 공간만 차지하고 있어서요."
"다른 물건을 사야 하는데 돈이 부족했거든요."
"이 물건은 어차피 처분할 생각이었으니 얼마를 받든지 보너스예요."

이것들은 물건을 파는 이유로는 타당하나, '절충 가능'이라는 문구를 넣어야 할 이유는 되지 못한다. 이 문구는 당신이 물건을 꼭 팔아야 한다고 부담을 느끼고 있음을 알린다. 게다가 당신은 이 부담감 때문에 광고한 것에 근접한 액수이기만 하면 거래를 잘한 것이라고 착각할 수도 있다.

그런데 오리 유형은 거래를 꼭 성사시켜야 한다는 '부담감'을 자신만 느끼는 것이 아니라는 점을 잊곤 한다. 상대는 당신과 비슷하거나 더 큰 부담을 느끼고 있을지도 모른다. 그런데도 그가 여유가 있으리라고 함부로 추측하다 보면 양보할 생각부터 하고 협상에 들어가는 셈이 된다. 이것이 절대 습관이 되어서는 안 된다.

협상이 시작되기도 전에 혼자 이리저리 생각하면서 양보할 거리를 찾는 것은 항복이라는 미끄러운 비탈길 꼭대기에 제 발로 올라가는 행위다(오리들은 그런 곳에서 미끄러지는 것을 정말 좋아한다). 큰 금액이 걸려 있는 협상에 임할 때도 당신이 그런 태도를 버리지 못한다면, 회사가 송두리째 흔들릴 정도로 치명적인 결과를 가져올지도 모른다. 모든 권력이 상대에게만 있다고 혼자 착각하면 값비싼 대가를 치러야 할 수도 있다. 노조 대표는 모든 권력이 회사 경영진에게 있다고 한탄하는 반면, 경영진은 노조 대표가 조합원들을 상대로 막강한 징계권을 행사하고 있다면서 볼멘소리를 한다. 마찬가지로 구매자는 판매자에게, 판매자는 구매자에게 권력이 있다고 주장한다.

판매하려는 가정용품의 가격을 정할 때 특별한 기준이 있는 건 아니다. 보통은 당신이 받았으면 하는 액수를 부를 것이고, 실제로 거래가 이뤄지는 과정에서 달라지는 경우가 많다. 다행스럽게도, 시장이 당신이 제시한 가격을 현실적이라고 판단할지 아니면 터무니없다고 판단할지는 금방 알 수 있다. 온 세상 사람이 당신 집에 있는 고물 더미를 사려고 문턱이 닳도록 드나들 것이라는 순진무구한 생각은 머리에 떠오르기가 무섭게 사라질 것이다.

경제학자들은 시장 가격이 무작위로 정해지지 않고 과학적 근거를 기반으로 결정된다는 논문을 내놓는데, 비즈니스 세계에서도 상황은 크게 다르지 않다. 예전에 나는 한 네트워크 개발자들과 협업한 적이 있는데, 그들은 직접 개발한 근거리 통신망 장비를 일주일에 일곱 대씩만 판매할 수 있다면 이윤도 남길 수 있고 더할 나위 없이 만족할 것이라고 말했다. 그런데 이 장비는 출시되고 첫 주에 수백 대가 팔렸고, 그 후에는 수천 대씩 팔려 한 해 만에 창업자들을 백만장자로 만들어줬다.

하지만 대부분의 혁신가는 그렇게 운이 좋지 않다. 어떤 개발자들이 컴퓨터 카메라 렌즈의 판매를 앞두고 하나당 얼마의 이윤을 남길 수 있을지 계산하고 있는 동안, 나는 그들에게 이 렌즈의 특허를 브랜드가 잘 알려진 카메라 기업에 팔아넘기라고 조언했다. 대기업은 이들에게 필요한 전 세계적인 유통망을 이미 갖추고 있으니, 다른 회사들이 이 카메라를 모방하여 유사품을 출시하기 전에 대기업 유통망을 통해 시장을 장악하는 것이 시급하다고 판단했기 때문이다. 하지만 그들은 내 조언을 듣지 않았고, 이 혁신 기술의 주도권은 어떤 덩치 큰 기업에 넘어갔다. 아마 어떤 독수리가 자신이 개발한 컴퓨터 카메라 렌즈를 그들에게 팔아넘겼기 때문이 아닐까 싶다.

언젠가 나는 10만 원짜리 '골동품 책상' 광고 하나만 믿고 급히 에든버러에 들른 적이 있다(그런 가격이면 기대를 하지 말았어야 하는데, 그때 나는 책상을 꼭 갖고 싶었다). 1950년경에 제작된 문제의 책상은 상태가 정말 엉망이었다. 책상 주인인 은퇴한 공무원은 자기가 일했던 사무실에서 각종 물품을 염가 처분했을 때 이 책상을 사들였다고 했다. 선뜻 이해하기 어렵지만, 그는 이 책상을 20년이나 써왔으니 골동품이 맞는다고 생각하는 듯했다.

당신은 지금 팔려고 내놓은 물건을 이전에 얼마에 샀었는지 기억한다. 하지만 직접 팔아보기 전까지는 사람들이 이 물건에 얼마까지 내려 할지 알 수 없다. 그렇다고 적정 가격을 잘 모르니 '절충 가능'이라는 문구를 써서 사람들이 물건을 보러 오게 할 생각이었다면, 오리 신세가 될지도 모르니 조심하기 바란다. 광고를 본 독수리들은 물건을 보러 와달라는 당신의 요청에만 응하는 것이 아니라 절충 가능이란 문구도 그냥 넘어가지 않을 것이다. 또는 당신이 물건의 가치를 잘못 책정했으니 바로잡아줘야겠다고 생각할 수도 있다.

물론 사람들이 당신의 차, 오래된 책, 수집한 음반, 망원경 따위를 보러 집에 찾아오게 하는 것이 판매의 첫 단계인 것은 사실이다. 보러 오는 사람이 없으면 당연히 살 사람도 없으니 말이다. 하지만 적정 가격을 정하는 건 어렵다. 가격이 얼마나 높아야 "비싸다"고 말할 수 있으며, 얼마나 낮아야 "저렴하다"고 말할 수 있을까? 그 기준은 상황에 따라 얼마든지 변할 수 있는데도 '절충 가능'이라는 말을 구태여 넣을 필요가 있을까?

누군가가 당신 집을 찾아가는 수고를 마다하고 물건을 보러 왔다는 것은 구매할 생각이 반쯤은 있다는 의미다. 쓸 만한 중고 소파 같은 물건들을 찾다 보면 시간이 오래 걸릴 수도 있다. 구매자들은 일정 시간이 흐르면 맘에 드는 물건에 더 높은 가격을 지급할 수도 있고, 괜찮은 물건이나 좋은 가격의 기준을 바꿀 수도 있다. 판매자의 경우, 광고 기간이 길어질수록 기타 비용도 늘어나서 같은 가격에 물건을 팔아도 남길 수 있는 이윤이 줄어든다. 며칠, 몇 주 동안 사람들이 물건을 보러 올 때마다 집에 있어야 하는 번거로움 등으로 다른 비용이 더해지기도 한다. 판매자는 이런 비용들을 고려하여 어쩔 수 없이 더 낮은 가격을 수락할지도 모르며, 이는 구매자에게 유리한 정보다. 그런데 구매자들도 마찬가지로 '물색' 비용을 부담해야 한다. 그들이 만일 당신이 내놓은 물건을 곧바로 산다면 그런 비용을 절약할 수 있을 것이다. 이렇듯 상대 역시 당신과 비슷한 초조함을 느끼고 있다. 구매자가 물건을 찾아 헤매면서 느끼는 피로감이나 판매자가 팔지 못할 것 같아서 느끼는 불안감을 서로가 정확히 알아낼 방법은 없다. 물론 이것은 어디까지나 당사자가 자신의 감정을 그대로 드러내지 않을 때의 이야기다.

거래를 성사시키기 위해 꼭 가격을 조정해야만 한다면, 얼마나 절충할지 결정하는 것은 당신에게 달렸다(얼마가 됐든 아주 조금씩만 조정해야 하고, 너무 빈번하게 해서는 안 된다). 처음부터 협상이 가능하다고 신호를 보내는 건 오리들뿐이다. 상대가 흥정을 하고 싶다면 자기 쪽에서 먼저 제안할 것이다. 그가 먼저 움직이길 기다려도 나쁠 것은 하나도 없다는 뜻이다. 아울러 당신이 절충이 가능하다는 말을 해주지 않았으니 상대는 소극적으로만 흥정하고 대담한 요구를 할 생각은 하지 못할 수도 있다.

늘 그렇듯, 상대에게 물건을 어떤 용도로 쓸 생각이며 이 물건이 왜 적합하다고 생각하는지 등을 물어봐라. 구매를 고려하고 있는 사람들을 구슬려 이런 정보를 알아낼 수 있다면, 그 정보를 어떻게 활용할지도 결정할 수 있다. 거래를 할 것인가, 교착상태에 갇혀 있을 것인가? 이렇게 거래하는 것이 '절충 가능'이라고 광고하는 것보다 훨씬 효과적인 전략이다. 오리들은 이 사실을 모르지만 독수리들은 잘 알고 있다.

1. 당신은 지금 타는 차를 처분해서 새 차 구입에 보탤 생각이다. 사소한 하자가 몇 개 있는 점을 고려할 때 판매 가격은 800만 원이 적당할 것 같다. 광고에는 얼마라고 적을까?

   ① 800만 원(절충 가능)? 틀렸다. 구매자를 만나기도 전에 당신이 800만 원보다 낮은 금액도 수락할 의향이 있다는 사실을 알리는 셈이다.

   ② 850만 원? 맞았다. 가격을 처음 제시할 때는 강하게 밀고 나가야 어느 정도 깎아줘도 원하는 값을 받을 수 있다.

   ③ 900만 원(절충 가능)? 틀렸다. 목표로 하는 가격과 너무 동떨어져 있고 '절충 가능'이라는 문구 때문에 불리해질 수 있다.

   ④ 가격을 따로 적지 않는다? 틀렸다. 엄청나게 희귀한 구형 자동차나 최고급 브랜드라면 모를까, 평범한 중고차라면 이렇게 해서는 안 된다.

   ⑤ 800만 원? 처음부터 목표 가격을 제시해버리면 분명 그보다 적게 받을 것이다 (첫 제안을 어떻게 해야 하는지는 이미 여러 번 다뤘다).

2. 당신에게 쓸 만한 트레일러가 한 대 있는데 새로 구입한 차와 호환이 되지 않아 동네 무료 신문에 광고를 내서 판매하려고 한다. 트레일러의 상태가 양호하고 수요도 많기 때문에 가격은 75만 원이 적당할 것 같다. 광고에 가격을 얼마라고 적을까?

   ① 80만 원? 틀렸다. 구매자는 분명 처음 제시된 가격을 깎으려 할 것이다. 5만 원

은 협상의 여지가 너무 적다.

② 85만 원? 맞았다. 5만 원보다는 10만 원부터 협상을 시작하는 쪽이 더 큰 이윤을 남기기 좋을 것이다.

③ 75만 원(절충 가능)? 틀렸다. 이것은 구매자가 트레일러를 보기도 전에 75만 원보다 낮은 값에 사라고 부추기는 것이나 다름없다. 트레일러를 확인한 구매자는 75만 원이 적정한 가격인지 직접 판단할 것이며, 독수리 유형이라면 당신이 얼마까지 깎아줄지 떠봐야겠다고 생각할 것이 분명하다.

④ 구매자가 가격을 제안할 것? 틀렸다. 상대에게 가격을 제안하라고 했는데 그 사람이 독수리 유형이라면 골치가 아파질 수도 있다. 그가 처음부터 60만 원을 부르면 어떻게 할 것인가? 75만 원까지 가격을 올리느라 진땀을 빼야 할 것이다.

⑤ 75만 원(협상 불가)? 틀렸다. 예를 들어 상대가 차를 보고 74만 5,000원을 제안하면 참 난감해질 것이다. 그 가격을 수락하겠는가, 아니면 다른 누군가가 찾아와 5,000원이라도 더 내길 바라며 거절할 것인가? 1만 원 낮은 가격을 수락할 수 있다면 얼마까지 싸게 팔 의향이 있는가? 또한 이렇게 하면 누군가가 트레일러를 맘에 들어 해서 75만 원 이상을 지급할 가능성도 없어진다.

⑥ 가격을 넣지 않는다? 틀렸다. 누군가가 트레일러를 보러 오기라도 한다면 당신은 엄청난 안도감에 75만 원을 불러보지도 못하고 상대가 얼마를 제안하든 수락할 것이다(꽥꽥).

12 | 유콘의 법칙

의지를 단련하는 법

■ **자기평가 테스트 12**

1. 당신은 청량음료 기업에서 주요 고객사들을 담당하는 협상가다. 그런데 국내 최대 대형 마트 체인의 구매총괄자가 음료 가격을 한 상자당 10원씩 깎아주지 않는다면 앞으로 거래를 끊겠다고 이야기한다. 이 마트는 우리 회사의 음료를 1년에 100만 상자씩 팔아주고 있다. 어떻게 하겠는가?

   ① 웃으면서 "안 됩니다"라고 말한다.

   ② 깎아주기로 한다.

   ③ 절충안을 제시한다.

2. 다음으로 협상할 상대는 방금 언급한 대형 마트 체인의 경쟁사다. 이 회사의 구매 총괄자는 경쟁사가 파업으로 음료수 공급을 중단했다면서 당신을 만나 천만다행

이라고 이야기한다. 그는 긴급하게 음료 5만 상자를 즉시 납품해줄 수 있는지 묻는다. 어떻게 할까?

① 웃으면서 "좋습니다"라고 말한다.
② 알았다고 하되, 긴급 배송 건이니 5퍼센트의 추가금이 붙는다고 말한다.
③ 짧은 시간에 그렇게 많은 양을 납품할 수는 없다고 이야기한다.
④ 음료를 납품할 수 있을 뿐만 아니라 이번 달에는 '대량 구매 할인'도 적용해줄 수 있으니, 그가 운이 좋은 것이라고 웃으면서 말해준다.

협상가들 사이에서 '강인함(toughness)'은 그리 큰 주목을 받지 못하는 것 같다. 위대한 고전문학을 읽는 것보다 인용하기를 더 즐기듯, 사람들은 강인함을 실천하기보다 뽐내기를 더 좋아한다. 게다가 전형적인 장사꾼 이미지가 강인함의 특성을 그릇되게 반영함으로써 이 단어에 대한 대중의 오해를 불러일으키는 데 한몫한다.

내가 말하는 강인함이란 단호한 의지를 뜻하며, 흔히 생각하는 위협적이고 무례한 태도와는 다르다. 강인함은 간단한 주제가 아니다. 사람들은 보통 이것을 하나의 성격적 특성으로 간주하고, 강한 성품은 타고나야 한다고 말하기도 한다. 호주의 한 협상가는 이를 빗대어 "오리는 결코 독수리가 될 수 없다"라고 표현하기도 했다.

존슨은 청량음료 기업에서 주요 고객사들을 관리하고 있다. 그는 대형 마트 체인들과 협상하면서 조건이 괜찮다고 판단하면 재량껏 계약을 체결하며, 한 번의 거래에서 100만 상자 이상의 음료수를 주문받는 일도 종종 있다. 청량음료 업계 회사들은 막대한 예산을 마케팅에 쏟아부으며 치열한 경쟁을 펼치고 있고, 존슨은 한 푼이라도 낮은 가격으로 음료를 사려는 구매 담당자들로부터 끊임없이 압박을 받는다. 구매 담당자들은 항상 경쟁사가 어떤 부분을 양보했으니 존슨의 회사도 그에 맞춰야 한다는 식의 이야기를 하면서, 그렇게 하지 않으면 음료수를 눈에 잘 띄지 않는 마트 구석자리에 진열하겠다고 겁을 준다.

존슨이 협상하는 모습을 지켜보면 배울 점이 많다. 상대방이 존슨의 회사 제품에 어떤 불이익을 가하겠다고 위협하고 윽박질러도 존슨은 절대 눈 하나 깜짝하지 않는다. 상대가 엄포를 놓는 동안 고개를 끄덕이고 미소를 지은 다음, 결국은 온화하지만 분명하게 "안 됩니다"라고 거절할 뿐이다.

'사정없이 후려치기' 전략이 다른 곳에서는 효과가 있었던 모양이다. 이런 전략이 잘 먹혀들지 않았다면 구매총괄자들이 최고의 자리를 지킬 수 없었을 테니 말이다. 문제는 그들이 존슨을 상대로 후려치기 전략을 썼을 경우, 대개 손해를 보는 쪽은 자신들이라는 점이다. 존슨은 경쟁사들처럼 가격 인하 경쟁에 뛰어들었다가는 남들과 똑같이 별 볼 일 없는 처지가 되리라는 사실을 잘 알고 있다. 최악의 경우에는 그와 회사가 가파른 비탈길에서 점점 아래로 미끄러져 그 시장에서 완전히 도태될지도 모른다. 다행히 존슨의 회사는 마트 고객들이 자주 접하는 각종 매체에서 높은 관심도를 유지하고 있었기 때문에 구매 담당자들의 환심을 사는 데 사활을 걸지 않아도 됐다. 존슨 회사 음료수에 대한 고객들의 수요는 꾸준했고, 각 지역의 체인점이나 소규모 점포들은 당연히 수요가 있는 상품을 취급하고 싶어 했다.

대형 마트 한 군데가 존슨 회사의 음료를 사지 않기로 해도 다른 곳들은 계속 음료수를 납품받을 것이다. 마트의 지역 점주들은 본사 직원 누군가가 존슨 회사 제품을 거절했다는 이유로 자기 점포에서 인기 제품을 판매하지 못하는 상황을 달가워하지 않는다. 구매총괄자들은 이런 내부적 압력 때문에 존슨 회사의 상품이 각 체인점에 원활히 공급되도록 조치할 수밖에 없다. 존슨은 혼자서 협상을 하러 대형 체인 본사에 방문해도, 자신이 큰 회사를 대표하고 있다는 사실과 이 마트의 이용 고객 중에 자사 음료수를 애용하는 이들이 많다는 사실을 잊지 않는다.

구매 담당자가 할인해주지 않으면 큰일이라도 날 것처럼 존슨을 윽박지를 때(어쨌든 이것이 구매 담당자의 역할이니까), 그는 자녀를 위해 음료수 몇 캔을 사는 고객들의 마음을 생각한다. 부모들은 단돈 몇 푼을 아끼기보다 아이가 정말 원하는 제품을 사주고 싶어 한다. 또한 그는 대형 마트에서 할인을 요구하는 이유가 보통은 고객에게 상품을 저렴하게 공급하기 위해서가 아니라 비용을 아껴 자기 잇속만 채우기 위해서라는 점도 잘 안다. 그들이 요구하는 만큼 깎아주지 않아도 탄산음료를 좋아하는 아이들은 어떻게든 부모님을 졸라 음료수를 사 먹을 것이다.

존슨은 고객들이 자사 청량음료를 사는 진짜 이유를 영리하게 알아채서 자신감을 얻을 수 있었다. 물론 구매 담당자들을 상대로 이런저런 조건을 요구할 수 있는 입장은 결코 아니지만, 상대가 아무리 으름장을 놓아도 주눅 들지는 않는다. 존슨 회사의 음료수를 사려고 찾아오는 고객사들의 존재 덕분에 그는 완전히 무방비 상태로 협상에 임하지 않아도 된다. 존슨은 가격 방면에서 단호한 입장을 고수하며, 정말 드물게 가격을 깎아줄 때도 미미한 수준을 넘지 않는다. 구매 담당자가 계속해서 깎아달라고 고집을 부릴 때는 존슨도 대가로 뭔가를 얻어낸다. 예를 들면, 지역 매체를 통해 고객들이 음료수 한 상자를 구매할 경우 몇 캔을 무료로 더 주는 행사를 진행하자고 제안하면서 당월 주문량을 20퍼센트 더 늘리자고 하는 것이다. 요점은 존슨이 본인만의 업무 처리 방식을 확립했고 구매 담당자들도 이제 웬만해서는 존슨을 겁줄 수 없다는 걸 안다는 사실이다. 그래도 이들은 포기하지 않고 간혹가다 한 번씩 존슨을 시험해볼 것이다.

'2퍼센트'에 담긴 무시무시한 의미

잉글랜드 남부에 있는 소규모 공장 직원들이 정리해고에 맞서 파업을 준비하고 있었다. 경영진은 노조 대표들을 회의에 초대했고, 대표들이 둘러앉은 테이블 앞에는 한 페이지가 꽉 차도록 '2퍼센트'라고 크게 적힌 차트가 놓여 있었다. 회의가 이어지는 동안 아무도 그 차트를 언급하지 않자 결국 한 대표가 '2퍼센트'가 무엇을 의미하는지 물었다.

그러자 어떤 하급 인사 관리자가 자리에서 일어났다. 그녀는 차트로 가서 종이를 한 장 넘기고는 계산식이 적혀 있는 페이지를 보여줬다. 그러면서 이 차트는 그날 오전에 진행된 경영진 회의에서 사용된 자료이며, 그룹의 총매출에서 이 공장이 차지하는 비율을 계산한 것이라고 말했다. "그렇게 하니 2퍼센트라는 결과가 나오더군요." 관리자는 그 말에 어떤 의미가 내포되어 있는지 더 설명하지 않고, 차트를 다시 앞으로 넘긴 뒤 자리에 앉았다.

그녀가 그룹 총매출 중 겨우 2퍼센트를 차지한다는 것이 무슨 의미인지 설명하지 않았으므로 노조 대표들은 그 뜻을 스스로 숙고해볼 수밖에 없었다. 그녀가 공장 실적이 그렇게 낮을 경우 어떤 영향이 있는지를 자세히 설명했다면, 노조 대표들은 경영진이 괜히 겁 주려고 술수를 쓰는 것으로 생각했을 것이다.

노조 대표단과 공장 직원들이 협의할 시간을 줄 수 있도록 회의는 잠시 중단됐다가 약 1시간 후 재개됐다. 다시 자리에 모인 대표들의 반응으로 보아, 자신들의 입장이 얼마나 곤란한지 깨달은 듯했다. 파업을 하면 모두가 일자리를 잃을 것이 분명했다. 대표단은 본사를 자극하여 공장을 폐쇄하는 것보다 (다 함께 일자리를 잃는 것보다는 일부라도 유지하는 편이 낫겠다고 판단하고) 정리해고 대상자를 위한 퇴직 패키지 내역을 협상하는 데 집중했다. 이 스물세 살짜리 인사 관리자는 자신보다 나이가 두 배는 더 많은 관리자에게서도 쉽게 볼 수 없는 단호한 결단력으로 만족스러운 협상 결과를 끌어낼 수 있었다('말은 온화하게, 징계는 엄하게').

그러면, 구매 담당자가 "그런 가격이 가당키나 하겠소?"라고 말할 때는 어떻게 대응해야 할까? 굴복할 것인가, 당황하지 않고 침착하게 대처할 것인가? 그 답변에는 당신에게만 관련 있는 사적인 문제가 걸려 있을 수도 있다. 승진이나 물질적 풍요, 개인의 행복 같은 것들 말이다. 한편, 당신의 답변은 회사에도 중요한 문제다. 사람들은 누구나 잘되고 싶어 한다. 회사 사람들이 잘되려면, 당신이 협상 대표로서 그들이 만든 상품을 잘 팔아줘야 한다. 회사 사람들이 사무실에서 당신을 어떻게 생각하는지는 모르겠지만, 내 지난달 월급을 걸고 단언하건대 그들은 당신이 작은 계약보다는 큰 계약을 따내서 이윤을 많이 남기길 바라고, 공격적인 구매 담당자들 앞에서도 주눅이 들지 않기를 바랄 것이다.

당신이 더 단호하지 못해서 음료 가격을 상자당 10원씩 깎아주기로 했다면, 동료들의 월급 인상분에서 10원이 깎이거나 심지어 그들이 월급을 받지 못하는 사태가 일어날 수도 있다. 회사가 손실을 보고 있을 때 이득을 얻는 구성원은 아무도 없다. 판매 수익이 감소할 때마다 일자리 삭감에 한 발씩 더 가까워지는 셈이다. 당신 때문에 생긴 10원의 손실이 아주 사소할 뿐이라고 생각하며 안도하지 말기 바란다. 이런 식으로 운송팀이 차량 수리비에서 10원을, 생산팀이 인건비에서 10원을, 회계팀이 불량채권에서 10원을, 관리팀이 소모품 구입에서 10원을 양보할 수 있다. 단호한 태도를 지키지 못하면 같은 일이 계속 반복될 것이다. 사람들은 어쩌다 한 번씩 하는 '무른' 행동 때문에 큰 문제가 일어나리라고는 생각하지 않는다. 맞는 말일 수도 있지만, 이런 행위가 버릇이 되어 쌓이고 쌓이면 당신과 회사가 모두 위태로워질 수 있다.

이 요점을 더욱 명확하게 이해할 수 있도록 강인함이라는 말의 의미를 살펴보겠다. 앞서도 말했듯이 강인함은 상대를 위협하는 몸짓, 말투, 자세 같은 것들이 아니라 나와 상대 각자에게 유익한 합의점을 찾으려는 단호한 의지를 일컫는다. 당신이나 상대 중 한쪽이 좋은 것을 모조리 차지하고 다른 한쪽은 남아 있는 형편없는 것들만 가져가게 하는 일방적인 탈취 행위와는 전혀 다르다.

예전에 나는 잉글랜드 북서부에서 발생한 장기 파업 문제를 담당하면서 노조에 한 가지 거래를 제안했다. "회사에서 제의했듯 여러분이 주당 40시간 범위 내에서 완전 유연 근무를 해주기로 동의한다면, 급여를 10퍼센트 이상 인상하여 생산성 향상의 결과를 다 함께 공유하겠습니다. 만약 동의할 수 없다면 지금과 같은 업무 처리 방식을 유지해도 좋습니다. 하지만 2년간 급여를 3.5퍼센트 인상하겠다는 경영진의 제안을 여러분이 거부하셨으니, 이 문제는 재논의가 필요합니다. 그동안 여러분은 파업을 연장해도 좋습니다. 그럴 권리가 있으니까요. 하지만 이 점은 확실히 하겠습니다. 그렇게 하더라도 지금보다 더 불리해질 수는 있을지언정, 결과가 달라지진 않을 겁니다."

단호한 결단력이란 바로 이런 것이다. 협박, 괴롭힘, 욕, 독설 같은 것은 없다.

상대 협상가의 '강한' 요구에 당신도 강인하게 맞섰다는 사실을 알게 해주는 증거는 무엇일까? 놀랍게도 그 증거는 정말 일관적이다. 간단히 말해, 당신에게 득이 된다는 것이다! 처음부터 거세게 나오는 상대에게 부드럽게 반응해봤자 당신에게 도움이 될 리가 없다. 잭 역시 충격요법을 사용하여 상대의 강인함을 꺾어버릴 수 있었다.

반대로 생각하면 더 이해하기 쉽다. 만약 당신이 처음부터 예상외의 약한 면을 보인다면 상대는 기댓값을 높이겠는가, 낮추겠는가? 바로 이것이 '선의의 양보'가 안고 있는 치명적인 오류다. 무르게 행동하고 일방적으로 양보만 하는 당신에게 돌아오는 상대의 반응은 '더 많은 요구'다. 늑대에게 먹이를 줘도 식욕을 만족시킬 수는 없다. 오히려 누구를 쫓아가야 먹이를 얻을 수 있는지를 가르쳐줄 뿐이다. 늑대는 먹이를 더 받으려고 계속해서 당신에게 돌아올 것이다.

강인한 태도 때문에 협상이 결렬될 확률은 어느 정도일까? 강인함의 정도에 비례하여 협상이 깨질 확률을 정확히 계산하는 것은 불가능하므로 누구도 자신 있게 답할 수는 없을 것이다. 만약 당신이 그 확률을 정확히 계산해낼 수 있다면 노벨상을 받을 수도 있다!

사람들이 유연하게 행동할 때보다 강경한 태도를 고수할 때 협상 진척이 더딜 수 있다는 점에는 의심의 여지가 없다. 결과적으로는 당신이 성사시키는 거래 건수도 더 적어질지 모른다. 그러나 더 실질적인 문제는 '높은 가격으로 체결한 소수의 계약과 낮은 가격으로 체결한 다수의 계약 중 어느 곳에서 더 이윤을 남겼는가?'다. 1,700만 원에 다섯 건을 계약하는 것이 1,000만 원에 일곱 건을 계약하는 것보다 더 이득이다(물론 숫자를 다르게 넣으면 다른 결과가 나올 것이다. 노벨상을 타기가 어디 그리 쉽겠는가).

하지만 강인함은 지금 얻을 수 있는 이익에만 직결된 것이 아니라 장기적인 보상에도 기여한다. 사실상 당신은 눈앞의 계약을 따내는 것 이상으로 미래의 거래처도 확보한 셈이기 때문이다. 지금 당장은 상대방과 계약 조건을 놓고 경쟁하는 것 같지만 상황은 곧 바뀐다. 당신의 제품이 상대방의 진열대에 놓이는 순간부터 그들의 영업 및 마케팅 활동의 수혜자는 상대와 당신 모두가 된다. 우리 회사 제품의 존재로 경쟁사의 상품이 들어설 자리를 잃는 것은 말할 것도 없다.

스카이스포츠(Sky Sports)가 영국 프리미어리그와 독점 계약을 체결한 이래로 세탄타스포츠(Setanta Sports)는 경기 중계권을 얻을 수 없었다. 그러던 중에 축구 협회는 프리미어리그 프로그램 일부를 경매에 부쳐 최고 입찰자에게 중계권을 부여하기로 했다. 이 조치 이후로는 한 방송사가 경기 중계를 독점하는 일이 없어졌다. 어떤 경기에서는 스카이가 세탄타보다 더 높은 가격을 제시했고, 또 다른 경기에서는 세탄타가 스카이를 제치고 낙찰에 성공했다. 두 방송사 덕분에 프리미어리그는 승자독식 정책을 고수했던 지난 몇 년간보다 더 큰 수익을 올릴 수 있었다. 이 사례에서는 세탄타가 얼마의 가격을 제시했는지도 중요했지만, 중계권을 얻으려는 노력 속에서 얼마나 단호한 의지를 보여줬는지가 더 결정적이었을지도 모른다. 하지만 수많은 협상가가 협상 내용에만 집중하고 강인한 의지의 중요성은 망각하곤 한다. 그 결과 '강인함 대 부드러움'이라는 주제를 둘러싸고 여러 가지 큰 혼동이 생겨 끔찍한 실수를 저지르거나 현명하지 못한 전술을 구사하기도 한다.

상대의 위협(파업을 통한 협박, 경영진이나 테러리스트의 도발 등)으로 의지가 약해져 태도를 누그러뜨리는 것은 실수다. 그러다 보면 점점 더 단호함을 잃게 되기 때문이다. 물론 그렇다고 상대를 공격적으로 대하거나, 협박에 협박으로 맞서거나, 순간적인 분노 속에서 "앞으로는 절대 당신과 거래하지 않겠어!"라고 선언하는 등의 행위가 정당화되는 것은 아니다.

단호한 협상가들은 누구도 두려워하지 않는다. 상대가 협상장 밖에서 어떤 압력을 가하든, 협상 결과에 조금이라도 영향이 가도록 두지 않는다. 쉽게 위협에 굴복하고 일관성이 없다는 평판보다는 단호한 상대라는 평판을 얻는 것이 훨씬 현명하다는 점을 명심해라. 영국의 사업가 제임스 핸슨 경이 했던 말을 곰곰이 생각해보면 좋겠다. 대서양 지역을 아우르는 그의 큰 회사를 두고 런던 중심부에서는 회사가 좋은 실적을 올려봤자 인수하려는 기업들만 더 몰려들 것이라는 내용의 루머가 돌았다. 이 이야기를 듣고 핸슨 경은 말했다. "회사를 인수하고 싶다는 사람이 나타나면 먼저 택시를 보내주고, 여기로 와서 우리를 만나보라고 말하겠소."

협박을 당한 사람들에게는 어떤 일이 일어날까? 우선은 조금 유연하게 굴어서 일정 부분을 양보하면 경쟁사들을 물리치고 계약을 따낼 수 있다고 착각할 것이다. 그처럼 무르게 양보하는 일이 습관이 되고, 이 습관이 그들의 사고방식과 행동에 영향을 주기 시작하면 어떤 일이 벌어질까? 이런 사람들은 상대가 협상을 깰 것 같은 낌새를 조금이라도 보이면 쉽게 위축되고 크게 동요한다. 자연히 상대방은 이들의 마음가짐이 어떻고 어떤 불안감을 느끼고 있는지 알아차릴 것이며, 거의 반사적으로 거래가 깨질까 봐 걱정하는 심리를 자신에게 유리하게 이용하려고 할 것이다. 당신의 이런 반응을 읽은 상대는 금방이라도 계약을 깰 것처럼 허세를 부릴 테고, 얼마 안 가서 당신은 최저가나 그보다도 못한 조건으로 합의를 봐야 한다. 반대로, 기업의 구매 담당자가 '무르게' 협상을 하면 어떤 신기한 현상이 일어나는지 아는가? 드센 판매자들이 구매자에게 불리한 계약서를 한 뭉치씩 들고 떼로 몰려와 구매부서의 문을 두드릴 것이다. 툰드라 지역의 늑대들 사이에서 그랬듯 소문은 삽시간에 곳곳으로 퍼진다.

협상 테이블에서는 어떤 식으로 강인함을 드러낼 수 있을까? 정말 강인한 협상가들은 의지가 아주 굳세다. 자신과 같은 강인한 협상가를 맞닥뜨려 대담하게 맞서야 하거나 교착상태에 빠졌을 때도 여유를 잃지 않는다. 그들에게 서툰 건 '굴복'뿐이다.

협상은 양방향 도로와 같아서, 까다로운 요구를 하면 까다로운 조건을 역으로 제안받는다. 하나를 내주지 않고는 하나를 얻을 수 없다. 그러나 의지가 굳은 협상가들은 유약한 협상가들처럼 교착상태를 걱정하지 않는다. 그들의 주요 관심사는 자신이 기대한 결과를 얻는 것이지, 거래를 위한 거래를 하는 것이 아니다.

개가 짖어도 되는 때와 꼬리를 감추고 도망가야 하는 때를 감지할 수 있듯, 당신이 계약을 하고 싶어 조바심을 내면 상대도 그 사실을 감지할 수 있다. 당신이 만족스럽지 않은 조건에서 더는 진전이 없는 거래를 포기하지 못하고 있다면, 이제는 조건이 뭐가 됐든 받아들이고 싶은 마음이 반쯤은 들 것이다.

내가 아주 어렸을 때 할아버지께서는 제1차 세계대전이 일어나기 전에 캐나다 유콘(Yukon, 캐나다 북서부의 주-옮긴이)에서 금, 코발트, 석탄을 캐던 시절 이야기를 자주 하셨다. 하루하루를 힘겨운 노동으로 보낸 할아버지는 상사와 말다툼을 한 후에 얼어붙은 호수를 건너 집에 돌아오던 일과 같이 평범하고 소박한 일상 이야기를 들려주곤 하셨다. 그 시절 북미의 광부들은 자신의 운명에 확고한 자신감이 있었고, 할아버지는 그들의 정신을 잘 표현한 로버트 W. 서비스(Robert W. Service)의 시 몇 줄을 자주 읊으셨다.

강한 자는 번창하고 약한 자는 멸망하며,
오직 적응하는 자만이 살아남는다.
이것이 유콘의 법칙이다.

중요한 협상을 앞두고 있을 때는 이 유콘의 법칙을 기억하기 바란다. 테이블 건너편에 앉은 상대가 차갑고 완고한 눈빛으로 당신을 꿰뚫어 보는 동안, 이 시는 당신이 끝내 원하는 것을 얻어내는 데 필요한 강인한 의지를 불어넣어 줄 것이다.

1. 당신은 청량음료 기업에서 주요 고객사들을 담당하는 협상가다. 그런데 국내 최대 대형 마트 체인의 구매총괄자가 음료 가격을 한 상자당 10원씩 깎아주지 않는다면 앞으로 거래를 끊겠다고 이야기한다. 이 마트는 우리 회사의 음료를 1년에 100만 상자씩 팔아주고 있다. 어떻게 하겠는가?

   ① 웃으면서 "안 됩니다"라고 말한다? 최선의 답변이다. 우리 음료수를 연간 100 만 상자씩 팔아준다는 것은 이 체인점이 실망시키지 말아야 할 고객의 수도 그만큼 많다는 뜻이다. 이런 확신이 들지 않는다면 당신은 잘못된 제품을 팔고 있는 것이다.

   ② 깎아주기로 한다? 틀렸다. 계약을 할 때마다 깎아달라는 압박을 받고 싶지 않다면, 절대로 깎아준다고 해서는 안 된다.

   ③ 절충안을 제시한다? 가격 절충에 동의하는 것은 최선의 방안이 아니다. 우선 ①번을 시도해보고 잘 안 된다면 가격 절충을 고려하되, 우리 쪽에 유리한 대가를 받아내야만 한다. 함께 행사를 진행해서 공동의 이익을 도모하는 등 다른 대안이 존재할 수 있다는 사실을 꼭 기억해라.

2. 다음으로 협상할 상대는 방금 언급한 대형 마트 체인의 경쟁사다. 이 회사의 구매총괄자는 경쟁사가 파업으로 음료수 공급을 중단했다면서 당신을 만나 천만다행이라고 이야기한다. 그는 긴급하게 음료 5만 상자를 즉시 납품해줄 수 있는지 묻는다. 어떻게 할까?

   ① 웃으면서 "좋습니다"라고 말한다? 글쎄, ②번처럼 반응하기 전에 운을 떼는 것이라면 괜찮다.

   ② 알았다고 하되, 긴급 배송 건이니 5퍼센트의 추가금이 붙는다고 말한다? 아주 좋은 생각이다. 먼저 "좋습니다"라고 말한 다음, 5퍼센트의 추가 비용을 내야 한다고 덧붙여라(비용이 더 들 것 같다면 그만큼 더 높게 부른다. 또한 꼭 필요하다면 추

가 비용을 아주 조금씩 조정해줄 수도 있다). 이것이 진정한 협상이다!

③ 짧은 시간에 그렇게 많은 양을 납품할 수는 없다고 이야기한다? 틀렸다. 제정
신이 아닌 이상 그렇게 말해선 안 된다. 제 발로 굴러든 복을 차버리는 격이다.
가격 조건만 맞는다면 무엇인들 못 하겠는가.

④ 음료를 납품할 수 있을 뿐만 아니라 이번 달에는 '대량 구매 할인'도 적용해줄
수 있으니, 그가 운이 좋은 것이라고 웃으면서 말해준다? 이런, 맙소사! 안 된다
고 1,000번은 말해줘도 부족하다. 당신이 사장이 아닌 이상 이번 주 안에 해고
를 면하긴 힘들 것 같다. 만일 당신이 사장이라면, 이 회사는 얼마 안 가서 문을
닫게 될 것이다. 구매총괄자가 곤경에 처했다는 사실을 자진해서 밝혔는데도
그 정보를 유리하게 활용할 줄 모른다면, 경쟁 업체가 업무를 재개했을 때 당신
의 회사는 살아남을 수 있을까? 또한 그 체인점은 당신에게 할인을 바라지도
않았다. 그러니 상대가 운이 좋든 나쁘든 상관 말고, 경쟁사의 파업으로 부족분
을 대신 납품하게 된 당신의 운에나 신경 써라. 이런 상황에서 추가로 '대량 구
매 할인'을 해주는 것은 미친 짓이다. 긴급 요청 사항을 수용하려면 당신이 얼
마나 많은 노력을 들여야 하는지 어필하는 편이 훨씬 낫다. 상대는 할인을 해주
겠다는 제안보다도 그 말을 더 고마워할 것이다.

13 │ 빛 좋은 개살구

위험한 거래를 알아보고 피하는 법

1. 은퇴한 농부인 당신은 마을 가까이에 12만 제곱미터(약 3만 7,000평)에 달하는 숲을 소유하고 있다. 시에서는 이 구역에 소규모 주택 개발 사업을 진행하고 싶어 한다. 그런데 한 건축업자가 찾아와서, 당신의 땅 외곽에 최고급 주택을 몇 채 짓고 싶다고 말한다. 그는 필지 면적이 최소한 4,000제곱미터(약 1,200평)는 되고 고소득층의 관심을 끌어낼 수 있다면 분명 계획 허가를 받아낼 수 있다면서, 6~10주 안에 허가가 떨어지면 4,000제곱미터(약1,200평)당 3,000만 원에 필지를 매입하고 싶다고 말한다. 어떻게 할까?

① 4,000제곱미터(약1,200평)당 6,000만 원을 부르고, 지금 돈을 낼 수 있다고 하면 거래한다.

② 당신이 직접 부지를 개발하는 편이 낫기 때문에 제안을 거절한다.

③ 당신이 공동 협력자로 개발에 참여하고 이윤의 반을 가져가는 조건으로 거래 한다.

2. 제임스와 존이 회의에 들어갔는데, 제임스가 존 부서의 영업실적이 부진하다며 그를 비판하고 있다. 제임스는 당월 판매 보고서를 소리 내어 읽으면서 존 부서의 판매 수량이 500개라고 이야기했다. 존은 제임스가 수출분을 제외하고 계산했기 때문에 전부 합산하면 판매 수량이 850개로 늘어난다는 사실을 알아차렸다. 그는 제임스의 말을 가로막고 수치를 정정해줘야 할까?

① 그렇다.
② 아니다.

감옥 안에 있는 사기꾼보다 감옥 밖에서 돌아다니는 사기꾼이 더 많다는 사실을 떠올리면 등골이 서늘해진다. 내가 어떤 범죄자 클럽의 회원에게 한 번도 감옥살이를 하지 않은 비결이 무엇인지 묻자, 그는 이렇게 대답했다. "한 번도 붙잡힌 적이 없으니까요."

모든 사기꾼이 처음부터 속이려는 의도를 가지고 범행을 시작하는 것은 아니다. 한편, 작정하고 사기를 치려는 사람들을 대상으로는 아무리 치밀하게 작성한 계약서도 별 힘을 쓰지 못한다(이 주제는 조금 후에 더 자세히 다루겠다). 당신을 속일 의도가 없었던 사람들이 끝까지 정직함을 유지하게 만들 묘책은 없다. 상황이 바뀌거나 새로운 기회가 생기면 처음에는 나쁜 의도가 없었던 사람들도 사기 칠 생각을 할지 모른다. 그러니 당신은 상대의 속이려는 마음을 단념시킬 수 있도록 상황의 변화를 예의주시하고 있어야 한다.

중동 국가에서 있었던 계약 문제 사례를 살펴보고자 한다. 어떤 외국 기업이 현지 사업가들과 협력하여 합작투자회사를 만들고 건축 프로젝트를 진행하기로 했다. 현지 사업가들은 자신이 통치 가문의 왕자들을 쥐락펴락할 수 있을 정도로 입김이 세다며 큰소리를 쳤다.

알다시피 중동 국가는 석유 추출이 주요 산업이다. 석유탐사와 생산을 할 때 인력을 투입할 경우 당연히 숙소가 필요하며, 외국인 근로자들에게는 가족과 함께 모여 사는 주재원 거류지 외에 현장 근처 오지에도 숙소를 제공해야 한다. 석유탐사 단계가 지나 생산 작업이 시작되면, 근로자들은 최소한의 편의 시설만 갖춰진 현장 숙소 이상의 쾌적한 장소를 요구한다. 그래서 이 나라는 호텔 수준에 버금가는(에어컨, 화장실이 딸린 개인실, TV·전화·인터넷, 냉장고, 세탁기, 가스레인지를 포함한 기본 취사 시설) 직원 호스텔 건축 프로젝트를 계획했다.

앞서 말한 합작투자회사도 이 프로젝트에 입찰해 계약을 따냈다. 인원수에 따라 객실을 융통성 있게 사용할 수 있다는 장점을 지닌 그들의 설계는 다른 유전 곳곳에서 참고해도 될 정도로 훌륭한 수준이었다. 프로젝트 후원자들은 통치 가문과의 연줄로 든든한 정치적 지원을 받을 수 있다고 장담했고, 계약서는 흠이 없어 보였다. 계약 후 3개월 이내에 공정을 시작하겠다는 보증 내용이 있는 데다가, 흥미롭게도 정부기관인 석유부에서 어떤 이유에서든 90일 이내에 공정을 진행시키지 않으면 합작투자회사에 모든 비용을 변상한다는 계약상 의무까지 명시되어 있었다. 이 정도면 일이 잘못될 걱정은 안 해도 되지 않을까?

하지만 일은 틀어졌다. 이유는 정확히 알 수 없지만, 석유부가 돌연 프로젝트를 전면 중단하고 합작투자회사에 비용을 지급하지 않겠다고 통보했다. 하지만 이들은 이미 예비 조사, 직원 고용, 건축에 비용을 지출했고, 해외에서 주문하여 현재 통관을 거치고 있는 건설 장비 운송과 건축 자재 공급을 위해 현지 업체들에 하도급까지 준 상태였다.

이 문제를 조사하고 관련 서류를 검토해달라는 요청을 받은 후, 나는 그들이 자체적으로 비용을 부담하고 어쩌면 보상까지 해야 할 수도 있다고 말했다. 주재원들은 사기를 당한 것이 아닌지 미심쩍어했다. 누군가가 입찰에 떨어진 다른 회사에 거래를 넘겨줄 목적으로 석유부에 손을 쓴 것이 분명하다는 의견이 나왔고, 그들 사이에서는 뇌물수수와 부패에 대한 불안감이 높아짐과 동시에 실망이 분노로 바뀌었다. 하지만 나는 컨설턴트로서의 소임을 다해 이 중동 국가가 어떤 곳이며 재정 상황은 어떤지 조사해보기로 했고, 그 과정에서 주재원들이 사전 조사를 충분히 하지 못했거나, 계약 전에만 조사를 제대로 하고 그 후에는 꾸준하게 후속 조사를 하지 못한 것 같다는 결론에 이르렀다. 그래도 어쨌든, 고객사 내부에 있는 반대 세력이나 계약을 빼앗겨 분개하고 있는 경쟁사 등을 비롯하여 향후 골칫거리가 될 수 있는 당신의 취약점들에 절대 경계를 게을리하면 안 된다.

나는 잘 알려져 있고 신뢰성이 높은 자료들을 조사하면서 이 국가의 재정 상태에 '채무과잉' 우려가 있다는 내용의 보고서들을 발견했다. 그중 한두 건은 건축회사가 계약을 체결하기 전에 이미 작성된 것들이었고, 관련 보고서의 숫자는 석유부가 일방적으로 계약을 파기했던 달에 가까워질수록 더욱 늘어났다.

그 나라의 재정 상황은 매우 심각했다. 경제 전반적으로 공공부채 비율이 너무 높았던 나머지 왕세자는 아무런 설명도 없이 모든 공공 계약 협상 건을 보류하고, 급하지 않은 기존 계약은 모두 철회했으며 (특히 석유부 관련 건들), 몇 안 되는 긴급 프로젝트들은 대금 지급 일자를 늦췄다. 수십억이 걸린 각종 프로젝트가 속절없이 중단됐다.

중동 국가에서는 여건이 가장 좋을 때조차 당신의 운명을 책임지고 있는 담당자들로부터 정보를 신속하게 얻기가 쉽지 않다. 이곳의 국가 공무원들과 비교하면, 느긋하기로 유명한 스페인 공무원들의 일 처리 속도도 번개처럼 빠르게 느껴질 정도다. 내 조사 결과를 바탕으로 예측하건대, 일방적으로 취소된 계약에서 주재원들이 구제받을 가능성은 0퍼센트였다. 그들의 패착은 현지 법정에 서명이 담긴 계약서만 제출하면 비용을 보전받을 수 있으리라고 생각한 것이었다. 그들이 이 나라에 곧 닥쳐올 재정 위기를 알았더라면, 재정적 위험에 노출될 수도 있는 사안들에는 비용을 집행하지 않았을 것이다. 권위 있는 보고서들을 참고하여 현재 상황을 주의 깊게 파악했다면 위험 요소들을 피할 수 있었을 터였다. 게다가 이 보고서들은 그들이 돈을 단 한 푼도 쓰기 전부터 입수할 수 있었다.

견실하고 수익성이 좋을 것만 같았던 이 사업은 알고 보니 문제투성이였다. 나는 주재원들과 한데 엮여 이 문제에 연루될 생각이 없었다. 석유부를 상대로 가망 없는 소송을 벌이고, 그 후에는 또다시 자문료를 받아내려고 주재원들을 따라다녀야 할 테니 말이다. 그러고도 얻는 것은 없이 내 시간과 돈만 낭비할 게 뻔했다(물론 나는 그들이 자문료를 낼 생각이었으리라고 확신한다. 다만 처음의 그 마음이 바뀌지 않을 것으로 믿으면서 위험을 감수하고 싶지는 않았다).

수지가 안 맞는 거래에 휘말렸다면 초기에 손해를 입었더라도 재빨리 발을 빼서 더 큰 손실을 막는 편이 낫다. 이 사례에서 누구도 일부러 사기를 치거나 뇌물을 건네지 않았으며, 작정하고 주재원들을 속인 사람도 없었다. 또 누구도 권력이 많은 왕세자를 부추겨 경쟁 업체의 거래를 망가뜨리려고 하지 않았고, 합작투자회사가 쓴 비용을 지급하지 않으려고 범법 행위를 저지른 이들도 없었다. 중동 국가에서 일하는 노련한 사람들은 이곳 사정을 잘 알기 때문에 기본적인 조사만 해도 어떤 일이 일어날지 파악할 수 있고, 현지인들이 이야기하는 정치적 지원은 믿을 것이 못 된다는 사실을 잊지 않는다.

실사를 성실하게 했는가?

페란티(Ferranti)라는 영국의 전기회사는 미국 방위산업체 ISC(International Signal and Control)를 인수하고 막대한 손실을 봤다. 페란티는 정직하고 경험이 풍부한 기업이었지만, 안타깝게도 ISC가 과거에 저지른 불법 거래 때문에 도산을 피할 수 없는 운명에 처했다.

소 잃고 외양간 고치기란 쉬운 법이다. 당시(1987~1989) 나는 페란티의 한 부서에서 컨설턴트로 일하고 있었고, ISC 인수 건을 듣긴 했지만 그 회사의 정체에 대해서는 아는 바가 전혀 없었다. 내 사무실이 있던 공장의 전화 교환원은 내가 지역 본부장과 통화를 하려고 전화를 걸었을 때 인사말을 이렇게 정정하기도 했다. "페란티입니다. 아니, 죄송합니다. 페란티 인터내셔널 주식회사입니다." 하지만 그 시절의 나나 함께 일했던 선량한 페란티 직원들은 회사가 어떤 운명에 처했는지를 까맣게 몰랐다.

주된 문제는 ISC가 고의로 조작한 장부가 정확하지도 않고 타당하지도 않다는 점이었다. ISC 측에서 주장한 파키스탄군 계약 건은 관련 서류가 전무했고, 구두 동의만 있었다. 이 계약이 나중에 가서 정말 수익을 낼 수 있었을지는 모르겠다. 그런데 1988년 8월 파키스탄 동부에서 무함마드 지아 울하크 대통령과 미국 대사 외 스물일곱 명이 탑승한 비행기가 이륙한 지 몇 분 만에 폭발하는 사고가 일어났고, 이 의문의 사고로 탑승객뿐만 아니라 계약도 최후를 맞이했다. ISC가 돈을 벌어들일 수 있다고 주장한 다른 계약 건들도 전부 잘못된 정보였거나 실현되지 않았다.

이 지점부터 ISC의 이야기는 더욱 수상쩍어진다. 1991년, ISC의 사장이자 설립자인 제임스 게린(James Guerin)은 사기 혐의를 인정하고 징역을 선고받았다. 그로부터 2년 후 페란티 인터내셔널 주식회사는 파산하고 각 사업부는 매각되어 뿔뿔이 흩어졌다. 게린은 자신이 미국 정보기관을 위해 일했으며, 합법적인 계약으로 얻은 수익을 부풀려 '세탁'한 것이라고 주장했다. 그 이야기가 진실인지 거짓인지는 정확히 밝혀지지 않았지만, 어쨌든 여기서는 크게 중요하지 않다.

때로는 거래가 탄력을 받아 일사천리로 추진되면서 사람들의 분별력을 흐리게 하기도 한다. 이런 분위기에서는 인수팀 중 누구도 상대방이 '무례하다'고 받아들일 수도 있는 직설적인 질문을 해서 찬물을 끼얹고 싶어 하지 않기 때문이다. 하지만 중대사가 걸린 상황에서는 대놓고 무례하게 굴 만한 가치가 있다! 회사를 잃은 전직 페란티 임원들도 지난 일을 회상하면서 이런 나의 의견에 힘을 보태줄 것이다.

ISC를 탓하는 것은 구매자의 책임을 회피하는 것에 불과하다. '매수자 위험 부담 원칙'에 따라, 이익을 보든 손해를 보든 모든 건 사는 사람의 책임이다(구매자들이여 조심하라!). 페란티는 ISC를 인수하겠다고 서명하기 전에 그들이 따냈다는 계약이나 벌어들인 수익의 증거를 보여달라고 요구했어야 한다. 아무도 증거물을 받고 진위를 확인하기는커녕 제출해달라는 요청조차 하지 않았으니, 엄청난 실수가 틀림없다. 이들이 정말 성실하게 실사를 진행했다고 말할 수 있겠는가?

규모가 큰 거래를 처리하는 거물들만 이런 엄청난 실수를 한다고 오해하지 말기 바란다. 아마 당신도 주택을 매입해본 경험이 있을 텐데, 이곳 또한 온갖 실수가 난무하는 분야 중 하나다(비만 오면 하수도가 역류하는 집을 산 사람 이야기를 들어봤는가?).

다들 알고 있듯 모든 집이 안전하고 튼튼한 건 아니다. 개중에는 온몸으로 중력 법칙에 저항하면서 땅 위에 아슬아슬하게 서 있는 건물들도 있다. 그런데 당신은 집을 사기 전까지 그런 하자가 있다는 사실을 알아내지 못할지도 모른다. 게다가 정말 이상하게도, 잔금을 치르기 전까지는 집에 아무런 말썽도 일어나지 않는다. 전형적인 머피의 법칙이다.

게다가 집을 팔려는 사람들이 전부 성인군자인 것도 아니다. 오히려 집주인들은 전부 거짓말쟁이라고 가정하고 집을 보러 다니는 편이 더 나을 것이다. 매도인들은 아무런 불이익이 없을 것 같을 때만 솔직하게 군다. 사실대로 말했을 때 발생하는 손해가 클수록 정직하게 말할 마음도 사라질 것이다. 직접적으로 거짓말을 하지 않을지는 몰라도 몇 가지 사실을 고의로 빼먹을 수는 있다. 부동산 감정인들도 일부러 내용을 빠뜨릴 수 있다. 다만 그들의 감정서는 각종 단서 조항 및 회피 조항으로 잘 보호되고 있으며, 이런 예외 상황을 대비해 구조물 평가도 함께 받아보라고 권장하기까지 한다(하지만 이 평가서 또한 온갖 단서 조항과 회피 조항을 포함하고 있을 것이다).

당신이 새로운 집에 안락하게 자리를 잡은 후 뜻밖의 난처한 일을 겪지 않도록, 처음 집을 보러 갔을 때인 몇 단계 전으로 돌아가 보자.

우선 당신은 집주인의 웃는 얼굴에 속지 않도록 주의해야 한다. 그 사람이 웃는 이유는 본능 때문일 수도 있고 오랫동안 웃는 법을 연습하고 가꿔왔기 때문일 수도 있다. 어쨌거나 그는 당신에겐 아무런 관심이 없고, 집을 파는 데에만 온 정신이 쏠려 있다. 맘씨 좋아 보이는 할머니가 미소를 머금고 집의 여러 장점을 소개하고 있지만, 그 사람은 할머니가 아니라 동화 〈빨간 망토〉에 나오듯 변장한 늑대일지도 모른다. 할머니의 유일한 목적은 제일 비싼 값을 부르는 사람에게 최대한 빨리 집을 팔아넘기는 것뿐이다. 일단 집이 팔리기만 하면, 할머니는 이 집이나 당신에게 어떤 일이 일어나건 신경 쓰지 않고 돈을 챙겨 떠날 것이 분명하다. 내가 지나치게 비관적이고 할머니에게 냉정하다고 생각하는 사람들도 있을 것이다. 그러나 집주인이 성인군자든 무엇이든 내 생각은 변함이 없다. 부동산을 거래하다 보면 누구나 사기꾼과 다를 바 없이 가식적으로 행동할 수 있다. 차이가 있다면 사기꾼들은 티가 나지만 이들은 그렇지 않다는 점이다.

당신의 집을 보러 온 사람들은 어떨까? 그들이 예의 바르게 행동하고, 흥미로운 가십 이야기를 듣듯 당신의 모든 이야기를 경청할지도 모르겠다. 그러나 그들 역시 당신에게 아무런 관심이 없다는 점은 똑같다. 혹시 당신의 집에 찾아온 젊은 커플이 어떤 좋은 것을 보여줘도 아무런 감흥을 보이지 않는가? 사실 그들은 당신이 상상할 수도 없을 만큼 뱃속이 시커먼 커플일지도 모른다. 속으로는 집을 아주 맘에 들어 하면서 온갖 계략을 동원하여 당신이 수락할 수 있는 가장 낮은 가격에 집을 팔게 하려고 호시탐탐 기회를 엿보는 것이다.

이 두 가지 극단적인 예시를 통해 우리는 '내가 사고팔려는 물건 또는 거래 상대에게 감정적으로 엮여서는 안 된다'라는 교훈을 얻을 수 있다. 관계로부터 일정 거리를 유지하는 데에서 오는 가장 큰 이익은 자신을 보호할 수 있다는 것이다. 순전히 거래를 위해 만난 낯선 사람에게 마음을 줘야 할 이유는 없다. 상대방이 새로운 친구가 될 수도 있다는 착각을 하지 않는다면, 협상에 유리하게 쓸 수 있는 정보를 나도 모르게 흘려버리는 실수를 저지르지 않을 것이다.

어느 쪽이 더 조급해하고 있는지 분명히 알 수 없는 상황에서 집을 보러 온 사람이 집을 맘에 들어 하는 티를 너무 내거나 더 나쁘게는 꼭 사고 싶다는 마음을 내비친다면, 결국에는 그렇게 하지 않는 사람들보다 더 비싼 가격에 거래를 할 것이다. 마찬가지로 파는 쪽에서 언제까지는 집을 팔아야 한다는 사정을 알리거나 더 나쁘게는 반드시 거래를 해야 한다는 절박함을 표현한다면(믿기 어렵겠지만 정말 그렇게 하는 사람들이 있다) 그들은 속내를 드러내지 않은 사람들보다 더 낮은 가격에 집을 넘겨야 할 것이다. 누군가가 집을 너무 맘에 들어 한다는 이유로 가격을 깎아주는 주인이 어디 있으며, 집주인의 다급함을 고려해서 가격을 더 올려주려는 매수인이 어디 있겠는가.

누가 더 절박하게 거래를 원하는지 알 방법은 없다. 시간에 쫓기고 있는 집주인은 하는 수 없이 가격을 깎아주겠다고 말하려던 참에 당신도 지금 급한 사정이 있다는 이야기를 듣는다. 그와 동시에 그 사람 내면에 있던 악한 자아가 새롭게 눈을 뜨고, 비싼 값에 집을 팔 수 있겠다는 흥분감이 밀려든다. 이제 그에게서 조급한 마음은 사라지고 희열이 싹튼다. 당신이 집을 사거나 팔 때 시간적인 압박을 얼마나 받고 있든, 문제 있는 집을 사야만 하거나 거저 넘긴 것이나 다름없을 정도로 싸게 팔 만큼 절박한 경우는 없다.

간혹 다양한 버전의 '휴면 계좌 사기' 이메일이 날아든다. 내용은 예를 들면 이런 식이다. 누군가의 친척이나 지인이 200억 원짜리 계좌를 남겨두고 세상을 떠났다. 이 돈은 정부 소유이지만 모두들 그 돈의 존재를 잊고 있는 듯하다. 이메일 발신자는 유럽인 명의의 은행 계좌가 있어야 이 돈을 인출할 수 있다고 설명하고, 당신에게 계좌가 있다면(그리고 답장을 보낼 정도로 멍청하다면) 연락을 해달라고 한다. 그는 휴면 계좌에 있는 돈을 당신의 계좌로 송금하는 자세한 방법을 설명해주겠다고 말하면서 자신을 도와주면 사례로 계좌에 있던 금액의 10퍼센트를 주겠다고 이야기한다.

여기서 당신이 선을 넘는다면 범죄 행위에 동조하는 것이다. 자국이건 외국이건 정부의 돈을 훔치는 것은 모두 절도죄에 해당한다. 당신은 이제 사기꾼들의 손아귀에 있다. 그들은 당신에게 계좌 정보, 백지수표, 서명이 필요하다고 말할 것이다. 이 수법에 넘어간 사람들을 제외하고는 모두 예상했겠지만, 피해자들은 수억 원의 사례금을 받기는커녕 자신의 계좌에 있던 예금을 모조리 빼앗기고 말았다. 메일 발신자의 소재지가 나이지리아라는 사실이 후에 밝혀졌다.

그들은 나이지리아 사기꾼에게 돈을 뺏긴 피해자이지만, 동시에 200억 원을 훔치는 데 동조한 사기꾼이기도 하다. 당연히 경찰은 사기꾼들을 추적할 것이다. 그러나 평생 모은 돈을 뺏겨버린 그들이 탓할 수 있는 건 오로지 자신의 탐욕뿐이다. 정부 돈을 훔치는 일을 도우면 한몫 챙길 수 있을 것(사실 10퍼센트는 정말 터무니없는 몫이다)이라 믿고 수상쩍은 사람들과 손을 잡았으니 말이다.

어떤 사기 수법이든 성공을 거두려면, 아무 대가 없이 뭔가를 얻을 수 있다는 유혹에 넘어갈 만한 '표적'이 필요하다. 그러므로 탐욕이 없고 범죄를 원치 않는 사람들은 사기꾼의 표적이 되지 않는다. 비즈니스에서 위험한 거래를 쫓아다니는 사람들은 사기꾼들이 찾고 있는 표적과 비슷하다. 그들은 자신과 커리어에 절호의 기회가 찾아왔다고 생각하고 안달한다. 지금 망설이거나 부수적인 문제를 트집 잡느라 시간을 허비하면 기회가 떠나가 버릴 것으로 생각한다. 그래서 앞뒤 가리지 않고, 보고 싶은 것만 보고, 꿈꾸고 싶은 것만 꿈꾸면서 무모한 결정을 내린다. 그러다가 혹시라도 정신을 차리고 망상에 빠져 있었다는 사실을 알아차린다면, 위기를 모면할 수도 있을 것이다. 그러나 끝내 정신을 차리지 못했다면 결국 감옥에서 강제 여가를 즐기거나, 노숙자 쉼터에 앉아 넓은 저택에 사는 누군가로부터 차 한잔이라도 공짜로 얻어낼 방법이 없을까 궁리하는 신세가 될 것이다.

■ 자기평가 테스트 13 해설

1. 은퇴한 농부인 당신은 마을 가까이에 12만 제곱미터(약 3만 7,000평)에 달하는 숲을 소유하고 있다. 시에서는 이 구역에 소규모 주택 개발 사업을 진행하고 싶어 한다. 그런데 한 건축업자가 찾아와서, 당신의 땅 외곽에 최고급 주택을 몇 채 짓고 싶다고 말한다. 그는 필지 면적이 최소한 4,000제곱미터(약 1,200평)는 되고 고소득층의 관심을 끌어낼 수 있다면 분명 계획 허가를 받아낼 수 있다면서, 6~10주 안에 허가가 떨어지면 4,000제곱미터(약1,200평)당 3,000만 원에 필지를 매입하고 싶다고 말한다. 어떻게 할까?

① 4,000제곱미터(약 1,200평)당 6,000만 원을 부르고, 지금 돈을 낼 수 있다고 하면 거래한다? 정답이다. 당신이 얼마를 기대했든 상대가 처음 부른 가격에는 이의를 제기해야 하며(아무리 맘에 드는 가격이라도 마찬가지다), 계획 허가를 받은 후가 아니라 지금 지급해야 한다는 등의 다른 조건들도 달아야 한다. 당연히 상대는 당신이 제시한 가격이나 지금 돈을 내야 한다는 조건에 불평할 확률이 높다. 그

런데도 그가 "알았다"라고 말한다면 당신이 너무 낮은 가격을 부른 것이다. 상대가 당신의 가격과 조건들에 동의하지 않는다면 그중 하나를 협상 조건으로 내걸면 된다. 시장에서 지가 대비 주택 가격이 어떻게 책정되는지도 알아야 하니 다양한 질문을 해봐라. 당신은 이런 정보를 잘 모르기 때문에 ②번을 선택해서도 안 된다. 상대가 거래를 따내려고 더욱 노력하게 만들어라. 개발업자들은 이런 일에 익숙하다.

② 당신이 직접 부지를 개발하는 편이 낫기 때문에 제안을 거절한다? 틀렸다. 당신에게 부동산 개발 지식이 얼마나 있느냐에 따라 성공이 좌우될 것이다. 그런데 당신이 이 분야에 문외한이나 다름없다면 완전히 처음부터 일을 배워야 한다는 취약점에 자신을 스스로 노출하는 꼴이 된다. 당신은 초짜 개발업자로서 저지른 실수(이 주제로 책을 몇 권씩 쓸 수도 있을 것이다) 때문에 큰 대가를 치러야 할지도 모른다.

③ 당신이 공동 협력자로 개발에 참여하고 이윤의 반을 가져가는 조건으로 거래한다? 틀렸다. 개발업자들은 보통 주의를 산만하게 한다는 이유로 '순진한' 협력자를 좋아하지 않는다. 당신은 아마 돈 욕심에 협력자가 되겠다는 생각을 했겠지만 조심해야 한다. 이익 배분 관계에서는 아주 기발한 회계 방식이 잘 쓰이기로 악명이 높다. 어느 한쪽이 자신이 부담해야 할 온갖 종류의 비용을 전부 협력자 앞으로 청구하는 수법이다! 건설 현장에서 시간과 비용을 철저히 감독하는 일은 많은 건축업자가 여전히 해결하지 못한 난제다. 이 분야에서 파산 사례가 그렇게 흔한 이유도 여기에 있다.

2. 제임스와 존이 회의에 들어갔는데, 제임스가 존 부서의 영업실적이 부진하다며 그를 비판하고 있다. 제임스는 당월 판매 보고서를 소리 내어 읽으면서 존 부서의 판매 수량이 500개라고 이야기했다. 존은 제임스가 수출분을 제외하고 계산했기 때문에 전부 합산하면 판매 수량이 850개로 늘어난다는 사실을 알아차렸다. 그는 제임스의 말을 가로막고 수치를 정정해줘야 할까?

① 그렇다? 틀렸다! 상대가 말을 가로막을 때 어떤 기분이 드는가? 나는 기분이 좋다는 사람을 한 번도 본 적이 없다. 살면서 다른 사람의 말을 가로막아 본 적

이 있는지 되돌아보면 분명 그런 경험이 있을 것이다. 어쩌면 당신은 자신과 관련된 정보나 중요하게 여기는 무언가에 대해 잘못된 정보가 전달됐을 때 이런 행동을 자주 할지도 모른다. 아무도 남이 말을 가로막는 것을 좋아하지 않지만, 그렇다고 살면서 한 번도 그렇게 한 적이 없다고 단언할 수 있는 사람도 없을 것이다! 협상의 기본 법칙은, 상대가 하는 말이 사실이 아니라고 확신할 때도(당신이 틀릴 가능성도 있다) 이야기를 가로막지 않고, 상대가 하는 이야기에 동의를 하지 않더라도 끼어들지 않는 것이다(사람마다 의견은 다를 수 있으며, 끼어들면 협상이 진전되지 않는다).

② 아니다? 맞았다. 당신을 포함한 누구도 남이 말을 가로막는 것을 좋아하지 않는다. 언제 누구와 대화하든 상대의 말에 끼어들지 않는 것이 상책이다. 당신의 차례가 오기까지 기다렸다가 질문을 하는 편이 훨씬 낫다. "지금 언급하신 수치가 정확합니까?" 또는 "지난달 수치에서 수출분을 제외한 이유는 무엇인가요?"와 같은 질문을 하고 대답을 들어봐라. 상대의 답변에 오류가 많을수록 그의 입장도 불리해진다. 상대는 자신의 잘못된 답변 때문에 계속해서 비판을 이어나가기 어려울 것이다. 게다가 당신이 틀렸다고 판단한 것이 실제로는 그렇지 않은 경우도 있다. 그런 상황이라면 괜히 불쑥 끼어들었다가 입장만 더 불리해진다.

14 | 협상가에게 가장 유용한 두 글자

상대가 내 제안을 수락하게 만드는 법

1. 여행사 패키지 담당자인 당신은 그리스 섬의 호텔 체인을 상대로 다음 시즌 예약 조건을 협상하고 있다. 호텔은 현재 여행사 패키지에 포함된 인당 숙박 요금을 12만 원 인상해야 한다고 말하면서, 여행사와 호텔에서 인상분을 50:50으로 분담하자고 제안한다. 어떻게 하겠는가?

   ① 호텔은 55퍼센트를, 여행사는 45퍼센트만 부담해야 한다고 제안한다.

   ② 인상분을 부담할 수 없다고 이야기한다.

   ③ 호텔의 요구를 받아들인다.

   ④ 호텔은 75퍼센트를, 여행사는 25퍼센트만 부담해야 한다고 제안한다.

2. 당신이 생각하는 협상이란 무엇인가?

① 공정하고 균등한 거래
② 타협하는 과정
③ 상대와 나의 필요를 최대한 많이 충족시킬 수 있는 공동의 합의 과정

협상가들에게 가장 유용한 두 글자가 무엇이냐고 물으면 많은 사람이 이렇게 답한다.

"NO(안 됩니다)."

비요른 매켄지의 늑대 퇴치법이나 유콘의 법칙과 같은 이야기를 듣고 난 후라면 이런 답변이 나오는 것도 놀랄 일은 아니다. 그러나 'NO'는 완전히 틀리진 않았지만 정답도 아니다.

질문은 협상가에게 '가장' 유용한 두 글자가 무엇이냐는 것이었다. 'NO'는 '유용한'이라는 조건은 만족시키지만 '가장'이라는 조건은 만족시키지 못한다. 협상가의 사전에서 가장 유용한 단어는 바로 이것이다(이 책을 순서대로 읽어왔다면 답을 알 것이다).

'IF(만약)'

'만약'이라는 단어가 협상가들에게 그렇게 중요한 이유는 무엇일까? 협상 과정의 핵심을 자세히 살펴보면 알 수 있다. 또한 이 단어는 내가 어떤 이유에서든 절대 일방적인 양보를 하지 말라고 조언하는

이유도 충분히 설명해준다.

영국에서 가장 권위 있다고 여겨지는 28권짜리 옥스퍼드 사전을 보면, 양보의 정의에는 '허락하다', '항복하거나 포기하다'와 같은 의미가 포함된다. 당신이 이 책을 읽는 이유도 협상 기술을 향상시키려는 것이지 양보를 더 잘하고 싶어서는 아닐 것이다. 협상은 항복과 아무런 관련이 없는 행위다. 당신이 항복할 수밖에 없는 입장이라면, 상대는 구태여 협상할 필요 없이 당신에게 지시만 하면 된다. 또한 꼭 그래야 하는 상황이 아닌데도 당신이 일방적인 양보를 함으로써 항복하기로 한다면, 당신은 자신을 포함한 누군가의 이익을 대변하는 자로서 적합하지 않은 사람이다.

협상의 여지가 있는지 없는지를 판단하는 기준은 무엇일까? 항상 확실히 알 수 있는 것은 아니다. 어떨 때는 협상을 해볼 만하겠다고 깨닫기도 전에 기회가 지나가 버릴 수도 있고(그럴 때 당신은 처음부터 아무런 대가 없이 선의의 양보를 했던 일을 후회할 것이다), 어떨 때는 협상의 여지가 없겠다고 판단하고 너무 일찍 포기해버릴 수도 있다(그럴 때 당신은 상황을 냉정하게 보는 대신 위축될 것이다).

물론, 얼마 안 가 당신은 상대가 제시한 것보다 더 나은 조건을 얻으려고 협상을 해야 할지 또는 해볼 만한지를 알아낼 것이다. 당신은 상대가 나와 비교해서 지닌 강점이 무엇인지 추측하기 전, 그러니까 협상 시작 단계에서 현재 상황을 시험해봐야 한다. 채찍을 휘두르는 소리가 들려온다고 해서 당신에게 없는 힘이 상대에게 있다고 속단할 필요는 없다. 그들은 단지 요란하게 겁을 주는 일에만 선수일지도 모른다.

언젠가 나는 계약서에 있는 어떤 단어 표현을 근거로 우리 측이 보호를 받을 수 있다고 생각했다가, 내가 틀렸고 상대방의 해석이 더 적절하다는 사실을 깨닫고 크게 당황한 적이 있다. 상대측은 전혀 주저하는 기색 없이 내 오류를 지적했고, 나는 최고의 집중력을 발휘하여 계약서 전체를 꼼꼼하게 재검토했다. 그러던 중 이번 건과 관련 없는 다른 조항에서 동일한 단어 표현을 찾았고, 상대가 그 조항을 위반했다는 사실을 발견했다. 공교롭게도 그들은 오만에 빠져 같은 내용을 여러 차례 반복해서 위반한 것이었다. 나는 이 위반 사항을 근거로 5개월 후 계약을 해지했다.

협상은 각 당사자가 최종 결과에 거부권을 행사할 수 있는 과정이므로 근본적으로 아주 독특한 형태의 의사결정이다. 이렇듯 대화를 중단하고 다른 상대를 찾아갈 수 있게 해주는 거부권이 없다면, 당신은 협상을 하지 못하고 무조건 상대의 제안을 받아들여야 할 수도 있다. 거래에 효력이 있으려면 어떤 일이 시행되기 전에 양 당사자의 동의가 있어야 한다. 우리는 협상을 통해 양쪽이 동의하는 결과를 얻어서 공동 합의안을 도출한다. 상대가 제시한 조건을 받아들일 수 없거나 다른 대안에 동의할 수 없다면, 당신이든 상대든 거부할 권한이 있다. 왜일까? 한마디로 요약하면 다음과 같다.

양 당사자가 공동 합의안에 자발적으로 동의하는 것이
협상의 전제 조건이다.

양보는 협상이 아니다

런던에 있는 패키지 여행사 직원 코스탈로는 스페인 리조트의 영업 팀장 파코 에미노스를 만나 다음 시즌의 예약 조건을 협의하기로 했다. 미팅 당일, 코스탈로는 리조트에서 기본으로 제공하는 숙박, 레스토랑, 오락 시설 서비스와 관련된 고객 불만 사항을 긴 목록으로 정리해 가져와서는 리조트 측에 서비스 변경을 요구했다.

코스탈로가 긴 목록의 내용을 하나하나 읽어가며 변경안을 제시하는 동안, 에미노스는 대부분의 요구를 수용하거나 약간만 수정해서 들어주겠노라고 답했다. 마침내 코스탈로가 준비해 온 목록이 끝나자 에미노스는 갑자기 정신이 들었다는 듯 화들짝 놀라며 이야기했다.

"코스탈로 씨. 지금 나만 양보를 하고 있는데, 우린 협상을 하려고 만난 것이 아니었나요?"

"맞습니다." 코스탈로가 대답했다. "양보를 다 하셨다면, 이제 제가 협상을 시작하죠."

당신이 자신의 의지와 달리 무언가에 억지로 동의해야 했다면, 지금까지 한 건 협상이 아니다(등짝을 한 대 얻어맞은 기분이 드는가?).

그렇다면 협상 과정은 무엇을 암시할까?

첫째, 협상으로 도출할 수 있는 여러 결과 중에서 양측이 선호하는 공동의 합의안은 서로 다를 수 있다. 당연히 당신은 상대와 합의한 내용이 자신에게 더 유리하기를 바랄 것이다. 혹시 이런 자세가 아니라면, 협상을 할 이유도 없다. 머지않아 사업을 잃을 것이 분명하기 때문이다.

- 판매자들은 더 높은 가격을, 구매자들은 더 낮은 가격을 선호한다.
- 고객에게서는 빠르게 돈을 받고, 공급 업체에는 느리게 대금을 지급하는 것을 선호한다.
- 까다로운 주문을 소량으로 처리하는 것보다 간단한 주문을 대량으로 처리하는 것을 선호한다.
- 선불제는 사는 쪽보다 파는 쪽이 선호한다.
- 판매자는 환불 불가 조건을, 구매자는 환불 가능 조건을 선호한다.
- 상대가 적은 수량을 여러 목적지로 배송해달라고 하면 추가 비용을 받는 것을 선호한다.

이 외에도 다양한 예시가 있다. 협상이란 상대가 무언가를 잃는 만큼 내가 차지하는 과정이 아니다. 협상만 잘했다면, 하나를 내준 대가로 하나를 얻는 단순한 결과 이상의 유익을 기대할 수 있다. 그러면 상대는 정반대의 결과를 얻게 된다. 바로 이런 경우가 한쪽에 더 유리한 거래다.

거래를 통해 양쪽 모두 뭔가를 얻더라도 각자 얻는 것은 다르다. 협상은 양쪽의 득과 실을 따져봤을 때 결국에는 0이 되는 제로섬 게임이 아니다. 당신이 특정 분야에서 하나를 양보하고 다른 이득을 얻었다고 해서, 당신이 얻은 것을 상대가 잃는다는 뜻은 아니다. 나와 상대가 득과 실을 판단하는 기준이 다르기 때문이다. 예를 들면, 당신이 대금을 더 빨리 지급하기만 한다면 상대는 가격 면에서 조금 양보할 마음이 들 수도 있다.

한편 내가 상대와 무언가를 맞바꿨을 때 득보다는 실이 더 많다면, 최종 협상 결과는 자연히 당신에게 더 불리해진다. 그러면 차라리 협상을 하지 않은 것보다 좋지 않은 결과가 생길 수도 있다.

둘째, 당신이 생각하는 최선의 협상 결과(상대의 요구에 얽매이지 않아도 될 때 당신이 자유롭게 골랐을 만한 결과)가 도출되는 일은 거의 없다. 상대가 당신의 제안 일부나 전체에 거부권을 행사할 수 있기 때문이다. 물론 상대도 당신의 거부권 때문에 전적으로 자신에게 유리한 결과를 얻어낼 수는 없을 것이다.

그러므로 양 당사자는 여러 안 중 서로가 거부권을 행사하지 않는 범위 내에서 각각의 이익과 기대에 충분히 부합하는 공동의 합의안을 찾아야 한다. 공동의 합의안을 얻지 못한다면 틀림없이 교착상태에 빠질 것이고 다른 거래 상대를 찾아봐야 할 수도 있다. 공동의 합의안을 도출하는 과정에서 나온 제안 중에는 양 당사자 모두에게 유익한 것과 그렇지 않은 것이 있으며, 협상 중에 미처 떠올리지 못한 안이 있을 수도 있다.

그중 어떤 합의안이 도출될 것인지를 결정하는 요인은 아주 다양하다. 당신이 협상 결과를 어떻게 전망하고 있는지도 중요하고, 누군가가 제시해서 진척을 보지 못하고 있는 현안보다 더 나은 대안을 얻으려면 얼마만큼의 시간과 에너지를 들여야 하는지의 문제도 중요하다.

당신은 협상이 굴복이라고 생각하는가? 선의라는 허상을 추구한답시고 일방적인 양보를 포함하여 어떤 형태든 굴복을 하는 것이 협상이라고 생각한다면, 거래는 당신보다 상대방에게 유리한 쪽으로 성사될 가능성이 크다. 서투른 협상가는 거래를 성사시킬 수 없다고 말하려는 것이 아니다. 다만 노련한 협상가들에 비해 실속이 없는 거래를 할 가능성이 크다.

그런데 굴복이 금기라면 도대체 어떻게 협상을 진전시키라는 말일까? 시작점에서 조금도 움직이지 않으면 거래를 영영 성사시킬 수 없는 것 아닐까? 굴복하지 말라는 내 이야기를 죽을 때까지 싸우라는 뜻으로 해석하면 이런 질문들이 나올 수 있다. 여기서 나는 상대의 요구를 한 치도 수용할 필요가 없다고 이야기하는 것이 아니다. 강조해서 말하지만, 당신이 하지 말아야 할 것은 '일방적인' 양보다.

협상은 양보가 아닌 맞교환을 통해
논의를 진전시키는 것이다.

협상을 굴복이 아닌 '맞교환'의 과정으로 간주한다면, 대가 없는 양보를 하지 않는 것이 얼마나 중요한지를 깨달을 수 있을 것이다. 당신이 상대 쪽으로 한 걸음 움직일 때는 반드시 상대도 당신 쪽으로 한 걸음 다가오게 만들어야만 한다.

그렇다면 협상은 '기브 앤 테이크', 즉 주고받기의 과정일까? 꼭 그렇다고는 볼 수 없다. 필요한 만큼 받아내지도 못하면서 감당 가능한 형편 이상으로 내주는 실수를 하지 않는다면, 넓은 의미에서 협상을 주고받기로 볼 수도 있다. 그러나 협상에서는 상대가 움직인 것과 '동등한' 수준으로 움직여야 한다는 법칙이 없을뿐더러 상대가 움직였다고 해서 당신도 꼭 움직여야 한다는 법칙조차 존재하지 않는다. 사실 협상가들은 그렇게 하는 것을 질색한다.

거래에서 가장 중요한 원칙은 다음과 같다.

어떤 것도 절대 공짜로 줘서는 안 된다.

이 원칙에는 예외가 없으며, 이는 효과적인 협상의 토대가 된다. 만일 상대방이 이 원칙에 따라 협상하지 않는 것 같다면 그것은 어디까지나 상대의 문제이며, 그 때문에 당신이 행동에 영향을 받아서는 안 된다. 너무 불공정하다고 생각하는가? 그러나 내가 원래의 요구 사항을 줄인다고 해서 상대도 똑같이 하리라는 보장은 없다.

나는 '균등한 협상' 이론을 지지하지 않는다. 맞교환이라는 과정의 속성 때문이다. 사람들은 같은 대상을 놓고도 저마다 다른 가치를 매기기 때문에 협상을 한다. 협상에서 우리를 연결하는 공동 통화는 없다. 만약 돈이 공동 통화라면 협상으로 바꿀 수 있는 유일한 것은 상대와 내가 가져가는 돈의 액수가 되며, 최종적으로 따져보면 서로 나

뉘 가진 이득과 손실의 합이 0이 될 것이다. 하지만 협상은 0이 될 때까지 돈을 나눠 갖는 과정이 아니다. 돈을 나눠 갖는 또 하나의 과정인 유산 분배와 마찬가지로, 협상에서는 지금 얼마의 돈이 오가느냐 외에도 앞으로 얼마의 이윤을 남길 수 있으며 수익 흐름에 어떤 영향이 가는지, 아직 발견하지 못한 귀중한 물건은 없는지 등의 여러 중요한 요소가 포함된다. 드라마 작가들이 유산 상속자들 사이의 격렬한 분쟁을 자주 소재로 삼는 이유가 무엇이겠는가.

우리가 협상을 통해 결정하는 최종 패키지에는 다양한 항목이 들어 있고, 각 항목에 대한 선호도는 사람마다 다르기 마련이다. 건물 매각 가격이 정해져도, 값을 지급하는 방식이나 지급 소요 기간이 달라질 수 있다. 당신은 가격에 더 관심이 많지만, 상대는 총액이 지급되는 기한을 더 중요하게 생각할 수도 있다. 각자 중요하게 여기는 가치가 다른 상황에서 양쪽이 균등한 액수 또는 시간만큼 움직이는 것은 아무런 의미가 없다. 건물을 사거나 파는 데 관련된 모든 요소(위험 요인, 담보, 계약금, 화폐 단위, 건물 상태, 소유권 증빙, 대출 이자, 건축 허가, 금지 사항, 임차인 권리, 출입 권한, 관리비, 하자, 조경 등)를 세부적으로 고려한다면, '균등한' 움직임이라는 환상이 얼마나 부질없는지 잘 알 수 있다. "공정하게 맞바꿨다면 뺏은 것이 아니다"라는 격언은 맞는 말이지만, 여기서 말하는 공정함이 균등함을 뜻하진 않는다. 사실 이 세상 어떤 교환도 '균등'하게 이뤄지지 않는다.

당신이 매점에서 1,000원짜리 초콜릿 바를 샀다면, 당신과 매점 주인이 균등한 거래를 했다고 볼 수 없다. 초콜릿 바와 1,000원은 다르기 때문이다. 혹시 이 둘이 같다고 생각한다면 1,000원짜리 지폐를 한번 먹어보겠는가? 당신이 매점 주인에게 돈을 건넨 순간에는 '공정한' 거래가 이루어진 것이고, 돈을 낸 대가로 초콜릿을 받을 수 있었다는 사실이 이를 입증한다. 구매한 시점의 당신은 1,000원보다 초콜릿 바가 더 필요했고, 창고에 초콜릿 바를 꽉꽉 채워둔 주인은 초콜릿 바보다 1,000원이 더 필요했다. 주인에게는 매점 운영에 드는 비용을 지급하고 이윤을 남기려는 건전한 동기가 있으므로 당연히 초콜릿 바가 가득한 창고를 비우고 계산대에 돈을 채우는 쪽을 선호한다. 이렇듯 공정한 거래가 꼭 균등한 방식으로 이뤄지는 것은 아니다.

푹푹 찌는 여름날 그리스의 바닷가에서 한 소년이 해변을 따라 걸으며 차가운 음료를 팔고 있다. 콜라 한 캔의 가격은 5,000원인데, 400미터 떨어진 곳에 있는 매점에서는 그의 누나가 콜라를 3,000원에 팔고 있다. 공정하다고 생각하는가? 소년에게 콜라를 사는 사람들은 확실히 그렇다고 생각할 것이다. 매점까지 직접 걸어가서 3,000원만 내고 콜라를 사도 되지만, 그 수고를 하지 않아도 되니 공정하다는 것이다. 그럼 균등한 거래인가? 그렇지 않다. 5,000원이 3,000원보다 더 비싸니 말이다.

당신이 내게 150억 원에 건물을 매각하겠다며 양도일에 전액을 지급해달라고 한다. 하지만 나는 잔금을 더 늦게 치르고 싶기 때문에 지급을 연기할 경우 금액을 어떻게 조정할 수 있을지 협상을 시작한다. 지급 기한을 늦춰준다면 매입 금액을 올려줄 용의가 있기 때문이다. 이렇게 우리는 서로 다른 선호도를 맞바꾸면서 거래를 한다.

그렇다면 교착상태를 피하는 방법은 무엇일까? 어떻게 하면 협상을 진전시킬 수 있을까? 여기서 협상가에게 가장 유용한 두 글자 '만약'이 진가를 발휘한다. 다른 것은 전부 잊어버려도 협상 제안 첫머리에 '만약'이라는 조건을 사용해야 한다는 사실만큼은 잊어선 안 된다.

- 만약 가격을 20퍼센트 깎아준다면 100개를 주문하겠습니다.
- 만약 컨테이너 내용물에 대한 법적 책임을 수락한다면 중국으로 배송하겠습니다.
- 만약 두 차례의 현장 검증은 생략하고 과거 자료를 참고하거나 현장에 도착하는 즉시 진행할 수 있다면 일정을 맞춰드리겠습니다.
- 만약 운송료를 부담하시겠다면 위탁 화물을 더 신속하게 출고하겠습니다.
- 만약 현금으로 지급한다면 영업시간 종료 후에도 위스키를 판매하겠습니다.

당신은 '만약'이라는 단어를 사용해서 자신을 보호할 수 있다. 상대가 원하는 쪽으로 움직일 의향이 있음을 보여주면서 그 대가로 무엇을 원하는지도 구체적으로 알렸으니, 상대는 당신의 행동을 일방적인 양보로 해석하지 못한다. 하나를 얻으려면 다른 하나는 포기해야 한다는 점을 분명히 주지시킬 수 있을 것이다.

협상에서 제안을 할 때마다 '만약'을 사용하는 습관을 들여보자.

그러면 상대방도 당신의 메시지를 알아차릴 것이다.

'만약'은 당신의 제안에 얼마의 가치가 있는지 알려준다.
당신의 제안을 듣고 상대는 무엇을 포기해야
원하는 것을 얻을 수 있는지 깨닫는다.

언제나 '만약'을 사용해서 협상을 한다면, 다른 협상가들을 교육하는 데에도 일조할 수 있다. 이것이 당신이 협상 공동체를 위해 할 수 있는 공익 서비스라는 점에 주목하기 바란다. 맞교환의 원칙을 토대로 조건부 제의를 할 줄 아는 좋은 협상가가 많아질수록 우리가 협상을 통해 얻는 합의안의 수준도 더 높아질 것이다.

■ 자기평가 테스트 14 해설

1. 여행사 패키지 담당자인 당신은 그리스 섬의 호텔 체인을 상대로 다음 시즌 예약 조건을 협상하고 있다. 호텔은 현재 여행사 패키지에 포함된 인당 숙박 요금을 12만 원 인상해야 한다고 말하면서, 여행사와 호텔에서 인상분을 50:50으로 분담하자고 제안한다. 어떻게 하겠는가?

① 호텔은 55퍼센트를, 여행사는 45퍼센트만 부담해야 한다고 제안한다? 틀렸다. ③번보다는 낫지만 너무 서두르는 격이다. 더 좋은 조건을 시도해봐라.

② 인상분을 부담할 수 없다고 이야기한다? 맞았다. 상대가 인상분을 절반씩 부담하자고 제의하는 것으로 보아 12만 원이라는 가격은 최소한 6만 원은 부풀려진 것이다. 6만 원씩 1만 명분을 부담하는 데에는 총 6억 원이 든다. 지금도 이런 제안을 수락하는 것이 합리적이라고 생각하는가? 긴말할 필요 없이, 상대에게

"인상분을 부담할 형편이 안 된다"라고 이야기해라. 당신과 달리 그들은 돈이 있을 것이다!

③ 호텔의 요구를 받아들인다? 틀렸다. 이제 다른 협상가들 사이에서 당신은 인상분을 선뜻 부담해주는 사람으로 낙인찍힐 것이며, 그들은 점점 더 많은 가상의 인상분을 부담해달라고 요청할 것이다.

④ 호텔은 75퍼센트를, 여행사는 25퍼센트만 부담해야 한다고 제안한다? ③번보다 낫고 ①번보다 더 의욕적인 답이긴 하다. 하지만 먼저 ②번을 시도해보고 불가할 경우 나머지 6만 원 내에서 협상을 하는 편이 낫다.

2. 당신이 생각하는 협상이란 무엇인가?

① 공정하고 균등한 거래? 틀렸다. 협상은 언제나 공정해야 하지만 '균등'해야 하는 것은 아니다. 나와 상대가 서로 다른 대상에 가치를 두고 있으며, 단순한 수치로 비교할 수 없는 것들도 많기 때문이다.

② 타협하는 과정? 틀렸다. 우리는 타협하기 위해서가 아니라 이익을 얻기 위해 협상한다. 협상을 해서 이익을 얻을 수 있다면, 내가 원하는 것과 맞바꾸는 조건으로 상대의 요구에 응할 수도 있다. 그러나 협상의 최우선 목적은 내 이익을 추구하는 것이다.

③ 상대와 나의 필요를 최대한 많이 충족시킬 수 있는 공동의 합의 과정? 그렇다. 나도 상대도 각자의 이익을 추구하며 협상을 하고 있다. 공동 합의안은 양쪽 모두가 받아들일 수 있고, 다른 대안보다 더 나은 것이어야만 한다.

15 | 내 일에만 신경 쓰기

까다로운 협상가를 다루는 법

1. 대형 은행에서 기업금융을 관리하고 있는 당신은 주요 고객사의 재무이사와 협상을 하고 있다. 그런데 당신이 자금 조달에 드는 비용과 거래 수수료를 언급하자 상대가 당신을 협박하기 시작한다. 그는 미팅이 이어지는 동안 점점 더 험악하게 굴면서 다른 은행과 거래를 하겠다고 말하고, 당신의 전문성을 깎아내리는가 하면 끊임없이 말을 가로챈다. 어떻게 하겠는가?

   ① 상대방과 똑같이 거친 말투로 대응한다.

   ② 상대방과 정반대로 부드럽게 대응한다.

   ③ 자리를 박차고 나간다.

   ④ 상대방의 행동을 무시하고 계속해서 비용을 요구한다.

2. 당신의 상사는 권위적이고 험한 말을 쓰며 잘 비꼰다. 어떻게 하겠는가?

　① 조용한 곳에서 상사를 만나 그의 행동 때문에 힘들다고 말한다.
　② 상사의 행동을 무시하고 내 할 일을 계속한다.

　까다로운 사람들은 협상가에게 골치 아픈 존재다. 그들은 자신은 꿈쩍도 하지 않으면서 상대에게만 움직일 것을 요구하고, 타협을 모르며, 그런 자신의 성향을 툭하면 드러낸다. 그들은 강경하게 협상한 답시고 온갖 나쁜 행동을 서슴지 않지만 실상은 그저 무례한 사람들일 뿐이다. 그들에게 협상이란 자신은 받기만 하고 상대는 주기만 하도록 강요하는 과정이다. 각자가 원하는 것을 서로 맞바꿀 생각은 도통 하지 않고, 그저 막돼먹은 행동으로 상대의 굴복을 받아내려고만 한다.

　까다로운 협상가를 다루는 법을 알려달라는 요청이 아주 많은 것으로 보아, 다들 무례한 상대를 꽤 자주 만나고 있는 듯하다. 그런데 지금까지 내게 '협상에서 더는 까다롭게 굴지 않는 방법'을 물은 사람은 단 한 명도 없었다. 아마도 사람들이 자신은 어디까지나 피해자라고 생각하기 때문이 아닐까.

　협상가들은 흔히 까다로운 상대와 똑같이 행동해야 할지 아니면 정반대로 행동해야 할지 딜레마에 빠지곤 한다. 하지만 사실 그런 고민은 불필요하다. 상대가 까다롭게 행동한다고 똑같이 굴면 대개는 더 사나운 반응이 돌아온다.

내가 알고 지내는 한 탁월한 협상가는 이른바 '상대의 10퍼센트만큼만 행동하기' 전략을 협상에 사용한다. 상대와 똑같이 행동하되 강도를 낮추는 것이다. 워낙 실력이 좋은 그녀이기에 이 전략이 먹힐 것이다. 하지만 나는 그녀처럼 폭넓은 경험(그리고 타고난 자신감)을 지니지 못한 일반 사람들이 엉덩이를 평생 걷어차 줘도 시원치 않을 상대방을 대상으로 그녀처럼 행동할 수 있을지 의문이다. 평범한 협상가들이 상대와 똑같이 행동하면 힘겨루기가 시작되면서 판만 더 커질 뿐이다. 까다로운 사람들은 이겨야 직성이 풀리기 때문에 점점 더 험상궂게 행동한다. 그러면 상대가 하는 만큼의 10퍼센트만 하던 것이 20퍼센트가 되고, 어느 한쪽이 항복하고 멈출 때까지 끝나지 않을 것이다.

거친 일을 하려면 정서가 안정되어야 한다

신문사 편집장인 내 대학 동기는 심한 스트레스를 받는 수습기자들을 상대할 일이 자주 생긴다고 이야기한다. 수습기자들은 바쁜 편집 직원들이 자신에게 소리를 질렀다거나 선배들이 '인신공격'을 했다며 고민을 털어놓는다고 한다.

편집장은 눈물을 흘리며 괴로워하는 그들을 보며, 이들은 정식 기자로 선발되기 어렵겠다는 생각을 한다고 말했다. 임박한 마감으로 다들 정신없이 바쁠 때는 정서적 지원이 필요한 이들을 돌볼 여유가 없다. 신문사의 이 정도 일상적인 압박에도 예민하게 반응하는 사람들은 기자 생활의 스트레스를 견뎌내기 힘들 것이다.

　기자들은 자신을 반기지 않는 정치인과 그 가족을 찾아가 이른바 '사소한' 실수를 저지르는 장면을 포착해야 한다. 자식을 잃고 비통해하는 부모에게 전화를 걸어 15분 안에 기사에 넣을 사진을 보내달라고 요청해야 할 때도 있고, 외상 후 스트레스로 신경이 쇠약해진 사람에게 잔인한 질문들을 던져야 할 때도 있다.

　자신을 힘들게 하는 상대의 행동을 무시하려면 큰 의지가 필요하다. 의례적으로 하는 새해 다짐처럼, 금세 흔들리고 마는 가벼운 마음가짐으로는 부족하다. 그 친구는 기자 일을 비롯한 어떤 커리어에서든 그런 행동에 익숙해지도록 끊임없이 연습해야 자신의 분야에서 성공할 수 있다고 이야기한다.

　상대와 정반대로 행동하는 것도 그리 마음 편하고 쉬운 일은 아니다. 상대가 고함을 치면 당신은 속삭이고, 상대가 무례하게 행동하면 당신은 더 예의 바르게 행동해야 한다. 상대가 말을 가로채면 이야기하게 놔두고, 상대가 협박하면 못 본 척한다. 독설을 들어도 의견을 말해줘서 고맙다고 말할 수 있을 뿐이다. 이런 식으로 당신은 친절 공세를 퍼부어 상대를 누그러뜨릴 작정이었겠지만, 까다로운 협상가들은 그런 행동을 나약함의 표시라고 생각하지, 외유내강형의 상대를 만났다고 생각하진 않는다. 그들은 조금만 더 밀어붙이면 당신이 굴복할 것이라고 믿으며 사나운 행동을 줄이는 것이 아니라 오히려 강도를 높일 것이다.

당신이 똑같이 하든 반대로 하든 그 둘을 합치든, 상대의 행동을 바꿀 수는 없다. 그러니 똑같이 해서도, 그렇다고 반대로 해서도 안 된다. 반드시 둘 중 하나를 선택해야 하는 이분법적인 상황이 아니라는 뜻이다!

잠깐 뒤로 물러나 상대가 왜 그렇게 거칠게 행동하는지 생각해보자. 불우했던 어린 시절, 외상 후 스트레스 장애에서 회복한 이력, 이루어지지 않은 첫사랑 등 쓸데없이 어려운 심리학 용어를 써가며 그 사람의 행동을 바탕으로 심오한 정신 분석을 하자는 것은 아니다. 까다로운 협상가를 다루는 것이 그렇게까지 어려운 일은 아니니 안심해라.

그들이 거칠게 행동하는 이유는 이 방법이 효과가 있다고 생각하기 때문이다. 실제로 상대가 똑같이 또는 정반대로 반응해주면 그들이 기대한 효과가 나타나기 마련이다. 어떤 이들은 "별로 중요하지도 않은 일에 죽기 살기로 덤비느니 그냥 내 방식대로 살래"라고 말하면서 괜한 싸움으로 힘을 빼지 않으려고 바로 포기해버리기도 한다. 어떤 식으로든 그들의 거친 행동이 협상 결과에 영향을 줄 수 있다.

우리는 바로 이 점을 단서로 까다로운 협상가들을 다루는 방법을 찾을 수 있다. 그들의 사나운 '행동'과 이를 통해 우리 생각과 행동에서 끌어내려는 '반응'의 연결 고리를 끊어내야만 한다. 상대방이 까다롭게 굴든 순순히 협조하든, "특정 행동이 협상 결과에 영향을 미치도록 놔둬서는 안 된다"라는 주문을 계속해서 외워라. 이 습관이 완전히 몸에 배어 당신이 협상을 하는 동안 확고한 결단력의 토대를 이룰 수 있도록 말이다.

상대방에게 "그렇게 행동해도 달라지는 건 없습니다"라고 말해줘야 하는 상황이 발생했을 때는 '까다롭게'라는 부사를 더하지 말아야 한다. 그러면 싸움만 일어날 것이다. 처음에는 상대가 당신의 말을 믿지 않을 것이며, 당신도 굳이 그를 설득할 필요는 없다. 다른 곳에서 효과를 봤으니 계속해서 무례하게 행동하는 것이 아니겠는가.

상대가 아무리 사납게 굴어도 뜻을 굽히지 않겠다는 의지를 가장 효과적으로 지켜내는 방법은 '내 일에만 신경을 쓰는 것'이다. 상대가 어떤 행동을 하든 나와 상관없다고 이해하고 믿는다면, 그들의 행동에 불만을 품을 이유도 없다. 당신이 유일하게 신경 써야 할 부분은 상대의 행동이 협상 결과에 영향을 미치지 못하게 하는 것뿐이다.

이것이 '자신감 향상 훈련'에서 가르치는 내용과 상충한다는 것을 나도 안다. 그런 강좌에서는 기분을 상하게 하거나 부적절한 행동을 하는 상대에게, 당신이 어떤 기분을 느꼈는지 말하고 그렇게 행동하지 말라고 이야기하라고 가르친다. 그런데 그건 상대와 내가 같은 규율을 따르는 동일 조직 소속원일 때나 적절한 조언이다. 회사 밖에 있는 사람들과 협상을 하는 상황에서 누구도 당신에게 이러저러하게 행동해야 적절하다고 말할 권리는 없다. 특히 인사부서에서 이런 참견을 많이 하는데, 가당치도 않은 일이다.

이런 조언들은 오늘날 인사부서의 환상만 키울 뿐 다른 역할을 하지 않는다. 그 부서의 이미 충분한 권한을 더 키우고, 심각한 문제를 해결한답시고 부서 직원들을 더 많이 고용할 명분으로 활용할 뿐이다. 당신과 고객사 사이에 인사부서를 끌어들이는 것은 위험천만한 실험이다. 회사는 다른 누군가가 끼어들어 직원이 해야 할 행동을 일일이 지시하게 할 것이 아니라, 자사 협상가들이 스스로 더 단호하고 자신 있는 태도를 기를 수 있도록 교육하는 데 우선순위를 둬야 한다.

당신은 어린아이처럼 인사부서 직원의 등 뒤에 숨거나, 행복한 가정을 이끄는 법에 관한 최신 심리학 이론을 들먹이며 까다로운 고객사를 상대할 필요가 없다. 그들이 아무리 부적절한 행동을 해도 원하는 것을 얻을 수 없다면, 자신의 전략을 바꾸거나 회사가 방침을 바꿀 것이다. 상대가 그런 결론에 도달하도록 가장 결정적인 영향력을 미칠 수 있는 사람은 바로 당신이다.

어떻게 하면 될까? 협상 결과가 오직 두 가지 기준에 따라서만 결정되도록 고집하면 된다.

- 주장의 옳고 그름
- 맞교환의 원칙

그 외의 것들은 어떤 것도 영향을 미치지 않아야 한다!

협상에 얼마나 크고 작은 사안이 걸렸고, 어떤 종류의 까다로운 협상가를 상대하든 이 기준은 동일하다. 사람들은 보통 남들이 까다로운 것이지 자신은 절대 그렇지 않다고 믿는다는 점을 기억해라.

사람들이 까다롭게 구는 이유는 무엇일까? 우선 언제나 받기만 하려고 하는 사람들 중에는 까다롭게 굴면 목적을 달성할 수 있으니 그럴 만한 가치가 있다고 생각하는 이들이 있다. 그런가 하면, 당신이나 당신의 회사가 한 일에 보복하려고 까다롭게 행동하는 이들도 있다. 그렇다! 당신은 자신이 무척 너그러운 사람이라고 여길지도 모르겠으나 남들도 그렇게 생각하는 것은 아니다.

거래처 사무실에 들어선 순간 평소와 같은 활기찬 환영 인사는 온데간데없고 침묵과 퉁명스러운 분위기가 당신을 맞이한다면, 그들을 이토록 침울하게 만든 장본인이 당신 또는 당신 회사일지도 모른다. 그들의 주장을 듣고 옳고 그름을 따져봐라. 그러면 상대가 당신을 조종하려 드는 '협박자'인지 아니면 당신의 행동에 분노한 '피해자'인지 명확하게 구분할 수 있을 것이다. 숙련된 협상가들 중에는 절대 상대방의 주장이 옳다고 인정해서는 안 된다고 믿는 이들도 있다. 그렇게 하면 자신의 입장이 불리해질 수도 있다는 이유에서다. 하지만 이는 위험한 생각이다. 당신은 지금 모든 사실을 완벽히 알지 못한 상태에서 도저히 변호할 수 없는 문제를 변호하고 있는 중일 수도 있다.

최근 호텔 체인의 임원 자리에서 물러난 해미시는 젊은 시절 지배인이었을 때 성난 고객들을 다룬 비법을 내게 알려줬다. 숙박객들이 프런트에 와서 불만을 터뜨릴 때마다 그는 고객들을 자신의 사무실에 데려갔고, 상대가 끼어들거나 반응할 틈을 주지 않은 채 다음의 세 가지를 말했다.

"첫째, 이유를 막론하고 그런 불편을 겪게 해드린 점 죄송합니다. 둘째, 손님의 말씀을 잘 들어보겠습니다. 셋째, 문제를 바로잡겠습니다. 이제 어떤 문제가 있는지 말씀해주시겠습니까?"

해미시는 문제가 무엇이며, 정말 호텔 측의 잘못인지 아니면 단순히 고객이 억지를 쓰고 있는지 확인하기 전에 이 이야기를 먼저 했다고 한다. 그러면 손님들은 흥분을 가라앉혔고, 해미시는 신속하게 조치를 할 수 있었다.

주장의 옳고 그름을 따져보려면 서로 논의가 필요할 것이고, 그러려면 상대의 이야기를 잘 들어봐야 한다. 우리 쪽에서 실수한 것이 맞는 경우에는 꼭 바로잡아라!

상대 회사가 대금을 지급하지 않고 있을 때 우리 회사 경리부서 직원이 무뚝뚝하고 직설적인 어투로 독촉 편지를 보냈다면, 상대에게 지급이 늦어진 이유를 묻기 전에 편지에 대해 먼저 사과해라. 또한 그 편지를 작성했던 경리부서의 하급 직원이나 신입 직원에게도 잊지 말고 이 이야기를 전해줘라. 금전 문제로 편지를 주고받을 때는 상대가 좋은 고객이든 나쁜 고객이든 지나치다 싶을 정도로 세심하고 예의 바른 어투를 사용하고, 그럴 때 어떤 효과가 있을지 주의 깊게 살펴보라고 말이다.

지금 누군가가 당신에게 불평하고 있지만, 사실은 그 사람도 당신의 실수에 한몫했을 수도 있다. 그럴 때는 적절한 순간이 오길 기다렸다가, 당신이 그 문제에 어떤 조치를 할 것인지 이야기해야 한다. 정확한 사실관계를 파악할 수 없다면 먼저 확인을 해보고 다시 논의하자고 말해라. 그 약속은 꼭 지켜야 한다.

협상은 해결책을 찾는 과정이다. 그 안에서 협상가들은 상대가 어떤 관점으로 사건을 바라보고 있으며, 그들이 생각하는 만족스러운 해결책의 기준이 무엇인지 이야기를 듣는다. 누가 한 말이 맞는지 따져서 점수를 매기거나, 서로 잘못한 부분을 지적하거나, 상대의 우려를 묵살하거나 방어적으로 행동하는 것은 도움이 되지 않는다. 그렇다고 항의할 엄두도 내지 못하고 꿀 먹은 벙어리처럼 가만히 있으라는 뜻은 아니다.

그런데 옳고 그름만을 따져서 문제가 전부 해결되는 경우는 거의 없다. 해미시의 사례를 봐도 그렇고, 당신이 거래처의 심기를 건드렸을 때 그들이 보인 반응을 봐도 그럴 것이다. 그래서 '맞교환'이라는 두 번째 원칙이 필요하다. 이 원칙이 있다면, 상대방이 당신 측의 실수로 곤경에 처했다면서 '죄책감'을 유도하고 당신을 맘대로 조종하지 못할 것이다.

맞교환의 법칙이 협상의 핵심이다. 당신을 향해 쏟아지는 비판은 차치하고 이 까다로운 협상가가 원하는 것은 무엇일까? 당신은 상대의 거친 행동이 아니라 이 문제에 초점을 맞춰야 한다. "이사님은 자산 매입 자금으로 880억 원이 필요하다고 말씀하셨죠. 좋습니다. 저희가 믿을 만한 거래처들을 대상으로 대출 사업을 하고 있는 이유가 바로 그것이니까요. 대금을 즉시 수령하실 경우 그만큼 이자율이 높아질 것이고, 대출 방식에 따라서도 금리가 달라집니다. 또한 대출 실행 전에 담보물 감정이 필요한데, 저희 쪽에서는 담보액의 2퍼센트 비용으로 진행해드릴 수 있습니다."

상대가 특정 사안을 변경해달라고 했을 경우, 그가 합당한 이유를 제시할 때까지는 어떤 행동을 해도 뜻을 굽히지 말아야 한다. 물론 당신 쪽에서도 맞바꿀 수 있는 조건에 대해서는 거래를 제의할 수 있다. 이를테면 더 큰 담보물을 설정하는 조건으로 낮은 이자율을 적용하거나, 건별대출이 아닌 한도대출 방식을 채택해서 이율을 조정하는 것이다.

협상을 할 때 자신의 대화 방식을 상대에게 강요할 수 없다는 사실을 잘 받아들이는 못하는 사람들도 있다. 험한 말이 오가거나 위협적인 분위기가 조성되지 않고, 서로 존중하며 협상할 '권리'가 있다고 주장하는 것은 같은 조직 내 다른 부서와 협상할 때 또는 일반적으로 용인되는 법적 틀 안에서나 통하는 이야기다. 협상가들에게는 보통 타인에게 어떻게 행동해야 할지 지시할 힘이 있지 않고, 자신이 생각하는 적절한 행동의 기준에 따라 상대가 행동하리라고 기대할 수도 없다. 그런 난감한 상황에서도 대처할 수 있는 기술을 익혀둔다면 이 책에서 다루지 않은 새로운 종류의 압박을 만난다고 해도 든든할 것이다.

최근 나는 어떤 영국군 고위 장교의 연설에 참석하여 그가 유고슬라비아 해체 후 보스니아 내전 시기에 현지에서 겪은 이야기들을 들었다. 한번은 이 준장이 경무장 상태로 난민 여성 60명과 아이들이 탄 수송 버스를 호위하고 있는데, 민병대 한 무리가 나타나 일행을 가로막았다. 난민들은 민병대 지도자와 라이벌 격인 군벌이 다스리는 마을로 향하고 있었고, 민병대는 그들이 이동 중 적군의 마을에 들어왔다는 이유로 난민들을 인질로 잡으려 했다. 준장과 부하들은 민병대가 여성과 아이들에게 해를 끼치지 않도록 설득해야 했다. 확실히 이상적인 '협상' 상황은 아니었다. 민병대 병사들은 군복 대신 거적때기를 걸치고 있었고 그중에는 술에 취한 사람들도 있었다. 모두들 무장한 상태로, 조심성 없이 무기를 흔들고 있는 병사들이 태반이었다. 그와 달리 준장을 비롯한 부하들과 여성 통역관은 말끔한 군복 차림이었으며, 민간인들이 계속 안전한 곳으로 이동할 수 있도록 신속히 풀어달라는 요구를 전달하는 데 전념했다.

인질극의 적법성과 인질을 풀어주는 대가로 얼마를 책정할지를 두고 양측이 의견을 교환하기 전에, 흐트러진 민병대 병사들에게 조용히 하라고 말하거나 술은 그만 마시고 무기를 잘 간수하라고 이야기할 여유는 없었다. 협상가들에게 익숙하고 일반적으로 기대되는 질서 있고 공손한 논의는 불가능했다. 게다가 민병대는 인질을 놓아줬다가는 마을 위 숲에서 기다리고 있는 남자들에게 공격을 당할 것이라고 여기는 듯했다.

결국에는 합의가 이뤄졌다. 준장은 민병대가 인질을 풀어주고 무사히 지나가게 해준다면 마을 근방의 숲에 순찰병들을 보내서 매복해 있는 무장 병사들을 다른 곳으로 호송하고, 자신의 부대는 하룻밤 동안 마을에 머무르면서 다른 공격에 대비하겠다고 했다. 그 결과, 유혈 사태와 끝없는 보복성 총격전이 반복된 다른 여러 마을의 사례와 달리 그들은 평화적인 해결 방안을 도출할 수 있었다.

여기서 얻을 수 있는 교훈은 분명하다. 상대가 성질을 부리거나 무례하게 행동하고 분노를 무분별하게 표출할 때는 침착함을 유지하면서 의견 불일치를 해소하는 데 집중하기 어렵다. 그러므로 우리는 협상에서 상대의 행동과 태도에 전혀 신경 쓰지 않고, 눈앞에 있는 문제(보스니아 마을에서처럼 긴박하고 중대한 사안이 걸려 있는 문제는 아닐 것이다)를 제외한 어떤 것에도 초점을 분산하지 않겠다는 원칙을 반드시 지켜야 한다. 협상가로서 당신의 문제가 그저 한 번씩 괴팍하게 구는 노인을 상대하는 것이라면, 실제로 당신에게 해를 가할 수도 있는 난폭한 사람들과 엮이지 않아도 된다는 사실을 다행으로 여기면서 말이다.

■ 자기평가 테스트 15 해설

1. 대형 은행에서 기업금융을 관리하고 있는 당신은 주요 고객사의 재무이사와 협상을 하고 있다. 그런데 당신이 자금 조달에 드는 비용과 거래 수수료를 언급하자 상대가 당신을 협박하기 시작한다. 그는 미팅이 이어지는 동안 점점 더 험악하게 굴면서 다른 은행과 거래를 하겠다고 말하고, 당신의 전문성을 깎아내리는가 하면 끊임없이 말을 가로챈다. 어떻게 하겠는가?

① 상대방과 똑같이 거친 말투로 대응한다? 틀렸다. 이렇게 하면 상대를 더 자극해서 결판이 날 때까지 사납게 행동하도록 부추기는 것 외에는 다른 효과가 없다. 상대에게 더 예의 있게 행동하라고 지시할 생각은 하지 마라. 해결해야 할 문제에만 초점을 유지해라.

② 상대방과 정반대로 부드럽게 대응한다? 이렇게 하면 상대는 당신을 얕보거나 자신을 놀린다고 생각하며 더욱 거칠게 나올 수도 있다. 상대의 행동을 지시할 생각은 하지 마라. 해결해야 할 문제에만 초점을 유지해라.

③ 자리를 박차고 나간다? 틀렸다. 이렇게 하면 잠깐이나마 기분이 나아질 순 있겠지만 그 외에 어떤 유익이 있겠는가? 어떻게 다시 협상을 재개할 것이며, 어떻게 결과를 바꿀 수 있겠는가?

④ 상대방의 행동을 무시하고 계속해서 비용을 요구한다? 정답이다. 상대가 어떤

행동을 하든지 무시하고 거래에 소요되는 비용을 요구하는 것이 최선의 반응
이다.

2. 당신의 상사는 권위적이고 험한 말을 쓰며 잘 비꼰다. 어떻게 하겠는가?

① 조용한 곳에서 상사를 만나 그의 행동 때문에 힘들다고 말한다? 틀렸다. 혹시
   당신이 상사가 그렇게 행동할 만한 원인을 제공한 것은 아닐까? 항상 다른 사
   람에게만 책임이 있다고 생각해서는 안 된다. 당신이 문제일지도 모르는 법이
   다. 상사의 행동에 불평하지 마라. 직장 생활을 하다 보면 잘 안 맞는 상사를 만
   나게 마련이다. 시간이 흘러 당신도 직원을 관리하는 위치에 올랐을 때 모두가
   당신의 행동에 만족하지는 않을 것이다.

② 상사의 행동을 무시하고 내 할 일을 계속한다? 정답이다. 협상가들은 온갖 부
   류의 사람을 상대해야 하며, 당신을 향한 적대감이나 애정의 정도도 제각각이
   다. 누구를 대하든 전문적인 태도를 유지해라. 해결해야 할 일에 초점을 맞추
   고, 상대가 내게 어떤 태도를 보이든 그들을 존중해라.

16 │ 신들조차 헛된 전쟁을 할 때

일곱 번의 제안이 거절된 이유

1. 루시가 로저에게 제안서를 제출했는데, 로저는 그녀가 제안한 내용이 현실적이지 않고 오류가 많다고 지적한다. 루시는 로저의 말에 대부분 동의할 수 없고, 어떻게 반응해야 할지 고민하고 있다. 어떻게 할까?

   ① 로저가 지적한 문제 중에 타당한 내용만 반영하여 제안서를 수정한다.
   ② 로저가 지적한 문제 중에 타당하지 않은 내용에 반박한다.
   ③ 로저의 의견은 어떤지 묻는다.

2. 협상 자리에서 메리가 말했다. "이봐요, 프레드. 난 유급 병가제도를 협의하러 이 자리에 온 것이고, 의료비 환급 문제는 주제에 맞지 않아요. 이 문제가 협상이 불가

능하다는 점에는 재론의 여지가 없고, 이것 때문에 협상 자체가 깨질 수도 있다니까요." 프레드는 협상이 불가하다는 메리의 말만 듣고 이 주제를 포기해야 할까?

① 그렇다.

② 아니다.

나는 정말 똑똑한 이들을 많이 만났다. 평범한 우리들이 지혜를 찾아 헤매는 동안 지성의 거인들은 거침없이 이 행성을 활보하고 있다. 우리는 거인들이 실수로 또는 고의로 자신을 짓밟진 않을까 염려하면서 행여 그들의 눈에 띌까 봐 각별히 조심한다. 그런데 협상 컨설턴트 일을 하다 보면, 문제의 해결책이 너무 뻔해서 오히려 더 난감할 때가 있다. 의뢰인이 문제를 털어놓는 즉시 '할렐루야!' 소리가 절로 나오고, 아주 밝은 네온사인이 내 눈에다 대고 정답을 쏴주는 듯한 기분이 든다.

너무도 자명한 답을 그들은 왜 알아차리지 못할까? 의뢰인이 미처 떠올리지 못한 간단한 해결책을 곧바로 언급하는 것은 상대의 진지함에 대한 예의가 아닐 것이다. 나는 엄숙한 표정을 유지하려고 애쓰면서, 불쑥 답을 소리쳐 말해주고 싶은 충동을 간신히 이겨내곤 한다.

예전에 어떤 사모펀드 기업 파트너들이 내게 자신들의 문제를 이야기했다. 그 파트너들은 허름한 골목 구석에 자리를 잡고 간신히 임대료를 감당하며 앞으로 큰 거래를 따낼 망상이나 하는 어중이떠중이들이 아니었다. 런던 중심가에서도 가장 임대료가 비싼 곳에 사무실을 둔 일류 회사 소속이었다.

그들이 일하는 번쩍번쩍한 빌딩을 찾아가는 길에 나는 과일 수레를 지나쳤다. 수레에는 형형색색의 과일이 수북이 쌓여 있었고, 하루에 과일 다섯 종류를 꼭 섭취해야 한다는 문구가 큼지막하게 붙어 있었다. 나를 세무조사원으로 본 듯한 과일 장수는 자신의 이름을 밥이라고 소개하며 내게 달콤한 배를 팔았다. 약속시간보다 일찍 도착한 터라, 나는 근처 벤치에 앉아 배를 베어 먹으면서 밥의 과일 장사와 내가 곧 만날 사람들의 비즈니스를 비교하며 생각에 잠겨 있었다. 그가 수레를 놓고 장사하는 대가로 내는 자릿세는 저 앞에 있는 휘황찬란한 빌딩의 도어매트가 차지하는 땅값만도 못할 것이다.

그에 반해 곧 내가 만날 '큰손'들은 눈이 휘둥그레질 만한 액수의 보너스를 받는 것으로 유명한(또는 악명 높은) 런던 중심지의 엘리트들로, 30억 원 정도의 돈에는 눈 하나 깜짝하지 않을 위인들이었다.

지금 나는 자신이 똑똑하다고 자랑할 생각으로 이런 이야기를 하고 있는 것이 아니다(당치도 않다!). 나도 협상에서 적지 않은 실수를 해왔기에 당신에게 그런 실수를 피할 방법을 자신 있게 알려줄 수 있다. 당신이 지능지수 테스트에서 아무리 높은 점수를 받았다고 해도 어이없는 실수를 피하지 못하는 때가 종종 있을 것이다. 날고 기는(그리고 가장 높은 연봉을 받는) 똑똑한 사람들도 실수를 하며, 개중에는 상황이 더 악화됐을 때 믿기 어려울 정도로 순진한 구석을 보이는 이들도 있다. 그러니 당신이 이런 실수를 피하는 법을 터득한다면, 그 똑똑하다는 사람들을 상대로 코를 납작하게 해줄 수 있을 것이다.

나는 건물 꼭대기 층에 있는 회의실에 들어가 두툼한 가죽 의자에 앉았다. 반짝반짝 윤이 나는 널찍한 마호가니 테이블은 열대우림을 샅샅이 뒤져 찾아낸 최고급 목재로 제작한 듯 근사했고, 그 옆에 세워진 고급스러운 카트에는 왕의 진수성찬에 비길 만한 음식과 음료가 정갈하게 담겨 있었다. 그곳에서 나는 '상위 1프로들은 이런 환경에서 일하는군'이라는 생각을 했다.

미팅은 선임 파트너가 주도했고, 법무 담당 파트너가 간간이 끼어들어 추가 설명을 했다. 또한 정확히 무슨 일을 하는지는 알 수 없는 신사 한 명도 그 자리에 있었다. 그들은 회사가 체결한 계약에 문제가 생겼다고 설명했다. 충격적이게도, 최근 인수한 포르투갈 사업체의 회계장부에서 수십억 원에 달하는 블랙홀이 발견됐다는 것이다. 파트너들이 실사를 의뢰하려고 고용한 자문위원들은 포르투갈 회사의 재무상태에 이상이 없다고 판단했지만, 그들이 일 처리를 제대로 하지 못한 것이 분명했다.

사모펀드 파트너들은 실사를 잘못 진행한 자문위원들이 부족한 금액을 메꾸길 바랐다. 과거 컨설팅에서 이 자문위원들을 만난 적이 있었던 나는 누가 옳고 그른지를 따지는 문제에는 개입하지 않았다. 어차피 양쪽의 법무사들이 이 문제에 매달려 하루하루 밥값을 벌어들이고 있을 테니 말이다.

또한 그들이 자문위원들을 상대로 협상하면서 한 행동 중에는 못마땅한 부분이 몇 군데 있었지만, 그것들도 굳이 언급하지 않았다. 이들은 엘리트 중의 엘리트였고, 지금 이 상황만 아니라면 이들을 어리숙한 괴짜로 취급할 사람은 아무도 없다는 사실을 잘 알았기 때문이다. 하지만 사모펀드 파트너들은 분명 아주 바보 같고 어이없는 실수를 저질렀다.

그들은 자문단에게 부족한 금액을 보상해달라고 고지했지만 아무런 응답도 받지 못했다. 상대방은 사모펀드 파트너들의 제안서를 한두 번 모호하게 거절한 것 외에는 그들의 요청을 일체 무시하고 있는 듯했다. 그래서 파트너들은 아무런 반응을 보이지 않는 자문위원들을 상대로 어떤 조치를 해야 할지 고민에 빠졌고, 결국 최악의 방법을 선택하고 말았다. 자문위원들이 그들의 요구를 무시하거나 모호하게 거절할 때마다 상대 쪽에 조금 더 유리하게 내용을 수정하여 제안서를 새로 보낸 것이다. 맙소사!

누구나 한 번쯤 할 수 있는 단순한 시행착오나 작전 실패 수준이 아니었다. 왜냐하면 이 사모펀드회사는 한두 번도 아니고 무려 일곱 번이나 일방적으로 제안서를 수정해서 보냈기 때문이다. 1년이 조금 넘는 동안 그들은 미팅을 할 때마다 새로운 제안서를 상대 쪽에 하나씩 건넸다. 정말 치명적인 전략적 오류였다.

상황이 이렇다 보니, 선임 파트너가 2~3시간에 걸쳐 지금까지의 상황을 상세히 설명한 뒤 이제 어떻게 해야 하느냐고 단도직입적으로 물었을 때 나 또한 조금은 직설적으로 대답할 수밖에 없었다.

"한동안 아무 조치도 하지 말아 보십시오. 그러면 귀사의 협상 입장에 극적인 변화가 있을 겁니다."

파트너의 몸짓이 모든 것을 말해줬다. 그는 내가 한 말을 믿을 수 없다는 듯 눈을 치켜뜨고 턱을 바짝 끌어당긴 다음, 허리를 꼿꼿이 펴고 똑바로 앉더니 물었다. "그게 전부입니까?"

그때나 지금이나, 나는 그들이 똑같은 실수를 반복함으로써 스스로 협상 입장을 불리하게 만들었다는 사실을 믿어 의심치 않는다. 솔직히 나는 이렇게 말하고 싶은 심정이었다. '상대방의 대답을 듣기도 전에 제안서를 수정해서 다시 보내는 건, 음… 정말 한심한 짓이에요.' 그 대신 나는 이렇게 바꿔 말했다. "상대측이 대안을 제시하거나 다른 건의 사항을 전달하기 전에 기존의 제안서를 수정하는 건 바람직하지 않습니다."

왜 그럴까? 협상가는 상대방의 초기 입장을 대략 파악해야 하기 때문이다. 어느 쪽도 자신의 초기 입장을 밝히지 않는다면 양 당사자 모두 상대가 어디로, 얼마나 움직일 작정인지 알아낼 길이 없다. 그러면 하는 수 없이 가만히 앉아 상대가 먼저 움직일지 어떨지를 지켜보는 수밖에 없다.

협의를 시도했는데도 상대가 반응이 없다면 어떻게 해야 할까? 모자라는 비용 전체를 배상하라고 고집하고, 처음에 한 제안이 받아들여지지 않았을 때 곧장 법정으로 향해야 할까? 하지만 그것은 당신의 운명을 '법'이라는 도박에 내맡기는 꼴이다. "승산이 높다"고 말하는 변호사들을 경계해라. 그들은 상대측에도 똑같은 말을 하고 있을 것이다. 당신은 이미 법률 비용에 많은 돈을 쏟아부었고, 자문을 의뢰하면 비용은 더욱 늘어날 뿐이다. 이제 공은 상대편에 넘어간 상황이다. 당신은 이미 테이블에 제안서(전액 배상)를 올려두고 상대의 대답을 기다리고 있다. 그런 당신에게 침묵만이 돌아오거나 상대가 다른 구실을 대고 자리를 피한다면, '더 솔깃한 제안'으로 상대를 유혹하고 싶다는 생각이 들거나 그렇게 하라는 조언을 받을 수도 있다(당신의 팀에 그런 제안을 한 사람이 있다면 잘 기억해뒀다가 그 사람은 연말 보너스를 받지 못하게 해라!). 전액 배상이라는 요구를 조금이라도 절충해서 상대를 '유혹'한다면 그들은 가만히 앉아 있기만 하면서 다음에는 당신이 얼마나 움직여줄지 시험해보려고 할 것이다.

적어도 이론상으로는 상대가 자신의 법적 책임을 인정하고 당신의 요구를 전적으로 수락함으로써 논쟁이 종결되고 모두 즐겁게 퇴근할 수 있을지도 모른다. 하지만 실전에서는 상대측에 그럴 의향이 전혀 없는 경우가 더 많다. 당신의 요구를 수락하면 자기 금고를 열어 수십억 원을 내줘야 하는데 어느 누가 반기겠는가? 또한 그들이 '협상 상대에게 할 수 있는 최악의 행위는 상대의 첫 제안을 단번에 수락하는 것이다'라는 충고를 알고, 그에 맞게 행동하는 것일지도 모르는 일이다.

그러면 미끄러운 비탈길 꼭대기에서 안절부절못하고 있는 당신은 앞으로 닥쳐올 운명을 어떻게 피할 수 있을까? 호의를 끌어낸답시고 처음에 제안한 내용을 수정하여 상대의 반응을 유도할 생각은 하지 말아야 한다. 그건 미끄러운 비탈길로 한 걸음 더 다가서는 행위이며, 이를 발단으로 당신은 몇 발자국씩 계속 더 나아가게 될 것이다. 왜냐고? 입장을 밝히지도 않았는데 당신이 알아서 움직여준다면, 상대로서는 구태여 반응을 할 필요가 없어지기 때문이다. 상대의 이야기도 듣기 전에 두 번째 제안서를 내놓은 당신을 보며 그들은 어떻게 생각하겠는가? 가만히 있으면 알아서 양보를 받을 수 있겠다고 생각할 것이 분명하다.

상대방이 자신의 법적 책임을 전면 부인하고 당신에게 응답할 하등의 이유가 없다고 생각할 수도 있다. 그들은 실사 과정에서 면밀하게 조사를 했고 당시에는 부채 사실이 확인되지 않았다고 주장할지도 모른다. 또는 조사 의뢰를 받지 않은 영역이나, 일반적으로 조사를 할 것이라고 기대할 수 없는 영역에서 발생한 문제는 어쩔 수 없다고 말할 수도 있다. 이렇게 법적 책임에 대한 분쟁은 끝도 없이 되풀이되기 십상이다.

여기서 어떤 이유에서든 당신이 또 한 번 움직인다면, 그건 사다리를 타고 올라가는 것이 아니라 낭떠러지 아래로 떨어지는 격이다. 계속 움직여봤자 처음에 원했던 배상 금액에서 멀어지기만 할 뿐이다. 배상액은 100만 단위에서 10만 단위까지 점점 떨어질 것이고, 상대방은 합의를 할 의지나 또 다른 제안을 해야 할 동기도 없이 가만히 앉아 기다리는 편을 선호할 것이다.

사모펀드 파트너들은 상대측 고위 파트너들과 격식 없는 사교 모임을 몇 차례 가졌다고 했다. 파트너들이 자문위원들의 사무실 근처를 지나거나 다른 유럽 국가로 출장을 가는 길에 연락하면, 점심 약속만 가능하긴 했지만 늘 그들을 만날 수 있었다. 그러나 이런 만남들로는 분노나 억울함을 표하는 것은 고사하고 상대를 재촉하는 효과도 거의 없었다.

처음부터 그랬다면 좋았겠지만, 지금 당장 해야 하는 한 가지 확실한 조치는 정식 고위급 미팅을 열고 서로 제안서를 교환하는 일이다. 그와 동시에 법원 영장이 발부됐다고 통지하고 개시, 예심, 공판 일정 확정 등의 과정이 차례대로 진행될 것임을 알린다. 이렇게 하면 피고 측은 소송 준비 및 예행연습, 증언 청취 등으로 비용을 부담해야 하며, 그런 비용이 쌓여갈수록 법정 밖에서 합의하는 편이 더 낫겠다는 생각을 하게 될 것이다(양쪽이 제출한 서류 더미를 읽어야 하는 판사도 이에 동감할 것이다).

사모펀드 파트너들이 일방적으로 제안서만 보내는 방식을 시도하기 전에 기본적인 작업을 해두었더라면 이 모든 절차를 전부 수행할 필요는 없었을 것이다. 사모펀드 파트너들처럼 수준 높은 교육을 받지 못한 과일 장수 밥조차 모든 협상이 최소한 두 개의 해결안, 즉 나의 해결안과 상대의 해결안이 존재하는 상태에서 시작된다는 사실을 알고 있다. 내가 문제를 해결하고 싶은 방식은 알고 있겠지만, 상대의 생각이 어떤지는 알고 있는가? 당신은 이미 입장을 밝힌 상황에서 상대의 생각을 모르고 있다면, 다시 한번 움직이기 전에 그것부터 알아내야 한다. 그래야 당신의 첫 제안에 맞서 상대가 제시할 수 있는 조건의 범위가 한정된다.

만약 상대측이 배상 책임을 완전히 부인하고 자기 쪽에서는 어떤 제안도 할 필요가 없다고 말한다면(상대가 초반에 그런 입장을 취하는 건 놀랄 일도 아니다), 단순히 배상 요구액을 낮춰준다고 해서 그들이 책임을 인정할 리 만무하다. 그렇다. 당신은 상대방의 주의를 끌어야 하며, 법적 조치를 하는 것이 한 가지 방법이 될 수 있다. 또 한편으로는 우리 쪽과 상대 쪽 최고위 인사들 사이에 정기적인 연락이 끊기지 않도록 유의해야 한다. 만일 상대방이 법적 책임을 인정하지 않는 범위 내에서 합의안을 제시한다면 협상을 재개하되, 일방적으로 제안하는 것이 아니라 언제나 양쪽이 의견을 서로 교환해야 한다는 사실을 명심해라. 상대가 무엇을 제안할지 상세히 알기 전까지는 내 제안서를 수정하면 안 된다.

협상에는 네 종류의 정보가 존재하는데, 당신은 그중 두 가지를 이미 알고 있다. 자신이 처음에 제안할 내용과 어느 수준 이상으로는 타협하지 않겠다는 한계치 말이다. 세 번째 정보, 즉 상대가 처음으로 제안할 내용이 무엇일지는 당신이 직접 알아내야 한다. 그러나 네 번째 정보, 즉 상대가 어느 지점에서부터 버티고 더는 움직이지 않을 작정인지를 알아낼 방법은 없다(설령 그들이 알려준다고 해도 당신이 믿지 않을 것이다). 상대의 초기 입장을 파악하지 못하면 결국 자기 자신과 협상을 하는 셈이다. 청각이 시원찮은 사람이 경매장에 가서 자기가 부른 가격에 맞서 값을 계속 올려 부르는 것과 다를 바가 없다!

그날 늦게 빌딩을 나서서 밥이 장사하던 자리를 지나치며(밥은 벌써 집에 갔다) 나는 이런 생각을 했다. '밥은 자기 사무실도 없이 수레 하나를 끌고 장사를 하지만, 그가 과일을 팔며 얻은 경험을 토대로 협상을 했다면 조금 전의 엘리트들보다 훨씬 더 잘했을 것 같군!'

1. 루시가 로저에게 제안서를 제출했는데, 로저는 그녀가 제안한 내용이 현실적이지 않고 오류가 많다고 지적한다. 루시는 로저의 말에 대부분 동의할 수 없고, 어떻게 반응해야 할지 고민하고 있다. 어떻게 할까?

　① 로저가 지적한 문제 중에 타당한 내용만 반영하여 제안서를 수정한다? 틀렸다. 합리적인 행동인 것 같지만 이렇게 하면 과연 협상 진전에 도움이 될까? 제안서 전체가 됐든 일부가 됐든, 이의를 제기한 상대는 자신이 생각하는 대안을 제시하기 마련이다. 그런데 당신이 타당하다고 느껴지는 반대의견들을 너무 적극적으로 수락했다가는 그렇지 않은 의견들에도 잘못된 기대치를 설정할 수 있다. 상대가 하는 말 중에는 옳은 것도 있고 그른 것도 있을 텐데, 본인만큼은 자기 의견이 전부 타당하다고 생각할 것이다.

　② 로저가 지적한 문제 중에 타당하지 않은 내용에 반박한다? 틀렸다. 상대에게 반박만 한다면 언쟁이 시작될 확률이 높고, 그가 제시하는 절충안에 가까워지지 못할 것이다.

　③ 로저의 의견은 어떤지 묻는다? 정답이다. 어떻게 해야 서로 의견을 일치시킬 수 있을지 알아내려면 상대의 생각을 물어봐야 한다. 그가 생각하는 해결책이 무엇인지 들어보기 전까지는 새로운 제안을 하거나 기존 내용을 수정해서는 안 된다. 공동의 해결책을 찾으려면 먼저 당신과 상대의 해결안을 협상 테이블에 올려놓고 대화를 시작해야 한다.

2. 협상 자리에서 메리가 말했다. "이봐요, 프레드. 난 유급 병가제도를 협의하러 이 자리에 온 것이고, 의료비 환급 문제는 주제에 맞지 않아요. 이 문제가 협상이 불가능하다는 점에는 재론의 여지가 없고, 이것 때문에 협상 자체가 깨질 수도 있다니까요." 프레드는 협상이 불가하다는 메리의 말만 듣고 이 주제를 포기해야 할까?

　① 그렇다? 틀렸다. 상대가 자기 맘대로 협상 불가한 사안을 정하도록 그냥 둬서는 안 된다. 그러면 당신은 상대가 허락하는 사안에 관해서만 협상을 할 수 있

게 되며, 당신이 영향력을 미칠 수 있는 사안의 숫자는 점점 줄어들 것이다.

② 아니다? 정답이다. 협상을 통해 상대의 원칙을 바꾸기는 힘들지만, 그 원칙의 적용 방식을 바꿔볼 수는 있다. 민감한 사안은 일단 보류하고 다른 문제를 먼저 협상하다가 진전이 있을 때 다시 '협상 불가' 사안으로 돌아와도 좋다. 상대가 무엇이 협상 가능하고 불가한지를 일방적으로 결정하게 놔둔다면, 협상이 불가한 사안의 숫자는 더 늘어날 것이다.

17 | 권력은 누구에게 있는가?

지렛대를 이용하는 법

1. 일자리를 찾고 있는 당신은 어떤 화물회사가 낸 트럭 기사 모집 공고를 발견하고 금요일에 면접을 보기로 했다. 2시 면접을 앞두고 5분 일찍 도착한 당신은 사무실 밖까지 길게 이어진 줄에 합류한다. 이런 상황이라면, 당신이 합격할 확률은 어떻게 될까?

　① 낮아진다.
　② 영향이 없다.
　③ 높아진다.

2. 당신은 가나의 수도 아크라에서 카마시로 이동하려던 중에 마침 그곳에 간다는 트럭을 만났다. 트럭 기사는 손님이 다 차면 차가 바로 출발할 것이라고 이야기한다.

당신은 빈자리가 하나만 남은 것을 보고 차에 타기로 했다. 그렇다면 트럭은 언제 출발할까?

① 즉시
② 나중에

 1,000여 년 전, 노르웨이의 아름다운 피오르 지대에 살던 바이킹들은 근사한 범선을 몰고 그곳을 빠져나와 유럽의 해안 정착지에 진출했다. 오늘날 피오르에 있는 바이킹의 후손들은 이메일 같은 점잖은 무기를 휘두르며 전 세계의 해운 업계를 무대로 활약하고 있다.

 라스는 노르웨이 베르겐에 있는 선박회사의 부사장으로 한 해에 수십 건씩 계약을 체결한다. 선박을 사거나 파는 일, 유럽과 동아시아 지역에서 선박 건조 계약을 맺고 까다로운 수리 계약을 검토하는 일, 유류 할증료 · 화물 운송료 · 전세 운임 · 선원 임금 · 중개소 비용을 협상하는 일 등 다양한 거래가 그의 손을 거쳐 성사된다. 그는 이 분야에서 40년 동안 정신없이 바쁘게 지내왔지만 여전히 '배를 향한 로망'을 가슴에 간직하고 있다.

 그러나 협상을 하는 그에게서 로맨틱한 면은 눈곱만큼도 찾아볼 수 없다. 업무에 임할 때는 외골수적인 기질을 유감없이 드러낸다. 라스 회사의 매니저들은 사무원부터 시작해서 차근차근 진급한 사람, 대학 졸업 후 곧바로 합류한 사람, 선장 출신 등 배경이 다양하다. 매니저들은 이따금 이메일 협상의 어려움을 서로 주고받는다. 라스는 사무실을 오가다 우연히 그런 대화를 듣게 되면 다음과 같은 협상 노하우를 전해주곤 한다.

어떤 협상에서든 이 질문을 해봐라.
사는 사람은 누구이고, 파는 사람은 누구인가?

라스는 질문의 답을 바탕으로 '누가 권력을 쥐고 있는지'를 알 수 있다고 말한다. 그는 권력이 곧 무기이고, 권력이 없는 것은 큰 약점이라 믿으며 지금까지의 협상 경력에서 이 노하우를 유용하게 써왔다. 라스는 회사 매니저들이 거래를 하기 '전'에 권력을 얻어야 협상 '중'에 이용할 수 있다고 믿는다.

뉴캐슬의 석탄

호주는 석탄 매장량이 풍부하다. 반면 석탄이 전혀 나지 않는 일본은 전량을 수입에 의존해야 한다. 그렇다면 협상에서 더 유리한 나라는 둘 중 어느 쪽일까? 맞았다, 일본이다!

언뜻 생각하기에는 정반대일 것 같은데, 일본은 어떻게 유리한 협상 위치를 점할 수 있었을까? 그 비결은 호주의 협상가들을 일본에 초대한 데 있다. 일본에 간 호주인들은 일본인들의 속도에 맞춰 협상을 해야만 했다. 게다가 그들은 다른 국가에서 온 석탄 공급 업체들을 한 번씩 마주치면서 경쟁의식과 초조함을 느꼈다. 자기 나라에 살면서 매일 저녁 집으로 퇴근할 수 있는 일본인들은 급할 것이 전혀 없지만, 매일 밤 집이 아닌 호텔로 돌아가야 하는 호주인들은 조바심이 날 수밖에 없었다. 당연한 소리지만, 호주 사람들도 자기 나라를 좋아한다. 얼마간의 시간이 흐르면 그들은 수영장, 해변, 바비큐, 가족이 있는 풍요롭고 화창한 고국에 돌아가고 싶어 한다.

이렇듯 호주의 석탄 기업들은 일본이 필요로 하는 석탄을 전부 손에 쥐고 있으면서도 그 유리한 위치를 협상에 활용하거나 흥정 가격에 충분히 반영시키지 못했다.

이 권력은 어디에서 오는 걸까? 그리고 아직 권력을 손에 넣지 못했다면 어디서, 어떻게 얻을 수 있을까?

우선 당신의 머릿속에 '권력은 중요하지 않다'라는 착각이 남아 있다면, 이를 먼저 없애야 한다. 실제로 그런 별난 관점을 가진 이들은 아마도 협상이라는 행위가 상스러운 권력다툼으로부터 양 당사자를 보호해줄 것이라고 생각할 것이다. 하지만 그건 완전히 틀린 생각이다. 협상은 단지 권력의 균형을 다른 방식으로 표현할 뿐이다.

권력다툼보다는 말로 해결하기를 선호하는 그들의 마음은 이해할 만하지만, 협상을 한다고 해서 서로의 관계에 권력이 배제되는 것은 아니다. 단지 힘의 균형이 표출되는 형식이 달라질 뿐이다.

라스의 견해 중에 다음 내용은 절대적으로 맞는 말이다.

권력을 인식하는 것이 바로
협상 과정의 본질이다.

협상에서 나와 상대는 권력관계를 인식하고 그에 걸맞게 행동한다. 이 사실로 우리는 협상에서 나타나는 권력의 가장 중요한 특징을 알 수 있다. 바로 권력이란 철저히 주관적으로 인식되며, 마치 바람처럼 눈으로 보기보다는 느껴서 알 수 있는 대상이라는 점이다.

쉽게 말해 권력은 우리 머릿속에 존재한다. 또 기억할 것은 그것이 한 사람의 머리가 아니라, 나와 상대 두 사람의 머릿속에 있다는 점이다. 각 협상가의 머릿속에서 무슨 일이 일어나는지에 따라 권력이 협상 결과에 미치는 영향력도 달라진다.

당신은 이런 질문을 할지도 모른다. "왜 권력이 철저히 주관적이라는 거죠? 객관적인 면도 분명히 있지 않나요?" 물론 그런 점도 있다. 예를 들어 대형 선박이 남아도는 상황이라면, 배의 주인과 선박 전세 대행사의 관계에서 어느 쪽에 더 권력이 있는지는 객관적으로 판단할 수 있다. 나도 이런 상황들을 부정하지는 않지만, 내 주장의 핵심은 협상가의 주관적 인식이 객관적 상황보다 '더' 중요한 작용을 한다는 것이다. 배심원들이 아무리 오랫동안 객관적인 증거라는 것들을 신중히 검토하여 사실관계를 밝혀내봤자, 정작 결정적인 작용을 하는 것은 당사자가 '무엇이 진실이라고 믿느냐'의 문제인 것과 마찬가지다.

협상가들은 본능적으로 주관적 믿음의 중요성을 이해한다. 그들이 언제나 많은 시간을 할애해가며 자기 생각이 상대 의견보다 더 신빙성 있다고 설득하기 위해 안간힘을 쓰는 이유가 여기에 있다.

어떤 선주가 항구에 가봤는데, 자기 배 말고도 대여되지 않아 남아도는 배가 많다는 걸 알게 됐다고 하자. 그렇다면 이 선주는 선박 전세 입찰에 들어가서도 일찌감치 포기하고 무기력하게 앉아 있기만 할까? 아니다. 그는 배를 빌리려는 사람에게 자신의 배가 다른 사람들의 배와 어떻게 다른지를 어필하려고 노력할 것이다.

이번에는 회사에 소프트웨어 개발자가 더 필요한 상황이라고 가정해보자. 그들을 추가로 고용하려면 연봉을 얼마나 제시해야 할까? 누군가는 "이 시장의 구직자 수가 얼마인지에 따라 달라지겠죠"라고 대답할 것이다. 하지만 일자리를 찾는 사람의 숫자가 얼마나 많아야 고용주 우위 시장이 되는 걸까? 그 답을 확실히 알 수 있는 사람은 없다. 게다가 우리는 시장이 아니라 사람들을 상대로 협상하고 있다.

마찬가지로 당신이 시장에 관해 알고 있는 정보가 전부 옳다고 생각할 수도 없다. 아무리 많은 사람에게 시장 상황이 어떤지 견해를 물어본다고 하더라도 실제 상황과 완전히 동떨어진 결론을 얻을 수도 있다. 주식을 사고팔다가 빈털터리가 된 사람들의 말만 들어도 수긍이 갈 것이다. 주식 시장에서 수익을 많이 남기려면 남들보다 예측을 더 잘해야 한다. 사람들은 주가가 오를 것으로 생각하지만 자신은 내릴 것으로 판단해 주식을 팔거나, 남들이 주가가 떨어질 것으로 생각할 때 주식을 사들여 재미를 볼 수도 있다. 물론 자신의 감을 믿었지만 생각대로 흘러가지 않아 실패할 가능성도 있다.

시장에서 어떤 의견이 대세를 이룰지 기다렸다가 행동을 하다 보면 매도 타임에 매수를, 매수 타임에 매도를 하게 될 수도 있다. 그러나 큰 액수가 걸린 사안에서 당신의 예측이 맞을 때가 더 많다면 엄청난 부를 얻고 은퇴하는 것도 가능하다. 경제학자들은 '시장'이 가격과 수요-공급을 결정하는 주체라고 믿으며, 그런 시장 전체의 메커니즘을 조감도를 보듯 훤히 내려다볼 수 있다고 생각한다. 하지만 협상을 하는 당신은 하늘의 새들처럼 높은 위치에서 상황을 판단할 수 없다. 당신이 바로 시장 메커니즘의 일부이기 때문이다.

실직한 소프트웨어 개발자인 당신이 어떤 회사의 구인 공고를 보고 면접을 보러 갔는데, 대기실에 지원자들이 바글바글한 상황이다. 자신감이 강해지는가, 약해지는가?

경쟁이 치열해 보이니 합격할 확률이 낮아지겠다고 생각하는 것이 자연스러운 반응이다. 하지만 정말 그럴까?

먼저 '어떻게 아는가?'라는 질문을 해보자. 사람들이 무엇 때문에 줄을 서 있는지 어떻게 아는가? 면접을 보러 온 소프트웨어 전문가가 당신 외에도 더 있는 상황인지 어떻게 아는가?

경쟁이 치열할 때 당신의 입장이 불리해질 수 있는 것은 사실이다. 그러나 실상은 경쟁 자체가 없을 수도 있다. 줄을 선 사람들은 인사부 직원이 되려고 면접을 보러 온 지원자들일지도 모른다. 하지만 당신이 그 사람들을 소프트웨어 개발자라고 '믿고' 자신감이 약해진다면, 결국엔 더 낮은 연봉에 계약을 할 수도 있다. 혹시 당신이 낮은 연봉을 수락하게 만들려고 고용주가 면접장에 연기자들을 불러 당신을 겁주려 한 건 아닐까?

그런데 당신이 상황을 다르게 바라보려 해도 상대방이 요지부동으로 자신의 관점을 고집한다면, 협상가의 전형적인 딜레마가 찾아온다. 겉으로 보이는 것처럼 상대가 정말 권력관계의 우위에 있는 것인지, 아니면 작전상 내 인식을 바꾸려고 그저 힘 있는 척을 하는 것인지 확실히 알 수 없기 때문이다.

실제로 협상에 쓰이는 모든 종류의 작전, 책략, 전술은 그 형태가 어떻든 결국 상대가 권력관계를 인식하는 방식을 조작하려는 시도들이다. 권력관계를 바라보는 상대의 주관적 견해를 내 쪽으로 유리하게 조작하는 데 능숙할수록, 시장이 규정하는 객관적 권력 균형 상태가 협상 결과에 미치는 영향력은 작아진다.

즉 당신이 '권력은 상대에게 있다'라고 믿는다면, 힘이 있는 쪽은 두말할 것 없이 상대편이 된다. 이런 이유로 나는 '사는 사람은 누구이고, 파는 사람은 누구인가를 파악하는 것이 중요하다'라는 라스의 의견을 존중하지만, 이에 동의하지는 않는다. 라스의 주장에는 '사는 사람이 파는 사람보다 자동으로 더 유리한 입장이 된다'라는 암시가 깔려 있기 때문이다. 우리가 권력에 대한 인식을 자신에게 유리하게 활용할 수만 있다면, 내가 사는 쪽인지 파는 쪽인지는 중요하지 않다. 결국 문제의 본질은 당신과 상대방이 관계를 바라보는 방식이다. 상대의 인식을 변화시킬 수만 있다면 더 나은 협상 결과를 얻을 수 있다.

권력관계를 바라보는 인식에 영향을 줄 수 있는 요소에는 무엇이 있을까? 여기서 말하는 인식이란 우리가 상대를 만나기 '전'에 형성된 것들로 한정된다. 이것들이 우리의 협상 방법, 예절, 자세, 자신감은 물론 거래 결과에 가장 큰 영향을 미치기 때문이다.

대부분 판매자가 두 가지 강박에 시달린다. 하나는 권력이 구매자에게 있다는 강박이고, 다른 하나는 경쟁이 아주 치열하리라는 강박이다. 판매자들의 사교 모임에 가면 구매자들이 어떤 식으로 뒤통수를 쳤다거나, 경쟁자가 어떤 비열한 수법으로 고객을 가로채 갔는지 등의 이야기를 잔뜩 들을 수 있다. 판매자들은 권력이 구매자에게 있고 자신들은 불리한 입장이라고 생각하면서 점점 더 의기소침해진다.

그러나 구매자들은 그들 나름대로 상황을 다르게 바라본다. 예를 들어 컴퓨터 대기업에 다니는 내 지인은 구매 담당자로서 조립 공장에서 쓸 부품을 분기별로 수십억 원어치씩 구입하지만, 그는 권력이 판매자들에게 있다고 굳게 믿고 있다.

그는 어떻게 이런 결론에 도달했을까? 한때는 그도 자기 회사의 컴퓨터들을 속속들이 알았다(컴퓨터를 직접 만들곤 했으니 말이다). 하지만 그가 컴퓨터공학 분야에서 떠나 있던 10년 동안 기술이 빠르게 진보했고, 이미 몇 차례의 세대교체가 이뤄졌다. 이제 그는 수천 가지나 되는 다양한 부품을 대량으로 구입할 때 판매자들에게 의존하여 기술 문제와 관련된 지침을 얻는다. 그래서 그는 자신이 더 불리한 입장이라고 생각한다.

결국 모든 건 인식의 문제다. 판매자인 당신이 구매자에게 권력이 있다고 믿어버리면 상대의 손에 무기를 쥐여주는 셈이 된다. 협상에서 구매자가 당신보다 더 권력이 많다는 것을 대체 어떻게 알 수 있단 말인가? 경쟁자가 아주 많다는 구매자의 말을 곧이곧대로 믿을 것인가? 또는 구매자를 만나 그가 무엇을 원하는지 알아내기도 전에 엄청난 경쟁이 당신을 기다리고 있다고 미리 단정할 것인가?

상대가 말하는 경쟁이 무엇인지 생각해봐라. 사람들이 일을 처리하다 보면 하나 이상의 회사를 상대해야 한다. 그런데 그 회사들과 만난 경험이 아주 만족스러울 수도 있지만 반대로 형편없을 수도 있다. 그러므로 당신과 비슷한 제품이나 서비스를 취급하는 회사들이 모두 만만찮은 경쟁자가 되는 것은 아니다. 구매자가 과거 경험 때문에 경쟁사를 탐탁지 않게 생각할 수도 있고, 그럴 경우 당신은 자신이 생각하는 것보다 더 강한 위치에 있다. 경쟁이 치열해지려면 구매자가 원하는 제품을 각 회사가 공급하는 능력이 동등해야만 한다. 그러나 기업들이 완전히 동등한 조건을 내걸고 경쟁하는 경우는 아주 드물다(너무 드물어서 그런 정황이 포착되면 큰 의심을 받기도 한다).

또한 구매자들에게는 온갖 종류의 제약이 있을 수 있다. 썩 맘에 들지 않는 회사 정책(그들이 항상 경제적인 측면만을 고려하는 것은 아니다)에 따라 일을 해야 할 수도 있고, 이른바 전문가라는 사람들이 공급 업체와의 문제는 전혀 고려하지 않은 채 내린 결정을 잠자코 따라야 할 수도 있다. 만약 구매자가 특정 회사에 대한 의존도가 높아지지 않도록 계약을 하나의 업체에 몰아주지 말라는 지침을 받는다면, 당신이 끼어들 틈이 생긴다. 또 만약 항상 대량으로 물품을 구매하라는 지침을 받는다면, 당신은 큰 주문 건을 따낼 절호의 기회를 얻을 수 있다. 이렇듯 당신이 구매자들에게 직접 힘을 실어주지 않는 이상, 그들에게는 권력이 없다.

지금 어느 쪽이 웃고 있는가

어떤 코미디언이 라스베이거스의 나이트클럽에서 방금 첫 공연을 마쳤다. 클럽 사장이 무대 뒤로 찾아와 소감을 이야기했다. 그는 코미디언의 첫 개그부터 폭소를 터뜨렸고, 쇼가 진행된 20분 내내 웃음을 멈출 수 없었다고 이야기했다. "단연 올해 최고의 쇼였소. 손님들이 아직도 배꼽을 잡고 뒹굴고 있다니까. 정말 대단합니다!" 그가 칭찬했다.

코미디언은 쇼를 좋아해 줘서 기쁘다고 대답했다.

사장이 이어 말했다. "내가 얼마나 고마워하고 있는지 알아줬으면 좋겠소. 원하는 것이 있다면 들어줄 테니 말만 해요. 비용은 우리 가게에서 대겠소."

기회를 잘 포착한 코미디언이 대답했다. "첫 번째로는 공연비를 회당 100만 원으로 올려주셨으면 좋겠습니다." 아직도 웃음을 멈추지 못한 사장은 그렇게 해주겠다고 대답했다. 그는 최소한 사무실로 다시 돌아가기 전까지는 계속 얼굴에 웃음을 머금고 있었다.

사장이 그렇게 열성적으로 칭찬을 하지 않았다면, 회당 50만 원의 조건으로도 하루에 3회씩 한 달 동안 그를 붙잡을 수 있었을지 모른다. 그러나 사장이 코미디언을 칭찬하는 바람에 두 사람 사이에 존재하는 힘의 균형이 바뀌고 말았다.

  교훈: 같은 서비스를 받고도 더 많은 비용을 청구당하기 싫으면, 공급 업체들을 칭찬해선 안 된다.

그렇다면 권력은 판매자에게 있을까? 꼭 그런 것은 아니다. 당신이 무엇을 믿기로 마음먹느냐에 따라 상황은 달라질 수 있다. 구매자가 판매자에게 경쟁이 아주 치열하다는 확신을 준다면 판매자의 힘은 분명 약화될 것이다. 그러므로 우리는 구매자가 사용하는 '연극 소품'을 알아볼 수 있어야 한다.

구매자는 다음과 같은 소품을 자기 책상 위에 놓아둠으로써 판매자의 권력관계 인식에 영향을 줄 수 있다.

- 경쟁사 카탈로그. 거기에 누군가가 붙여둔 포스트잇이 삐죽 나와 있다면 효과는 더욱 극대화될 것이다.
- 경쟁사들이 보낸 서류 봉투들(내용은 보이지 않는다). 그들이 이 봉투를 손으로 탁 치면서 진부하지만 여전히 효과 좋은 명대사 "그런 가격이 가당키나 하겠소?"를 날리면 더욱 극적인 장면이 연출될 것이다.

구매자들이 소품을 사용하는 이유는, 당연한 얘기지만, 효과가 있기 때문이다. 하지만 판매자들도 이런 계책에 맞서 저항할 수 있다.

누군가가 당신이 제시한 금액에 이의를 제기한다면 최소한 '왜'라는 질문을 해서 자신을 방어할 줄 알아야 한다. 상대가 더 열을 올리며 대답할수록, 또 그 대답이 모호할수록 그가 허세를 부렸을 확률이 높다. 내 가격에 자신감이 너무 부족한 나머지, 상대가 이의를 제기했을 때 제일 먼저 떠오른 생각이 '어떻게 하면 상대에게 말려들지 않고 조금만 깎아줄 수 있을까?'였는가? 그렇다면 구매자가 당신의 가격이 합당하다고 믿을 이유가 없다. 구매자들이 항상 가격을 물고 늘어지는 것은 그들의 본성이다! 너무 비싸다는 말 한마디에 바로 꼬리를 내리는 판매자들도 적지 않으니, 구매자들은 일단 가격을 트집 잡아볼 가치가 있다고 생각한다.

그런데 정말 더 권력이 있거나 그렇다고 생각하는 판매자들 앞에서 구매자들이 그저 무방비한 것은 아니다. 구매자들은 제품이 필요하지 않은 척 연기를 펼쳐 판매자들을 속일 수 있다. 자신과 거래하려고 안달이 난 다른 공급 업체들이 많다는 사실을 보여줄 수도 있고, 아직 재고가 많이 쌓여 있다거나 자체 생산 설비를 구축할 예정이라고 이야기할 수도 있다. 구매자의 말이 그럴듯하다고 느껴진다면, 판매자들은 주도권이 상대에게 있다고 인식할 것이다.

구매자들은 판매자가 가격 측면에서 너무 고집을 피우지 않으면 장기적으로 이로울 것이라고 넌지시 이야기한다. '박리다매' 전략을 쓰라고 부추기는 것이다. 아니면 협상에서 맘대로 권력을 휘둘렀다가는 나중에 불이익이 생길 수 있다고 암시하기도 한다. "지금 우리에게서 돈을 많이 뜯어 가면 훗날 똑같이 되돌려줄 것이다"라는 식으로 이야기하는 것이다. 그렇게 하면 판매자의 권력이 억제되는 효과는 있겠지만, 비즈니스에서 터무니없는 요구로 상대방을 끝까지 몰 아붙이는 행위는 장기적 관점에서 이로운 경우가 거의 없다.

판매자들은 높은 이윤을 남기려면 치열한 경쟁을 이겨내야 한다 는 사실을 안다. 또한 판매량을 늘리고 싶다면, 가격을 낮추거나 마케 팅 비용을 높이거나 둘 다를 해야 한다는 것도 잘 안다. 구매자는 이 점을 이용하여 판매자의 권력을 약화시킬 수 있다. 업계 경쟁이 치열 하다는 점을 상대에게 이해시켜야 권력을 손에 넣을 수 있으며, 경쟁 자가 별로 없다고 이야기하면 득 될 것이 없다.

당장 창고를 꽉꽉 채워둬야 하는 상황이라서 지금 주문을 하지 않 으면 오래 버티지 못할 것이라는 사정은 털어놓으면 안 된다. 실질적 인 경쟁 압박이 없더라도 판매자가 그것이 존재한다고 느끼기만 한 다면, 그의 권력은 작아지고 당신의 권력은 커진다. 그러므로 구매자 로서 당신은 판매자의 경쟁사 제품들을 알고 있고, 그 제품들의 특별 한 기능이나 이점을 인지하고 있으며, 그들과 정기적으로 연락하고 있다는 사실을 상대방에게 알려주면 좋다.

하지만 판매자의 경쟁사들과 거래하지 않는 이유나, 거래처를 지 금 이 판매자로 바꾸려는 이유를 말하는 것은 금물이다. 무엇보다도, 과거에 당신을 실망시켰던 다른 회사를 홍보하려는 유혹을 뿌리쳐야 한다. 그런 정보는 판매자의 권력을 강화시킬 뿐이기 때문이다. 판매 자의 상품이 얼마나 맘에 드는지 이야기하는 것 또한 피해야 한다. 판 매자는 그 말에 용기를 얻어 가격을 더 올리거나 자신이 제시한 가격 을 완강히 고수하려 할 것이다.

당신이 앞으로 이 판매자와 안정적인 사업 관계를 이어나갈 생각이라고 하더라도 상대가 그 점을 확신하고 안심하게 둬서는 안 된다. 당신은 다음과 같은 그럴듯한 이유를 대면서 구매 정책이 바뀌면 언제라도 거래처를 바꿀 수 있다고 은근한 압박을 가할 수 있다.

- 가격(경쟁사가 더 저렴하다.)
- 배송(경쟁사는 운임보험까지 들어준다.)
- 수량(경쟁사는 대량 구매 시 할인율을 높여준다.)
- 애국심(사장이 국산품을 선호한다.)
- 새로운 기능(경쟁사 기계에는 제품 포장 기능도 있다.)
- 공급 안정성(경쟁사는 3년간 원료 공급을 보장한다.)
- 지급 조건(경쟁사는 90일간 무이자 혜택을 제공한다.)

이렇게 하면 판매자가 마음대로 권력을 휘두르지 못하게 하거나, 최소한 그가 거래처를 확보했다고 안심하며 긴장을 풀지 못하게 하는 효과가 있을 것이다.

그렇다면 권력은 누구에게 있을까? 상대가 그렇다고 믿기만 한다면 권력은 정말 당신에게 있으며, 그로 인한 혜택을 받을 수도 있다. 반대로 당신이 믿기에 권력이 상대에게 있다면, 힘의 균형을 그런 식으로 해석한 대가로 손해를 보게 될 것이다.

당신이 정말 간절히 거래를 원해서 이것을 따내지 못하면 큰일 날 것 같다고 생각한다면, 협상 입장은 더 불리해질 수밖에 없다. 반대로 상대가 교착상태에 빠지지 않으려고 안간힘을 쓰면서 꼭 거래를 성사시키려 한다면, 권력은 당신의 것이다.

권력이 누구에게 있는지는 수학 공식에 따라 정해지지 않는다. 당신이 '인식'하기에 양 당사자 중 누가 더 간절히 거래를 성사시키고 싶어 하느냐에 따라, 힘의 균형을 해석하는 방식이 달라진다. 상황을 잘못 판단했다가는 상대가 실제로 지니고 있는 것 이상의 힘을 그에게 실어줄 수도 있다는 의미다. 그렇게 되면 당신은 꼭 하지 않아도 됐을 양보를 해서 더 나쁜 조건에 합의를 봐야 할지도 모른다. 당신이 파는 쪽이든 사는 쪽이든 마찬가지다.

■ **자기평가 테스트 17 해설**

1. 일자리를 찾고 있는 당신은 어떤 화물회사가 낸 트럭 기사 모집 공고를 발견하고 금요일에 면접을 보기로 했다. 2시 면접을 앞두고 5분 일찍 도착한 당신은 사무실 밖까지 길게 이어진 줄에 합류한다. 이런 상황이라면, 당신이 합격할 확률은 어떻게 될까?

① 낮아진다? 틀렸다. 거기 있는 사람들이 전부 트럭 기사 일을 노리고 있는지 어떻게 아는가? 당신 스스로 경쟁이 그렇게 치열하다고 생각한다면 분명 자신감이 약해질 것이다. 어떤 일을 위해 면접을 보러 왔는지 주변 사람에게 물어봐라. 그들은 당신과 다른 부서의 일자리를 찾아 이곳에 왔을지도 모른다.

② 영향이 없다? 정답이다. 당신은 상대가 보여주는 장면에 흔들리지 않는다. 그래도 당신이 받은 인상처럼 정말 경쟁자가 많은 것인지 확인하기 위해 주변 사람들에게 질문을 해봐라.

③ 높아진다? 틀렸다. 아마 당신은 자신감이 넘치고 경쟁이 치열할수록 더욱 동기

부여를 받는 유형인 것 같다. 하지만 그런 태도는 거만하게 비칠 수 있으니 주의해야 한다.

2. 당신은 가나의 수도 아크라에서 쿠마시로 이동하려던 중에 마침 그곳에 간다는 트럭을 만났다. 트럭 기사는 손님이 다 차면 차가 바로 출발할 것이라고 이야기한다. 당신은 빈자리가 하나만 남은 것을 보고 차에 타기로 했다. 그렇다면 트럭은 언제 출발할까?

① 즉시? 차가 언제 떠날지는 알 수 없다. 아크라든 다른 어느 곳에서든 판매자의 말을 곧이곧대로 믿는 건 실수일 수 있다. 당신이 마지막 승객인지 아니면 첫 승객인지에 따라 트럭이 언제 출발할지가 결정된다. 기사가 거짓말을 한 것이 아닐 수도 있지만, 트럭에 앉아 있는 사람들은 쿠마시에 갈 계획이 없고, 수고비 몇 푼을 받고 동원된 연기자들일 수도 있다. 이 연기자들의 역할은 당신이 버스가 곧 출발할 것으로 믿게 만들어 요금을 내고 차에 타게 하는 것이다. '최후의 승객'이 나타나 '최후의 연기자'가 내준 자리에 앉을 때까지 이 상태는 지속될 것이다.

② 나중에? 그렇다. 일단 트럭에 올라타면 요금을 돌려받을 수 없고, 당신은 기사의 얄팍한 속임수에 넘어간 것일지도 모른다. 이제 당신은 순순히 운명을 받아들이고 기다리거나, 지급한 돈을 포기하고 다른 차를 알아봐야 한다(기사는 절대 돈을 돌려주지 않을 것이다). 여기서는 기사가 당신보다 더 유리한 입장이다.

18 │ 위임자가 없다면 지어서 만들어내라!

대리인으로 손쉽게 변신하는 법

1. 당신은 중고 소형 보트를 살 생각이다. 판매자에게 가격을 물었더니 "남자친구가 최소한 500만 원은 받으라고 하더군요"라고 대답한다. 그녀는 가격을 절충해줄 의지가 거의 없는 것 같다. 어떻게 하겠는가?

   ① 그녀가 마음을 바꿀지도 모르니 전화번호를 남기고 온다.

   ② 흥정을 더 해본 뒤에 거래한다.

   ③ 남자친구를 만나게 해달라고 한다.

2. 당신이 신문에서 연어 어업권(특정 구역에서 독점적으로 어업을 할 수 있는 권리-옮긴이) 판매 광고를 봤는데, 자세히 읽어보니 중개인 없이 당사자들끼리만 거래할 수 있다는 내용이 적혀 있었다. 그러나 당신이 연락을 취했을 때 응답한 사람은 어업권 소

유자가 아닌 중개인이었다. 이제 어떻게 하겠는가?

① 소유주와 직접 거래하겠다고 주장한다.
② 소유주와 확인하지 않고도 거래를 할 권한이 있는지 중개인에게 물어본다.
③ 일이 흘러가는 상황에 맞게 협상을 계속한다.

어떤 신문들은 다음과 같은 광고를 게재하여 안 쓰는 물건을 처분하려는 광고주들의 관심을 끈다.

'골동품 서랍장을 구매하려다가 허탕 친 손님 20분께 불편을 드려 죄송합니다.'

광고의 본문을 보니 누군가가 골동품 서랍장을 400만 원에 내놨는데, 사려는 사람이 스물한 명이나 몰려서 한 사람 빼고는 물건을 사지 못했다고 한다. 400만 원에 골동품 서랍장을 팔고 싶어 하는 독자가 있다면, 이 내용을 보고 비슷한 광고비를 지급하면 앞서 허탕 쳤던 손님들에게 물건을 팔 수 있겠다고 생각할 것이다.

물건을 판매할 의도를 어떤 식으로 알리든 가격 흥정의 문제를 피해 갈 수는 없다. 누군가가 당신이 낸 광고를 읽게 하는 것도 판매의 중요한 부분이지만 이는 첫 단계에 불과하다. 어떤 사람들은 중고 가정용품을 광고하면서 가격을 적어두지 않는데, 그렇게 하면 '절충 가능'이라고 적는 실수는 피할 수 있다. 하지만 어쨌든 구매자와 판매자는 처음에 만나 자신이 원하는 가격이 얼마인지 밝혀야만 한다. 반대로 광고에 이미 가격이 명시되어 있는 상태라면, 사는 쪽에서는 광고와 상관없이 자신이 원하는 가격에 거래할 수 있을지 판매자를 떠봐야 한다. 깎아주지 않으면 안 살 것처럼 행동해서 상대가 얼마나 양보해줄 수 있는지 시험하는 것이다.

이런 유형의 비공식적인 거래에서 어떤 구매자는 "얼마를 드리면 되나요?" 같은 순진한 질문을 하기도 한다. 그런데 답을 미리 생각해두지 않았거나 최근에 흥정한 경험이 없는 판매자들은 그런 질문을 받고 당황할 수도 있다. 가장 흔한 대처 방법은 "얼마를 생각하셨는데요?"라고 되묻는 것이다. 아마도 이들은 이렇게 말을 빙빙 돌리면서 서로 눈도 마주치지 못하고, 다음에 어떤 말을 하면 좋을지 실마리를 얻으려는 듯 거래할 물건만 하염없이 쳐다볼 것이다. 사람들이 이렇게 행동하는 것은 중고 시장에 익숙하지 않기 때문이다. 이런 거래가 일상인 전문 업자 정도는 돼야 상대의 눈을 똑바로 바라보며 자신 있게 충격적인 가격을 제시할 수 있을 것이다.

이 시장이 생소한 이유는 중고 자동차, 책상, 화분, 손수레 등 거래 물건의 '적정 가격'과 관련된 정보가 없기 때문이다. 얼마를 불러야 할지 모르는 판매자나 구매자는 상대방이 먼저 움직이길 바라며 서로 책임을 떠넘기려고만 한다.

가격 흥정은 본질적으로 다음과 같은 방식으로 진행된다.

판매자는 자신이 수락할 수 있는 최저 금액을 공개하지 않은 채 구매자가 최대로 지급할 수 있는 가격을 알아내려고 애쓴다.

어떤 협상에서든 제일 중요한 문제는 자신의 하한선은 꼭꼭 숨겨 둔 상태에서 상대방의 상한선을 알아내는 것이다.

이 문제를 해결하는 흔한 방법 하나가 '위임' 전략이다. 어떤 전문가들은 이 전략을 바탕으로 성공적인 커리어를 쌓아왔으며, 어떤 아마추어들은 우연한 기회로 이 전략의 효과를 운 좋게 경험하기도 한다. 위임 전략은 지금 자리에 없는 당사자가 어떤 거래 조건을 반드시 고수하라고 지시했으며, 자신은 절대 그 지시를 거스를 수 없다고 넌지시 말하며 협상 근거를 마련하는 것을 말한다.

예를 들어 어떤 협상가가 "우리 형님이 90만 원 밑으로는 받지 말라고 하셨어요" 같은 구실을 대며 가격을 깎아주지 않으려 할 수 있다. 그러면 상대 쪽에서도 "내 남편은 80만 원 이상은 내지 말라고 했는걸요"라고 응수할지도 모른다. 이런 대화 후에도 거래가 성사됐다면, 어느 한쪽 또는 양쪽 모두가 꼭 따라야만 한다던 지시를 어긴 셈이다(그 지시는 꾸며낸 것일 가능성이 크다).

위임 전략을 사용할 때는 타협이 완전히 불가하다는 자기 말의 덫에 걸려들지 않도록 조심해야 한다. 어찌 됐건 지금 협상을 하는 사람은 당신이기 때문에 자칫하면 상대에게 꼭두각시에 불과하다는 비웃음을 살 수도 있다. 윈스턴 처칠도 "악사가 방 안에 있을 때는 절대 원숭이와 상의하지 마라(누군가를 통제할 수 있는 권위자가 옆에 있는 상황에서는 상대와 대화하지 말라는 의미-옮긴이)"라고 하지 않았던가. 상대가 "저는 원숭이보다는 악사와 얘기하고 싶네요"라고 나올지도 모르는 일이다.

그런데 이런 식으로 상대를 비웃을 수 있는 건, 첫째 당신이 아주 유리한 위치에 있고 상대가 당신과 꼭 거래를 하고 싶어 하거나, 둘째 상대와 반드시 거래할 필요가 없기 때문에 교착상태가 돼도 상관없는 상황일 때뿐이다. 그러니 상대가 가격을 물었을 때 어떻게 대처해야 할지 확신이 없고 센 가격을 부를 자신도 없다면, 지금 당사자가 자리에 없다는 점을 핑계로 대도 좋다.

중고 세탁기를 사고팔 때와 같은 가정용품 거래에서는 보통 협상 대리인을 고용할 만한 가치가 없다(난 때때로 친구들을 위해 그런 일을 해주긴 했지만 말이다). 다만 지금 자리에 없는 당사자의 존재가 협상 결과에 영향을 줄 수 있다고 판단된다면 위임 전략을 사용할 수 있다.

한번은 협상 상대가 이런 말을 하는 바람에 말문이 막힌 적이 있다. "그 가격에 물건을 팔면 우리 장모님이 나를 어떻게 생각하시겠습니까!"

물론 매니저들은 항상 지금 자리에 없는 상사의 지시를 들먹인다. "여기서 가격을 더 깎으면 부장님이 노발대발할 겁니다." 아니면 조금 다른 버전도 있다. "회사 정책상 이런 조건은 절대로 불가합니다."

집을 팔거나 값이 꽤 나가는 가정용품을 판매하려면 배우자의 동의가 꼭 필요하다. 그러므로 협상을 할 때 배우자가 어떤 내용을 지시했다고 주장하면, 당신은 '협상 당사자'에서 지금 자리를 비운 당사자의 '대리인'으로 신분을 손쉽게 바꿀 수 있다.

당신은 위임 작전을 쓴 덕분에 상대의 대답을 듣기 전에 그의 눈을 똑바로 보는 데 필요한 만큼의 자신감을 얻을 수 있을 것이다. 이는 부담을 느끼고 있는 상대를 당황시키는 데 효과가 뛰어난 행동이다.

당신이 구매자라면 위임 작전을 이렇게 활용할 수 있다.

- 물건에 어느 기준 이상의 품질을 요구한다(이렇게 하면 자연스럽게 물건의 결점에 주의를 집중시킬 수 있다).
- 여분의 부품을 포함해달라고 요구한다(포함해주지 않으면 거래에서 발을 빼거나 그에 상응하는 가격을 깎아달라고 요구할 수 있다).
- 물건이 잘 작동하는지 꼭 시연을 해달라고 요구한다(성능이 기대에 못 미친다면 그 구실로 가격을 깎을 수 있다. 제품을 고치는 데 드는 비용, 시간, 번거로움을 들먹이면 된다).

위임자가 실제 인물이든 가공의 인물이든 그의 보호하에서라면 문제 삼지 못할 사안이 없다.

판매자도 마찬가지로 '형님의 지시' 등을 언급하며 현금만 받겠다고 응수하거나(그러면서 현금으로 내면 조금 더 깎아주거나, 수표로 결제한다면 수수료를 더 내야 한다고 제안한다), 추가금을 내야만 여분의 부품을 제공할 수 있다고 말할 수 있다.

협상에서 내가 아닌 다른 사람을 끌어들이면 요구 사항을 언급하기가 더 수월해진다(덜 민망하기 때문이다). 또한 조건이 맞지 않을 때 사거나 팔지 않겠다고 말하고 물러나기도 한결 쉬워진다.

비전문가들은 물건이 맘에 들지 않는다고 이야기하는 것을 꺼린다. "상대가 보여준 차가 별로였는데 솔직히 말하기가 어렵더라고요. 그래서 생각을 더 해본다고 말하고 얼른 빠져나왔어요." 전문가들도

"싫어요"라는 말을 좋아하지는 않는다. 그래서 이들은 "후에 저희 쪽에서 연락을 드릴 테니 먼저 연락하지 않으셔도 됩니다"와 같은 전형적인 멘트를 한다.

당신은 가공의 위임자를 만들어냄으로써 당사자의 신분이지만 대리인처럼 행동할 수 있고, 당면한 문제와 자신 사이에 거리를 만들어냄으로써 일종의 중립성을 얻을 수 있다. 물론 중고 가정용품 시장에서는 당신이 당사자이며 상대도 그 사실을 알고 있다. 그런데도 당신이 배우자의 대리인일 뿐이라고 이야기를 지어내면 상대는 그 이야기를 그럴듯하게 받아들인다. 그러므로 다음을 명심하자.

위임자가 없다면 지어서 만들어내라!

이 방법으로 우리는 협상에서 물러날 때 필요한 퇴로를 마련하고, 상대의 압박 속에서 가격을 방어하는 데 필요한 지지를 얻는다. 교착 상태에서도 크게 긴장할 필요가 없다. "어쨌든 당신이 설득해야 하는 건 내가 아니라 아내입니다"라고 말할 수 있으니 말이다. 위임자(실제든 가상이든)가 있다면, 협상가는 자신의 요구에 직접 책임을 지거나 상대에게 사적인 원망을 사는 일을 피할 수 있다.

자리에 없는 당사자를 대변하는 협상가들은 대개 위임 작전을 능숙하게 쓸 줄 안다. 노조 간부들이나 모든 사항을 의뢰인과 확인해야 한다고 고집하는 변호사들이 대표적인 예다. 노조 간부들은 어떤 요구 사항을 전달하기 전에 "이건 제가 아니라 노조원들이 요청한 내용입니다"라는 말을 즐겨 쓰고, 변호사들은 "저희 측 의뢰인은 전액 배상 조건이 아니라면 합의할 수 없다고 합니다" 같은 말을 단골 멘트로 사용한다.

위임 전략을 쓰면 자신이 양보할 수 있는 수량이나 크기가 한정되어 있다고 말할 구실을 얻을 수 있다. 또한 이 전략은 주택이나 자동차같이 액수가 큰 물건에 대해 상대의 기대치가 어느 정도인지 재빨리 파악하거나 상대가 얼마나 양보할지 가늠할 때도 유용하다.

집을 사는 경우에는 위임 작전을 다음과 같이 활용할 수 있다. 당신은 혼자 집을 보러 가서 판매자의 생각을 확인한 다음, 배우자와 상의하겠다고 정중히 이야기하고 빠져나온다. 그 과정에서 판매자가 제시할 수 있는 최저가가 얼마이며 어떤 물품들(소파, 카펫, 주방 가구 등)을 덤으로 줄 수 있는지 떠본다. 집이 적당한 것 같다면 배우자와 함께 다시 방문해서 거래에 어떤 옵션들을 포함할 수 있는지 확인할 기회를 번다. 마지막 세 번째 방문에서는 처음에 받기로 한 것과 나머지 협상에 관한 부분들을 부동산 중개인에게 넘긴다!

집을 구경하면서 감탄사를 연발하는 건 집을 구입하는 똑똑한 방법이 아니다. 또 하나의 큰 실수는 부동산 중개인들의 성화에 못 이겨 구매 결정을 서두르는 것이다. 하지만 중개인들은 수수료를 챙기는 것만 생각할 뿐 당신의 돈을 아껴주는 데에는 관심이 없다. 어떤 일이든, 성급한 거래를 한 뒤에는 당신의 은행 잔고 사정이 나빠지기 마련이다.

위임 작전은 가정용품 거래에서만 유용한 것이 아니다. 세계적인 규모의 큰 거래에서도 정교한 형태의 위임 작전이 사용된다. 전문 대리인들은 '자리에 없는' 당사자의 승인하에 거래의 개괄적인 윤곽을 협상한다.

판매자들은 고가의 상품을 광고할 때 시간과 비용을 절약하려고 '당사자만 거래 가능'이라는 문구를 집어넣곤 한다. 그러나 대리인에게 협상을 위임하는 것이 더 유리할 때도 있다. 당사자인 당신은 협상 전면에 대리인을 내세우고 그가 판매자와 흥정해서 합의한 결과를 수락하거나 거부할 수 있다. 협상 과정의 부담이나 위험에는 신경 쓰지 않아도 되기 때문에 맘에 들지 않는 요소는 즉각 거절할 수 있다. 대리인의 존재 덕분에 최종적으로 더 나은 조건에 합의할 수 있고, 여차하면 거래를 깰 수도 있다.

대리인을 구해라

어떤 거래는 대리인에게 위임하는 편이 더 낫다. 특히 위험성이 높고 익숙하지 않은 시장에서는 더욱 그렇다. 그런데 가장 우선적인 과제, 즉 좋은 대리인을 구하는 일은 생각보다 까다롭다. 누구나 대리인을 찾을 수는 있지만, 위임자의 일을 자기 일처럼 열심히 처리하는 사람을 만나기는 쉽지 않다. 자기 자신의 일조차 제대로 처리하지 못하는 대리인들이 수두룩하다.

당신에게 필요한 건 '당신을 위해 일해줄' 대리인이지, 모든 결정을 당신이 내려줄 것으로 믿고 아무런 노력도 하지 않는 사람이 아니다. 단 한 번도 제시간에 답신 전화를 하지 않는 사람, 진행 상황을 보고하기는커녕 일을 진척시키려는 기미조차 보여 주지 않는 사람, 합당한 질문을 제기해도 언쟁만 하려는 사람, 대리로 하는 일에 대해 전적으로 보수적인 자세를 취하는 사람, 거래 상대와는 흥정하지도 못하면서 당신과 실랑이를 하려는 사람과는 관계를 유지하지 말고 끝내버려야 한다.

최고의 대리인들은 늘 인기가 많다. 런던의 내 지인은 한 번에 다섯 명의 고객만 받기 때문에 그녀에게 일을 의뢰하려면 예약 자리가 생길 때까지 기다리는 수밖에 없다.

당연한 얘기지만, 당신이 협상에서 더 멀찍이 떨어져 있을수록 "NO"라는 말을 하기도 쉬워진다. 전화나 편지를 통한 거절이 더 쉬운 것도 그 때문이다. 누군가를 직접 대면한 상황에서는 강경한 태도를 유지하기가 어려울 수도 있기 때문이다.

상대방은 당신이 고용한 대리인의 권한이 어느 정도인지 알 수 없기 때문에 어디에서 얼마만큼 양보해야 거래를 확보할 수 있을지 감을 잡기가 어렵다. 그 덕에 대리인은 당신에게 유리한 쪽으로 더 큰 양보를 받아낼 수 있을 것이다. 반대로 당신이 대리인과 협상할 때는 그가 자신의 위임자에게 경과 보고차 전달하는 내용을 통제할 수 없으며, 심지어 그가 보고를 할 것인지 아닌지조차 알 수 없다.

앞서 나는 위험 부담이 크고 생소한 시장에서는 대리인에게 자문을 구하는 것이 좋다고 말했다. 그러나 대리인을 내세울 경우, 정작 상대방은 당신이 제시한 가격에 합의할 용의가 충분히 있는데도 대리인이 수수료를 더 많이 챙길 생각으로 가격을 부풀리려 할 수도 있다. 그리고 당신이 그런 정황을 알아낼 방법은 없다.

어떤 협상가들은 대리인을 배제하고 결정권자를 직접 만나고 싶어 한다. 당사자가 협상 자리에 실제로 와 있다면, 최종 합의가 이뤄지기 전에 조금이라도 더 절충해보려고 시도했을 때 더욱 빠르고 적극적인 응답을 기대할 수 있기 때문이다.

그러나 전문 대리인들이 흔히 하는 불평이 하나 있다. 예를 들면, 부동산 거래에서 중개인들은 집주인 때문에 제대로 힘을 써보지도 못하고 거래하는 경우가 종종 있다고 말한다. 중개인들이 더 높은 가격을 받을 수 있다고 아무리 조언해도, 집주인이 상대가 제시한 금액을 그냥 수락하라고 지시한다는 것이다. 사실 중개인들이 말하는 최악의 지시는 이것이다. "최고의 가격을 받아주세요. 하지만 어떻게 해서든 거래를 성사시키는 것이 더 중요합니다." 한편, 위임자들은 대리인들에게 정반대의 의심을 품는다. "중개인들은 수수료를 더 많이 가져가려고 끝까지 높은 가격만 고집하는 것 같아요."

대리인들은 기적을 만들어낼 수 없다. 어쩌다 한 번씩은 가능할지 모르지만 어떻게 늘 그럴 수 있겠는가. 또한 대리인을 전혀 도와주지 않으면서 그들만 일하길 바라서도 안 된다. 좋은 대리인을 평가하는 내 원칙은 간단하다. '나의 최대 기대치보다 훨씬 더 높은 목표를 잡자고 제안하는 사람.' 만일 대리인이 그런 제안을 하지 않는다면 이 분야에 관한 지식은 나나 그나 비슷한 수준일 테니, 구태여 15퍼센트의 수수료를 떼어주면서까지 일을 맡길 필요는 없다.

당신이 대리인 자격으로 협상할 때, 상대방이 당사자(즉 위임자)와 직접 이야기하겠다고 고집하면서 당신의 협상 위치를 약화시키려 할 수도 있다. 이렇게 상도에 어긋나 보이는 행위를 하지 않고도 위임자에게 영향을 주는 또 다른 방법도 있다. 관련 업계에 '상대 쪽이 사소한 문제에 고집을 피우는 바람에 거래에 진척이 없다'라는 내용의 소문을 슬쩍 흘리는 것이다. 마침 상대 쪽 위임자가 '대리인이 추가 수수료를 바라고 고집을 피우고 있는 것은 아닐까?'라고 반쯤 의심하고 있는 상태였다면, 이 소문을 그대로 믿어버릴 수도 있다. 이런 점때문에 위임자들은 대리인들에게 빨리 합의를 보라고 성화를 부릴 수도 있다. 그래서 어떤 사람들은 베일에 싸인 위임자가 대리인을 의심하여 합의를 독촉하길 기대하며 비공개 협상을 고집하기도 한다.

'당사자만 거래 가능' 조건은 시간 낭비를 피하거나 열정이 과한(또는 욕심이 많은) 대리인들이 제멋대로 거래 조건을 조작하여 불필요한 교착상태를 발생시키지 못하도록 방지하는 것 외에도 협상가들의 흥정에서 유리한 작용을 할 수 있다.

어떤 사람이 큰 회사를 매물로 내놨는데 구매 희망자가 나타났다고 가정해보자. 그는 값을 직접 지급하는 결정권자이지만, 이렇게 큰 거래를 진행해본 경험은 거의 없다. 구매자가 이처럼 열정만 있고 취약점이 많은 반면, 판매자는 비슷한 거래를 여러 번 해봐서 훨씬 유리한 입장이다. 바로 이런 이유 때문에, 자신은 실소유주의 대리인이면서도 '당사자만 거래 가능'이라는 광고를 내걸어 경험이 부족한 사업가들을 꾀어내려는 협상가들도 있다. 나는 사람들이 막 물려받은 재산이나 거액의 퇴직금을 들고 무작정 호텔 인수 협상에 들어갔다가 형편없는 조건으로 계약을 맺는 사례를 여러 번 봤다.

그러나 좋은 중개인의 자질을 판단하는 것은 또 다른 문제다. 부동산 업계에서 공인 건축사가 전문가로서의 지위를 통해 거래의 보호장치 역할을 하듯, 수많은 대리인이 다양한 상거래에서 정직한 방식으로 돈을 벌고 있다.

결론을 요약하면 이렇다. 위임자가 따로 존재하지 않거나 위임이 필요할 정도로 규모가 큰 거래를 하는 상황이 아니라면, 지어서라도 위임자를 한 명 만들어내는 것이 가장 좋은 전략이다!

■ 자기평가 테스트 18 해설

1. **당신은 중고 소형 보트를 살 생각이다. 판매자에게 가격을 물었더니 "남자친구가 최소한 500만 원은 받으라고 하더군요"라고 대답한다. 그녀는 가격을 절충해줄 의지가 거의 없는 것 같다. 어떻게 하겠는가?**

① 그녀가 마음을 바꿀지도 모르니 전화번호를 남기고 온다? 전화번호를 남기는 것은 나쁘지 않은 아이디어지만, 최선의 방법은 아닐 수도 있다. 우선 ③번을 시도한 후에 번호를 남겨라.

② 흥정을 더 해본 뒤에 거래한다? 틀렸다. 당신이 그 보트를 정말 간절히 원한다면 상대가 제시한 가격을 그대로 지급하고라도 구매할 것이 뻔하다(당신은 오리처럼 꽥꽥거리고 있으며, 독수리가 될 생각은 아예 접어버린 듯하다).

③ 남자친구를 만나게 해달라고 한다? 정답이다. 그녀가 위임자를 꾸며낸 것이라면 그다지 설득력이 없는 핑계를 댈지도 모른다. 그 말들은 무시하고 가격을 더

264

깎을 수 있을지 시험해봐라. 남자친구 이야기가 정말이라면 그를 만나게 해달라고 요청하고, 바로 만날 수 없는 상황이라면 원하는 금액을 제시하고 전화번호를 남겨라.

2. **당신이 신문에서 연어 어업권 판매 광고를 봤는데, 자세히 읽어보니 중개인 없이 당사자들끼리만 거래할 수 있다는 내용이 적혀 있었다. 그러나 당신이 연락을 취했을 때 응답한 사람은 어업권 소유자가 아닌 중개인이었다. 이제 어떻게 하겠는가?**

① 소유주와 직접 거래하겠다고 주장한다? 맞았다. 당신은 '당사자만 거래 가능'이라는 조건을 보고 당사자의 신분으로 협상을 하러 왔다. 이런 상황에서 속았다는 사실을 깨달았을 경우, 상대 쪽 당사자를 봐야겠다고 요구하는 것은 당연하다. 이렇게 하면 최소한 대리인을 난처하게 만들고 그의 '강경함'을 누그러뜨리는 효과가 있을 것이다.

② 소유주와 확인하지 않고도 거래를 할 권한이 있는지 중개인에게 물어본다? 틀렸다. 대리인들은 당신에게 조금이라도 값을 더 받기 위해 항상 자신의 권한을 부풀려 말한다. ②번은 협상가로서 해야 하는 최소한의 조치이지만, ①번처럼 강력하지는 않다.

③ 일이 흘러가는 상황에 맞게 협상을 계속한다? 상대가 제시한 어업권의 내용이나 제한 사항 등을 자세히 조사하기 위해서라면 모르지만, 협상을 계속하는 건 위험 부담이 크다. 상대에게 정보를 얻어내는 동안 당신이 어떤 조건을 제시할 것인지는 알려주지 말아야 한다. 중개인은 언제나 자신이 들은 이야기를 당사자에게 보고해야 하며, 당사자의 승낙이 떨어져야 거래가 이뤄진다. 그런데 당신이 제시한 조건을 보고받은 당사자는 분명 그보다 더 받아내려고 할 것이다.

19 | "그렇게 하면 나는 무엇을 얻을 수 있죠?"

상대방의 주의를 끄는 법

■ **자기평가 테스트 19**

1. 당신은 공급 업체가 이번 달에 청구한 송장 품목을 두고 실랑이를 하고 있다. 상대 업체가 배송한 물품에 하자가 있었기 때문이다. 어떻게 하겠는가?

   ① 전체 액수의 대금 지급을 연기한다.

   ② 논란이 있는 품목의 대금 지급만 연기한다.

   ③ 논란이 있는 품목의 대금에 대해 절충안을 제시한다.

2. 당신은 작은 공장의 관리자인데, 어떤 고객이 물품 배송 대금을 세 차례나 지급하지 않았다. 고객사의 경리부에 연락했지만 들은 척도 하지 않는다. 다음 주에 또 한 번 배송이 예정된 상황에서 이제 어떻게 해야 할까?

① 밀린 대금을 지급할 때까지 납품을 보류하겠다고 경리부서에 고지한다.

② 세 차례 밀린 대금을 지급하라고 계속해서 요구한다.

③ 물품을 직접 사용하는 부서에 밀린 대금을 지급할 때까지 납품을 보류하겠다고 고지한다.

아무리 철두철미하게 협상 계획을 짜도 순조롭게 출발하지 못하는 경우가 많다. 대부분 사람이 협상을 앞두고 상대로부터 무엇을, 왜 얻어내야 하는가의 문제는 고민하면서도 협상이 시작되는 데 꼭 필요한 한 가지 필수 요소에는 시간을 충분히 할애하지 못하기 때문이다. 그 필수 요소란 바로 이것이다.

당신은 상대의 주의를 끌어야 한다.

상대가 당신과 대화하지 않으려 하고, 지금 관계에서 아무것도 바꿀 의지를 보이지 않으며, 당신에게 시간을 내줘야 할 이유도 없다고 여긴다면 당신은 젖을 노도 없이 배 안에 갇힌 신세나 마찬가지다.

어떤 신생 소매 체인이 유명 브랜드 도매 업체와 협상하는 문제로 내게 자문을 구했다. 그들은 체인점 숫자를 늘리면서 대출까지 받은 터라, 문제를 해결하고 이윤 창출을 향해 나아가는 동안 갚아야 할 대출 이자만도 만만치 않은 상태였다.

나는 소매 체인의 사장 및 임원들과 미팅을 하면서 그들이 지금까지 해온 조치를 살펴봤다. 그들은 고객 수요에 맞춰 55개 점포에 입고시킨 브랜드 제품을 상자당 10원씩 할인받아 공급받을 수 있다면, 판매량을 고려했을 때 전반적으로 수익을 개선할 수 있으리라는 결론을 도출했다. 또한 그들은 판매량이 더 낮은 브랜드 도매 업체들에서도 비슷한 수준의 할인을 받는다면 적은 이윤으로 간신히 이자 비용을 메꾸고 있는 현 상황을 타개하는 데 도움이 될 것이라고도 했다.

나는 그들이 왜 하필 '상자당 10원'이라는 협상 목표를 내걸었는지 궁금해졌다. 사장은 자사에 필요한 이익 증가분을 브랜드 제품 판매량으로 나눴더니 상자당 10원이라는 계산이 나왔다고 대답했다. 그 말을 듣고 나는 누구라도 궁금히 여길 만한 지점을 짚었다. "그런 제안에 도매 업체가 동의해야 할 이유가 있을까요? 그렇게 하면 귀사로부터 거둬들이는 매출액이 연간 1억 원씩 줄어드는 것 외에 다른 효과가 없을 텐데요." 즉, 도매 업체는 이렇게 물을 것이다. "그렇게 하면 나는 무엇을 얻을 수 있죠?(What's in it for me?)" 이를 머리글자를 따서 'WIIFM 질문'이라고 하자.

내 질문에 사장은 회사가 최근에 어떤 지역에서 소형 체인점을 인수했는데, 기존 점포 사장들이 같은 도매 업체와 이미 계약을 체결한 상태였고 여섯 개 점포에서 현재 체인점이 지급하는 가격보다 상자당 10원 저렴한 가격으로 제품을 공급받고 있다고 말했다. 그래서 메인 체인점에도 같은 할인가를 제공해달라고 요청했지만 도매 업체에서 완강하게 거절한 모양이었다. 게다가 도매 업체는 15개월 후 도래하는 계약 갱신일이 되면 지금까지 할인을 더 받아왔던 여섯 개 점포도 메인 체인점과 같은 조건으로 계약을 변경해야 한다고 단호하게 입장을 밝혔다는 것이다.

　사장이 한 말은 내 질문에 답이 되지 않았다. 이야기를 듣고 나는 그의 협상 목표가 무엇인지는 알 수 있었지만, 도매 업체가 전체 소매점을 대상으로 '상자당 10원 할인'이라는 양보를 고려하게 할 유인책이 무엇인지는 알 수 없었다. 오히려 내가 알 수 있었던 것은, 그들이 지금 협상에서 요구하는 내용이 도매 업체의 필요와는 전혀 무관하다는 사실이었다. 이렇게 아무런 유인책이 없는 상황에서 도매 업체가 제안에 응할 리는 없다.

　첫 단추부터 잘못 꿴 사람들에게 아무런 쓸모가 없다는 점은 확실히 인정하지만, 나는 소매점 체인에 이런 이야기도 했다. "도매 업체에 득 되는 것은 하나도 없이 그저 여러분에게 필요하다는 이유 하나로 상대가 돈을 입금해주길 바라는 것처럼 비치면 안 됩니다." 상대방이 그렇게 해서 자신들이 무엇을 얻을 수 있느냐고 묻는다면, 그러니까 WIIFM 질문을 한다면, 이들은 "아무것도 없습니다"라는 대답밖에 할 수 없을 것이다(속으로 '우린 얻을 것이 많지만요'라고 덧붙이며 말이다). 그러나 도매 업체는 당연히 "사장님 쪽에도 여러 가지 이로운 점이 있습니다" 같은 대답을 기대할 것이 분명하다.

　나는 소매 체인에 다음과 같이 조언했다.

　첫째, 한 상자당 10원을 깎아달라고 하지 말고, 연간 판매 총액에서 할인을 요청해야 한다. 예를 들어 상자당 10원씩 할인을 받았을 때 아낄 수 있는 액수가 연간 1억 원이라면, 이 금액과 비슷한 수준에서 합의하는 것을 목표로 삼고 100만 원이나 10만 원처럼 작은 단위로 쪼개 협상을 해나가야 한다. '상자당 10원'을 깎아달라고 했다가 '상자당 5원'으로 요구 사항을 낮추면 고작 두 단계 만에 5,000만 원이나 타협을 해야 하기 때문이다.

둘째, 숨김없는 진실을 기반으로 입장을 정리해야 한다. 이 사례에서는 소매점이 최근에 사업을 확장하면서 생긴 대출 이자가 문제의 직접적인 원인이다. 도매 업체 입장에서도 단순히 체인점이 수익을 더 많이 거둘 수 있도록 가격을 깎아주는 것보다는 그들의 현재 상황을 고려해서 결정을 내리는 편이 더 낫다고 판단할 것이다. 밑도 끝도 없이 10원을 깎아달라고 요청한다면 도매 업체는 이런 식의 답변을 할 것이다. "우리가 어떻게 이 자리까지 왔다고 생각하시죠? 아무나 찾아와서 돈을 요구할 때마다 우리가 번 돈을 함부로 나눠주지 않았기 때문입니다."

체인점은 점포를 새로 인수하면서 할인을 더 받는 이들이 있다는 것을 깨닫고 분개하고 있는 것처럼 비쳤고, 도매 업체가 자신들을 속이고 있는 정황을 발견했으니 똑같이 할인을 받아야겠다고 우기는 것처럼 보였다. 체인점은 그런 인상을 주는 것보다는 사업을 계속 유지시키려고 애쓰는 한편, 도매 업체의 도움을 필요로 하는 합리적인 영업 파트너로 비치는 편이 더 나았을 것이다.

솔직히 말해서 내가 협상을 했다면, 새로 인수한 점포들이 더 좋은 조건으로 계약한 사실을 알아냈다고 언급하지 않았을 것이다. 그건 너무 공격적이고 도매 업체를 책망하는 듯한 인상을 주기 때문이다. 그러면 도매 업체로서는 방어적으로 나올 수밖에 없으며, 설령 소매

체인 전체에 할인을 확대해주기로 하더라도 앙심을 품을 수도 있다. 회사 직원이 급여가 맘에 들지 않아 연봉이 더 높은 곳으로 이직하려 할 때도 비슷한 일이 종종 일어난다. 직원이 사직서를 내면, 회사는 그를 붙잡으려고 즉시 급여를 올려주겠다고 한다. 내가 아는 대부분의 경우, 직원들은 그 조치를 모욕으로 받아들이고 분노하는 상태로 회사를 떠났다.

체인점이 할인받을 가능성을 높이는 최선의 방법은 우선 두 회사의 협력 관계를 강조하면서 도매 업체의 도움을 요청하고, 한편으로는 그들의 우려를 불식시키기 위해 여러 조치를 할 준비가 되어 있다는 점을 알리는 것이다. 예를 들면 대금을 기한 내에 또는 더 일찍 지급하고, 해당 브랜드 제품을 더 눈에 띄는 곳에 진열하거나 홍보 행사를 하고, 매장의 판매 실적 데이터를 공유하거나 대출 이자 현황을 공개하는 것과 같은 일들 말이다. 이런 정책들을 내세우면 그들의 주의를 끌 수 있을 것이다. 물론 위험 요소도 있다. 가장 큰 위험은 체인점이 두 회사의 협력 관계를 부각하는 건설적인 접근법을 시도했지만, 이자 비용 부담을 줄이는 데 도움이 될 만한 조치를 얻어내지 못하는 것이다.

하지만 도매 업체에서 요청을 거부할 확률이 높아진 것은 체인점이 협상 초기에 택한 전략 때문이다. 상대가 필연적으로 할 WIIFM 질문에 아무런 대답도 하지 못했으니 말이다.

중국의 협상가들이 '오랜 기다림'을 통해 의도적으로 또는 본의 아니게 상대방의 주의를 끄는 방식을 살펴보자. '오랜 기다림'이란 중국의 협상가들이 자기 나라를 방문한 상대 협상가들을 오랫동안 기다리게 만드는 행위를 일컫는다. 어떤 이들은 이것이 협상에서 유리한 위치를 점하려는 중국인들의 전술이라고 생각하고, 또 어떤 이들은 협상가인 중국 공무원들이 여러 미팅에 참가하느라 정말 바빠서 의도치 않게 상대를 기다리게 하는 것이라고 생각한다(실제로 그들은 회의에 정기적으로 참석한다).

당신이 숙박 비용을 직접 부담하고 있는 상황이라면 오랜 기다림은 돈이 좀 들지만 그렇게 불편한 상황은 아닐 것이다. 상하이, 광둥, 베이징 시내에는 훌륭한 서구식 호텔이 많이 있으니까. 그러나 당신이 중국 정부에서 제공하는 숙소나 주요 도시가 아닌 외곽에 머물고 있다면 호텔 시설이 아주 낙후됐을 것이다.

오랜 기다림 상태에서 협상가들은 여러 차례 미팅을 한 뒤에 다음 일정과 관련된 정보를 전혀 받지 못한 채 숙소에 홀로 남겨지곤 한다. 내방 중인 협상가들을 응대하도록 고용된 관리인들에게 질문을 해봐도 친근한 미소와 공손한 말들만 돌아올 뿐 얻을 수 있는 정보는 전혀 없다. 처음 며칠은 언짢긴 해도 견딜 만하지만, 2~3주가 지나면 기다림의 시간은 옛 중국의 악명 높은 물고문만큼이나 고통스러워질 것이다.

중국에 초청받은 고위급 협상팀들은 오랜 기다림이 한계치 이상으로 지속되면 짐을 싸서 공항으로 직행하기도 한다. 이들을 초대했던 중국인들은 협상가들이 떠났다는 소식을 관리인에게 전해 듣고, 그들의 출국을 막으려고 긴급히 공항으로 쫓아간다. 중국인들은 공항 터미널에서 손님들을 붙잡아놓고 사과와 친선의 말을 잔뜩 한 후, 다음 날 바로 미팅을 할 테니 떠나지 말아 달라고 간곡하게 부탁한다.

왜 이런 일이 발생할까? 상대가 공무원이나 지방 관리라면 부서 내부적으로 논의를 하느라 바쁠 수도 있고, 당신과 협상하는 대표단이 새로운 지침을 받았기 때문일 수도 있다. 아니면 중국 측 주요 인사나 보이지 않는 실세가 공무를 수행 중이거나 다른 지역으로 출장을 간 상황이라 의사결정이 지연되는 것일 수도 있다. 하지만 그런 지연 상황이 발생했을 때는 방문 협상가들을 만리장성 같은 유명 관광지에 데려가서 시간을 벌 수 있을 테고, 길어야 하루 이틀 정도면 해결될 것이다.

오랜 대기 시간은 또 다른 문제에도 영향을 준다. 협상가들은 다음 일정을 기다리면서 현 사안을 검토하고, 일의 진척을 방해하는 난제가 무엇이며 절충 가능성이 있는지, 꼭 동의를 얻어내야 하는 요구 사항은 무엇인지 등을 확인한다. 검토 작업이 진행되는 동안 일부 협상가는 대화를 다시 시작할 수 있다면 기간이 얼마나 더 소요될지 궁금해하면서, 의견 합치를 보지 못했거나 절충할 수 없었던 사안들의 중요성을 재검토할 것이다. 그 과정에서 그들은 논의 속도를 높이기 위해 이전보다 더 타협적인 대안을 찾는 경향이 있다.

요약하면 중국 공무원들의 조치는 단순히 상대의 주의를 끈 것 이상의 효과를 불러왔다. 초청받은 협상가들은 다음 미팅이 언제인지조차 알 수 없으며 협상에서 전혀 진척을 보지 못하는 상황에 놓였고, 중국인들은 상대에게 압력을 가하는 한편 그들이 더 유연한 자세로 협상하도록 유도할 수 있었다. 사전에 합의한 대로 자신의 입장을 고수하려던 방문자들로서는 위기를 맞이한 것이다.

당신이 이런 오랜 기다림을 견뎌야 하는 상황이라면 어떻게 하겠는가? 손 놓고 기다리거나 답답하다고 소란을 피우는 것은 최선의 전략이 아닐뿐더러 당신의 평판에도 도움이 되지 않는다. 그렇다면, 중국에서 별다른 일정이 없다고 말할 것이 아니라 빡빡한 일정을 소화해야 한다고 어필하는 것은 어떨까? 일정이 빼곡히 적힌 수첩을 관리인에게 보여주면서 나흘 안에 상하이로 출발해야 하는 상황이고(당신이 상하이에 머물고 있다면 베이징으로, 광둥에 있다면 홍콩으로 바꿔도 좋다), 이 미팅이 끝난 후에는 다른 사업 문제로 공무원들이나 협상가들도 만나야 한다는 사실을 알린다면 그들의 오랜 기다림 작전에 변수가 생길 것이다. 상대 쪽에서 당신이 이미 다른 곳에 방문하려고 일정을 잡아둔 날 미팅을 하자고 고집한다면, 그것도 좋다. 약속을 뒤로 미룬 후, 일정이 취소된 것이 아니라 여전히 예약이 잡혀 있다는 사실을 그들에게 알려라.

이렇게 하면 중국인들이 당신을 오래 기다리게 만들었다는 이유로 성질을 부리며 공항으로 떠난 사람이 되어버리는 불명예를 피할 수 있다. 다른 방문 일정이 계획되어 있다는 사실을 알린다면, 의도한 대로 그들의 관심을 끌어낼 수 있다. 그들이 정말 진지하게 당신과 사업을 하고 싶어 한다면, 이제 더는 오랜 기다림 같은 건 없을 것이다.

한편, 중국 공무원들은 다른 국가에서 업무를 볼 때 흔치 않은 해외 방문 기회를 즐기고 조금 더 늦게 본국으로 돌아가는 편을 선호한다. 자연히 그들은 당신도 중국에 더 오래 머물고 싶어 하리라고 생각할지도 모른다. 사실 중국에는 볼거리가 정말 많다. 고대 유적지 같은 일반적인 관광 명소는 물론이고, 붐비는 중국의 길거리만 걷더라도 배울 것이 많고 마음도 편안해진다. 최소한 나는 그랬다.

상대방의 관심을 끌어내는 더 강력한 방법들도 있는데, 그중에는 아주 극악무도한 것들도 있다. 레바논 수도 베이루트에서 정체를 알 수 없는 일당이 러시아 외교관을 납치했다. 러시아인들은 모든 정보력을 동원하여 이 조직 리더의 가족 명단을 확보하고, 그중 한 명을 찾아내서 납치했다. 당시 보고되기로, 그들은 납치범들의 주의를 끌기 위해 가족의 신체 부위를 신발 상자에 넣어 나머지 가족들의 집에 보냈다고 한다. 그러자 납치범들은 빠르게 러시아인을 놓아줬고, 그 후로 러시아 외교관이 납치되는 일은 다시 일어나지 않았다.

방금 소개한 이야기는 누군가의 관심을 끌 수 있는 잔인한 방법의 한 예시였다. 대부분의 국가에서는 비슷한 문제를 해결할 때 이토록 잔혹하고 불법적인 방식은 제외한다. 이는 분명 협상에서 용인될 수 있는 범위 밖의 행동이다.

늘 권장할 수 있는 것은 아니지만, 협상가들은 그저 문제를 논의할 수 있도록 다급하게 회의를 요청하는 것보다 더 강력한 방법들을 쓸 수 있다. 상대방의 주의를 끄는 목적은 원하는 것을 억지로 받아내기 위해서가 아니다. 상대를 윽박지르려고 하면 오히려 문제가 커질 수도 있다. 이 세상 누구도 강요받기를 좋아하지 않기 때문이다. 더군다나 당신의 협상 상대는 한가한 사람이 아니다. 그런 그가 자기 일도 아니고 당신을 골치 아프게 하는 사소한 일이 생겼다고 해서 즉시 달려와 적극적으로 대처할 리가 있겠는가.

미국 버전의 '오랜 기다림'

미국 기업들은 승산이 있다고 생각될 때 압박 작전을 사용하곤 한다. 내 동료가 미국 애리조나에 있는 대기업이 제조한 엔진을 유럽 내에서 수리하고 점검하는 문제로 협상을 진행하고 있었다. 양쪽 회사의 고위 직원들은 애리조나에서 만나 포괄적인 제품 지원 계약을 체결할 예정이었다. 여기에는 지식재산권 사용권 협정 문제가 얽혀 있었고, 이 사안은 미국의 다른 주에 있는 인허가팀과 개별적으로 협상해야 했다. 그러나 인허가팀이 계속해서 회의를 미루는 바람에 사용권 수수료 협의가 지연되고 있었다.

애리조나에 모인 양 회사는 인허가팀을 기다리는 동안 협상을 마무리했고, 영국 회사 측은 인허가팀이 도착하는 즉시 사용권 협정도 체결할 계획이었다. 그런데 드디어 모습을 드러낸 인허가팀은 영국 회사에 아주 높은 수수료를 선불로 지급하라고 요구했다. 이들의 요구대로 했다가는 회사의 현금흐름에 지장이 생길 뿐만 아니라 이번 계약을 통해 기대할 수 있는 수익성에도 적신호가 켜질 것이 분명했다. 인허가팀이 영국의 방문객들에게 변화구를 던진 셈이었고, 이들이 '오랜 기다림' 작전을 쓴 것은 변화구의 효과를 극대화하기 위해서였다.

하지만 이런 조건이라면 차라리 계약을 하지 않는 편이 낫겠다고 판단한 영국 회사의 협상팀은 미국 측의 요구를 따르지 않고 조용히 짐을 싸서 고국으로 돌아갔다.

사용권 협정이 체결되지 않으면 엔진을 수리하거나 점검하는 것 자체가 불가능해지기 때문에 계약 전체에 차질이 생길 수밖에 없었다. 양쪽이 합의에 이르지 못하고 협상이 보류되자, 유럽 시장의 수리 및 점검 수요를 관리하는 애리조나 대기업의 경영진이 이 건에 주목하기 시작했다. 경영진은 사용권 협정이 지연되면서 이미 만족스럽게 타결된 주계약까지 위태로워진 이유가 무엇인지 조사했다.

결론은 인허가팀이 상당한 오판을 했다는 것이다. 그들은 주계약이 체결될 때까지 기다렸다가 협상을 시도하면 영국 협상가들에게 압력을 가할 수 있으리라고 생각했다. 영국 회사가 더 가치가 높은 제품 지원 계약을 잘 마무리 짓기 위해서라도 높은 사용권 수수료에 동의할 수밖에 없으리라고 착각한 것이다. 하지만 압력을 받은 건 오히려 인허가팀이었다. 애리조나 대기업은 비현실적인 사용권 수수료를 요구하는 바람에 자사에 이익을 가져다줄 대형 계약 건을 망칠 지경이 됐다며 인허가팀을 압박했다.

몇 주 후 영국 협상팀은 다시 한번 초청을 받아 애리조나를 방문했다. 이번에 인허가팀이 제시한 사용권 수수료는 훨씬 낮은 수준이었으며, 엔진이 배송될 때마다 분할 청구되는 조건이었기 때문에 영국 회사의 현금흐름에 미치는 영향도 최소화될 수 있었다. 추가적인 협상 끝에 양쪽은 결국 계약서에 서명을 마쳤다.

이처럼 당신은 협상의 변화구를 주의해야 하며, 노골적인 협박에 바로 등을 돌릴 준비가 되어 있어야 한다.

공급 업체가 배송한 제품에 하자가 발견된 상황에서 논란이 되는 품목과 그렇지 않은 품목이 함께 포함된 송장 대금을 지급하지 않는다면, 공급 업체 경리부서 직원의 주의를 끌 수 있다. 이보다 더 큰 미결제 건이 나타나면, 이제 상대방은 왜 지급이 지연되고 있는지 문의할 것이다. 당신이 공급 업체의 주의를 끄는 데 성공한 것이다.

한편, 공급 업체 경리부서 직원 역시 당신의 주의를 끌기 위해 조치를 할 것이다. 한두 번은 공손한 태도로 물어보겠지만, 점점 더 퉁명스럽고 간결한 요구를 전달하다가 결국에는 '최후의 통첩'까지 보내올 것이다. 처음에는 빨간 글씨를 아주 신중하게 쓰지만, 결국엔 다른 거래처들이 보낸 서류 사이에서 자신의 경고장이 확연히 눈에 띌 수 있도록 내용 전체를 빨간 글씨로 적어 보낼 것이다.

관심을 끌려는 사람들을 무시하는 건 현명한 행동이 아니다. 나는 당신이 문제의 품목에 이미 항의했고 그 이유도 여러 차례 설명했으리라고 생각한다. 그렇게 해서 문제가 만족스러울 정도로 신속히 해결됐다면 다행인데, 여전히 조치를 받지 못한 상황이라면 대금 지급을 계속 연기해도 좋다. 하지만 모든 송장 품목에 대해 지급을 거부할 수는 없다. 법에 따르면 분쟁이 있는 품목에 대해서는 협의가 이뤄질 때까지 지급을 보류할 수 있지만, 분쟁이 없는 품목은 송장을 받은 즉시 대금을 지급해야 하기 때문이다.

그러나 법을 어기지 않고도 지급을 미룰 방법은 많다. 자신의 상황에 적합한 방식을 찾아내기만 하면 된다. 한 달 또는 한 주의 특정 날짜에 수표를 인쇄하는 회사들은 "수표를 제때 발행하지 못했어요"라는 수법을 쓰곤 한다. 아니면 수표가 '운송 중 분실'됐다는 식의 다양한 핑계를 댈 수도 있다. 특히 우체부들이 파업에 들어간 기간과 맞물렸다면 효과가 더욱 좋을 것이다. 대금을 즉시 지급하지 않는 방법은 언제나 있기 마련이다.

당신이 제품 품질 문제를 해결하기 원하는 만큼 상대방도 받지 못한 대금을 빠르게 받고 싶어 한다. 상대 쪽의 관심을 끌어낸 당신은 이제 문제를 해결할 재량권(평소 당신과 거래하는 사람들을 포함)이 있는 담당자들과 논의를 진행할 수 있도록 노력해야 한다.

상대측 경리부서하고만 이야기해서 분쟁을 해결할 생각은 하지 말아야 한다. 엄밀히 말해 그들은 문제를 해결하기에 적합한 사람들이 아니다. 하자 있는 품목을 배송했든 설비 실력이 없는 기술자를 보냈든, 문제의 원인을 제공한 사람들이 재량을 발휘해야 한다(해당 품목에 대금을 청구하지 않거나 대체품을 제공하거나, 제품을 제대로 설치할 사람을 다시 보내거나 등). 경리부 사람들은 당신이 아직 대금을 지급하지 않았다는 사실에만 관심이 있을 뿐이다. 그들은 문제가 무엇인지 알지도 못할뿐더러 관심도 없다. 경리부 직원들에게는 '송장 대금은 반드시 지급되어야 한다'라는 원칙만이 존재할 뿐이다. 그들은 매일 아침 사무실에 나와 이 구호를 함께 외친 뒤 각자의 책상으로 흩어진다. 또한 경리부 사람들은 당신의 문제에 무신경하게 반응했다가는 거래처를 잃을 수도 있다는 사실조차 아랑곳하지 않는다. 당신이 회사의 가장 중요한 고객이건 아니건, 당신이 지금 돈을 '떼먹으려' 하고 있으며 절대 신뢰할 수 없는 파렴치한이라는 그들의 확고한 생각은 흔들리지 않을 것이다. 그러니 경리부에만 이야기해서 문제를 해결하려 하지 말고, 온갖 수단을 써서 그들이 내부적 입김을 행사하게 만드는 동시에 제품 문제에 책임이 있는 관련 부서에 불만 사항을 전달하게 해야 한다. 경리부는 문제를 해결할 수 있을지 확인하려고 최소한 한 번은 그 부서에 문의할 것이다(문제가 해결된다면 즉시 대금 전액을 지급해야 한다).

가능한 한 불만 사항이 공급 업체 내부의 최고 윗선까지 전달되게 해라. 당신의 문제를 인지하고 관심을 가지며 미지급 송장 이야기를 하는 사람이 많아질수록 협상은 더욱 유리해진다. 당연한 이야기지만, 관련 부서나 경리부와도 정기적으로 대화를 이어나가야 한다. 이런 문제를 처리할 때는 오래 침묵하는 건 좋은 방법이 아니다. 보통 그렇게 하면 상대방은 송장에 '수금 요망'이라는 도장을 찍어 수금 대행업자들에게 넘겨버린다(이들은 경리부서 사람들보다 더 당신 문제의 정당성에 관심이 없다. 사실 이들을 고용하는 이유가 바로 그것이다).

반대로, 정기적으로 납품하는 당신이 밀린 대금을 받아야 하는 입장일 때(그리고 상대 주장의 옳고 그름을 충분히 따져본 상황일 때) 상대방의 주의를 빠르게 끄는 방법이 있다. 상대가 제때 대금을 내지 않아 미수금이 불어나는 것을 막기 위해 납품을 중단하는 것이다.

내 지인 중에 비토라는 레스토랑 사장이 있다. 그는 우리 지역 축구 구단과 계약을 맺고, 경기를 하는 날이면 풀코스로 점심 200인분을 제공했다. 그런데 구단주 월리스는 식대를 아주 늦게 지급하는 버릇이 있었다. 식사를 하는 사람들은 전부 점심값을 선불로 냈지만, 비토가 받아야 할 식대는 이미 일곱 차례나 밀려 있었다.

연체 금액이 2,000만 원에 달해도 구단 측에서 지급할 기미를 보이지 않자, 비토는 마음을 굳게 먹었다. 다음 경기 날, 비토는 배송 기사에게 음식을 내려놓지 말고 그냥 돌아가라고 외쳤다. 평소처럼 일행과 함께 식사를 하러 오던 구단주에게도 똑똑히 들렸을 것이다. 레스토랑으로 들어선 구단주에게 비토는 이렇게 말했다. "음식값을 지급하지 않으면 우리가 준비한 점심을 먹을 수 없습니다!"

텅 빈 레스토랑과 곧 닥쳐올 당혹스러운 순간을 인식한 구단주는 회전문 뒤로 직원을 보내 최대한 돈을 모아오라고 시켰고, 꾸깃꾸깃한 쇼핑백에 현금을 담아 연체된 액수의 절반 정도를 비토에게 건넸다. 돈을 받은 비토는 트럭 기사를 다시 불러 승합차 두 대에 실린 음식을 내리게 했다(사실 트럭은 주차장에서 비토의 지시를 기다리고 있었다).

그렇게 하느라 30분이 지체됐는데, 흥정에 관해서라면 절대 게으름을 피우는 일이 없는 구단주가 이를 구실로 할인을 요구했다! 그 덕에 그곳에서 식사하던 200명은 비토가 무료로 제공한 화이트 와인과 푸딩을 즐길 수 있었다. 시즌이 종료된 후 비토는 이 구단과 계약을 갱신하지 않았다. 이런 분쟁에서는 한쪽 회사가 파산 절차에 돌입하기도 한다. 그러나 외부자는 그런 속사정까지는 알아내기가 쉽지 않다.

한번은 내가 회의에 들어갔는데 그 자리에 있던 참석자 한 사람이 쉬는 시간에 급히 자리를 비웠다. 알고 보니, 옆 사람과 대화를 나누다가 지역 건축업자인 핀처치가 자금난을 겪고 있다는 이야기를 들었다고 한다. 그는 즉시 사무실에 전화를 걸어 그날 오후에 핀처치 현장으로 배송될 예정이었던 화물차 석 대 분량의 목재를 출하시키지 말라고 전했다. 그날 핀처치가 폐업한 시간이 오후 4시 30분이었으니 가까스로 시간을 맞춘 셈이다. 이런 불행한 상황에서는 나의 귀중한 자산을 파산 직전 고객의 건축 현장에 갖다 놓는 것보다 내 창고에 보관해두는 편이 더 낫다. 만약 이미 건축 현장에 갖다 놨다면 스크루지의 손자뻘인 부채 청산인이 내가 받아야 할 대금을 그 목재들로 상계하려 들 것이다.

■ **자기평가 테스트 19 해설**

1. 당신은 공급 업체가 이번 달에 청구한 송장 품목을 두고 실랑이를 하고 있다. 상대 업체가 배송한 물품에 하자가 있었기 때문이다. 어떻게 하겠는가?

① 전체 액수의 대금 지급을 연기한다? 정답이다. 분쟁 상황에서는 상대방의 주의를 끌 필요가 있으며, 대금 지급 전체를 보류하는 것이 그 방법이다. 물론 법적으로는 분쟁이 없는 품목에 대해서는 대금을 내야 한다는 점을 나도 알고 있다. 그 이유로 나도 대금 지급 전체를 거부하라고 조언하지는 않을 것이다. 대금 지급을 '거부'하지 말고 '연기'하면 된다. 지급을 연기하는 목적은 상대방의 주의를 끌어 절충안을 협상하는 것이다.

② 논란이 있는 품목의 대금 지급만 연기한다? 틀렸다. 그렇게 하면 당신의 영향력이 축소되고, 상대의 주의를 끌기에도 부족하다. 우선 ①번을 시도하고 협상이 시작될 때까지 버티기 어렵다면 두 번째 단계로 올 수는 있다.

③ 논란이 있는 품목의 대금에 대해 절충안을 제시한다? 처음부터 이 방안을 시도해서는 안 된다! 이렇게 결단력 없는 모습을 보인다면, 그들은 당신의 요청을 무시하고 적반하장으로 독촉장을 보낼지도 모른다. 당신의 목표는 협상을 통해 합의점을 찾는 것이지 현 상황에 굴복하는 것이 아니다.

2. 당신은 작은 공장의 관리자인데, 어떤 고객이 물품 배송 대금을 세 차례나 지급하지 않았다. 고객사의 경리부에 연락했지만 들은 척도 하지 않는다. 다음 주에 또 한 번 배송이 예정된 상황에서 이제 어떻게 해야 할까?

① 밀린 대금을 지급할 때까지 납품을 보류하겠다고 경리부서에 고지한다? 틀렸다. 당신은 잘못된 사람에게 압력을 가하고 있다. 그들은 다른 부서 사람들이 물품을 받지 못하는 것에는 별로 관심이 없다. 그러므로 ①번은 분쟁만 더 길어지게 하는 실속 없는 협박일 뿐이다.

② 세 차례 밀린 대금을 지급하라고 계속해서 요구한다? 틀렸다. 경리부서 사람들은 빚쟁이들의 우는 소리를 못 들은 척하는 데 선수다. 그들은 오히려 당신 때문에 골치가 아프다며 지급을 더욱 연기하려 들 것이다.

③ 물품을 직접 사용하는 부서에 밀린 대금을 지급할 때까지 납품을 보류하겠다고 고지한다? 정답이다. 가장 잃을 것이 많은 사람을 압박해야 한다. 그러면 그들은 업무에 필요한 부품이 배송되지 않아서 발생하는 불편을 피하려고 경리부서에 내부적 압력을 가할 것이다.

20 | 믿느냐, 배신당하느냐

차이를 구별하는 법

1. '상대가 나를 이용할 수도 있으니 내 진짜 감정을 솔직히 드러내서는 안 된다.' 당신은 이 말에 동의하는가?

   ① 동의한다.

   ② 동의하지 않는다.

2. '협상 상대가 자신을 이용할 빌미를 당신에게 제공했다면, 그건 그 사람 잘못이다.' 당신은 이 말에 동의하는가?

   ① 동의한다.

   ② 동의하지 않는다.

상냥한 미소와 힘 있는 악수, 진심이 담긴 눈빛, 걱정하는 듯 찡그린 표정을 조심해라. 지금 이 순간 당신 몫을 빼앗아서 제일 큰 이득을 가로채려고 작정한 배우가 열연을 펼치고 있을지도 모른다.

이런 사람들을 어떻게 상대해야 할까? 우선, 타인을 희생시켜 비윤리적인 이득을 취하는 행태가 세상에 얼마나 만연해 있는지 생각해봐야 한다. 다른 방면에서는 윤리적으로 행동하면서도 상황에 따라 비윤리적으로 행동하거나, 최소한 그런 유혹에 흔들리는 사람의 숫자가 얼마나 많은지 알고 나면 당신은 깜짝 놀랄 것이다. 여기다가 아예 계획적으로 비윤리적인 행동을 하는 사람들의 수까지 고려하면, 경계를 늦추지 않는 편이 좋다. 그렇다고 온종일 누구를 만나고 지나칠 때 긴장과 염려로 얼어붙어 있으라는 의미는 아니다. 세상 모든 사람이 당신을 속일 꿍꿍이를 품고 돌아다니는 것은 아니다.

윤리적인 사람들은 어떤 상황에 놓였을 때 본래 성격에 맞지 않는 행동을 할까? 예전에 나는 기업 고객을 담당하는 은행 고위 관리자들을 대상으로 워크숍을 진행한 적이 있다. 그들은 은행에서 오랜 직무 경험을 쌓았고, 수년간 은행 사업에 대한 정기 감사가 있을 때마다 감사관의 조사에 응해왔다. 이들이 아직 은행에 남아 있다는 사실만으로도 그들이 지금까지 모든 윤리 테스트를 통과했음을 알 수 있다. 워크숍 당일 아침 내가 제시한 주제는 비윤리적인 협상가들, 특히 정직하지 못한 기질의 협상가들을 상대하는 방법이었다.

쉬는 시간에 나는 우리 사무실로부터 최근에 입찰한 워크숍 건을 수주했다는 전화를 받았고, 의뢰인의 문의 사항도 함께 전달받았다.

그들은 CCTV를 활용해서 협상 연습을 진행할 경우 추가 비용이 얼마나 드는지 궁금해했다. 나는 사무실 직원에게 우리 회사가 제시한 기본 약관에 따라 필요한 경우 비용을 받지 않고 CCTV 세션을 제공할 것이라고 답했고, 직원은 잠시 뒤 그 내용을 전달했다.

통화를 마치고 워크숍 장소로 돌아온 나는 기업 은행 관리자들에게 이 질문을 해보면 재미있을 것 같다는 생각이 들었다. 나는 우리 서비스 약관에 CCTV를 무료로 제공한다는 내용이 포함되어 있다고 언급한 다음, 의뢰인이 CCTV 비용을 문의했을 때 내가 어떻게 대답했어야 한다고 생각하는지 물었다. 참석자들은 돌아가면서 자기 의견을 이야기했다. 어떤 관리자는 15만 원을, 또 어떤 관리자는 35만 원을 제시했고, 가장 높은 가격은 1,300만 원이나 됐다. 그러나 그중에서 CCTV가 무상으로 포함된다는 내용을 언급한 사람은 아무도 없었다. 어떤 참석자는 나라면 얼마의 비용을 청구했을지 묻기까지 했다. 우리가 지금 진행하고 있는 워크숍의 주제가 '윤리적인 협상'이라는 것은 다들 잊어버린 듯했다! 그것은 아마 상황적인 압력 탓에 벌어진 일일 것이다. 이렇듯 평소에는 아주 정직한 사람들조차 비윤리적인 행동을 하도록 내모는 주체가 바로 그가 처한 '상황'이다.

수년간 우리는 윤리와 관련된 간단한 질문들을 통해(다른 협상 관련 질문들 사이사이에 끼워 넣는 방식으로) 현직에 있는 수천 명의 협상가를 테스트했다. 이 책 각 장의 서두에 있는 자기평가 테스트 같은 질문들을 제시하고, 그에 동의하는지 응답하게 하는 형식이었다. 나는 다음 문장을 통해 당신이 이 장 초입의 '자기평가 테스트 20'에서 풀었던 두 가지 윤리 테스트를 설명해보려고 한다(아직 문제를 풀지 않았다면 먼저 답변을 고른 후 다음 부분을 읽어나가라).

- 나는 몸짓을 통해 진짜 감정을 숨기는 법을 연습해야 한다.

이 문장과 앞의 자기평가 테스트에 있는 문장은 '정직하지 못한 행동'에 대한 당신의 태도를 시험한다. 이 진술들에는 특별한 배경 상황이 주어지지 않았기 때문에, 당신이 셋 중 하나에 동의했다고 해서 어느 때고 정직하지 못하게 행동하는 사람이 되는 것은 아니다. 자신이 정직하다고 생각하는 사람들은 이런 내 견해에 기분이 상했을지도 모르겠다. 하지만 내가 당신의 성격을 비난할 의도는 없다는 점은 확실히 알아주기 바란다.

'태도'는 머릿속에서 관념적으로 형성되는 것이 아니라 경험을 바탕으로 만들어진다. 그리고 우리는 일반적인 관념들을 듣고 자라며 '신념'을 확립한다. 신념의 근간을 이루는 것들은 사적인 경험보다는 자라면서 어른들에게 들은 말이나 가족의 종교, 철학, 정치관에 맞는 경전 내용이 대부분이다. 신념과 달리 태도는 개인적으로 형성된다. 태도는 자신이 직접 겪은 일들을 통해 만들어지고, 신념보다 더 가까이에서 삶의 지침이 되어준다. 태도가 신념을 따라가는 경우도 있지만, 본인이 각 상황을 해석하는 방식에 따라 서로 다른 태도를 바탕으로 행동하는 경우가 더 많다. 예를 들면, 당신은 자신이 잘 알고 있고 과거에 믿음직스러운 면을 보여준 사람을 신뢰할 것이다.

하지만 평소와 다른 상황에서 완전히 낯선 사람을 대하는 태도는 어떨까? 당신이 생소한 도시에 홀로 있는데, 어떤 낯선 사람이 다가와 목적지까지 함께 가주겠다고 이야기한다. 잘 아는 사람이라면 망설이지 않겠지만, 당신은 '과연 안전할까?' 하는 의구심 속에 함께 갈지 말지를 고민할 것이다. 판단을 잘못했다가는 재산은 물론이고 목숨까지도 빼앗기는 끔찍한 일이 일어날지도 모른다.

당신이 바로 앞에 제시한 문장에 동의하고 몸짓을 사용해서 감정을 잘 숨기는 사람이라면, 아마도 감정을 드러냈다가 손해를 봤던 과거 경험을 마음에 두고 있을 것이다. 자기평가 테스트 20의 첫 번째 질문인 '상대가 나를 이용할 수도 있으니 내 진짜 감정을 솔직히 드러내서는 안 된다'의 경우도 비슷하다. 당신을 이용하려고 했던 '적수(이 단어가 당신에게 주는 의미에 따라 당신의 해석이 어떻게 달라질 수 있는지 깊이 생각해봐라)'를 만난 경험이 있다면, 당신은 적어도 감정을 드러내는 데 아주 신중한 태도를 취할 것이다. 그러나 반대로 과거에 만났던 사람 중에 당신을 이용하려고 한 사람이 없었다면 당신은 테스트에서 '동의하지 않는다'를 골랐을 것이다.

자기평가 테스트 20의 두 번째 질문인 '협상 상대가 자신을 이용할 빌미를 당신에게 제공했다면, 그건 그 사람의 잘못이다'의 경우도 과거에 당신이 피해자가 된 경험이 있었느냐 아니냐에 따라 다른 답변이 나올 수 있다. 현재 종사하고 있는 분야에서의 경험을 통해 그런 행위가 일반적이라는 관점을 얻었다면, 당신은 상대를 이용하는 것이 자신이 아닌 '상대방의 문제'라고 생각할 것이다!

워크숍 참석자들은 은행 자금의 관리라는(또한 그것을 자신의 재산과 혼동하지 않았다는) 측면에서 윤리적이라는 평가를 받기에 손색이 없었다. 그런데 그들은 회사의 주가가 폭락하면서 경쟁사에 인수될 위험에 직면했고, 기업 고객들과의 협상에서 더 큰 이윤을 남길 방법을 찾고자 워크숍에 참석했다. 회사가 인수될 수 있고, 그 영향으로 임직원인 자신의 위치가 위태로워질 수 있으며, 공교롭게도 경쟁사까지 개입된 이 배경 상황에서, 은행 관리자들은 자신의 태도에 따라 가상의 시나리오를 읽고 '동의한다'와 '동의하지 않는다'라는 답 중에 하나를 골랐다.

당신이 만나거나 거래하는 다른 사람들도 다르지 않다. 그들이 여러 가지 태도 중에 무엇을 선택할지를 좌우하는 것은 바로 개인적인 경험이며, 당신은 그에 대해 아는 바가 거의 없다. 본성이 부정직하고 그렇게 행동할 의도를 품고 있는 사람들이라면, (당신에게 신뢰를 얻어내 더 큰 사기를 치려는 장기적 계획이 있다면 모를까) 틀림없이 이 질문들에 '동의한다'라는 답을 고를 것이다. 기억할 것은 모든 사기 행위의 밑바닥에는 탐욕의 표적(피해자)이 있다는 사실이다. 이들은 완연한 범죄 행위를 저지르려는 유혹을 받거나 대가 없는 이익에 눈이 먼 사람이 될 수도 있다.

거창하지만 실속 없는 제안

나는 실리콘밸리 벤처투자가들과 협상을 하러 비행기를 타고 샌프란시스코로 향했다. 그들은 서비스 부문에서 45억 원의 순이익을 올리고 있는 내 의뢰인 회사를 인수하고 싶어 했고, 내가 유심히 지켜보는 앞에서 제안서를 발표했다.

늘 그렇듯 상대측은 거창한 숫자들을 언급해가며 경영권을 인수했을 때 기대할 수 있는 향후 영업 실적을 이야기했고, 기존 창립 멤버들에게도 부사장직 세 자리를 내주겠다고 제의했다. 하지만 순전히 이름뿐이고 형식적인 자리였다. CEO·마케팅 총괄·재무총괄 등의 요직은 그들이 직접 임명하고 새로운 회사에서 급여를 지급하며, 본사는 영국에서 미국 캘리포니아로 옮긴다고 했다. 실질적인 경영권은 새로 부임한 요직 인사들에게 있었고, 그들의 세부 권한 중에는 부사장 해고권도 있었다. 어쨌건 기존 창립 멤버 출신의 부사장들이 새로운 체제에서 할 일은 거의 없어 보였지만 말이다. 이 사실을 알게 된 건, 그들이 내 질문에 내놓은 답변 때문이었다. 그들은 이사회가 열릴 때 부사장들이 미국으로 통근해야 한다고 이야기했다. 이런 대우를 받을 정도라면 부사장들의 미래는 그다지 안정적이지 않을 것 같았다. 게다가 벤처투자가들은 투자금을 회수하려면 빠른 이익 실현이 필요하다고 강조하는 사람들 아닌가.

투자가들이 지배주주가 되고 경영권을 얻는 조건으로 제시한 금액은 157억 원으로, 이는 그들이 인수 후 기대하는 수익에 근접한 액수였다(물론 이 액수는 더 높아질 수도 있고, 낮아질 수도 있다). 상대쪽에서 첫 제의를 보내왔으니 협상이 시작되긴 했지만 논의가 많이 진전되지는 않으리라는 사실이 이내 분명해졌다(실제로도 그랬다).

투자가들이 제시한 액수도 문제였지만, 영국의 현 소유주들 입장에서는 그들이 제안한 기업 체제도 위험 요소가 많았다. 새롭게 임명된 CEO와 마케팅총괄 · 재무총괄은 새 회사에서 급여를 받으면서 캘리포니아에서 모든 의사결정을 할 것이고, 영국의 소유주들은 역할이 현저히 축소될 것이다. 벤처투자가들이 지배주주가 되고 나면 필요시 자신들이 보유한 주식을 제삼자에게 매도할 수도 있었다.

나는 의뢰인에게 제안을 거절하라고 조언했다. 이미 영국 내 사업을 통해 수익을 잘 올리고 있었으니 말이다. 이후 그 벤처투자가들에게 어떤 일이 일어났을지는 알지 못하지만, 아마도 우리만큼은 신중하지 못한 이들을 상대로 몇 건 정도 성공을 거둔 뒤에는 이 시장에서 소리도 없이 사라지지 않았을까 생각한다.

사람들은 절박함에 내몰려 '싫어도 어쩔 수 없다'라는 심정으로 피해야 할 거래에 발을 들이기도 한다. 당신이 전기공학자라고 가정해보자. 당신은 휴대전화에서 최소한의 신호로 해상도가 더 높은 사진을 전송할 수 있는 혁신 기술을 발명했다. 당신은 이것이 세계 최고 수준의 기술이라고 확신하지만 상용화하는 데 필요한 자본이 부족하다. 만약 이 기술을 통신 기업에 팔아넘긴다면 상업적으로 이용하기만 하고 수익 분배에서 당신을 배제할 것이 분명하므로, 당신은 직접 상용화하기로 했다.

은행과 벤처금융을 찾아가 봤지만, 그들은 요청을 거절하거나 70~90퍼센트의 지분을 요구했다. 결국 55퍼센트라는 그나마 나은 조건을 제시하는 벤처금융을 찾았을 즈음 당신은 아주 절박한 심정이 됐다. 덩치 큰 연구개발 기업들이 금방이라도 같은 기술을 발명해낼 것 같아서 하루빨리 상용화에 착수하고 싶었기 때문이다.

이는 모든 협상가에게 위험한 순간이다. 당신은 상대 협상가의 머릿속을 들여다볼 수 없고, 그들이 당신과 거래를 맺고 나서 어떤 일을 할 속셈인지도 모르며, 그가 당신의 상황을 이용하지 않으리라고 확신할 수 없다.

그런데 당신이 계약서에 서명하기 전에 검토만 잘해도 자신을 보호할 길을 찾을 수 있다. 상대방은 계약서에서 허용하는 범위 내에서 자신이 감행할 비윤리적 행위의 수준을 결정한다. 당신이 상대가 얼마의 액수를 조달해줄 수 있는지에만 관심을 가지고 있다면 이 계약을 통해 절박함이 어느 정도는 해소될 것이다. 하지만 성급하게 약관을 검토하고 부랴부랴 서명을 한다면, 그건 자신에게 사기를 쳐달라고 간청하는 행위나 다름없다. 일이 엇나갔을 때 자신에게 불리하게 작용할 수 있는 내용이 계약서에 있지는 않은지 면밀히 검토해야만 한다. 명쾌하지 않은 부분이 있다면 질문을 하고, 다양한 시나리오를 떠올려봐라(앞서 언급했던 '만약'이라는 연쇄 질문).

예를 들어 동업자가 과반수의 지분을 가져가야 하는 이유를 논의하고 있다면, 상대방은 결국 '담보'가 필요하다는 이유를 댈 것이다. 그들은 수익을 얻는 것 외에는 관심이 없으며, 지배주주가 되더라도 자본 회수와 수익 창출에만 집중할 것이라고 말하면서 당신을 안심시키려 할지도 모른다. 하지만 그 내용이 문서화되어 있는가? 그렇지 않다면 이유는 무엇인가?

그들이 당신 제품의 마케팅이나 향후 개발에 간섭할 수도 있다. 예를 들면, 경쟁사에 기술이 유출될 위험을 무릅쓰면서까지 사용권 계약을 남발하여 수익 증대를 꾀할지도 모른다. 아니면 단기 자금을 얻으려고 합작회사가 보유한 기술이나 특허권을 대형 기업에 팔도록 강요함으로써 당신이 관련 업계에서 실행하려고 했던 장기 계획에 차질이 생기게 할 수도 있다. 더 나쁘게는 파트너가 당신의 기술에 흥미를 잃고 당신의 상황은 고려하지 않은 채 제삼자에게 지분을 넘길 수도 있다. 만일 새 파트너와 사이가 틀어진다면 당신의 입지가 크게 줄어들 것이다.

요약하면 당신은 회사에 대한 통제권을 계속 유지하거나, 유사시 벤처금융으로부터 통제권을 되찾아올 수 있는 장치를 마련해둬야만 한다. 한 가지 방법은 벤처금융에서 주식 보유분 전체나 일부를 처분하려 할 때 그것을 우선적으로 당신에게 독점 판매해야 한다는 선제 동의를 받아두는 것이다(당신은 자신도 모르게 새로운 파트너가 생기는 것을 원치 않을 것이다). 한편 당신에게 정해진 일정에 따라 수익의 일부로 투자자의 주식을 매입할 권리가 있다면, 그들의 지분을 점차 줄이고 당신이 지배주주가 될 수도 있다.

맹목적인 신뢰는 위험하다. 상대가 당신을 속일 틈이 없도록 신중하게 조치해야 한다. '이 거래를 통해 언제, 어디서, 누가, 무엇을, 얼마만큼 얻는가?'라는 질문을 하면서, 당신에게 불리한 조항들을 조목조목 찾아 제거하는 데 집중해야 한다.

나는 벤처투자회사 직원들이 단 몇 분 안에 제안 내용을 발표하고 질의응답 시간까지 가진 후, 거래가 불발됐을 때 으레 하는 사소한 잡담조차 없이 곧바로 일어나서 자리를 뜨는 장면을 보곤 했다. 그들은 영양가가 없어 보이는 거래에서 발을 빼거나, 상대의 여건이 안 좋은 상황에서 거래를 제의할 때도 전혀 부끄러워하지 않는다. 그렇게 행동하려면 아주 대담하고 뻔뻔할 수 있어야 한다.

당신도 일상의 거래에서 더 나은 조건을 요구하거나 판매자에게 가격을 깎아달라고 하면서 홀로 몇 분간 이야기해야 하는 순간이 있을 것이다. 이를 기회로 삼아 누군가에게 사업을 제의하거나, 반대로 상대의 제의를 거절할 때 필요한 단단한 마음가짐을 연습할 수 있다. 그렇게 자신을 단련하지 않으면, 당신이 느끼는 스트레스가 고스란히 상대에게 전해진다. 나도 거래 도중 어떤 가격을 제시했을 때 상대의 목소리에서 분노를 감지하게 되는 경우가 종종 있다. 평소에 연습을 해두지 않으면 더 나은 조건을 요구해야 하거나, 요구해봐도 되는 순간을 놓쳐버리고 뒤늦게 후회하게 된다.

소매업에서 점포의 구조와 인테리어, 직원이 고객에게 접근하는 방식, 상품 진열 방식, 판매자들의 안내 멘트가 정해지는 방식, 인쇄된 가격표, 다른 고객들의 존재는 모두 한 가지 목적을 추구한다. 바로 당신을 위협하여 가격표에 있는 금액대로 돈을 내게 하는 것이다. 대부분 사람이 가격표에 적힌 대로 돈을 내고 있으니, 이런 장치에는 분명 효과가 있다.

소비자가나 정찰가를 거부하는 사람들도 처음으로 다른 가격이나 조건을 요구하는 순간에는 스트레스를 느꼈을 것이다. 하지만 그들은 (특히 첫 성공을 거둔 후로) 이 중압감을 견뎌냈기 때문에 아무리 여건이 나쁜 상황에서도 처음 제시된 가격에 반드시 이의를 제기하는 습관을 들일 수 있었다.

경제학(또는 청춘사업) 제1의 법칙은 이것이다. '공짜 점심은 없다.' 누가 됐든 점심값을 내는 사람은 있기 마련이다. 하지만 이 법칙에 점심값을 내는 사람이 당신이어야 한다는 내용은 없다. 만약 당신이 지금보다 더 돈을 많이 쓰고 싶다면, 가진 돈을 더 현명하게 소비하든지 더 많이 벌어서 여윳돈을 마련하든지 둘 중 하나를 선택해야 한다. 둘 중에서 더 어려운 건 후자다. 그런데 당신이 계속해서 타인에게 속기만 한다면, 현재는 물론 미래의 수입에도 막대한 손해가 생길 수 있다. 잘못된 결정을 한 피해자들은 몇 주, 몇 달, 심지어 몇 년씩 협상 실수의 대가를 치르게 된다.

다음의 간단한 원칙을 늘 염두에 두고 거래하는 것은 어떨까? 즉 '나는 왜 이것을 원하는가?'라는 질문에 제대로 답할 수 있기 전까지는 절대로 탐내거나, 사거나, 투자하지 않는 것이다. '거절할 수 없는 좋은 조건'이나 '놓쳐서는 안 되는 투자 기회' 같은 감언이설에 속아서 충동구매를 해서는 안 된다. 거래는 스스로 추진력을 만들어내며, 때로는 그 강도가 너무 세져서 순식간에 당신을 합의로 내몰아버리지만, 그랬다가는 금세 후회하게 된다. 추진력을 일으키는 데 가장 많이 기여한 사람(거래에서는 항상 남들보다 더 강하게 일을 부추기는 사람이 있는 법이다)은 어수선한 틈을 타서 조용히 빠져나갈 것이고, 모든 책임은 남아 있는 순진한 이들에게 돌아간다.

나는 어떤 기업 회장이 협상 도중에 지금 가장 적극적으로 거래를 부추기고 있는 사람이 누구인지 묻고, 이름을 알아낸 후에 "그럼 됐소. 우린 거래하지 않겠소"라고 말하는 것을 본 적이 있다. 멈추기 어려울 정도로 일이 가속화된 상황에서는, 당신과 같은 팀에 있지만 이 거래에 개입한 적이 없는 외부인을 데려오겠다고 제안해라. 그 자리에 있던 사람들과 달리 새로 온 사람은 거래에 심취하기까지 시간이 꽤 걸릴 것이며, 끝까지 아무런 흥미를 보이지 않을 확률도 높다.

당신이 구매나 투자를 결정하는 이유가 늘 사실에 기반해야 한다는 점을 명심해라. 예컨대 가정에서라면 "컵을 보관할 찬장이 필요하군", 사업에서는 "우린 시장에서 존재감을 드러내야 해요" 등이다. 감정이나 분위기보다는 실제 사실이 더 중요하다. "저 프렌치 스타일 찬장이 아주 예쁜걸?"이라는 말을 다음처럼 바꿨을 때 어떤 효과가 생기는지 생각해보자. "단순히 컵을 보관하는 비용이 400만 원이라고?"

어떤가. 이렇게 바꿔 생각하고 난 후에도 그 찬장을 살 생각을 하진 않을 것이다. 감정은 시시각각 변하지만 실제 사실은 변하지 않기 때문이다.

엘머 휠러(Elmer Wheeler)는《잘 팔리는 문장(Tested Sentences That Sell)》에서 "스테이크를 팔지 말고 시즐(sizzle, 고기 등을 구울 때 지글지글 익는 소리-옮긴이)을 팔아라"라고 했다. 수많은 사람이 이 단순한 원칙에 따라 물건을 팔고 있다. 시즐은 당신의 상상력을 자극한다. 고기 냄새를 맡고 있는 것처럼 느끼게 하거나, 마음의 눈으로 먹음직스러운 스테이크를 보게 해서 입맛을 돋운다. 휠러의 '시즐' 원칙은 일찍이 1930년대부터 마법 같은 힘을 발휘하여 소비자들을 함락해왔으며, 다양한 대규모 사업 분야에서 여전히 큰 영향력을 떨치고 있다. 판매자들은 이 원칙을 중심으로 고객 설득 전략을 수립하고, 값비싼 마케팅 및 광고 전략으로 이를 뒷받침한다. 비윤리적인 협상가들 역시 이 원칙을 활용하여 성공적인 영업 활동을 한다. 판매자가 알려준 확실한 사실에 근거하여 물건을 사는 사람들보다, (보고 느끼고 냄새 맡고 만지고 들을 수 있다고 생각하면서) 지글지글 소리를 사는 사람들 덕에 부자가 된 이들이 더 많다는 사실을 그들은 잘 알고 있다. 막 미끼를 물려는 물고기의 처지가 된 당신이 상대에게 속지 않도록 자신을 보호하는 최고의 방어법은, 입을 꽉 다물고 지글지글 소리가 들리지 않는 더 안전한 영역으로 자리를 옮기는 것이다.

■ **자기평가 테스트 20 해설**

1. '상대가 나를 이용할 수도 있으니 내 진짜 감정을 솔직히 드러내서는 안 된다.' 당신 은 이 말에 동의하는가?

① 동의한다? 동의했다면, 당신은 어떤 방식으로든 남에게 이용당할 것에 대비하 여 상대를 의심쩍은 태도로 대할 것이다. 당신에게 그런 태도가 생겨난 계기는 과거에 낯선 사람과 다소 순진한 태도로 협상했다가 그런 솔직함을 이용당한 경험 때문일지도 모른다. 당신의 태도는 방어적이다. 하지만 낯선 사람들에게 신중하게 감정을 표현하는 것과 덮어놓고 모든 사람을 의심하는 것은 다르다. 늘 그렇듯, 협상에서는 어느 정도의 유연성이 필요하다.

② 동의하지 않는다? 동의하지 않았다면, 당신은 의심하거나 조심하는 태도 없이 상대를 대할 것이다. 사람들은 실제로 남을 '이용'하기 때문에 그런 의심이 합당 했던 것으로 밝혀질 수도 있지만, 당신은 처음부터 상대가 그런 행동을 하리라 고 예단하지 않는다. 협상에서 상대방으로부터 이용당한 경험이 (아직은) 없기 때문에 타인에게 감정을 드러내는 것을 조심해야 한다는 필요성을 느끼지 못했 을 수도 있다. 앞으로 일어나는 일들이 당신의 생각을 증명하거나 아니면 태도 를 바꿔줄 것이다.

2. '협상 상대가 자신을 이용할 빌미를 당신에게 제공했다면, 그건 그 사람 잘못이다.' 당신은 이 말에 동의하는가?

① 동의한다? 분명 앞보다 한 단계 더 나아간 질문이다. 상대가 내게 어떤 일을 한 다는 가정이 아니라, 기회가 생길 경우 당신이 어떻게 행동할 것인지를 묻기 때 문이다. 이 문장은 다른 협상가가 하거나(해서는 안 되는 말을 실수로 했다거나), 하 지 않은 어떤 일(자신은 양보를 하고도 당신에게는 대가를 요구하지 않는 등)을 유리하 게 이용하는 문제와 관련해서 당신이 어떤 태도를 가지고 있는지 묻는다. 당신 이 ①번을 택했다면 내 마음은 편치 않을 것이다. 당신에게는 어느 정도 인정사 정없는 면이 있다. 그건 경험이 부족해서일 수도 있고, 반대로 남들에게 이용당 한 경험이 많아 방어적인 태도를 취하기로 마음먹었기 때문일 수도 있다.

② 동의하지 않는다? 이 답변을 골랐다면, 상대의 약점을 이용하는 것이 당신의 윤리의식과 상충한다는 의미다. 그런데 당신의 윤리의식이 아무리 높다고 해도, 예외 없이 언제나 협상 상대를 이용하지 않으리라는 보장은 없다. 다만 이 질문은 당신이 일반적으로 하거나 하지 않을 행동이 무엇인지 보려는 것이었고, 당신은 윤리적인 입장을 골랐다. 분명히 알아둘 것은, 윤리적인 자세가 연약함의 표시는 아니라는 사실이다. 나는 언제 어디에서 협상하든 '우리는 신의를 바탕으로 협상한다'라는 입장을 고수한다.

21 | 예리코의 성벽

더는 양보하지 않는 법

1. 당신은 남아프리카공화국에서 산업용 펌프 대리점을 유치하려고 출장에 나섰다.
   그러나 요하네스버그에서는 펌프가 "너무 비싸다"라고 하며, 더반에서는 가격이
   "비현실적"이라고 말하고, 케이프타운에서는 "대리점 마진이 너무 적다"라고 이야
   기한다. 어떻게 하겠는가?

   ① 마케팅팀에서 가격 구조를 잘못 설정했다는 내용으로 본사에 이메일을 보낸다.
   ② 별 조치 없이 계속 여행한다.
   ③ 마진율을 조정해본다.
   ④ 계약을 맺는 조건으로 정가에서 할인을 해준다.

2. 당신은 발전소 건설 프로젝트에 쓰일 펌프 공급 건으로 협상을 하고 있다. 도급업

자는 당신의 견적가가 독일 경쟁사가 제시한 가격보다 15퍼센트 높고, 리버브 펌프보다는 35퍼센트 비싸다고 이야기한다. 어떻게 하겠는가?

① 우리 회사 펌프는 세계 최고 수준이며, 업계 사람들은 전부 그 점을 알고 있다고 자신 있게 이야기한다.

② 주문을 한다면 가격을 협상할 수 있다고 이야기한다.

③ 우리 회사 펌프를 주문하면 정기 관리 서비스를 제공해주며, 24시간 언제나 긴급 수리가 가능하다는 점을 말해준다.

마음 약한 협상가들은 누군가가 가격을 문제 삼았을 때 교착상태에 들어가느니 가격을 조정해주고 만다. 물에 젖어 쉽게 찢어지는 종이처럼 의지가 약하기 그지없다. 어떤 협상에서든 가격이 공격 대상이 되리라는 점은 쉽게 예측할 수 있으며, 천재가 아니라도 그 이유를 알기는 어렵지 않다(또한 깎으려고 시도하는 것이 마땅하기도 하다).

대형 슈퍼마켓이 음료 1병당 10원을 싸게 납품받을 수 있게 되면, 절약한 금액을 고객과 공유할 수도 있고 자기 몫으로 챙길 수도 있다. 그런데 협상가가 1병당 '고작' 10원을 양보해주기로 합의한다고 해도, 실제로는 연간 12병들이 박스 1만 개당 120만 원씩 회사 현금흐름을 감소시키는 효과가 생긴다. 이는 누군가의 봉급을 대폭 삭감할 만한 사유로 충분하다(1병이 아니라 1박스당 10원을 깎아줘도 손해가 1만 박스당 10만 원이다). 또 만약 이 협상가가 거래처 여섯 군데를 대상으로 1병당 10원씩을 양보했다면 회사는 그의 연봉보다 많은 손해를 볼 수도 있다! 반대로 거래처 여섯 곳과 협상을 하여 1병당 10원씩을 더 받아낼 수 있다면, 회사가 그를 고용한 비용이 공짜가 되는 것이므로, 남은 한 해 동안 벌어들인 이익은 전부 순이익으로 돌아갈 것이다.

중동의 한 중개업자는 프로젝트 1건당 3퍼센트라는 낮은 수수료 (9퍼센트를 요구하는 이들도 있다)를 받는데, 만일 그가 450억 원 규모의 프로젝트를 성사시킨다면 13억 5,000만 원에 달하는 수수료를 챙길 수 있다. 그러니 만일 당신이 협상을 해서 '고작' 0.5퍼센트만 깎을 수 있어도 회사는 수수료에서 2억 원 이상을 아끼는 셈이다.

회사가 2억 원을 절약할 수 있도록 한번 흥정을 시도해볼 가치가 있을까? 물론이다! 그렇다면, 상대 쪽에서는 당신이 제시한 3퍼센트에서 0.5퍼센트를 올려보려고 노력할 가치가 있을까? 당연하다. 그가 당신을 설득해서 3.5퍼센트로 합의를 볼 수 있다면, 중개인 역할을 통해 받는 수수료가 15억 원을 넘어가니 말이다.

10원, 0.5퍼센트, 몇 센티미터같이 작아 보이는 단위들을 결코 무시해선 안 된다. 당신은 상대방이 어떤 방식으로든 반드시 가격에 이의를 제기하리라고 예상하고 있어야 한다. 상대가 그렇게 하지 않았다면 직무를 유기한 것이고, 당신도 흥정에 대비하지 않았다면 일을 제대로 못 한 것이다. 이런 사람들을 고용하는 건 회사 입장에서는 큰 낭비다.

당신이 사는 쪽이라면 언제나 깎아볼 시도를 하는 것이 당연하다. 상대가 처음 부른 가격은 절대로 받아들이지 말고 그 사람의 의지가 얼마나 굳건한지 시험해봐라! 상대가 흔들리면 잘된 일이고, 꿈쩍하지 않더라도 손해 볼 것은 없다. 그런데 당신은 얼마나 쉽게 흔들리는 사람인가? 당신의 의지는 강한가, 약한가? 어떻게 해야 잘 흔들리지 않을 수 있을까?

당신의 의지를 더 강하게 만드는 한 가지 방법은, 상대와 같은 관점으로(어떤 경우에는 같은 통화단위로) 가격을 보지 않는 것이다. 상대방은 특정 단위만큼만 가격을 깎아달라거나 일당을 조금만 올려달라는 식으로 부탁할 수 있다. 하지만 분명 그는 그렇게 해서 총 얼마를 절약할 수 있다거나, 연간 벌어들이는 수익이 얼마나 높아질지는 말하지 않을 것이다. 왜 그럴까? 작은 단위에서 가격을 조정해달라고 요구해야 당신이 전체 비용을 보지 못하도록 만들 수 있기 때문이다.

그는 당신이 창고 바닥부터 천장까지 꽉꽉 쌓여 있는 음료수 상자들이 아닌 병 한 개만을 생각하도록 유도한다. 그러나 10원에 창고에 있는 와인 수 50만 병을 곱하면, 10원이 결코 사소하지 않다는 사실을 깨달을 것이다. 상대가 '1병당 10원'이라는 견적을 제시하거든 계산기 두들기는 모습을 보여줘라. 계산기에 찍힌 숫자는 깎아달라는 상대의 요구를 들어줬을 때 당신이 치러야 하는 진짜 비용이기도 하다. 하지만 진짜 비용이 얼마인지 인지하는 것과 그런 손해를 피하는 것은 별개의 문제다. 특정 단위별로 가격을 제시하는 전략은 상대가 제안을 더 쉽게 수락하게 하려는 목적도 있지만, 그것만이 전부는 아니다. 상대의 진짜 목적은 케이크에서 더 큰 조각을 차지하는 것이다.

이익과 손실의 차이

오랜 전통의 가족기업 창립자가 지난 6개월간 회사 이윤이 평소보다 적은 것을 보고 의아해했다. 그들은 대형 슈퍼마켓에 공산품을 납품해오고 있었으며, 업계 경쟁이 치열하기는 했어도 판매 실적은 지난 침체기에 비하면 상당히 견실한 편이었다.

창립자는 조사 끝에 문제의 원인을 찾을 수 있었다. 영업사원들이 거래를 따내려고 가격 할인을 남발하고 있었던 것이다. 어떤 사원은 구매자들이 한번 물어보기만 해도 선뜻 할인을 해주기도 했다. 그들이 제공한 할인 금액은 개별적으로 보면 크지 않았지만 전부 합치면 연간 8억 5,000만 원이라는 어마어마한 액수가 됐다. 게다가 이 회사는 판매 실적 목표를 달성한 영업사원들에게 인센티브를 지급했기 때문에 갑절의 손해가 발생한 셈이었다.

그는 현장 영업사원들을 불러 모아 '내 일자리를 지키는 법'이라는 주제로 5분짜리 강연을 펼쳤다. "여러분이 가격을 10퍼센트 깎아줄 때마다 회사 이익에 대한 여러분의 공헌도는 절반으로 줄어듭니다." 창립자가 제시한 수치에는 오차가 없었고, 그는 계속해서 회사에 손해를 입히는 사원들은 고용할 가치가 없다고 판단할 수밖에 없다는 점을 모두에게 상기시켜줬다. "여러분이 어딘가에서 10만 원짜리 제품을 판매했더라도 우리에게 돌아오는 이익은 10만 원이 아닙니다. 공급 업체에 물품 구입 대금을 지급해야 하고, 여러분의 임금을 포함한 다양한 판매 비용이 투입되죠."

"우리 회계사는 이를 매출원가(Cost of Sales)라고 부릅니다." 그가 이어서 말했다. "그 비용이 약 6만 원입니다. 여러분이 10만 원짜리 물건을 팔면 우리에게 남는 돈이 4만 원이라는 이야기죠. 그런데 그것이 고스란히 우리 이윤이 되는 건 아닙니다. 우린 이 4만 원을 가지고 창고와 사무실 임대료, 그리고 대부분이 여러분보다 봉급이 훨씬 적은 관리직원 월급을 충당합니다. 그 비용이 3만 원입니다. 관리팀장은 이것들이 판매 실적이나 시장 상황과 상관없이 필수로 들어가야 하는 고정 비용이라고 말하더군요."

창립자는 잠시 이야기를 멈추고 이 숫자들을 차트에 적었다.

10만 원 – 6만 원(매출원가)=4만 원
4만 원 – 3만 원(간접 비용)=1만 원

그러고는 마지막 글자 1만 원에 밑줄을 긋고 그 옆에 '이익'이라고 적었다.

"이익률 10퍼센트는 회사를 간신히 운영할 수 있는 수준입니다." 이 이야기를 듣고 있던 영업사원들 중에는 다음 연봉 협상 때 얼마를 요구해야 할지 계산하는 사람들도 틀림없이 있었을 것이다. 창립자가 이어 말했다. "그러나 여러분이 그저 구매자가 한번 물어봤다는 이유로 가격을 15퍼센트씩 깎아준다면 회사 이윤은 어떻게 됩니까?"

그는 누군가가 답을 하길 기다리지 않고 차트로 돌아갔고, 이번에는 다음과 같이 적었다.

8만 5,000원 - 6만 원(매출원가)=2만 5,000원

2만 5,000원 - 3만 원(간접 비용)=-5,000원

그리고는 -5,000원에 빨간 동그라미를 그린 후 그 옆에 '손실'이라고 적었다.

"자, 여러분이 가끔, 어쩌면 매일같이 대체 어떤 일을 하고 있는 건지 알겠습니까? 여러분은 회사에 연간 8억 5,000만 원씩 비용을 발생시키고 있습니다. 우리 사업을 성장시키고 지방 물류 센터를 새로 꾸미거나 새 브랜드를 도입하려면 그 8억 5,000만 원이 필요하죠. 또한…." 여기서 그는 극적인 효과를 더하기 위해 잠시 말을 멈췄다. 직원들이 무엇보다도 민감하게 여기는 '자신의 이익'이라는 측면에 호소하기 위해서였다. "여러분에게 인센티브를 챙겨드리기 위해서도요."

해외에서 협상을 하려고 첫 출장길에 나선 헬무트 베버의 사례를 살펴보자. 그는 높은 기술력으로 명성이 자자한 독일 회사 베버를 대표하여 남아프리카공화국으로 향했다. 헬무트는 현지에 있는 기존

대리점주들과 만나 새로운 공급 및 서비스 약관을 협상하고 신규 대리점을 몇 군데 오픈할 예정이었다. 공학도였던 그는 펌프 관련 지식이 꽤 있었지만, 협상 방면으로는 아는 바가 거의 없었다. 한편 남아프리카공화국 사람들은 대체로 사업 수완이 나쁘지 않다는 평을 받고 있었다. 대리점주들은 헬무트처럼 펌프의 기술적인 면은 잘 알지 못했지만, 그 지역에서 펌프를 사고파는 데는 소질이 있었다. 이는 전형적인 정보 비대칭 사례다.

회사가 자질이 부족해 보이는 헬무트에게 이토록 중요한 임무를 맡긴 이유가 무엇인지 궁금한 사람들도 있을 것이다. 나도 궁금해서 사장에게 물었더니, "아내가 아들의 능력이 어떤지 확인해보자고 고집했거든요"라고 대답했다!

헬무트가 남아프리카공화국에서 처리한 업무 경과는 상세한 보고서로 작성되어 아버지 책상에 차곡차곡 쌓이고 있었다. 그 보고서들을 순서대로 읽다 보면 배경지식이 전혀 없는 사람조차 현재 추세가 어떤지 알 수 있을 터였다. 그러나 헬무트의 아버지는 순서대로 따져보기를 좋아하는 독일인들의 열정조차 제쳐두고, 아들의 협상 행동에 어떤 패턴이 나타나고 있는지 확인할 생각을 하지 않았다.

헬무트는 가격 협상에 젬병이었지만 스스로는 그렇다고 생각하지 않았다. 그는 자신이 엄청난 어려움 속에서도 최선을 다해 일하는 중이라고 믿었다. 무엇 때문에 그렇게 어려운 상황인지 질문을 받았다면, 그는 '경쟁'이라는 한마디로 문제를 요약했을 것이다. 요하네스버그에 도착한 지 이틀도 안 돼서 그는 세상에서 가격 경쟁이 가장 치열한 곳이 바로 남아프리카공화국이라고 확신하게 됐다.

누구도 베버의 높은 기술력을 대놓고 칭찬하진 않았지만, 이를 부인하는 사람은 없었다. 하지만 사람들은 하나같이 입을 모아 베버의 공장도 가격이 너무 비싸며 대리점 마진이 너무 낮다고 이야기했다. 헬무트는 회사에 이메일을 보내서 요하네스버그 최대 대리점의 현재 주문량을 유지하려면, 공장도 가격을 5퍼센트 할인할 수밖에 없었다는 내용을 보고했다.

더반에서는 상황이 더욱 안 좋았다. 더반 최대의 기계부품 매장 사장은 "베버 제품은 너무 비쌉니다. 가격표에 나와 있는 금액으로 펌프를 팔면 나한테 남는 게 없습니다"라고 말했다. 이번에도 헬무트는 회사에 이메일을 보냈다. "우리 가격은 비현실적이에요. 마진율을 10퍼센트 올려주는 조건으로 신규 대리점을 열었습니다."

어떤 신규 대리점에서 베버의 펌프 가격이 작년에 비해 높아진 이유를 묻자, 과거에 그 매장에 펌프를 판매한 이력이 있었는지 알지 못했던 헬무트는 약간 당황했다. 숙소에 돌아가 확인해보니 베버가 지난 15개월 동안 가격을 올린 적은 없었다. 그래도 헬무트는 15퍼센트를 할인해주기로 했다. 그는 고국에 이메일을 보내면서 대리점을 새로 열었으며 이곳에서 펌프를 모델별로 한 대씩(대리점 측이 "우선 시장 분위기를 파악하고 싶어요"라고 말했다) 구입하기로 했으니 주문서를 첨부하겠다고 알렸다. 또 다른 대리점에서는 헬무트에게 이렇게 말했다. "베버 펌프를 취급하고 싶지만 다른 회사들이 더 경쟁력 있는 가격을 제시한 데다가 지금 경기가 너무 안 좋으니 아무것도 재주문하지는 않겠습니다." 그렇게 말한 덕분에 이곳은 20퍼센트를 할인받을 수 있었다.

헬무트가 어디를 가든 대리점주들은 조금씩 다르지만 결국 같은 취지의 이야기를 했다. 그러면 그는 '어쩔 수 없이' 15퍼센트(정말 운이 좋았을 경우)에서 30퍼센트(운이 나빴을 경우)를 깎아줄 수밖에 없었다는 내용으로 회사에 보고를 올렸다. 대리점을 돌아다닐수록 그는 베버가 이 터무니없는 해외 가격 정책을 고수했다가는 남아프리카공화국에서의 입지가 축소되고 말 거라고 확신하게 됐다.

이스트런던의 어떤 대리점이 "남아프리카공화국에 좋은 펌프에 대한 수요가 있다는 걸 알고 베버가 독점적으로 착취하려고 하는군요"라고 나무라자 헬무트는 낯이 뜨거워졌다. 대리점은 "헬무트 씨가 제시한 가격대로 계약하면 신제품을 구입할 예산이 부족해요"라고 이야기했고, 그는 30퍼센트를 깎아주기로 했다. 케이프타운의 한 대리점이 베버가 '스키밍 전략(Price Skimming, 제품 출시 초기에 높은 가격을 설정했다가 점차 낮춰가는 것-옮긴이)'을 쓴다며 비난했을 때는 의기소침해져서 15퍼센트를 깎아주기도 했다(사실 헬무트는 그 전략이 무엇을 뜻하는지도 잘 몰라 본사에 물어봐야 했다). 블룸폰테인에서는 반쯤 취한 듯한 대리점주가 헬무트를 "폭리를 취하는 파렴치한"이라고 비난했다. 죄책감과 억울함을 동시에 느낀 그는 "내 고객들은 그 가격을 주고 펌프를 사지 않을 거요"라는 대리점주의 말에 가격을 양보해주고 말았다.

헬무트는 이제 누구를 만나든 베버 제품이 비싸다는 소리를 들을까 봐 안절부절못하는 지경에 이르렀다. 그는 너무도 신경을 쓴 나머지 협상이 시작된 직후부터 가격 논의를 하려 했고, 대리점에서 가격을 트집 잡을 것 같을 때마다 자진해서 그 문제를 먼저 거론했다. 그는 회사가 남아프리카공화국에서 입지를 공고히 하는 데 가장 큰 걸림돌이 바로 가격이라고 다시 한번 확신했다.

그는 아버지에게 이메일을 보내, 마케팅팀에서 완전히 일을 잘못하고 있으며 남아프리카공화국에서는 서로 먹고 먹힐 정도로 경쟁이 치열하기 때문에 오직 가격 할인이나 다른 양보를 통해서만 대리점이 계속 베버 제품을 취급하게 할 수 있다고 보고했다. 또한 그는 일본, 프랑스, 영국인들의 '펌프 덤핑' 실태를 보고했다. 경악스럽게도, 이 외국 회사들은 하나같이 베버를 몰아낼 목적으로, 펌프를 '원가 이하'로 판매하고 있었다! 서미싯웨스트의 한 대리점주는 비밀이라면서 일본 회사의 한 담당자가 '언제나 베버보다 낮은 가격으로 펌프를 공급하라'는 지시를 받았다고 전하기도 했다.

"우리같이 정직한 사람들이 이런 불한당들과 경쟁할 수 있겠어요?" 헬무트는 서미싯웨스트 대리점주의 이야기를 아버지에게 보고하면서 이렇게 묻고, 그 대리점 창고에 베버 펌프를 채울 수 있도록 자신에게도 비슷한 재량권을 달라고 요청했다. "일본 기업이 가격을 가지고 그런 비열한 술수를 부린다면 우리도 저렴한 가격이 무엇인지 본때를 보여줘야 하지 않겠습니까!"

헬무트의 아버지는 이메일을 읽고는 답답한 심정으로 양손에 얼굴을 파묻었다. 그는 마음의 평정을 찾기 위해 앞으로 1시간 동안 아무도 방에 들어오지 말라고 지시했다. 그런 다음 아내에게 전화를 걸어 당신이 낳은 아들이 얼마나 바보 같은 줄 아느냐고 말한 후, 비서를 불러 헬무트에게 당장 회사로 돌아오라고 전화를 걸게 했다.

헬무트가 사무실로 복귀하기 전에 휴식을 취하는 며칠 동안, 아들을 어떻게 해야 할지 고민하던 사장은 그를 마케팅 매니저인 프리츠의 밑으로 보내기로 했다. 프리츠는 헬무트에게 두꺼운 종이와 펜을 주고 그의 경험을 글로 자세히 적어보라고 했다. 그런 다음 헬무트의 보고서를 읽으며 그가 각 대리점을 상대로 일을 어떻게 처리했는지 꼼꼼하게 확인하고, 종이 여백에 자신의 의견과 질문 사항을 적어서 돌려줬다. 프리츠는 각각의 대리점주가 베버 펌프의 가격에 대해 뭐라고 이야기했는지 알려달라고 요청했다. 그는 "토씨 하나 틀리지 않게요"라고 덧붙였다.

헬무트는 아무런 의미도 없어 보이는 일을 하느라 진절머리가 났지만 결국엔 과제를 마쳤고, 프리츠의 사무실로 불려갔다. 자신이 질문 공세의 표적이 되리라는 생각에 혹시 바보처럼 비치진 않을까 하고 걱정이 앞섰다. 하지만 프리츠는 그의 우려를 잠재우는 말로 운을 뗐다.

"헬무트 씨가 우리 회사 대표로 남아프리카공화국에 다녀온 후에 같은 실수를 반복하는 일은 평생 없을 겁니다. 다른 사람들도 전부 비슷한 실수를 한 적이 있지만(그는 혼잣말로 "물론 이번처럼 큰 실수는 아니지만"이라고 덧붙였다), 이제는 그것들을 피하는 법을 배웠으니까요." 그러고는 헬무트에게 물었다. "남아프리카 시장에서 베버 펌프의 가장 큰 문제가 무엇이라고 생각하나요?"

"두말할 것도 없이 우리 가격이 너무 높다는 점이죠." 헬무트가 대답했다.

"좋습니다. 일단은 그렇다고 치고, 왜 가격이 너무 높다고 생각하는 건가요?"

"대리점이 우리가 제시한 가격에는 사지 않으려고 하니까요."

"그 사람들이 우리 가격에 대해 전부 같은 말을 하던가요, 아니면 저마다 다른 이야기를 하던가요?" 프리츠가 물었다.

"모두 같은 이야기를 하던데요?"

"재미있군요." 프리츠가 날카로운 눈빛으로 그를 보며 말했다. "하지만 헬무트 씨는 보고서에 대리점들이 하나가 아닌 여러 가지 이유를 대며 가격을 문제 삼았다고 적었죠. 그건 어떻게 설명하겠습니까?"

"무슨 말씀인지 잘 모르겠어요." 헬무트가 어리둥절해하며 말했다.

"좋습니다. 보여드리죠." 프리츠는 사무실 구석에 세워놓은 차트의 첫 장을 넘기고 거기에 적힌 내용을 읽었다.

- 베버의 펌프는 공장도 가격이 너무 비싸서 대리점 마진이 너무 적다.
- 작년에 구입했던 비슷한 펌프보다 더 비싸다.
- 경쟁사들이 더 좋은 가격을 제시했다.
- 우리 예산으로는 불가능하다.

프리츠는 다 읽고 나서 그것들이 헬무트가 보고서에 쓴 표현이 맞는지 물었다.

"그런 것 같습니다." 확실하게 기억할 수는 없었지만, 헬무트는 고개를 끄덕이면서 웅얼거렸다.

"그럼 저 문장들이 모두 같은 의미인가요?" 프리츠가 물었다.

"모두 우리 가격이 너무 비싸다는 뜻이죠." 헬무트가 자기 생각을 말했다.

"바로 그것 때문에 헬무트 씨가 실수를 한 겁니다. 이 문장들은 같지 않아요. '가격을 무너뜨리고 말리라'라는 하나의 노래를 두고 서로 다른 가락을 연주하는 셈이죠. 예리코 전쟁의 여호수아(구약성경의 등장인물. 여호수아 장군이 예리코성을 침략했을 때 성채를 일곱 번 돌고 나팔을 불자 성벽이 무너졌다는 일화가 나온다-옮긴이)가 그랬듯, 대리점주들이 나팔만 불면 헬무트 씨의 가격은 성벽처럼 와르르 무너지고 말았어요."

헬무트는 조금 억울했지만 아무 말도 하지 않고 프리츠의 다음 말을 기다렸다.

"대리점들이 헬무트 씨에게서 양보를 받아낼 목적으로 사용한 수단은 가격이었습니다. 헬무트 씨가 그들의 요구에 응하여 가격을 깎아줬다고 해서 가격이 거래의 방해 요인이었다는 의미는 아니며, 가격을 양보했다고 해서 무조건 거래를 성사시킬 수 있다는 보장이 생기는 것도 아닙니다. 가격을 깎아주고도 거래를 따내지 못한 경험이 많은 걸 보면 알 수 있듯이 말이에요."

"무슨 말씀이시죠? 내가 따낸 거래에서는 전부 가격을 깎아줘야만 했어요. 따내지 못한 거래들은 아마 가격을 더 낮추지 못했기 때문일 겁니다!"

그 말에 프리츠는 절로 한숨이 터져 나왔지만 인내심 있게 이야기를 이어나갔다. "대리점주들이 시장 상황을 솔직하게 말하고 있느냐 하는 문제는 일단 제쳐두고, 그들이 헬무트 씨에게 가격을 할인받았을 때 어떤 이익을 얻을 수 있을지 한번 생각해보세요."

"음⋯. 제가 가격을 깎아주고 대리점주들이 시장에서 가격을 방어할 수 있다면 추가 마진을 얻을 수 있었겠죠. 하지만 남아프리카공화국에서는 경쟁이 무시무시하니 그러기가 어려워요."

"경쟁이 무시무시하다는 걸 어떻게 알죠?"

"당연히 알 수 있죠. 대리점들만큼 시장 상황을 잘 아는 사람들이 어디 있겠어요?" 이제는 조금 언짢아진 헬무트가 대답했다.

"좋아요. 예산이 부족하다던 대리점을 예로 들어봅시다. 예산 한도가 있다는 걸 어떻게 알죠?"

"그 건은 기억이 나네요. 대리점주는 전체 예산 중 겨우 5퍼센트가 펌프 구입에 할당되어 있다고 말했고, 일본 제품 재고를 보관하는 진열대도 보여줬어요. 창고 전체 공간 중에 펌프를 보관할 수 있는 자리는 고작 선반 세 개뿐이더군요." 헬무트가 의기양양하게 대답했다. 그는 언뜻 프리츠가 "바보" 어쩌고 하면서 중얼거리는 소리를 들은 것 같았다.

"경쟁사가 더 좋은 가격을 제시했다는 이야기는요?"

"만나는 사람마다 대부분 그 소리를 한 것 같아요." 헬무트가 대답했다.

"분명 그랬을 겁니다." 프리츠가 말을 받았다. "하지만 그 사람들이 누구에게나 똑같은 말을 한다는 생각은 들지 않았나요? 반대로 생각해볼까요? 대리점에서 경쟁사의 가격이 우리보다 비싸다고 말하면 가격을 올리고 싶나요, 아니면 내리고 싶나요?"

"올려야죠." 헬무트는 대답하자마자 그 말의 의미를 깨달았다. "무슨 말씀인지 알겠네요." 그가 중얼거리듯 말했다.

"네. 그러길 바랍니다. 그럼 고객들이 이 가격을 주고는 펌프를 사지 않을 거라는 이야기는 어떨까요? 우리가 1년 동안 펌프를 몇 개나 판매하죠? 예비품을 제외하고도 1만 개 이상 팔리고 있죠. 누가 그걸 사나요? 이 고객들에게 정말 가격이 방해 요인일까요?"

"아니요. 하지만 남아프리카공화국에서도 사정이 같으리라는 법은 없잖아요." 헬무트가 말했다.

"그럴 수도 있고, 아닐 수도 있습니다. 하지만 유독 남아프리카공화국만 나머지 모든 국가와 시장 상황이 다를 가능성은 아주 희박합니다. 그렇지 않을까요? 현재 환율을 고려했을 때 우리 펌프는 미국에서 더 비싼 셈이지만, 미국 판매량은 전 세계 2위를 기록하고 있습니다. 심지어 우린 일본에서도 펌프를 팔고 있어요. 대리점주가 언급했던 일본 회사의 주요 생산 공장에서 그리 멀지 않은 곳에서 말이죠."

"제가 가격을 조금 과하게 깎아주긴 했나 보군요. 다음엔 조금 더 현명하게 행동하겠습니다." 헬무트가 말했다.

"가격을 깎아준 것만 문제가 아닙니다! 헬무트 씨는 모든 부분에서 양보를 했습니다. 지급 조건, 판매 및 반품 정책, 재고 조건, 운임 보험료 등 대가 없이 양보해주지 않은 것이라곤 행사 예산밖에 없어요. 가격을 깎아준 것도 모자라 이런 양보까지 하다니요. 그 덕에 대리점들이 이익을 얼마나 챙겼는지 알기나 합니까? 아뇨, 그렇게 따져보지 않아도 됩니다. 내가 알려주죠. 베버 펌프는 지금 아프리카대륙에서 가장 부유한 나라에 거의 공짜로 제품을 넘겨야 하게 됐어요. 우린 그동안 남아프리카공화국을 제외한 다른 모든 아프리카 국가에서 이윤을 남기고 있었죠. 차드에 리퍼브 제품을 보낸 건까지 포함해서도요. 차라리 펌프들을 라인강에 던져버렸다면 이토록 손해가 크지는 않았을 겁니다. 적어도 아프리카까지 운송하는 비용은 아낄 수 있었을 테니까요!"

헬무트는 한참 동안 말을 잇지 못하다가 조용히 이야기했다. "제가 어떻게 해야 할까요?" 그건 최악의 답을 각오한 질문이었다.

"경쟁사에 취직하는 건 어때요?" 프리츠가 속삭였다.

가여운 헬무트. 그는 정말 참담한 기분이었다. 헬무트가 남아프리카공화국에서 발생시킨 막대한 손실은 몇 년에 걸쳐 겨우 만회할 수 있었다. 그는 단순히 가격만 양보한 것이 아니었다. 그가 가격이 협상의 방해 요인이라고 믿기 시작하고부터, 가격을 비롯한 다른 영역들도 모조리 무너져 내리고 말았다.

성공적인 협상가의 두 가지 자질은 다음과 같다. 첫째는 상대방이 가격을 문제 삼을 때 잘 대처하는 것이고, 둘째는 상대가 제시한 가격에 이의를 제기하는 것이다.

1. 당신은 남아프리카공화국에서 산업용 펌프 대리점을 유치하려고 출장에 나섰다. 그러나 요하네스버그에서는 펌프가 "너무 비싸다"라고 하며, 더반에서는 가격이 "비현실적"이라고 말하고, 케이프타운에서는 "대리점 마진이 너무 적다"라고 이야기한다. 어떻게 하겠는가?

① 마케팅팀에서 가격 구조를 잘못 설정했다는 내용으로 본사에 이메일을 보낸다? 틀렸다. 영업 일을 하는 협상가들은 일진이 나쁜 날이면 한 번씩 마케팅팀에서 가격을 잘못 책정했다는 생각을 하지만, 틀린 쪽은 언제나 영업 협상가들이다. 게다가 마케팅부서는 영업 초짜가 이메일을 하나 보냈다고 해서 가격 정책을 바꾸지는 않을 것이다.

② 별 조치 없이 계속 여행한다? 정답이다. 지금 듣고 있는 이야기는 어느 곳에 있는 구매자건 늘 하는 말이다. 나는 당신도 이 사실을 금방 깨우칠 것으로 확신한다.

③ 마진율을 조정해본다? 이런 조치를 한다는 것은 당신이 구매자들이 가하는 압력에 힘을 잃고 있으며 결국에는 무너질 것(그리고 해고될 것)이라는 의미다.

④ 계약을 맺는 조건으로 정가에서 할인을 해준다? 안 된다. 단순히 계약을 따내려고 정가에서 할인을 해주다가는 언제나 깎아주기만 하는 나약한 협상가가 될 수도 있다.

2. 당신은 발전소 건설 프로젝트에 쓰일 펌프 공급 건으로 협상을 하고 있다. 도급업자는 당신의 견적가가 독일 경쟁사가 제시한 가격보다 15퍼센트 높고, 리버브 펌프보다는 35퍼센트 비싸다고 이야기한다. 어떻게 하겠는가?

① 우리 회사 펌프는 세계 최고 수준이며, 업계 사람들은 전부 그 점을 알고 있다고 자신 있게 이야기한다? 틀렸다. 어떤 판매자든 자기 제품에 관해선 이런 취지의 이야기를 한다. 만일 자사의 펌프가 세계 최고라는 말이 사실이라면 구매

자들도 이미 그 점을 알고 있을 것이다(양질의 제품에는 좋은 평판이 따르는 법이다). 하지만 그 말이 사실이 아니거나 논란의 여지가 있다면 상대의 기분만 상하게 할 것이다. 가격에 대한 이의 제기를 품질을 언급함으로써 방어하기에는 역부족이다. 도급업자는 2위나 3위 제조사의 펌프를 써보고 만족한 후, 굳이 더 비싼 제품을 쓸 생각을 하지 않게 될지도 모른다.

② 주문을 한다면 가격을 협상할 수 있다고 이야기한다? 틀렸다. 주문을 할 경우 협상이 가능하다는 말은 결국 주문만 하면 깎아주겠다는 이야기에 지나지 않는다. 이는 양보를 향한 첫 단계인 셈이다.

③ 우리 회사 펌프를 주문하면 정기 관리 서비스를 제공해주며, 24시간 언제나 긴급 수리가 가능하다는 점을 말해준다? 맞았다. 이것이 바로 상대가 자사 제품을 구입했을 때 누릴 수 있는 혜택이다(항상 구체적인 예를 들어 설명해라). 경쟁사에 비해 차별성이 있는 자사의 혜택을 강조하는 것이 두루뭉술하게 평판이 좋다고 이야기하는 것보다 훨씬 솔깃하게 들릴 것이다.

22 | 가격 말고 패키지를 바꿔라

거래를 더 좋은 조건들로 구성하는 법

1. 심해 석유탐사 전문가인 당신에게 어떤 싱가포르 회사가 2년간 프로젝트를 수행 해달라고 제의했다. 그러나 그들이 보내온 채용제안서를 보니, 제시된 연봉 액수가 당신이 노르웨이에서 받던 수준과 거의 차이가 없다. 어떻게 하겠는가?

　① 연봉을 올려달라고 말한다.

　② 당신이 원하는 액수를 알려준다.

　③ 높은 연봉을 제시한 다음 그들이 제안한 액수와 절충해나간다.

2. 어떤 고객이 당신이 부른 가격에 강하게 불평하면서도 아무런 의견을 제시하지 않 고 있다. 어떻게 하겠는가?

① 할인은 불가능하다고 말한다.

② 상대가 원하는 금액을 제시해보라고 한다.

③ 가격에 반발하는 이유가 무엇인지 물어본다.

④ 가격을 조금 내려 다시 제시한다.

1801년 영국의 넬슨 제독이 이끌던 소형 함선은 코펜하겐 항구로 진격하는 도중에 항구 입구를 수비하던 덴마크군의 섬 요새와 무장 선들을 맞닥뜨렸다. 그 순간 적군의 맹렬하고 위협적인 기세에 압도되어 간담이 서늘해진 영국군은 한두 명이 아니었을 것이다. 그러나 제독은 특유의 성격이 그대로 드러나듯, "덴마크 군대를 보고 벌벌 떠는 건 어린아이들뿐이다"라는 글을 남겼다.

그와 비슷하게, 협상 상대의 공격은 겉보기만큼 위협적인 경우가 거의 없다. 오직 '어린아이 같은 협상가들'의 눈에나 상대가 천하무적처럼 보일 뿐이다. 당신도 도저히 이길 수 없는 상대를 만난 듯한 기분이 들 때는 넬슨의 평가를 기억하고 그의 당찬 기개를 본받을 수 있도록 노력해라! 그러나 코펜하겐 전투는 영국 역사상 가장 치열했던 해전 중 하나로 남아 있으며, 당시 제독이 거의 패배할 뻔했던 것도 사실이다. 이렇듯 우리는 배짱만 가지고 만사에 성공할 수 없으며, 지금 하는 일에 실력을 갖춰야 한다. 하지만 당신이 단순히 반대에 부딪혔다는 이유만으로 쉽게 굴복한다면, 언제까지고 그 신세를 면하기 어려울 것이다.

여기서 나는 한 가지 주요 협상 기술을 소개하려고 한다. 바로 노련하고 강력한 상대가 가격에 문제를 제기했을 때 대처하는 방법이다. 협상가들은 왜 세상 모든 사람이 하나같이 가격에 이의를 제기하는지 알고 있다. 그러지 않을 이유가 없기 때문이다! 21장에서 등장한 헬무트 베버만 해도 상대의 반발을 받은 순간 예리코 성벽처럼 힘없이 무너져 내렸다. 그의 협상 상대들은 압박 속에 무너지는 헬무트의 모습을 보고 지급 조건, 배송 및 보험료, 예비 부품, 환불 조건, 교육 등 가격 외의 영역들도 전부 밀어붙여 양보를 받아냈다.

양보를 해준다는 건 상대에게 협상 패키지 안의 모든 영역에 도전하라고 문을 열어주는 꼴이다. 게다가 미처 협상이 가능하리라고 생각하지 못했던 사안들마저 모조리 공격당할 수도 있다. 가격이라는 성벽이 무너지면 다른 것들도 줄줄이 함락된다! 그러므로 끝까지 가격을 사수할 수 있도록 총력을 기울여야 한다.

가격을 지키는 방법은 무엇일까? "안 됩니다"를 계속 반복하면 될까? 가격을 지킬 수 없을 때는 거래를 포기해야 할까? 아니면 정찰제만 고집해야 할까? 그렇지 않다. 정찰제란 고정된 패키지를 의미하지만, 다음의 이유 때문에 정찰제는 어디에도 존재할 수 없다.

고정된 패키지는 없다.

사람들은 협상하려는 대상들에서 각자 다른 속성을 인식한다. 의자를 예로 들어보자.

- 누군가에게 의자는 편안히 앉을 수 있는 가구다.
- 또 다른 사람에게는 장식품이다.
- 또 다른 사람에게는 골동품이다.
- 또 다른 사람에게는 무대 소품이다.
- 또 다른 사람에게는 투자 물품이다.
- 또 다른 사람에게는 땔감이다.
- 또 다른 사람에게는 쓸모없는 잡동사니다.
- 또 다른 사람에게는 늘 돈이 새 나가는 구멍이다.
- 또 다른 사람에게는 자기 이미지의 일부다.

이 외에도 다양한 관점이 존재할 수 있다.

사람들이 같은 대상 안에서 저마다 인식하는 속성은 인구수만큼이나 다양하다. 게다가 인간의 인식은 변하기 마련이므로, 누군가가 인식한 어떤 물건의 속성은 시간이 흐르면서 더욱 다양해진다. 인기 있던 가구가 하루아침에 구닥다리가 되기도 하고, 아무도 거들떠보지 않던 디자인이 어느 날 유행이 되기도 하듯 말이다. 검정색 의자는 결혼 선물로는 부적절할지 몰라도 무대 소품으로 제격이다. 한편 흰 의자를 판매할 때는 사용처를 정반대로 말할 수 있고, 그마저도 가격이 제시되면 또 변할 수 있다!

사람들은 단순히 물건을 구입하는 것이 아니라 그 물건이 제공하는 서비스를 함께 산다. 이 서비스는 눈에 보일 수도 있고 보이지 않을 수도 있으며, 한 개인에게 한정되거나 모든 사람에게 보편적으로 주어질 수도 있다. 때때로 우리는 필요를 제대로 충족시키지 못하는 물건을 그냥 참고 쓰기도 하지만, 어떤 때는 필요에 가장 부합하는 물건을 고집하기도 한다.

구매나 판매 활동은 전부 이 사실을 토대로 이루어진다. 판매자는 고객의 필요가 무엇인지 알아낸 후 그것을 충족시킬 수 있는 물건을 제시해 돈을 받아내며, 구매자는 산 것을 후회하지 않도록 자신에게 필요한 서비스를 제공하는 물건을 찾아낸다. 원칙적으로 어떤 물건의 가격은 결국 누군가가 기꺼이 지급할 수 있는 액수에 따라 정해진다. 판매자는 어떤 물건이 제공하는 서비스에 상응하는 가격을 제시해야 한다. 구매자들이 계속해서 가격에 이의를 제기한다면, 이 물건으로 얻을 수 있는 서비스에 그만한 가치가 없을지도 모른다. 반대로 누군가가 어떤 물건으로 얻을 수 있는 서비스의 가치를 아주 높게 평가한다면, 당신이 제시한 가격보다 훨씬 높은 금액을 지급하고도 살 사람이 있을지도 모른다.

당신이 제시한 금액에 사람들이 이의를 제기하는 다른 이유로는 다음과 같은 것들이 있다.

- 당신이 가격을 깎아줄지 떠보려고
- 그저 돈 쓰길 싫어하는 구두쇠여서
- 당신이 바가지를 씌우고 있다고 믿어서
- 정말 그만한 돈을 낼 형편이 되지 않아서
- 흥정 자체를 즐겨서(칭찬할 만한 사람이다!)

- 당신이 가격을 깎아줬다는 사실을 핑계로 다른 판매자에게서 가격을 깎으려고
- 가격을 트집 잡아 거래에서 손을 떼려고

하지만 당신은 상대방이 지금 가격을 깎으려는 이유가 이 중에 어떤 것인지 알기 어렵다. 그러므로 여타 중요한 협상 순간들과 마찬가지로, 상대가 가격에 이의를 제기하는 순간 당신이 첫째로 할 일은 '왜?'라는 질문을 하는 것이다.

물론 상대방의 말을 곧이곧대로 믿으라는 의미는 아니지만, 그의 답변은 가격 문제를 해결하는 데 실마리를 제공할 것이다. 이는 상대가 너무 비싸거나 싸다는 이야기를 했다는 이유만으로 가격이 거래의 장애 요인이라고 예단하는 것보다 훨씬 낫다.

누군가가 가격을 문제 삼는다고 해서 무조건 가격을 낮추거나 높여야만 거래가 성사되는 것은 아니다. 가격이 비싸다는 말만 듣고 깎아주는 것은 당신이 할 수 있는 최악의 행동이 될 수도 있다. 상대 협상가가 제시한 이유를 살펴보고 나면, 단순히 가격을 깎아주는 것이 최선의 전략이 아니라는 사실을 깨닫게 될지도 모른다. 헬무트가 남아프리카공화국에서 한 실수의 요점도 이것이었다. 상대가 가격을 트집 잡아 당신의 의지를 시험하는데, 바로 꼬리를 내려서 자신에게 정말 아무런 의지가 없다고 증명해주면 어떻게 되겠는가. 당신이 더는 내줄 것이 없겠다고 판단할 때까지 상대는 계속해서 압력을 가할 것이다. 그러고도 끝에 가서 거래를 하지 않겠다고 나올 수 있으니 당

신은 처음의 입장을 고수해야만 한다.

상대가 당신이 바가지를 씌우는 건 아닌지 의심하고 있는 찰나에 가격을 깎아주는 건, 그런 의심을 가장 확실하게 증명해주는 방법이다! 돈이 부족하다고 말하는 사람은 더 저렴한 물건을 고려할 의사가 있을지도 모른다. 이때 당신의 역할은 어떤 물건을 권해야 좋을지 대체품을 재빨리 찾아내는 것이다. 아니면 상대가 가격을 문제 삼은 것이 단순히 흥정 자체를 즐기기 때문일지도 모른다. 이런 경우 크게 문제 될 것은 없고, 어떤 면에서는 그가 가장 손쉬운 상대이기도 하다.

또 어떤 구매자는 당신을 가격 경쟁의 제물로 희생시켜 다른 판매자들이 앞다투어 가격을 깎아주게 자극하려는 꿍꿍이를 품고 있을지도 모른다. 그럴 때 가격을 깎아주는 것은 아무런 보람도 없이 상대가 원하는 대로 움직여주는 행위에 지나지 않는다. 가격을 핑계 삼아 거래에서 손 떼려는 상대를 대할 때도 마찬가지다. 창피할 정도로 큰 양보를 하지 않는 이상, 한번 마음이 떠난 사람은 아무리 가격을 조정해줘도 붙잡기 어렵다. 오히려 거래를 중단할 구실만 하나 더 줄 수도 있다. "20퍼센트나 깎아준다니, 당신은 처음부터 내게 바가지를 씌우려 한 거네요?"

그렇다면 우리는 어떤 식으로 가격 반발에 대처해야 할까?

오직 가격만으로 결정되는 거래는 거의 없다. 어떤 거래든 그 안에는 최소한 한 가지 이상의 변수가 존재하며, 변수가 있다면 협상의 여지도 있다. 가격에 대한 반발은 협상안에서 맞교환할 수 있는 수많은 요소 중 한 가지에 대한 반발일 뿐이다.

가격을 양보하는 행위가 결국 다른 변수들에도 도전하라는 초청장과 다름없다는 사실을 당신은 이미 알고 있다. 그러니 당신은 다른 변수들을 활용하여 자신의 가격을 사수해야 한다. 상대가 가격을 바꾸려 한다면, 협상 패키지 안의 다른 변수들을 먼저 조정해보는 것이 적절하다. 그리고 당신이 상대의 요구에 따라서 한 가지를 바꿔주기로 했다면, 반드시 상대도 무언가를 바꾸게 만들어 대가를 받아내는 습관을 들여야 한다. 이 전략은 다음의 한 문장으로 요약할 수 있다.

패키지가 달라지면 가격도 달라져야 한다.

헬무트 베버의 다음 직장에서 이 전략이 잘 드러난다. 남아프리카공화국에서 대실패를 맛본 그는 사직서를 내고 새 출발을 하기로 마음먹었다. 그는 마케팅 매니저가 비꼬듯이 권했던 경쟁사에 들어가지 않고 완전히 새로운 분야에 진출했다. 헬무트를 구제해준 건 독일인들의 초콜릿을 향한 애정이었다. 독일인에게 초콜릿이란 프랑스인에게 치즈와 같은 존재로, 종류가 수백 가지에 달하고 그중 일부는 제품이 생산되는 특정 지역에서만 구할 수 있다. 자연히 독일인들은 초콜릿 업계에서 벨기에, 오스트리아, 스위스와 치열한 경쟁을 펼친다.

초콜릿 원료 카카오의 원산지는 아프리카 서부의 가나, 나이지리아, 토고, 코트디부아르, 카메룬 등지다. 카카오는 60킬로그램짜리 자루에 담겨 유럽으로 출하되며, 가공을 거쳐 초콜릿 제조 업체에 판매된다. 여기에 제조 업체들은 우유, 설탕, 견과류, 건포도, 크림, 잼과 같은 재료를 더해 자사 고유의 조리법으로 초콜릿을 만들어낸다.

초콜릿은 슈퍼마켓 인기 상품으로 만들어지기도 하고, 지역 전문점에서 판매될 이색 상품으로 제조되기도 한다. 아주 다양한 회사가 각 브랜드 제품의 포장이나 마케팅을 담당하고 있으며, 그중에는 소수의 대기업과 다양한 중소기업이 있다. 카카오 중개상으로서 이 업계에 뛰어든 헬무트는 원래 아버지의 인정을 받을 생각으로 일을 시작했지만, 나중에는 정말 일을 즐기게 됐다. 이 업계에서 그는 패키지가 무엇인지도 배울 수 있었다. 초콜릿을 감싸는 포장이 아닌 협상가들이 거래하는 방식 말이다.

시장경제에서 가격은 다양한 정보를 담고 있으며, 수요-공급의 관점에서 특정 제품의 지위를 효율적으로 파악할 수 있게 해주는 지표가 된다. 하지만 사람이 밥만 먹고 살지 않듯, 고객들은 가격만을 기준으로 초콜릿을 사지 않는다. 한 달에 카카오 열매를 몇 톤씩 사들이는 카카오 가공 업체들은 가격에 크게 연연하지 않는다. 가격만 생각하다가는 질 낮은 제품을 생산할 수 있고, 업계에서 품질이 안 좋거나 균일하지 못하다는 평판을 얻으면 판매량이 곤두박질치기 때문이다. 그러므로 이들의 협상에서 가장 중요한 문제는 카카오 열매의 높은 품질과 품질의 균일성이다.

그런데 품질은 아주 엄밀한 의미에서만 협상의 변수가 될 수 있다. 카카오 열매의 품질이 모든 종류의 초콜릿 생산에서 늘 결정적인 역할을 하는 것은 아니기 때문이다. 구매자로서 헬무트는 각 생산 공정에 요구되는 최소한의 품질과 가격 사이의 적절한 균형을 찾는 법을 익혀야 했다. 예를 들면 조리용 초콜릿에는 제과용 초콜릿보다 더 질 높은 카카오가 사용된다. 고급 식당에서 코스 요리를 주문한 고객이라면 최고급 초콜릿이 부어진 디저트를 기대하지 않겠는가.

어떤 가공 업체는 품질 관리를 안정적으로 잘하기 때문에 신뢰할 수 있지만, 어떤 업체 제품은 살 때마다 뽑기 운을 기대해야 할 정도로 품질이 균일하지 못할 수도 있다. 믿을 만한 업체 제품은 샘플 검사를 더 적게 받아도 되고 주문이 거절될 위험도 적지만, 그렇지 못한 업체의 제품이라면 초콜릿을 만들 때마다 상당한 양의 카카오가 낭비될 것이다.

품질이라는 변수에는 여러 가지 관련 변수가 따라온다. 품질 검사 기준, 수령 거부 정책, 환불이나 교환 조건, 대금 지급 시기(배송 직후에 할지, 품질 확인 후에 할지) 등이 함께 고려된다.

바로 이런 조건들을 가격 협상에 활용할 수 있다. 헬무트는 가공 업체에서 가격을 올리려고 할 경우, 회사에서 감수해야 하는 위험을 고려하여 배송이나 지급 전후에 적절한 보상책을 받아내는 식으로 패키지 내용을 변경했다. 가공 업체에서 지급 기한을 연장해주거나 더욱 엄격한 품질 검사에 동의할 경우 카카오를 더 비싼 값에 사들이기도 했고, 다른 조건을 완화하는 대신 가격 할인을 요구하기도 했다. 확실한 건, 경쟁이 치열하다거나 수익이 형편없다는 가공 업체들의 이야기만 듣고 무작정 가격을 조정해주지는 않았다는 점이다.

그렇다고 헬무트가 경쟁사들의 사정에 관심이 없었던 것은 아니다. 오히려 그는 자신이 뛰어든 초콜릿 업계의 구조 및 시장 상황을 파악하는 것을 최우선 과제로 삼았다. 시장이 실제로 어떻게 돌아가는지 미리 공부해둔 덕분에 그는 가공 업체나 제조 업체들이 꾸며낸 이야기에 당황하지 않았다. 하도 많이 들어 이제는 셀 수도 없지만, 구매자들이 '비밀'이라면서 네덜란드 · 덴마크 · 스위스 · 일본 등의 경쟁사들을 들먹여도 그는 조급해하지 않았다.

헬무트는 자신의 고객인 제조 업체들에 초콜릿을 안정적으로 공급하는 데 주안점을 두고 가공 업체들과 거래를 맺었다. 따라서 가공 업체가 서아프리카의 특정 국가에 전적으로 의존하여 카카오를 공급받느냐 아니냐는 헬무트에게 중요한 문제였으며, 특히 그 나라의 정치 상황이 불안정한 상황이라면 각별한 주의가 필요했다. 군사 쿠데타가 일어날 가능성이 크거나 진행 중인 국가가 카카오 원산지일 경우, 그가 구매자나 판매자로서 체결하는 공급계약은 조건이 달라졌다. 반대로 어느 한 곳에 의존하지 않고 여러 국가에서 카카오를 공급받는 가공 업체들과 거래할 때는 서로 원산지가 다른 열매들의 품질 균일성이 보장될 수 있는지 확인해야 했다. 열매를 섞어 사용할 수 있는지, 즉 호환성에 따라 헬무트가 구매하는 가격이나 지급 조건이 달라졌고, 그가 제조 업체에 청구할 수 있는 금액도 달라졌다. 제조 업체들은 꼭 예술품 중개인처럼 자신이 공급받는 가공 카카오의 출처를 알아야 한다고 고집하기 때문이다.

때로는 서아프리카의 정치적 상황이나 자연재해 때문에 헬무트와 공급 업체 사이의 지급 조건이 변동되기도 한다. 공급이 불안정하면 지급 기한이 짧아지기도 했고, 안정적일 때는 지급 기한이 길어지거나 기한은 그대로 유지하되 가격을 조정하기도 했다. 특정 공급 업체의 생산량 중 적어도 일부는 장기 계약 물량으로 빼둬야 하는 경우가 있다. 그럴 때 헬무트는 오랫동안 높은 고정 가격으로 공급받을지, 아니면 낮은 가격을 불러서 장기간 공급이 차단될 위험을 감수해야 할지 판단을 내려야 했다. 헬무트가 다양한 협상에 들어갈 때마다 고려할 수 있는 교환 조건들이 각각 달라졌고, 그는 자신에게 가장 유리한 패키지를 꾸리는 기술을 발전시켜나갔다.

헬무트의 회사가 납품받기로 한, 수십에서 수천 톤에 이르는 카카오 열매는 가공 업체 또는 헬무트의 회사에서 보관해야 한다. 그럴 경우 어느 쪽에서 비용을 내고 위험을 부담해야 할까? 카카오를 배송할 때는 대형 사일로를 쓸 때도 있고 컨테이너를 쓸 때도 있었다. 그러면 어느 쪽에서 비용을 내고 어느 쪽 소유의 운송 수단을 써야 할까? 협상가들은 가공된 카카오를 어느 쪽에서 관리하느냐에 따라 누가 어떻게 책임을 질 것이며, 긴급 상황에 조달할 수 있는 최소 수량과 조건은 어떤지 등을 결정해야 했다. 이것들은 헬무트가 협상에서 맞교환을 해볼 수 있는 수많은 조건 중 일부에 지나지 않는다. 그는 새로운 업계에 진출하여 협상가로서 가공 업체들을 상대하며 이런 사실들을 배울 수 있었다.

헬무트가 가공된 카카오를 구매하는 이유는 결국 초콜릿 제조 업체에 팔려는 것이므로, 한쪽에서 거래를 하면서(구입) 동시에 다른 쪽과 거래하는(판매) 일도 흔했다. 소규모이긴 하지만 헬무트는 소매점과 직접 거래하기도 했다. 또한 그도 '베버의 아프리카 딜라이트'라는 자체 브랜드 초콜릿을 소량으로 생산했다.

판매자 입장일 때도 상대방과 맞교환할 수 있는 거래 조건들이 많다. 초콜릿 제조 업체들은 품질의 균일성과 수급 안정성을 요구하며, 생산 주기에 따라 주문량도 달라진다. 예를 들면 한여름보다는 날씨가 추운 12월의 축제 기간에 더 많은 양을 주문하는 식이다.

패키지 안에서 다음과 같은 사안들을 협상할 수 있다. 필요량 이상의 잉여분 재고는 누가 보관하며, 계약이 이뤄지고 배송이 시작되기 전까지 누가 어떤 비용을 부담해야 할까? 품질이 떨어지거나 하자 있는 제품에 대해서는 어느 정도까지 가격을 조정할 수 있을까? 제조업체는 자사 브랜드 제품의 홍보 예산을 얼마만큼 부담해야 하며, 그것이 대형 슈퍼마켓 체인점의 주문량에 어떤 영향을 미칠까?

당신이 무엇을 사거나 팔든, 지금까지 협상이 가능하리라고 생각하지 못했던 조건들이 존재할 것이다. 이제 그것들을 찾아내야 한다. 이 수많은 변수 중에 당신의 가격을 방어해줄 조건이 있을 것이다. 관리자들은 틀에 박힌 방식으로 일을 하다 보면, 너무도 명백하게 맞교환해볼 수 있는 조건들을 배제하는 우를 범하고, 그 때문에 계속해서 새로운 패키지를 구성하는 협상 능력이 저하되곤 한다. 그러므로 성공적인 협상을 위해서는 맞교환할 수 있는 조건들이 무엇인지 끊임없이 따져보는 자세가 반드시 필요하다.

어떤 다국적 기업이 개최한 세미나에서 각국 영업팀은 협상에서 맞교환할 수 있는 조건들의 목록을 만들었다. 그런데 각각의 팀이 작성한 항목 중에는 완전히 상충하는 것들도 있었다. 어떤 팀이 '협상 불가'로 분류한 사안이 다른 국가 팀에게는 '협상 가능'으로 분류됐다. 캐나다 팀은 영국 팀이 관례적으로 협의를 거부하던 어떤 문제에 대해 지금까지 협상을 용인해왔다고 알렸다. 이를 계기로 영국 팀은 자신들이 지난 몇 년간 미국과 멕시코에서 거래를 따내지 못한 진짜 이유를 알아낼 수 있었다. 고객들이 같은 회사의 캐나다 지사로 거래처를 옮긴 것이다!

당신의 비즈니스에서 협상이 가능한 조건들에는 무엇이 있을까?

당신이 특정 분야에서 협상해볼 수 있는 사안의 전체 목록을 작성해봐라. 그다음, 협상이 가능하지만 이런저런 이유로 현재 그러지 못하고 있는 사안들을 별도로 정리해라.

이 목록은 길어야 마땅하다. 그렇지 않다면, 당신은 더 나은 협상 결과를 도출할 기회를 놓치고 있는 것이다. 짧은 목록에서 더는 생각이 나지 않는다면, 반대로 당신이 절대 협상을 용납하지 않는 항목들을 적어봐라.

당신이 '절대 협상을 용납하지 않는 항목'을 놓고 왜 그렇게 정했는지 자문해봐라. 협상하지 말아야 한다고 말한 사람은 누구인가? 협상하지 말아야 하는 타당한 이유는 무엇인가? 그것이 습관 · 전통 · 관습의 문제인가, 아니면 윤리적 문제인가? 당신은 이런 질문들을 통해 절대 협상하지 않겠다고 정해둔 다양한 항목을 협상 가능한 항목으로 옮길 수 있을 것이다.

영국의 한 대형 생명보험회사 사장은 이렇게 이야기했다. "가끔은 여러분에게 큰 위기가 필요합니다. 그곳에서 헤쳐 나오면서 수많은 아이디어를 얻을 수 있으니까요. 커다란 조직 내에서 신성불가침의 영역으로 간주되는 것들이 얼마나 많은지 보고 있으면 정말 놀라울 따름입니다. 이런 고정관념을 깨기란 쉽지 않죠."

당신의 조직에는 협상이 불가하다고 여겨지는 신성불가침의 영역이 얼마나 많은가?

협상에서 가격을 문젯거리로 바라보지 않기 시작하면, 내게도 유익하고 상대에게도 유익한 더 나은 거래를 만들어낼 수 있다. 어떻게 그럴 수 있을까? 가격이라는 한 부분만을 놓고 실랑이하는 데 집중하는 것이 아니라 지금 맺으려고 하는 거래의 전체 형태를 보게 되기 때문이다.

대부분의 거래에서 고려할 수 있는 변수에는 어떤 것들이 있을지 생각해보자. 이 변수들은 헬무트 베버가 남아프리카공화국에서 일할 때도 고려할 만한 것들이었지만, 그는 미처 알아채지 못했다. 당신도 협상을 할 때 이 변수들을 찾아내고 활용할 수 있다. 협상의 변수가 '돈'이라면 우리는 다음 항목들을 조정해볼 수 있다.

- 지급 수단
- 지급에 사용하는 통화 종류

- 지급 기간: 30일(또는 90일, 120일) 이내
- 대금 선납 시 할인 조건
- 선불인지, 후불인지
- 중도금 납입 간격
- 취소불능신용장 발행 여부
- 제삼자(중립자) 결제 여부
- 제품 결제 시기: 수령 시 결제인지, 품질 검사 이후 결제인지(검사는 누가 하는지)
- 배송비와 보험료는 누가 부담하는지
- 배송 중 손상에 누가 비용을 부담하는지
- 보관 비용은 누가 부담하는지
- 내구성이 두 배일 경우 가격을 올릴 수 있는지
- 특정 사양을 낮췄을 때 절약할 수 있는 비용
- 기본 가격 대비 적절한 계약 기간
- 독점 계약 시 상대 쪽에서 광고 및 행사 비용을 얼마나 부담할 것인지
- 보험 적용 범위
- 세금 및 각종 채무에 대한 책임 소재
- 하자품 교환 비용을 누가 부담하며 지급 방식은 무엇인지

상대방이 가격에 이의를 제기했을 때 이와 같은 방식으로 대처한다면, 협상 테이블 건너편에 앉아 있는 그는 '가격을 깎으려면 그 대

가로 패키지의 다른 조건들을 바꿔야 하겠구나'라고 생각할 것이다. 어떤 협상가가 당신이 제시한 패키지의 가격을 마음에 들어 하지 않는다면 또 다른 패키지에 적합한 다른 가격을 제시해라. 새로 제안한 패키지가 원래 것보다 상대방의 필요에 더 잘 들어맞을지도 모르니 말이다. 이렇게 당신은 거래를 구성하는 여러 요소를 바꿔가며 상대가 정말 원하는 방향으로 더 가까이 움직일 수 있다.

이제 당신도 헬무트 베버가 체득한 규칙을 분명하게 이해했으리라 믿는다.

가격 말고 패키지를 바꿔라!

■ 자기평가 테스트 22 해설

1. 심해 석유탐사 전문가인 당신에게 어떤 싱가포르 회사가 2년간 프로젝트를 수행해달라고 제의했다. 그러나 그들이 보내온 채용제안서를 보니, 제시된 연봉 액수가 당신이 노르웨이에서 받던 수준과 거의 차이가 없다. 어떻게 하겠는가?

① 연봉을 올려달라고 말한다? 너무 약하다. 더 높은 연봉을 바라지 않는 사람이 어디 있겠는가. 연봉을 올려달라는 말은 당신의 굳은 의지를 대변할까, 아니면 당신이 별로 깐깐하지 않다는 인상을 줄까? 이 일이 마음에 들고 연봉도 더 많이 받고 싶다면, 노르웨이에서 했던 일을 싱가포르에서 같은 조건으로 할 수 없는 이유를 설명해라. 강한 의지를 보여주지 않으면 일이 꼬일지도 모른다.

② 당신이 원하는 액수를 알려준다? 맞았다. 수락할 수 있는 구체적인 액수를 알리면 회사 측도 당신이 이 일을 진지하게 고려하고 있다는 사실을 알아차릴 것이다. 그러나 어떤 액수를 정하든 그에 합당한 이유를 제시할 수 있어야 한다.

③ 높은 연봉을 제시한 다음 그들이 제안한 액수와 절충해나간다? 틀렸다! '과감하게' 높은 액수를 제시해놓고서 결국 회사가 제시한 금액에 타협해버리면 설득력이 사라지기 때문이다. 처음에 제시한 액수를 손쉽게 포기해버리는 것은 당신이 이 일을 진지하게 고려하고 있지 않다는 명확한 증거가 될 수도 있다. 그래도 회사가 당신을 고용하고 싶다면 연봉을 아주 조금 인상해주긴 할 것이다.

2. 어떤 고객이 당신이 부른 가격에 강하게 불평하면서도 아무런 의견을 제시하지 않고 있다. 어떻게 하겠는가?

① 할인은 불가능하다고 말한다? 틀렸다. 단순히 가격 할인은 안 된다고 하면 교착상태에 빠질 수 있다. 고객이 살 마음을 접을 수도 있고, 당신이 뜻을 굽히지 않을 경우 거래가 성사되지 않을 수도 있다. 안 된다는 말을 너무 빨리, 갑자기 하면 얻을 게 없다.

② 상대가 원하는 금액을 제시해보라고 한다? 틀렸다. 상대에게 금액을 제시하라고 하면 당신에게 절충해줄 의향이 있는 것으로 비칠 수 있다. 하지만 상대가 어떤 생각을 하고 있는지 먼저 밝히기 전까지는 절대 움직이면 안 된다.

③ 가격에 반발하는 이유가 무엇인지 물어본다? 맞았다. 상대가 불평하는 이유를 더 자세히 알아내야만 그것을 근거로 당신이 제시한 가격이 왜 타당한지를 설명해줄 수 있다. 그렇게 하면 아마 상대는 자기 쪽에서 원하는 가격을 제시해야 한다고 느낄 것이다.

④ 가격을 조금 내려 다시 제시한다? 맙소사! 자신이 제안한 가격에 또다시 다른 가격을 제안하는 것은 무모한 짓이다. 상대가 별다른 위협을 하지도 않았는데 바로 꼬리를 내린 꼴이다. 독수리라면 절대 그렇게 행동하지 않을 것이다!

23 | 러시아 최전방에서

협박에 대처하는 법

1. 중소 업체가 우리 회사에 납품한 밸브가 품질 관리 테스트에서 불합격 판정을 받았
   다. 당신은 자사 공장에서 직접 밸브를 수정 가공해서 문제를 해결했다. 이제 어떻
   게 하겠는가?

   ① 자사에서 가공 비용을 부담했으니 송장 대금을 할인해달라고 요구하고, 향후
      품질을 보장하라고 경고한다.
   ② 자사에서 부담한 비용을 빼고 송장 대금을 지급한다.
   ③ 송장 대금을 지급하되 향후 품질 보장을 요구한다.
   ④ 대금을 지급하지 않고 업체 쪽에서 문의할 때까지 기다린다.

2. 1번에서 언급한 중소 업체가 대금 완납을 요구한다. 그들은 가공 비용이 과도했으

며, 문제 있는 제품은 반품해서 검품 후 교체될 수 있도록 조치했어야 한다고 말한다. 어떻게 하겠는가?

① 또다시 지급을 거절하고 당신이 들인 합당한 비용을 공제해달라고 한다.
② 계속해서 완납을 요구한다면 앞으로 거래를 끊겠다고 이야기한다.
③ 송장 대금을 지급하되 향후 품질 보장을 요구한다.

1943년 파리, 독일군 중위 볼프강 뮐러는 아주 곤란한 상황에 처했다. 생제르맹 거리의 레스토랑에서 여자친구와 식사를 하고 있는데, 같은 부대의 대령이 레스토랑에 왔다가 그의 여자친구를 보고 한눈에 반한 것이다. 대령은 볼프강을 불러 잠시 산책을 다녀오라고 명령했고, 볼프강이 그럴 수 없다고 답하자 이렇게 말했다. "내 말대로 하든지, 오늘 밤 당장 러시아 최전방으로 떠나든지 하나를 선택해!"

"대령님, 제발 부탁입니다. 러시아 최전방만은 안 됩니다!"

결국 볼프강은 (기나긴) 산책을 해야만 했다.

볼프강은 왜 그랬을까? 대령이 정말 자신을 러시아 최전방으로 보낼 작정이라고 생각했고, 그곳에 갔다가는 끔찍한 일을 당할 것이라고 믿었기 때문이다(나치가 침략한 곳 중 가장 많은 사상자가 발생한 곳이 러시아였다).

지금 당신을 협박하고 있는 상대에게 협박을 실제 행동으로 옮길 능력과 의향이 있다는 생각이 들면, 당신이 취할 행동에 영향이 생길 수밖에 없다. 당신이 협상 상대의 협박을 듣고 어떤 방식으로든 기존의 생각을 바꾼다면 당신은 '러시아 최전방' 작전에 말려든 것이다!

당신이 마지막으로 러시아 최전방에 내몰린 건 언제였는가? 어쩔 수 없이 협박에 응해야 했을 때 느꼈던 분한 감정이 생생하게 떠오르는 사람들도 있을 수 있다. 당신에게는 선택권이 있었겠지만 그것은 싫은 것과 조금 덜 싫은 것 중 하나를 고르는 문제였을 것이다. 러시아 최전방행이라는 최악 다음에 오는 차악 말이다.

협상에서 협박은 어떤 역할을 할까? 협박, 각종 제재, 그에 맞선 여러 대응책이 협상에서 단골로 등장한다는 점은 확실히 알 수 있다. 이런 조치들은 노사 관계, 국제회의, 상업 분쟁, 가정 내 언쟁 등 다양한 협상 상황에서 쓰일 수 있다. 때로는 교착상태 중의 압박 전략으로 사용되고, 그 자체가 협상의 일부가 되기도 한다. 납치나 유괴 상황처럼 협박이나 제재가 아예 협상을 대체하는 경우도 있다. 물론 납치범이나 유괴범을 협상으로 이끌 수 있다면, 항복하지 않고 문제를 해결하기에 더욱 유리하겠지만 말이다.

다음의 예시를 통해 협박이 어떻게 협상 전략의 하나로 사용되는지 알아보자. 어떤 중소 부품 업체가 브라질의 대형 엔지니어링회사에 세 차례 납품을 했지만 대금을 받지 못했다. 그들은 세 차례 모두 시간에 맞춰 부품을 배송했고 고객사가 실시한 품질 테스트도 모두 통과했다.

당연히 이 부품 업체는 대금 문제와 관련된 다양한 부서에 연락하여 지급을 독촉했지만, 경리부서를 비롯한 각 부서 책임자들은 속 시원한 답을 주지 않았다. 부품 업체 관리자들은 대기업 직원들이 지연 사유는 알려주지 않고 정상적으로 시스템에 접수됐다는 이야기만 반복하는 것을 보면서 그들이 돈을 떼어먹으려 한다고 생각하기 시작했다. 대금을 받지 못한 중소 업체는 현금흐름에 큰 문제가 생겼고, 이제 더는 몇 주도 버티기 어려운 상황이었다.

2주 안에 또 한 번 부품 배송이 예정된 상황에서, 중소 업체는 부품을 직접 사용하는 부서 책임자에게 기존 납품에 대한 대금 지급이 완료되기 전까지는 배송을 하지 않겠다는 내용을 통보했다. 그러자 배송 기일 하루 전, 아무런 설명이나 사과도 없이 미수금 건에 대한 지급 수표가 날아왔다. 이 작은 회사가 대기업을 상대로 러시아 최전방 작전을 써서 성공한 것이다.

하지만 이런 협박은 노골적인 전쟁 선포이자 서로 해를 입히는 행동이기 때문에 좋은 관계를 틀어지게 하거나 이미 나쁜 관계를 더 악화시킬 수도 있다. 협박당하는 것을 좋아하는 사람은 아무도 없으니 말이다.

실제로 협박을 당한 사람이 큰 앙심을 품고 보복성 협박을 할 가능성은 아주 크다. 그런 사람들은 협박을 행동으로 옮겼을 때 양쪽 모두에게 큰 손해가 발생하더라도 개의치 않을 것이다. 이런 협박과 보복의 악순환이 시작되면 상생하는 관계로 돌아가기가 아주 어려워진다. 협박은 협박을 낳기 마련이다. 협박으로 상대를 순응시키기보다는 도리어 반격을 받는 경우가 더 많을 것이다.

관련 사례로 북미 지역에 있는 한 항공사의 일화를 들 수 있다. 이 항공사가 공급 업체에 밸브를 주문했는데, 샘플들을 대상으로 품질 테스트를 진행했더니 부적격 판정이 났다. 이들은 절차에 따라 모든 제품을 하나하나 검사했고, 불량 비율이 24퍼센트로 확인됐다. 항공사는 현장에서 불량 밸브를 재공정 처리하고, 공급 업체에 추가된 인건비 및 기계 가동 비용을 고려하여 송장 대금을 낮춰달라고 요청했다. 또한 품질 기준을 엄수하라는 경고장도 발부했다.

그러나 공급 업체는 대금을 낮춰줄 수 없으며 전액을 지급하라고 고집했다. 그들은 제품에 하자가 있었다면 반품을 해줘야 재공정이나 교환 처리를 해줄 수 있으며, 항공사에서 보고한 재공정 비용은 자신들이 공장에서 직접 작업할 때 드는 비용에 비해 '과도하다'고 주장했다(이 이야기대로라면, 공급 업체는 재공정 과정에서도 견적을 높게 불러 이윤을 챙겨온 듯했다). 항공사는 요구한 액수만큼 대금을 할인해주고 향후 품질을 보장해주지 않는다면 당장 계약을 해지하겠으며 앞으로 자신들을 상대로는 단 1달러도 벌어들일 수 없을 것이라고 으름장을 놓았다.

몇 주 후 밸브 업체는 내용증명을 보내고, 30일 이내에 전액을 납부하지 않으면 소송을 걸겠다고 항공사에 통보했다. 그러자 항공사는 일주일 뒤 지급 수표를 보내고 이 업체를 공인 하청 업체 명단에서 삭제하겠다는 공문을 보냈다. 이후 두 회사의 거래는 완전히 끊기고 말았다.

항공사는 공급 업체를 협박했고, 공급 업체 역시 보복성 협박을 가했다. 항공사는 앞으로 거래를 하지 않겠다는 협박을 행동으로 옮긴 반면, 공급 업체는 소송을 걸겠다는 협박을 실제로 이행할 필요가 없었다. 이들 중에 승자가 있는가?

제삼자의 눈에는 '무분별'해 보이지만 그것이 최선이라 믿고 행동하는 이해 당사자들은 지능이 낮아서 그렇게 행동하는 것이 아니다.

아무리 대단한 천재들이라도 경쟁 상황(예를 들면 뭔가를 처음 발견한 사람이 누구인가와 같은 문제)에 휘말리면 서로에게 해로운 행동을 서슴없이 할 수 있다. 하물며 천재도 아닌 보통 사람들이 '정신 나간' 행동을 자주 하는 건 놀라운 일도 아니다. 협상 중에 협박을 끌어들이면 교착상태에 빠질 확률이 더 높아진다. 여기서 우리는 다음과 같은 교훈을 얻을 수 있다.

협상할 때 협박을 하지 말라.
노골적인 협박은 비생산적일 때가 많다.

수영장에서 맺은 거래

영국의 어떤 맥주회사 부사장이 남아메리카에 출장을 갔는데 본사에서 그에게 전화를 걸어 일정을 바꿔달라고 요청했다. 귀국 길에 자메이카에 들러서 럼주 수출 업체 경영진을 만나달라는 내용이었다. 그러나 부사장에게는 자메이카 출장에 필요한 비즈니스 비자가 없었고, 일정이 촉박하여 비자를 새로 발급받을 시간도 부족한 상황이었다.

고민하던 그는 여행자 신분으로 자메이카에 입국하기로 했다. 그가 노먼 맨리 공항 입국심사대에 도착하자마자 문제가 시작됐다. 그의 서류 가방에 있는 일정표와 서신들만 봐도 그가 출장 중임을 확실히 알 수 있었기 때문이다. 부사장은 입국심사관들에게 런던에 돌아가기 전 자메이카에서 며칠간 휴식을 취할 생각이었다고 이야기했다.

그는 호텔에서 체크인을 하고, 만나기로 한 럼주 수출 업체에 전화를 걸었다. 그런데 얼마 후 입국심사관이 호텔로 찾아와 부사장에게 이런저런 질문을 하면서, 그가 적절한 비자 없이 자메이카에서 일을 하고 있다는 점을 지적했다. 심사관은 현재 부사장이 감시하에 있으며, 그가 조금이라도 일을 하는 정황이 발견되면 바로 체포하고 벌금을 물린 뒤 추방할 것이라고 말했다.

이틀 동안 부사장이 어딜 가든 경찰 한 명이 따라붙어 그가 여행객처럼 시간을 보내고 있는지 어떤지를 감시했다. 부사장은 이러다가는 괜히 자메이카에 들러서 시간과 돈만 낭비하겠다고 생각하며 방법을 강구했다. 그리고 마침내 자메이카를 떠나기 전에 럼주 수출 업체와 만나 경찰관이 보는 바로 앞에서 거래를 체결할 수 있었다.

부사장이 묵은 호텔에는 테라스가 딸린 바가 있었고, 바의 한쪽 끝은 수영장과 연결되어 투숙객들이 수영을 즐기는 동안 앉을 자리가 마련되어 있었다. 경찰관이 졸음이 가득한 눈으로 부사장을 지켜보는 동안, 그는 바에 앉아 바텐더와 이야기를 나눴고 곧 한 젊은 여성도 대화에 참여했다. 경찰관은 부사장이 그저 바텐더와 한가롭게 이야기를 나누고 여성과 노닥거리며 편히 쉬고 있다고 생각했다. 하지만 그의 대화 상대는 사실 바텐더 복장을 한 럼주회사의 대표였고, 비키니 차림의 여성은 그의 비서였다.

　교훈: 당신에게 의지만 있다면, 비즈니스를 방해하는 어떤 관료주의적 폐단도 이겨낼 수 있다.

　전문 협상가로서 나는 상대가 어설픈 협박을 시도할 때 그저 한쪽 눈을 살짝 치켜뜰 뿐이다(협박 타이밍이 정말 얼토당토않을 경우에는 두 쪽 모두). 상대의 그런 말은 자신의 힘을 과시하려는 초조하고 아마추어적인 표현이라고 생각하기 때문이다. 협박은 자신의 억양이나 옷차림에 상대의 관심을 집중시키는 것처럼 스스로 자신을 깎아내리는 행위에 지나지 않는다.

　그런데 협상이 교착상태에 빠졌거나 상대가 모르쇠 전략을 써서 지연된 경우, 협박만이 상황을 만족스러운 수준으로 진전시킬 수 있는 유일한 수단이 될지도 모른다. 이런 상황에서 어떤 협상가들은 아무 기약도 없이 손 놓고 기다리기보다는 관계가 틀어지는 위험을 감수하고라도 협박이라는 방법을 쓰는 것이 낫겠다고 판단한다. 모든 건 상황에 달려 있다.

　협박과 반격이 빈번하게 오가는 협상 유형도 있다. 우리에게 친숙한 사례인 국제분쟁이나 노동쟁의 같은 협상에서 양 당사자는 끊임없이 각종 협박과 제재를 남발한다.

　협박은 비즈니스 협상에서도 흔히 쓰인다. 그러나 당사자들은 그 사실을 잘 인정하지 않으려 하며, 협박이 아닌 것처럼 가장하거나 너무 은근하게 압력을 가하기 때문에 상대방이 알아차리지 못하는 경우도 있다. 어쨌든 준비된 협상가라면, 상대방이 고압적인 태도로 일깨워주지 않더라도 그 거래에서 자신의 약점이 무엇인지 이미 잘 인지하고 있을 것이다.

모든 협박의 목적은 상대가 두려움을 느끼게 만드는 것이며, 협박으로 두려움을 불러일으키는 방법으로는 두 가지가 있다.

- 자녀에게 잔디를 깎지 않으면 일주일간 TV를 볼 수 없다고 협박한다. 이런 종류는 상대가 말을 듣지 않으면 불이익을 가하겠다는 의도가 담긴 '순응' 유도 협박이다.
- 배우자가 밖에서 술을 마시는 것이 싫어서, 지금 외출을 하면 돌아왔을 때 집에 아무도 없을 거라고 경고한다. 이런 종류는 상대가 어떤 일을 그만두지 않으면 불이익을 가하겠다는 의도가 담긴 '단념' 유도 협박이다.

두 종류의 협박에 어떤 차이가 있을까? 예컨대 수감돼 있는 테러범을 풀어달라는 항공기 납치범의 요구는 순응 유도 협박이다. 한편, 항공기 납치범에게 종신형을 선고한다는 법안을 통과시키는 것은 단념 유도 협박으로 볼 수 있다.

그렇다면 우리는 협박에 어떻게 대응해야 할까? 이 질문에 보편적인 해결책을 제시하기는 아주 어렵다. 협박을 할지 말지 고민하는 협상가가 스스로 던져봐야 하는 가장 중요한 질문은 '이 협박이 상대의 두려움을 끌어낼 가능성은 얼마만큼인가?'다.

협상에 관한 다른 질문들과 마찬가지로 이 질문의 답은 상황에 따라 달라진다. 조금 더 구체적으로 답하자면, 두려움을 끌어낼 가능성은 다음과 같이 서로 밀접하지만 개별적인 두 요소에 달려 있다.

- 협박을 이행한다는 주장의 신빙성
- 협박을 이행했을 때 상대에게 실제로 피해를 입힐 능력

이 두 요소에는 객관적인 면과 주관적인 면이 모두 존재한다.

협박을 이행한다는 상대의 주장에 신빙성이 있고 피해를 끼칠 능력이 강력하다면, 사람들은 러시아 최전방 작전에 넘어갈 것이다. 실제로 당신의 약점을 쥐고 있는 상대 앞에서는 아무리 저항해봤자 소용이 없다. 그런데 상대가 정말 당신에게 이래라저래라 할 수 있는 입장이라면, 뭐하러 지금 당신과 협상을 하느라 힘을 빼고 있겠는가. 표면적으로는 그럴 이유가 전혀 없을 것 같아도 자세히 관찰해보면 당신의 입장이 겉보기만큼 불리하지만은 않다는 사실을 깨달을 수도 있다.

당신이 납치나 유괴 같은 불행한 상황에 말려들었을 때 항복하지 않고 빠져나올 수 있는 유일한 희망은 협상할 거리를 찾아내는 것이다. 비행기 승객을 인질로 잡고 있는 납치범은 협박 상대에게 여러 가지 지원을 받아야 한다. 상대 쪽에서 납치범의 요구를 수용하려고 여러 준비를 하는 동안이나 도주를 시도할 때 연료, 음식, 물, 약품 등을 얻어야 하기 때문이다(여기서 최대한 시간을 끌수록 납치범은 상대에게 더욱 의존할

수밖에 없고, 그만큼 상대가 받는 압력도 줄어들 것이다). 또한 의사 전달이 잘 되지 않으면 위협 효과가 경감되기 때문에 원활한 소통 수단도 필요하다.

경험상, 정부와 비행기 납치범 사이의 협상이 길어지면 납치범의 압박이 약화되고 교착상태가 시작된다. 교착상태가 길어질수록 납치범들의 요구 사항도 줄어들기 마련이다(마지막에는 결국 한 가지 요구 사항인 '탈출'로 좁혀진다). 납치범들은 협박을 이행해서 상대를 더 세게 압박하기도 하고, 교착상태의 압력을 벗어나고자 장소를 옮기기도 한다. 첫 번째 방식대로 하면 잔혹한 결말이 따를 것이고, 두 번째 방식대로 하면 협박 대상에게 가해지는 압력이 약화될 것이다. 납치범들이 목적을 달성하지 못하고 협상이 지연될수록 테러방지 특수부대가 그들을 성공적으로 무장 해제할 확률이 높아진다. 시간이 흐를수록 신체적·정신적으로 지쳐가는 납치범과 달리, 전문 훈련을 받은 특수부대 대원들은 충분한 휴식을 취한 상태인 데다가 맑은 정신으로 바로 공격에 들어갈 수 있기 때문이다.

유괴 사례의 협상 환경은 완전히 다르다. 비행기 납치의 경우, 납치범과 인질의 위치가 공개되어 있으며 그들의 일거수일투족이 세계 곳곳에서 TV로 송출되기까지 한다. 하지만 유괴범의 위치는 아무도 알 수 없으며, 그들은 은신처에 숨어 물리적 접촉을 전부 차단한 채 일방적으로 요구 사항을 전달한다. 음식이나 물은 스스로 조달하고 일이 뜻대로 흘러가지 않으면 불시에 연락을 끊을 수도 있다. 그러나 유괴범들에게도 아킬레스건이 있다. 요구 사항이 무엇이든 그것을 얻으려면 상대와 접촉할 수밖에 없다는 점이다. 돈을 원하는 상황이라면, 상대가 두고 간 돈을 수거하는 과정에서 체포되지 않도록 안전한 장소를 골라야 한다. 돈을 지급하는 수단, 화폐 종류, 인질을 풀어주는 장소, 경찰의 개입 문제 등 여러 문제를 전부 협상하려면 시간이 필요하다.

협상 시간이 길어질수록 유괴범이 인질을 풀어줄 가능성도 커진다. 그런데 유괴범의 요구 사항이 동료 수감자의 석방, 정부 인사의 해고, 가난한 이들을 위한 재분배, 언론을 통한 메시지 전달, 소수 인종이나 종교인들을 위한 프로그램의 종료 등 정치적 이슈와 관련된 것이라면 더 난해한 문제들이 생길 수 있다.

국가적 상황에 따라, 정치적 요구를 하는 유괴범들과는 절대 협상하지 않는 정부도 많다. 그들의 요구를 들어줬다가는 다른 극악무도한 단체들이 이를 본보기로 삼아 같은 일을 반복할 수도 있기 때문이다. 정부 당국은 전략상 협상하는 척하면서 그로부터 얻은 정보로 체포할 방법을 찾기도 한다. 아니면 당국이 실제로 진지하게 협상하는 와중에 범인들이 흘린 정보를 통해 또 다른 기회가 만들어지는 경우도 있다.

지금까지 살펴본 것처럼 누군가가 협상에서 당신을 협박하더라도 늘 속수무책으로 당해야만 하는 것은 아니다. 조금이라도 손을 써볼 여지가 있다면 부족한 대로 선택권은 있는 것이다. 상대의 요구에 그대로 따르고 싶지 않다면, 손 써볼 여지가 있는 영역이 어디인지 알아내고 그 부분을 확장시켜나가는 것이 당신이 할 일이다. 그렇지 않으면 러시아 최전방행의 대안으로 제시된 차악의 선택에 갇혀 옴짝달

싹 못 하는 신세가 될 것이다. 그런데 남아메리카의 납치범들은 소통을 거의 하지 않고, 돈을 받은 후에는 피해자들을 또 다른 납치범 무리에 팔아넘기기도 한다. 이런 경우에는 모든 협상이 원점으로 돌아갈 수도 있으니 더욱 각별한 주의가 필요하다.

협상에서 각 당사자는 거부권을 지니기 때문에 상대방의 제의에 반드시 동의하지 않아도 되지만, 그렇게 했다가 불이익이 생길 수도 있다. 공장이 파업을 하거나, 상대가 제품 공급을 끊거나, 소송을 걸거나, 무력을 사용할 수도 있다. 사실 교착상태에 있을 때 협상가들이 상대에게 "고집을 꺾지 않으면 어떤 불이익이 따를 수도 있습니다"라고 말하는 것은 정당한 처사다. 그런 상황에서 "지금 나를 협박하는 건가요?"라는 비난을 끌어내지 않으면서 이런 요지를 잘 전달하는 방법도 있다. 교착상태가 지속될 때 따를 수 있는 불이익을 언급할 때는 적절한 타이밍을 고르는 것이 필수이고, 상대에게 반감을 끌어내지 않을 만한 방식을 사용해야 한다.

상거래에서는 대화에 진척이 없을 경우 다른 거래처를 찾는 선택지가 존재하는데, 그런 의도를 암시하는 '협박'은 모든 협상에 존재하며 통상적으로 정당한 조치로 인정된다. 여기서 내가 말한 '정당함'이란 일상적인 협상에서 정상 범주 안에 속한다는 의미다. 동의해주지 않으면 거래를 끊겠다는 협박이 어느 정도 수준인지에 따라 상대는 당신의 말을 받아들일지 말지를 결정할 것이다.

구매자나 판매자가 "그런 가격이 가당키나 하겠소?"라는 명대사를 했다면, 그 안에는 가격을 조정해주지 않을(또는 조정할 수 없을) 경우 거래가 깨질 것이라는 의미가 담겨 있다. 이렇게 강한 협박의 대상이 연간 거래에서 그다지 큰 비중을 차지하지 않는 상대라면, 이는 협상 전략으로 용인될 수 있다. 그런데 당신이 이번 거래가 깨질 수도 있다고 말하는 것이 아니라 앞으로 영영 거래를 할 수 없을 거라고 이야기하면 어떻게 될까? 이런 식의 협박은 용인 불가한 수준으로 간주될 것이고, 당신의 작전에 반감을 품은 상대는 더욱 완강하게 자신의 입장을 고수하려 할지도 모른다. 상대가 그 마을, 지역, 나라, 대륙, 심지어는 세계 어디에서도 영영 거래를 하지 못할 것이라고 협박했을 경우 그 말에 신빙성이 있다면 순전한 으름장으로 볼 수 있다. 반대로 신빙성이 없다면 상대방은 당신을 더는 존중해주지 않을 것이다.

사소한 목적을 위해 거창한 협박을 하면 신빙성이 떨어진다. 이런 협박은 효과가 제한적이며, 법적 개입이나 공개적인 적대감을 불러일으키는가 하면 협박 내용을 향한 노골적인 불신을 끌어내기도 한다. 술집에서 어떤 남자가 "재떨이를 주지 않으면 죽여버리겠다"라고 이야기한다면 당신은 그 말을 진지하게 받아들이지 않을 것이다(그저 그 사람이 미쳤거나 술에 취했거나 둘 다라고 생각할 것이 분명하다). 사람들은 이렇게 과한 협박이 없더라도 재떨이를 건네줄 것이며, 이런 식의 협박을 받는다면 오히려 요청에 응하지 않을 것이다(어떤 술집에서는 그런 행동 때문에 목숨이 위험해질 수도 있다).

협박의 강도는 당면한 문제와 관련이 있어야 하며, 당신은 협상 초기일수록 이 점을 더욱 유의해야 한다. 협상이 제대로 시작되기도 전에 협박부터 하는 것보다는 최후의 수단으로 협박이라는 방법을 쓸 때 더욱 정당성이 부여되고 상대에게도 잘 먹힐 것이다.

보통은 우리가 상대의 협박에 타격을 받는 만큼 상대도 이쪽의 반격에 타격을 받는다. 그러니 협박을 하더라도 상대의 즉각적인 순응을 끌어내는 경우가 거의 없는 건 놀랄 일이 아니며, 오히려 상대를 자극해서 보복성 협박을 부추기는 경우가 다반사다. 협박에 가장 효과적으로 대응하는 한 가지 방법은 '상대가 협박을 이행해도 상관없다'라는 암시를 주는 것이다. 그러면 상대방은 당신이 태연한 척 허세를 부리는 것인지 고민하는 한편, 협박을 이행했을 때 자신이 치러야 할 대가가 무엇인지도 다시 한번 생각해볼 것이다.

그런데 상대에게 꼭 필요한 제품을 공급할 수 있는 유일한 업체(예를 들면 병원과 협상을 하는 제약회사)가 당신이라면, 자신의 유리한 지위를 이용하여 '불합리한' 요구를 하려는 유혹을 받거나 그래서는 안 된다는 강력한 윤리적 압박(법적 제재가 수반되는 경우도 많다)을 느낄 수도 있다. 일반적으로 시장경제 체제 내에는 독점권을 제한하는 법률이 존재하지만, 독점의 유형에 따라 제한 범위가 달라지고 상황에 따라 구속력에 차이가 생기기도 한다. 예를 들면 노조의 독점권은 기업의 독점권에 비해 규제를 덜 받는 경향이 있다.

상대가 그냥 허세를 부리는 것이 아니라 요구에 응하지 않았을 때 정말 협박을 이행할 심산이라면, 의견 불일치에 따르는 손해는 더 커진다. 당신이 상대에게 더 많이 의존할수록 그의 협박에 취약해지며, 러시아 최전방에 보내질 가능성도 커진다. 따라서 상대에 대한 의존도를 낮출 수 있다면, 그가 어떤 타이밍에 협박하든 더 잘 저항할 수 있을 것이다.

거대 체인점이 중소 업체와 거래하는 경우, 체인점의 주문량이 중소 업체의 실적에서 큰 비중을 차지하면 손쉽게 협상 권력을 손에 넣을 수 있다. 대량 주문을 하거나 향후에 제품을 구입하겠다고 말하면서 유리한 위치를 점할 수 있기 때문이다. 중소 업체도 처음에는 이런 조치에 고마워하지만, 체인점이 돌연 태도를 바꿔 할인을 해주지 않으면 거래를 끊겠다는 식으로 협박을 할 수도 있다(실제로 그런 사례가 빈번하다). 또는 지급 기간을 연장해달라고 하거나 더 높은 품질을 요구할 수도 있다. 더 나아가 일반적으로 다른 회사가 간섭하지 않는 영역인 고용 정책이나 노사 관계, 심지어는 사내 인종 구성비 등의 문제에 개입하는 경우도 있다. 또한 그들은 중소 업체와 독점 구매 계약을 체결해서 중소 업체가 다른 고객들을 유치할 가능성을 원천봉쇄할 수도 있다. 이렇게 하면 중소 업체가 의존도를 낮출 방법이 차단되며, 체인점의 압박 강도는 더욱 높아진다.

거래를 끊겠다는 협박을 계속할 필요도 없다. 중소 업체는 업계 시장을 보기만 해도 자신의 처지를 충분히 알 수 있기 때문이다. 그러니 체인점은 한 번씩 마음에 안 드는 업체를 혼내줄 때 빼고는, 굳이 거래를 끊겠다고 직접 언급하지 않아도 충분히 원하는 결과를 얻을 수 있다. 이렇듯 많은 대기업은 확장 자금을 필요로 하거나 주거래처에 빚을 진 중소 업체들을 집어삼켜서 몸집을 불려왔다.

호텔이나 술집이 부채 때문에 주류 기업에 넘어가고, 의류 제조 업체가 특정 소매 거래처들에 점점 더 의존하다가 소매점이 요구하는 가격 수준을 감당하지 못해서 인수되기도 한다. 석유회사가 주유소를 인수하고, 프랜차이즈 기업이 불안정한 사업체를 집어삼키면서 부채 정리 명목으로 부동산을 빼앗아 가기도 한다. 이렇듯 당신이 한 거래처에만 너무 의존하면, 그 상대와 의견이 불일치했을 때 따르는 불이익이 상당히 커진다. 이런 처지가 되지 않도록 주의한다면 협상 테이블에서 당면하는 여러 골칫거리를 피할 수 있을 것이다.

모든 협박은 결국 '러시아 최전방' 문제로 귀결되기에 당신은 맘에 안 드는 선택지들 중에 억지로 하나를 골라야 한다. 상대가 당신에게 불이익을 줄 힘이 있고, 순응하지 않으면 협박을 이행하리라고 믿는 순간 당신은 이미 러시아 최전방 작전에 넘어간 것이다.

■ **자기평가 테스트 23 해설**

1. **중소 업체가 우리 회사에 납품한 밸브가 품질 관리 테스트에서 불합격 판정을 받았다. 당신은 자사 공장에서 직접 밸브를 수정 가공해서 문제를 해결했다. 이제 어떻게 하겠는가?**

   ① 자사에서 가공 비용을 부담했으니 송장 대금을 할인해달라고 요구하고, 향후 품질을 보장하라고 경고한다? 맞았다. 할인을 요구하고 경고를 보내는 것과 동시에 대금 지급도 연기한다면 협상을 시작할 수 있을 것이다.

   ② 자사에서 부담한 비용을 빼고 송장 대금을 지급한다? 괜찮은 방법일 수 있다. 가공 비용이 그리 크지 않아서 상대도 당신과 싸우느라 굳이 힘을 빼지 않기로 했다면 먼저 비용을 공제해도 별 탈이 없을 것이다. 하지만 상대 쪽이 당신과 싸울 생각이라면, 이미 대금 일부를 지급한 상황이기 때문에 그들에게 가할 수 있는 압력의 정도도 줄어든다.

③ 송장 대금을 지급하되 향후 품질 보장을 요구한다? 틀렸다. 이렇게 하면 당신의 영향력이 완전히 약화된다. 그들이 당신의 요구를 무시할 수도 있고, 그러면 품질 문제 또한 빨리 해결되지 않을 것이다.

④ 대금을 지급하지 않고 업체 쪽에서 문의할 때까지 기다린다? 틀렸다. 그렇게 하면 상대는 당신이 중요하게 생각하는 품질 문제 해결은 뒷전으로 하고 지급이 늦어지는 것에만 초점을 맞출 것이다.

2. 1번에서 언급한 중소 업체가 대금 완납을 요구한다. 그들은 가공 비용이 과도했으며, 문제 있는 제품은 반품해서 검품 후 교체될 수 있도록 조치했어야 한다고 말한다. 어떻게 하겠는가?

① 또다시 지급을 거절하고 당신이 들인 합당한 비용을 공제해달라고 한다? 맞았다. 이렇게 요구하고 지급을 미루는 한편, 제품 하자 및 가공 비용에 대한 증빙 자료를 제공하면 협상을 시작할 수 있을 것이다.

② 계속해서 완납을 요구한다면 앞으로 거래를 끊겠다고 이야기한다? 틀렸다. 성공할 확률도 낮고 협상이 완전히 결렬될 위험도 있다.

③ 송장 대금을 지급하되 향후 품질 보장을 요구한다? 틀렸다. 이건 당신이 할 수 있는 가장 나약한 조치다.

24 | 까다로운 흥정이란?

협상을 어렵게 만드는 법

1. 가구 제조업자인 당신은 수년 동안 대형 알루미늄 압출 업체가 가공한 부품을 구입해서 가구를 제작해왔다. 그런데 그 업체에 새로 부임한 마케팅 담당자가 오늘 아침에 전화를 걸어, 지금 단가로는 이윤이 남지 않으니 더는 부품을 가공해줄 수 없다고 이야기한다. 어떻게 하겠는가?

   ① 현재의 계약 단가를 재협상하자고 제안한다.

   ② 가공 비용이 얼마이며, 이윤을 남기려면 얼마를 받아야 하는지 자세히 알려달라고 한다.

   ③ 다른 압출 업체와 거래할 수 있는지, 거래가 가능하다면 그곳 단가는 얼마인지 알아본다.

   ④ 그들의 속셈이 무엇인지 다 알고 있다고 말한다.

2. 1번 질문에서 등장했던 알루미늄 압출 업체의 마케팅 담당자가 다시 전화를 걸어 최근 주문 건을 취소해야 한다고 이야기한다. 공장이 파업할 조짐을 보이고 있고, 기존 알루미늄 재고는 전부 우선순위 거래처의 당월 제조분으로 써야 한다는 것이다. 당신은 납품을 꼭 받아야 해서 항의를 해봤지만, 담당자는 우선순위 고객이 당신보다 더 높은 단가로 부품을 사준다고 이야기한다. 그러나 당신은 최근 가격 인상에 동의까지 한 상황이다. 어떻게 하겠는가?

① 우선순위 고객들이 얼마를 더 내고 있는지 묻고 그와 동일한 가격을 제시한다.
② 우선순위 고객들이 얼마를 더 내고 있는지 묻고 그것보다 더 높은 금액을 제시한다.
③ 계약서상 '불가항력' 조항에 파업도 포함되는지 확인한다.
④ 급히 다른 거래처를 알아본다.

3. 당신의 회사에서 단조 부품을 구입하는 고객이 이번 납품이 끝나면 사내에서 부품을 자체 생산하겠다고 말한다. 어떻게 하겠는가?

① 가격을 협의해보자고 제안한다.
② 부품을 자체 생산하면 세공 비용, 주조 비용, 교육 및 품질 관리 비용 등으로 오히려 돈이 더 들 것이라고 충고한다.
③ 그들의 문제가 무엇인지 함께 이야기해보자고 한다.
④ 알았다고 이야기하고 건승을 빌어준다.

상거래에서는 오만무례하게 행동하는 사람들을 자주 만날 수 있다. 그들은 물건을 꼭 팔고 싶어 하는 판매자들의 절박함을 알고 거들먹거리며 소소한 횡포를 일삼는다. 그러나 현명한 구매자들은 평소에 공급업자들과 대립하며 자주 실랑이를 벌였다가는 그들의 부품, 자재, 외주 물품을 사용하여 제조한 자사 제품에 악영향이 생길 수 있다는 사실을 잊지 않는다. 공급 업체가 거래를 따내려고 턱없이 낮은 단가를 수락한 후에 어떻게 해서든 비용을 절감해보려다가 품질을 저하시키기라도 하면, 결국 구매자 브랜드의 평판에도 타격이 생긴다.

싼 게 비지떡

미사일 공장의 공장장인 빌은 공장 방문객들에게 최근에 신설한 공중발사 미사일 제조 설비를 두루 보여주고 있었다. 그는 어떤 벤치 앞에서 걸음을 멈추더니 바닥에서 아주 조그마한 스프링 하나를 주웠다. 그는 손님들에게 스프링을 보여주면서 이렇게 이야기했다. "보이십니까? 이 부품의 가격은 원래 20원이었지만 지금은 개당 60원에 구입하고 있고, 6개월 내로 가격을 80원까지 더 끌어올릴 생각입니다."

그 말을 듣고 깜짝 놀란 방문객들은 이유를 설명해달라고 했다. "지금까지 우리는 이 스프링을 비롯한 모든 것을 옛날 방식으로 구입해왔습니다. 굶주린 짐승을 풀어놓고 사냥하듯, 구매 담당자들에게 일주일 동안 먹을거리를 일체 주지 않다가 금요일이 되면 빗장을 풀어주고 밖으로 나가게 했죠. 우린 그들에게 영업 담당자들을 찾아가서 최저 가격을 받아낼 때까지 끝까지 쥐어짜라고 지시했습니다."

"그래서요?" 한 방문객이 궁금하다는 듯 외쳤다.

"사실 방금 한 말은 농담이었어요. 확실히 부품을 저렴하게 구입해온 건 사실이지만요. 하지만 그건 결국 구매 예산을 생산 비용으로 옮겨놓은 것에 불과합니다. 그 전까지는 구매팀장이 아주 유능해 보였는데, 우리 이윤을 보니 그가 별로 일을 잘한 것이 아니더군요. 20원짜리 스프링이 망가질 때마다 우린 이 작고 싼 부품을 교체하기 위해 미사일을 분해해야 합니다. 그뿐 아니라 프로그램을 디가우징(강한 자기장으로 저장된 정보를 복구 불가능한 수준으로 완전히 삭제하는 과정-옮긴이)하고 재보정하는 작업도 필요하죠. 그러려면 아주 노련한 기술자가 투입되어야 하고, 1,000여 시간에 달하는 엄청난 인건비가 발생합니다. 또한 미사일이 제대로 작동하지 않으면 우리 평판이 나빠지고 거래처를 계속 유지할 수 없겠죠. 결국 우리는 처음부터 더 비싸더라도 더 좋은 자재가 사용된 양질의 스프링을 구입하는 것이 비용을 아끼는 길이라는 점을 깨달았습니다"라고 그는 설명했다.

빌은 공장이 새로운 구매 철학을 도입하고 나서 자신들과 거래하는 공급 업체 숫자가 800곳에서 350곳으로 줄어들었고(또한 계속 감소 추세이고), 결과적으로 생산비를 절감할 수 있었다고 말했다. 또한 그는 극심한 가격 경쟁을 벌이고 있는 업체로부터 싸구려 제품을 사지 않도록 구매 담당자들을 재교육하는 데 들어간 비용이 주문서에 있는 싸구려 부품의 비용만큼이나 저렴했다고도 덧붙였다.

제품 신뢰성이 향상되면서 그들은 '미사일 말고, 히타일(hittiles not missiles)'이라는 슬로건을 앞세워 효과적인 마케팅을 펼칠 수 있었다(미사일이라는 단어에서 '놓치다'라는 의미의 'miss' 대신 '적중하다'라는 의미의 'hit'을 넣어 마케팅 문구를 만들었다는 의미-옮긴이).

유감스럽게도 어떤 구매자들은 터무니없이 가격을 깎으려 들면서 그것이 자랑이라도 되는 양 으스대곤 한다. 하지만 나로서는 그런 식의 협상이 장기적인 관계에서 얼마나 이로울지 의문이다. 공급 업체로부터 어떤 제품을 구매하느냐에 따라 자사 제품의 평판이 좌우되기 때문이다. 당신의 미래가 그들의 손에 달려 있다고 해도 과언이 아니다. 무리하게 가격을 깎아 구입한 부실 부품이 당신의 사업을 완전히 망쳐놓을 수도 있다.

내 지인 글로리아는 '한 치의 물러섬이 없는 협상' 원칙을 강하게 신봉하는 사람이다. 당신이 업무에서 글로리아를 만나는 일이 없길 바랄 정도로 그녀는 정말 냉혹하다. 어쨌든 글로리아는 자신의 행동이 경쟁의 미덕을 장려한다고 주장한다. 나 역시 경쟁의 미덕을 부정하지는 않는다. 이 또한 우리 삶을 움직이는 한 가지 주요 기준이라고 생각하기 때문이다. 그러나 자신의 협상 방식만이 옳다는 글로리아의 주장에는 동의하기 힘들다. 그녀는 판매자에게 절대 양보하지 않는 행위가 모두에게 유익하다고 믿지만, 이는 치열한 경쟁 시장에서 보호가 필요한 이들의 고민을 전혀 고려하지 않은 주장이다(그녀는 판매자들에게 경쟁 시장에서 보호받아야 하는 것은 생산자를 제외한 소비자들뿐이라고 이야기하곤 한다).

글로리아는 경쟁 시장의 잠재력을 최대한 활용해야 한다고 주장한다. 그녀가 조용한 사무실에서 홀로 하는 일은 자신의 협상을 매개체로 해서 시장의 힘을 판매자의 가격에 전달하는 것이다. 그녀는 모든 판매자가 가격을 부풀리고 있다고 확신하며, 자신은 가격 거품을 제거함으로써 더 효율적인 경제에 이바지하고 있으니 공공의 이익을 도모하는 중이라고 믿는다.

글로리아는 공급 업체들이 자기들도 이윤을 얻을 권리가 있다고 말하면서 엄살을 부린다고 지적한다. 이들의 엄살에 속아 거래하는 건 판매자들에게 앞으로도 계속 가격을 부풀리라고 부추기는 꼴이라고는 것이다. 또한 그녀는 판매자가 손해를 보거나 망하는 것은 자신과 상관없는 일이라고 단호하게 말한다.

글로리아는 판매자들이 다른 구매자에게 제품을 더 비싸게 팔 수 있다면 그녀 회사에 더 저렴하게 팔지 못할 이유도 없다고 믿는다. 자신보다 마음이 약한 경쟁사들이 같은 물건을 더 비싼 값에 사고 있다면, 그 점을 구실로 가격을 깎아도 문제 될 게 전혀 없다는 입장이다.

대량 주문 건의 경우, 판매자들은 생산 라인을 계속 돌릴 목적으로 원가에 가까운 낮은 금액을 수락하기도 한다. 글로리아는 그런 기회를 활용하지 않을 이유가 없다고 생각한다. 판매자들은 박리다매로 이익을 남기라는 글로리아의 설득에 넘어가 계약을 맺기도 하고, 채권자들의 압박 때문에 하는 수 없이 거래를 맺기도 한다.

그러나 글로리아가 파산 직전의 공급 업체와 거래를 하고 있다면, 그녀가 원가 이하로 납품받기로 한 제품들이 파산관재인(파산한 조직에 속하는 재산을 처분해 채권자들에게 배분하는 역할을 하는 사람-옮긴이)의 관할하에 들어가면서 큰 비용 손실을 야기할 수도 있다. 그러나 글로리아는 이런 위험 요소를 결코 인정하려 들지 않고, 판매자들이 미리 주의하기만 하면 파산을 피할 수 있으리라고 이야기한다. 글로리아는 판매자들이 언제나 자신이 수락할 수 있는 수준보다 높은 가격을 제시한다고 생각한다. 판매자 쪽에서 처음에 부르는 가격은 마지막에 부르는 가격보다 반드시 비쌀 것으로 생각하고, 또 그것이 당연하다고도 여긴다. 그러면 어떻게 해야 할까? 판매자가 제시한 가격을 맹렬하게 공격하는 수밖에 없다.

판매자는 사양이 더 낮은 제품을 더 비싼 값에 팔려고 하는데, 글로리아는 사양이 더 높은 제품을 더 싸게 사려고 하니 갈등이 생길 수밖에 없다. 늘 대립 관계에 있는 구매자와 판매자들은 이런 상황이 친숙할 것이다. 하지만 글로리아에게는 가격을 더 깎는 또 하나의 요령이 있다. 바로 판매자들끼리 경쟁을 붙이는 것이다.

방식은 이렇다. 입찰공고를 낸 다음, 아무 업체도 선정하지 않고 사무실에서 조용히 그들의 반응을 기다린다. 그러면 조바심이 난 업체들이 자기 쪽에서 제시한 조건을 어떻게 생각하는지 물어보려고 그녀를 찾아올 것이다. 그러나 그녀는 누구도 만나주지 않고 얼마간 기다리게 한 후에 모두에게 전화를 걸어 같은 이야기를 한다. "가격이 너무 비싸더군요."

당연히 업체들은 다른 회사가 얼마나 낮은 가격을 제시했는지 묻지만, 글로리아는 '차이(실제로는 차이가 없을 수도 있다)'가 얼마인지 말해 주지 않는다. 그녀는 좀처럼 판매자들과 협상을 하지 않으려 하고, 업체들이 으레 하는 두 번째 질문, 즉 입찰에 들어온 다른 회사들이 어디냐는 문의에도 대답을 해주지 않는다. 그저 "가격 차이가 상당합니다"와 "죄송하지만 경쟁사 이름은 기밀 사항이기 때문에 말씀드릴 수 없습니다" 같은 말만 반복할 뿐이다.

예상했겠지만 어떤 업체들은 빠르게 발을 빼는 반면, 여전히 계약을 원하는 업체들은 가격을 대폭 내린다. 그렇게 판매자들은 상대가 누구인지도 모르는 채 서로 경쟁을 벌인다. 이 게임에서는 가격을 계속 깎아주지 않으면 생존할 수 없다.

글로리아의 경험에 따르면 판매자들은 대부분 가격을 낮춰 재입찰한다. 그러나 그녀는 계속해서 가격이 높다는 암시를 주면서, 자신들이 제시한 가격이 얼마나 비싼지와 어떤 경쟁사들이 있는지 알려달라는 업체들의 요청을 완강히 거절한다. 그녀는 차이가 줄긴 했지만 아직 다른 업체가 제시한 가격이 더 싸다는 말만 해줄 뿐이다. 이 게임에서 한 번 이상 가격을 내렸던 판매자들도 잘한 것은 없다. 글로리아는 끝도 없이 가격을 내리는 업체들도 있다고 자랑스럽게 이야기한다.

글로리아는 판매자들과 정보를 공유하지 않기 때문에 유리한 위치에 있다. 그녀는 판매자들이 경쟁자들의 존재를 상상하게 만들어서 낮은 견적을 받을 뿐만 아니라, 그들이 가격을 어느 정도나 깎아줄 준비가 되어 있는지 자세히 알아낼 수 있다. 게다가 그녀가 마침내 어떤 업체의 견적을 수락한다고 해도, 아직 게임이 끝난 건 아니다. 이제 그녀는 계약서 약관이나 제품 성능 기준 등의 영역으로 주제를 돌려 공격적인 협상 기술을 발휘할 것이다.

글로리아는 자신의 '흥정' 전략이 부당하다고 생각하는 이들에게 조소를 보낸다. '모든 판매자는 최고가를 받아낼 권리가 있고, 모든 구매자는 최저가를 찾을 권리가 있다'는 것이 그녀의 지론이다. 조건이 맞지 않는다면 판매자는 언제라도 이윤을 더 남겨줄 다른 거래처를 찾아 떠날 수 있다. 자유경쟁 시장에서는 아무도 억지로 팔거나 사지 않아도 된다. 또한 판매자가 경쟁이 치열하다고 '생각'하고 그에 따라 행동하는 한, 경쟁이 실제인지 가상인지는 중요하지 않다. 그러므로 글로리아는 판매자들이 제멋대로 상상력을 펼쳐 치열한 경쟁을 의식하고 가격을 낮추도록 수단과 방법을 가리지 않을 것이다.

글로리아는 협박이라는 수단을 써서 판매자들을 다루는 방법도 알고 있다. 그녀는 송장 금액을 놓고 분쟁이 생겼을 때 판매자에게 송장 가격에 못 미치는 '완납' 수표를 보낸다. 돈이 급한 판매자들이 돈을 인출하는 순간 분쟁은 종료된다. 판매자들이 가격을 깎아줄 수밖에 없도록 함정에 빠트리는 수법도 있다. 글로리아는 곧 주문을 할 테니 사전 작업을 해두라고 이야기해놓고, 정책이 바뀌었거나 갑자기 예산이 부족해졌다는 등 그럴듯한 핑계를 만들어 주문을 할 수 없게 됐다고 말한다. 이는 허버드 아주머니 작전과 유사하지만, 글로리아는 판매자들이 사전 작업을 하면서 실제 비용을 쓰게 한 반면 허버드 아주머니 작전에서는 구매자들이 단순히 주문을 할 수도 있다고 말만 했다는 차이가 있다. 얼마 안 가 판매자들은 이미 투입된 비용을 낭비하지 않으려고 어떻게든 가격을 깎아주려고 할 것이다.

한두 단계 더 심각한 비윤리적 수법도 있었다. 언젠가 글로리아는 자사 공장에 중장비 한 대를 배송해달라고 한 다음 이런저런 구실을 만들어 수령을 거부했다고 한다. 반송을 위해 또다시 트럭을 섭외하고 싶지 않았던 판매자는 가격을 더 할인해주는 것도 모자라 여분 부품까지 끼워주기로 했고, 글로리아는 마지못한 척 그 조건을 승낙했다.

내가 그녀의 속임수에 놀랐다고 말하자 글로리아는 자기 상사 이야기를 들려줬다. 그가 고객에게 공급할 요량으로 어떤 업체에 자재를 주문했고 업체는 절단 작업까지 해두었는데, 며칠 후 고객이 주문을 취소한다고 통보했다. 이 일로 상사는 고객사에 소송을 거는 한편, 공급 업체에도 자재비를 지급할 수 없다고 알렸다. 그 이야기를 들은 공급 업체는 격분하여 자기 쪽에서도 소송을 걸겠다고 말했고, 상사는 이렇게 대답했다. "좋습니다. 날 고소하세요. 그래도 1~2년 안에는 돈을 받지 못할 겁니다."

이 업체는 몇 시간 후 다시 전화를 걸어 협상을 시도했고, 현금으로 즉시 결제할 경우 납품가를 60퍼센트 할인해주기로 했다. 그 자재들은 언제든 사용할 수 있는 새것과 같은 상태로 사내에 보관되고 있다고 한다. 업체만 딱하게 된 셈이다.

이런 노골적인 위협 행위가 어떤 결과를 불러올까? 뿌린 대로 거둔다는 말도 있듯, 대개는 거래처와의 끝없는 다툼으로 이어질 것이다.

일례로, 글로리아의 할아버지뻘 되는 은퇴 영업사원 시드니 씨는 속임수에 잘 넘어가는 고객들에게 평생 물건을 팔면서 익힌 노하우를 내게 가르쳐줬다. 시드니 씨는 복사기 제조 업체에서 일한 적이 있는데, 어느 날 고객사의 복사기가 고장 나는 바람에 제품을 회수해서 수리할 일이 생겼다. 복사기 상태를 확인해보니 수리 비용이 예상보다 훨씬 많이 나올 듯해서 고객사에 전화를 걸었다. 그런데 전화를 받은 담당자는 '추가 비용이 얼마가 됐든' 상관없으니 최대한 빨리 복사기를 수리해달라고 요청했다.

이 일을 계기로 시드니 씨는 수백 건의 수리를 진행하며 같은 수법을 썼고, 회사는 수백만 원의 이윤을 더 챙길 수 있었다. 그가 추가로 필요하다고 말한 비용은 순전히 꾸며낸 것으로 고스란히 회사의 이윤으로 돌아갔다. 추가 비용에 불평하는 고객들은 거의 없었고, 그렇게 반응하는 소수의 고객에게는 아쉽지만 수리된 복사기를 돌려주면 그만이었다.

시간이 관건인 서비스를 진행할 때는 아무리 중요한 계약 약관이라도 일방적으로 변경할 수 있는 틈이 생긴다. 구매자 입장에서 대체 공급 업체를 찾을 여력이 없는 상황이라면 더더욱 그렇다. 시드니 씨는 상황의 변화로 문제가 생겼을 때 그 기회를 놓치지 않고, 상대에게 협상을 해서 해결책을 찾자고 이야기했다. 극단적인 경우에는 고객의 프로젝트 작업을 중단시켜버리고, 이런 '예기치 못한 불행한 상황'에 맞는 새로운 가격 조건을 협상하자고 건의하기도 했다.

물러섬 없는 협상보다는 맞교환을 해라

한 5성급 호텔과 콘퍼런스센터 건물 사이에 6,000평에 달하는 유휴지가 있다. 지역 의회가 이 땅과 콘퍼런스센터를 소유하고 있었고, 호텔은 땅의 일부를 임대하여 옥외 주차장으로 사용했다.

지역 의회는 주차장 북쪽에 사옥을 짓고 싶어 했지만 문제가 하나 있었다. 몇 년 전 호텔이 주차장 부지를 임대하던 당시, 의회 측의 측량사가 모호한 위치에 대지 경계선을 표시한 것이 화근이었다. 측량사는 단순히 눈에 잘 띈다는 이유로 대지 경계와 인접한 언덕 꼭대기에 경계선 표시기를 설치해뒀다. 그 덕에 호텔이 임대한 땅 면적은 3×120미터만큼 넓어졌지만, 당연히 이 자투리땅은 주차용으로 아무런 쓸모가 없었다. 측량사가 별생각 없이 한 행동 때문에 지역 의회는 건축 설계 초안 단계에서 큰 난관에 봉착하게 됐다. 언덕이 건축 경계선 일부를 침범했던 터라, 호텔이 자투리땅을 임대하는 동안에는 그곳에 건물을 짓는 것이 불법이었다.

내 의뢰인은 호기롭게 호텔 측을 찾아가 '우연히' 할당된 자투리땅을 포기해달라고 설득했다. 그러나 호텔은 땅 사용료로 7억 원을 요구했다. 건축 프로젝트를 진행하는 데 이 땅이 꼭 필요하다는 사실을 알았기 때문이다.

이에 맞서 지역 의회는 호텔 측을 성가시게 굴기로 했다. 지역 의회가 식음료 업장의 영업 허가를 담당했기에 호텔 주방과 바에 정기 순찰을 돌면서 근처에서 사건·사고가 일어나지는 않는지 감시하고, 공정거래부 공무원들을 파견했다. 또한 주차 관리인들이 모든 차량의 번호판 등록 여부를 확인하게 하고, 오염 물질 배출 점검을 실시했으며, 자동차세 납부 이력까지 세세히 체크하기도 했다. 그러나 호텔을 계속 괴롭히면 결국엔 항복하리라는 그들의 생각은 오산이었고, 이 모든 조치에도 효과는 없었다.

그런데 공교롭게도 호텔은 연회 시설을 증축하고 레저 센터와 객실 90곳을 추가할 계획이 있었고, 그러려면 건축 허가를 받아야 하는 상황이었다. 호텔이 허가를 받는 방법은 분명했다. 지역 의회와 맞교환하는 것이다.

지역 의회는 "자투리땅에 터무니없는 사용료를 요구하지 않고 지역 의회가 쓸 수 있도록 기증할 경우, 건축 허가가 발급되도록 지원하겠다"고 답변했다. 그러자 호텔은 임대지의 자유보유권을 획득하고 싶다고 요구했다(영국은 모든 토지가 국왕에게 종속되기 때문에 자유보유권을 획득해야 토지를 영구 소유하고 자유롭게 사용할 수 있다-옮긴이). 호텔의 토지 임대 기간은 125년으로 사실상 자유보유나 다름없었으므로, 지역 의회는 자유보유권을 넘기기로 하고 그 대가로 15억 원을 요구했다. 이제 호텔은 주차장을 독점적으로 사용할 수 있었고, 옥상 공간은 새 사옥에서 호텔 증축부까지 이어지는 멋진 테라스로 꾸며졌다. 협상이 타결되어 완공된 건물은 국가 건축상까지 수상했다.

평판이 좋은 건설회사들조차 '공정을 완료하려면' 돈이 조금 더 필요하다고 주장하는 수법을 쓰곤 한다. 최근에 나도 비슷한 사례를 경험했다. 어떤 건설회사가 극장을 리모델링했는데 주당 1,800만 원에 달하는 비용 초과가 발생했다. 이 프로젝트가 정부의 보조를 받는 데다가 세간의 이목까지 집중됐기 때문에, 건설회사는 얼마가 더 들든 결국엔 정부 보조금으로 초과된 비용을 충당할 수 있으리라 확신한 듯했다.

하지만 프로젝트의 공기는 3년이었고, 전에도 비슷한 상황이 발생한 적이 있다. 과거에 문제가 발생했을 당시 건설회사 쪽에서는 새로운 비용과 예산을 제시하고 그 한도 내에서 성공적으로 프로젝트를 완수하겠다고 약속했다. 전체 프로젝트에 그보다 많은 비용이 들더라도 건설회사 측에서 제시한 비용이 '최종 고정 가격'이 될 것이라고 구두 협의를 끝낸 상황이었다. 이제 건설회사는 프로젝트 개시일부터 청구했던 주문 변경 건들과는 별개로 추가금 2억 원을 부담해서 공정을 완료해야 했다.

강경한 흥정꾼은 협상을 더 어렵게 만들 뿐이다.

■ 자기평가 테스트 24 해설

1. 가구 제조업자인 당신은 수년 동안 대형 알루미늄 압출 업체가 가공한 부품을 구입해서 가구를 제작해왔다. 그런데 그 업체에 새로 부임한 마케팅 담당자가 오늘 아침에 전화를 걸어, 지금 단가로는 이윤이 남지 않으니 더는 부품을 가공해줄 수 없다고 이야기한다. 어떻게 하겠는가?

① 현재의 계약 단가를 재협상하자고 제안한다? 틀렸다. 부품을 배송받아야 당장 주문을 처리할 수 있는 상황이라고 해도 재협상은 너무 성급하다. 당신은 보기 좋게 당한 것이다.

② 가공 비용이 얼마이며, 이윤을 남기려면 얼마를 받아야 하는지 자세히 알려달라고 한다? 맞았다. 어떤 조치를 하기 전에 이런 정보부터 알아내야 한다. 아울러 상대의 반응을 보면 문제의 심각성이 어느 정도인지를 파악할 수 있을 것이다. 이렇게 알아낸 사항들을 ③번에서 수집한 정보와 비교해보고 어떻게 할지 결정해라(솔직히 말해서 ③번은 당신이 정기적으로 해야 할 일이라고 생각한다).

③ 다른 압출 업체와 거래할 수 있는지, 거래가 가능하다면 그곳 단가는 얼마인지 알아본다? 조금 늦었다! 만일 이런 정보를 쉽게 구할 수 없다면 당신은 생각보다 더 불리한 입장이다. 위기에 어떻게 대처해야 할지 알아야 하는 것은 당연하지만, 현명한 협상가들은 위기를 예측하고 해결책을 찾아 협상 전에 미리 준비를 해둔다.

④ 그들의 속셈이 무엇인지 다 알고 있다고 말한다? 틀렸다. 납품을 어렵게 만들어 가격을 올리려는 그들의 속셈을 알아챈 것은 똑똑하다고 할 만하다. 그런데 그렇게 똑똑한 당신이 왜 이다지도 준비가 안 되어 있는 것인가?

2. 1번 질문에서 등장했던 알루미늄 압출 업체의 마케팅 담당자가 다시 전화를 걸어 최근 주문 건을 취소해야 한다고 이야기한다. 공장이 파업할 조짐을 보이고 있고, 기존 알루미늄 재고는 전부 우선순위 거래처의 당월 제조분으로 써야 한다는 것이다. 당신은 납품을 꼭 받아야 해서 항의를 해봤지만, 담당자는 우선순위 고객이 당신보다 더 높은 단가로 부품을 사준다고 이야기한다. 그러나 당신은 최근 가격 인상에 동의까지 한 상황이다. 어떻게 하겠는가?

① 우선순위 고객들이 얼마를 더 내고 있는지 묻고 그와 동일한 가격을 제시한다? 반드시 납품을 받아야 하는 상황이 아니고서야 이렇게 해서는 안 된다.

② 우선순위 고객들이 얼마를 더 내고 있는지 묻고 그것보다 더 높은 금액을 제시한다? 틀렸다. 이건 정말 단단히 호구 잡힌 행동이다.

③ 계약서상 '불가항력' 조항에 파업도 포함되는지 확인한다? 틀렸다. 시간 낭비일 뿐이다.

④ 급히 다른 거래처를 알아본다? 당신은 1번 질문에서 호구 잡힐 것 같은 조짐을 읽고 바로 이렇게 행동했어야 한다.

3. 당신의 회사에서 단조 부품을 구입하는 고객이 이번 납품이 끝나면 사내에서 부품을 자체 생산하겠다고 말한다. 어떻게 하겠는가?

① 가격을 협의해보자고 제안한다? 애초에 상대의 행동은 가격을 협의해보자는 초청이었다. 당신은 속임수에 넘어가 허둥지둥하며 가격을 깎아주려고 한다. 보기 좋게 당한 것이다.

② 부품을 자체 생산하면 세공 비용, 주조 비용, 교육 및 품질 관리 비용 등으로 오히려 돈이 더 들 것이라고 충고한다? 틀렸다. 그저 심술이 나서 하는 말처럼 들릴 뿐이다.

③ 그들의 문제가 무엇인지 함께 이야기해보자고 한다? 훨씬 낫다. 협상가들은 상대의 작전에 반응하기 전에 정보를 얻어야 한다. 이런 대화를 하면서 ②번과 같은 의견을 제시하는 것이 더 적절하다.

④ 알았다고 이야기하고 건승을 빌어준다? 틀렸다. 거래처를 지켜내야 할 사람이 이렇게 무기력하게 반응해서 어쩌겠는가. 혹시 할 테면 해보라는 작전을 펼칠 생각인가? 그런데 자체 생산을 하겠다는 상대의 말이 괜한 엄포가 아니었다면, 그들에게 정말 문제가 생길 수도 있다. 상대를 도울 수 있었을지도 모르는데 기회를 놓치고 이렇게 반응하는 것은 현명하지 않다.

25 | 반짝인다고 모두 금은 아니다

위압감을 이겨내는 법

1. 당신을 보러 온 남자가 멋진 최고급 정장을 차려입고 구찌 신발을 신었으며 손목에
   는 롤렉스 금시계를 찼다. 그 사람의 지위를 평가하라고 한다면 어떻게 하겠는가?

   ① 지위가 낮다고 평가한다.

   ② 지위가 높다고 평가한다.

   ③ 잘 알 수 없다.

2. 만남이 끝나고 남자가 돌아갈 때 다음과 같이 행동한다면 당신은 그 사람을 어떻게
   평가하겠는가?

   ① 지나가는 택시를 잡으려고 길가에서 기다린다.

② 당신의 비서에게 택시를 불러달라고 한다.

③ 근처에 주차해둔 작은 차를 타고 간다.

④ 운전기사가 몰고 온 롤스로이스를 타고 간다.

기업들은 왜 그렇게 공간을 호화롭게 쓰기를 좋아할까?

그들은 땅값이 가장 비싼 도심지의 유리 궁전에 보금자리를 틀거나, 외곽 지역의 탁 트인 공간에서 푸릇푸릇한 나무와 아름다운 꽃에 둘러싸여 일한다. 건물 입구에는 높은 기둥이 우뚝 솟아 있고 근사한 대리석 계단이 건물 몸체를 둘둘 휘감고 있어서 웅장한 분위기를 풍긴다. 도처에 있는 분수와 폭포에서 시원한 물줄기가 흐르고, 어두운 색상의 가구들이 마치 평원의 작은 요새처럼 띄엄띄엄 배치되어 실내를 장식한다. 회장이 등장하면 트럼펫 소리가 건물 전체에 웅장하게 울려 퍼질 것 같다.

고속 엘리베이터 문이 획획 여닫히면서 사람들을 쉴 새 없이 실어 나른다. 안내 데스크 뒤에는 말끔하게 차려입은 직원들이 서 있는데, 이들의 특기는 가지런한 치열을 내보이며 멋진 미소를 짓는 것과 지루함을 잘 참아내는 것이다. 피어싱을 한 보안요원들은 별달리 하는 일도 없이 위협적인 분위기를 풍기며 바삐 돌아다닌다. 흡사 마지막 전쟁 이후 줄곧 할 일이 없었던 해병대 훈련교관 같은 모습이다. 전화가 올 때는 아주 조용히 벨이 울리고, 직원들은 벨 소리가 두 번 나기 전에 잽싸게 수화기를 든다.

누군가를 만나러 왔다고 이야기하면, 혹시라도 미아가 될까 봐 걱정스럽다는 듯 세심하게 길을 안내해준다. 또한 방문객이 신원확인 문제로 곤란한 일을 겪지 않도록 궁금해하는 누구에게나 보여줄 수 있는 출입증을 발급해준다. 정말 주도면밀한 회사에서는 즉석사진을 찍어 코팅한 다음 가슴팍에 달아주기도 한다. 또한 어딜 가든 직급이 낮은 직원이나 덩치 큰 안전요원이 정중하게 수행해준다.

번쩍번쩍 광이 나는 엘리베이터, 복도, 대기실을 지나치다 보면 닫힌 문 뒤에서 성대한 이벤트가 열리고 있는 것 같다. 직원들이 움직이는 모습만 봐도 뭔가 특별한 일이 벌어지고 있음을 알 수 있다. 이제 약속한 상대를 만날 시간이다. 당신은 항공기 격납고만큼 널찍한 사무실에 들어가 두껍고 푹신한 카펫 위를 걷는다. 피카소나 반 고흐의 작품이 벽에 걸려 있고 우아한 조각품이 한구석을 장식하고 있는 방 안 풍경이 눈에 들어온다.

이 순간 당신은 가장 치명적인 실수를 한다. 순진하게도, 회사의 부를 과시하는 이 모든 소품이 그곳에서 일하는 직원들의 충성심과 성공을 향한 회사의 노력을 기리는 보상이라고 생각하는 것이다. 그러나 실상은 딴판이다!

직원들에게 충성심이 있건 없건, 이 모든 것은 직원에게 편의를 제공하고 보상하기 위해 존재하는 것이 아니다. 직원들이 이토록 좋은 환경에서 일하며 혜택을 누리는 것은 휘황찬란한 장식의 주된 목적에 자동으로 따라오는 부수적 결과에 불과하다. 눈앞에 보이는 모든 것의 존재 목적은 당신의 인식에 영향을 주는 것이다. 정문에 발을 들인 순간 당신 앞에 펼쳐지는 모든 광경은 순전한 연극으로, 방문객들에게 원하는 인상을 심어주려고 교묘하게 설계한 소품들에 불과하다.

그렇다면 이런 설계의 목적은 무엇일까? 그저 당신을 기죽이려는 것이다! 정신력이 강하거나 준비가 단단히 된 사람이 아니라면 배겨날 도리가 없다. 왜일까? 소품을 사용한 겁주기에 효과가 있기 때문이다.

이 웅장한 건물 곳곳에서 성공과 권력의 기운이 강하게 분출되고 있다. 그 앞에 서면 이런 질문이 절로 떠오른다. '건물 로비를 꾸미는 데만도 이렇게 엄청난 돈을 들이다니! 내가 그토록 아등바등하고 있는 이 냉혹한 세계에서 그들은 얼마나 많은 돈을 벌어들이고 있는 걸까?' 그리고 당신은 이런 결론에 도달할 것이다. '아, 이런 회사와 거래를 할 수 있다면 얼마나 좋을까!'

그들이 당신보다 돈을 훨씬 더 잘 버는 건 확실한 듯하다. 어떻게 알까? 그들이 당신을 보러 온 것이 아니라 당신이 그들을 만나러 갔기 때문이다. 만약 그들이 당신의 회사를 찾아왔다면 정문이나 로비를 보고 어떤 생각을 했을까?

작은 칸막이 사무실, 낡은 책상과 의자, 미납된 임대료 독촉장이 제일 먼저 눈에 들어오진 않을까? 당신이 더 으리으리한 유리 궁전에서 일한다면 그들의 멋진 건물을 보고도 아무런 감흥이 없겠지만, 초라한 건물에서 일한다면 분명 위압감을 느꼈을 것이다.

그들이 의도하는 건 자신이 강하다는 인상을 주는 것이다. 그러면 왜 그런 인상을 남기고 싶어 할까? 당신이 위압감에 짓눌려 적극적으로 협상하지 못하도록 은근히 술수를 쓰는 것이다. 극단적인 경우, 이런 협박에 못 이겨 소심한 겁쟁이처럼 행동하는 사람들도 있다.

각종 소품에 한바탕 위협을 느낀 당신은 이제 바쁜 시간을 내준 귀하신 몸을 알현한다. 그 사람이 당신을 어떻게 생각하건 당신은 그저 황송할 따름이다. 하지만 상대는 아직 거래와 관련해서는 한마디 말조차 하지 않은 상황이다(상대가 구매자든 판매자든 당신은 이미 함정에 걸려들었다).

공공연하고 실제적인 협박을 주제로 쓰인 장황하고 지루한 글은 많지만, 은근한 위협은 협상 관계라는 관점에서 잘 다뤄지지 않는 주제다. 그러나 실생활에 더 널리 퍼져 있고, 효과도 더 좋은 쪽은 은근하게 위협하는 행위다. 그렇게 하면 상대가 협박당하고 있다는 것을 쉽게 알아차리지 못하므로 화를 낼 가능성도 작아지기 때문이다. 누군가가 당신에게 험악하게 굴면서 억지로 가격을 깎으려 한다면 부당함을 느끼고 분노가 치밀 것이다. 그러나 당신이 은근한 위협에 영향을 받아 어떤 행동을 했다면, 스스로 한 일이기 때문에 상대에게 화를 낼 수는 없는 노릇이다.

크고 작은 사기

세상의 모든 사기는 소품의 사용과 함께 시작된다. 그러므로 기업들이 소품을 활용하는 것은 정직과 기만 사이의 아슬아슬한 줄타기인 셈이다.

누군가가 펜트하우스에 산다고 해서 그가 순진한 투자자들에게 받은 돈을 매일같이 생산적으로 쓰리라는 법은 없다. 사실 그는 매주 받은 '기부금'으로 화려한 삶을 유지하는 데 필요한 경비를 대고 있고, 머릿속으로는 어떻게 하면 다음 주에 돈을 대줄 기부자를 꾀어낼 수 있을까만 생각하고 있는지도 모른다.

실제로는 파산했으면서도 전용 제트기를 타고 다니는 사람들이 있다. 채권자들은 이렇게 부와 권력을 연상시키는 소품을 보고 돈을 돌려받지 못할 수도 있다는 걱정을 덜 것이다. 그런데 이 파산자가 돈을 아끼려고 이코노미 대기표를 사기 시작했다면, 채권자들도 슬슬 돈을 떼이는 건 아닐까 불안한 마음이 생길 것이다.

TV를 틀면 궁궐 같은 집에 살면서 롤스로이스나 벤츠 같은 차를 몰고 다니는 사기꾼들의 이야기를 쉽게 접할 수 있다. 그러니 '매수자 위험 부담'의 원칙을 절대 잊지 마라. 또한 고상한 성자인 척하면서 온갖 속임수로 엄청난 돈을 끌어모으는 이들을 주의해라. 추종자들은 이들이 물질적인 부를 더 많이 과시할수록 그가 신에 가까운 존재라고 확신한다. 아니면 낮에는 누더기를 걸치고 이곳저곳을 활보하다가 저녁에는 비밀스러운 대저택으로 돌아가 고급스러운 옷으로 갈아입는 정반대의 '성자'들도 있다.

이런 문제를 발생시키는 근본 원인은 왜곡된 논리다. 성공한 사람들은 생활 수준이 높고 요트, 헬리콥터, 별장 등 자신들의 부를 짐작하게 할 만한 확연한 증거물들을 소유하고 있다. 그래서 '생활 수준이 높으면 성공한 사람들이다'라는 논리가 만들어졌다. 사기꾼들은 목표물(피해자)의 머릿속에 있는 이런 논리에 의존하여 사기 행각을 벌인다.

상대에게 속일 의도가 없었다고 하더라도, 당신이 그 사람이 가진 소품에 기가 죽었다면 가벼운 속임수에 넘어간 것이다. 여기서 더 나아가 결국 불리한 조건에 합의했다면, 당신은 중요한 사안을 두고 야바위꾼과 카드 게임을 한 것이나 다름없다.

상대의 소품들이 눈에 들어온다면, 자신이 반쯤은 사기에 넘어갈 뻔했다고 생각해도 좋다. 소품들은 당신이 상대와 거래하는 방식에 영향을 준다. 그 효과를 과소평가했다가는 큰코다칠 수도 있다.

긴긴 세월 탄압을 받아온 판매자들은 전승되는 이야기들을 통해 구매자들의 악랄한 수법들을 익히 알고 있다. 판매 업무 경험이 있는 사람을 아무나 붙잡고 전문 구매자들이 얼마나 포악한 족속들인지 물어본다면, 그들은 다음 중 한 가지 이상을 반드시 언급할 것이다.

- 당신보다 훨씬 중요한 사람과 약속이 겹쳤다면서 사무실 밖에서 기다리게 하거나 다음에 만나자고 한다.
- 사무실에 들어가면 자기 의자보다 더 작은 의자에 앉으라고 한다.
- 의자는 더 낮고 흔들거리기까지 한다.
- 당신이 앉은 자리 맞은편에는 불빛이 강한 전등이나 눈부신 햇빛이 들어오는 창문이 있다.

- 사무실 문을 열어둔다. 사람들이 오가는 소리가 다 들리고, 지나가는 이들이 이 자리의 대화를 전부 들을 수 있을 것 같다.
- 비서들이 파일이나 문서를 찾는답시고 들락날락한다.
- 사무실이 너무 춥거나 덥거나 답답하고, 너무 개방되어 있거나 외풍이 심하다.
- 당신이 제품을 홍보하고 있는 도중에도 전화벨이 계속 울리고 상대방은 전화를 받는다.
- 직원이 들어와서 다른 거래처나 업무 이야기를 한다.
- 상대방이 이제 돌아가야 할 시간이라고 알리려는 듯, 전화가 왔다는 비서의 말에 '잠깐만' 대기 상태로 두라고 한다. 또 시계를 계속 힐끗힐끗 쳐다본다.
- 로비나 대기실에서 만나는 경우도 있다. 사람들이 계속 드나드는데도 그곳에서 업무 이야기를 하자고 한다.
- 당신의 이름이나 회사 이름을 반복적으로 틀리게 부른다.
- 정말 따분하다는 듯한 표정을 짓고 한 번도 흥미를 보이지 않는다. 이야기를 듣지 않고 있는 것처럼 멍한 표정을 짓기도 한다.
- 팸플릿을 건네주면 눈길 한 번 주지 않고 구석에 둔다(그러면서도 종이가 찢어지거나 얼룩이 생겼거나 오타가 있으면 그 점을 반드시 지적한다).
- 샘플을 보여주면 만져보지도 않고 흘끗 보기만 한다. 시연을 해주겠다고 해도 사양한다.
- 당신의 외모, 체중, 치아("담배를 많이 피우세요?"), 억양, 인종, 배경, 성생활 등에 관해 깎아내리는 말을 한다.

- 당신의 제품, 회사, 배송, 품질 관리, 송장, 과거에 약속한 내용, 상관이나 부하, 실적, 이번 거래 등에 관해서도 얕보는 말을 한다.

- 당신의 경쟁사 이야기가 나오면 태도가 돌변한다. 담당자와의 친분을 과시하듯 성을 빼고 이름으로 부르고, 사적으로도 잘 아는 듯이 이야기한다("그 회사 마케팅총괄인 헨리가 올림픽에서 금메달을 딴 것 알아요? 워낙 나이에 비해 건강하고 잘생겼죠. 헨리는 한 번도 날 실망시킨 적이 없다니까요.")

- 당신 경쟁사의 제품, 일 처리 능력, 재정 상태, 성실성, 가격 등을 칭찬한다.

- 당신의 사회적 지위를 확인하는 질문들을 한다. 어느 클럽 회원이며 어디 부대 출신인지, 어떤 차를 모는지, 보라카이나 발리에서 휴가를 보낸 적이 있는지, 고향의 철강회사 사장을 아는지, 보유하고 있는 주식 상황은 어떻고 다우지수 전망을 어떻게 보고 있는지, 오늘 아침 금 시세를 봤는지, 당신의 중개인·은행 담당자·양복 재단사는 누구인지 등을 묻는다.

- 결정을 보류한다. 자신은 권한이 없고 결정권자가 따로 있지만 지금은 만날 수 없다고 이야기한다.

- 다음에 그곳에 다시 방문했을 때는 또 다른 사람과 처음부터 다시 이야기를 시작해야 한다. 전보다 직위가 높은 사람이면 아직 합의하지 못한 문제를 놓고 더 어려운 싸움을 해야 하며, 직위가 더 낮은 사람이면 협상이 더더욱 어려워진다.

- 모든 내용을 문서화해야 하며, 항상 '최저가'를 제시해야 한다

고 요구한다.

이 모든 행동의 목적은 당신의 기를 죽여 고분고분하게 만드는 것으로, 판매자라면 누구나 구매자들의 이런 수법에 대처하는 법을 익혀야 한다.

그런데 구매자들의 이런 압박 작전은 잘 알려져 있고 간파하기도 쉽다. 이것보다는 당신이 상대 회사가 공들여 준비한 각종 소품에 위압감을 느끼고 스스로 위축되는 것이 더 문제다. 상대의 소품 작전은 당신의 머릿속에서 축구 경기의 자살골과 비슷한 효과를 만들어낸다. 당신은 내면 깊숙이에서 저 사람들처럼 보란 듯이 화려한 장식물들을 누리고 싶다고 생각하고, 그들이 이 모든 것을 소유할 수 있는 이유는 당신보다 저 잘나거나 권력이 많거나 똑똑하기 때문이라고 여긴다.

나는 스코틀랜드 하이랜드에 있는 스카이섬의 호텔 매각 건을 협상하면서 값나가 보이는 소품들의 은근한 위협 효과를 몸소 체험했다. 호텔 주인은 내게 두 팀이 와서 호텔을 보고 갔지만 아무도 매입 의사가 없었다고 말하고, 내가 세 번째 팀과 거래를 성사시킨다면 수수료를 지급하겠다고 약속했다. 나는 미팅 전날 밤에 에든버러에서 차를 몰고 미리 호텔에 와 있었다. 그런데 매수인들은 다음 날 약속시간 5분 전이 됐는데도 나타날 기미가 보이지 않았다. 호텔 위치에서는 포트윌리엄 방향으로 5킬로미터 앞까지 훤히 내다볼 수 있었지만 우리 방향으로 오는 차는 한 대도 없었고, 주인은 불안해하기 시작했다. 그들이 약속을 깰 작정이었을까? 나 역시 협상을 하고 거래를 성사시켜야 수수료를 받을 수 있는 입장이니, 약간은 걱정스러운 맘이 들었다.

12시 1분 전, 어디선가 엄청난 굉음이 들려오기 시작하더니 이윽고 헬리콥터 한 대가 나타나 내가 끌고 온 벤츠 가까이에 착륙했다. 전날 밤 내가 (더 조용히) 이곳에 도착했을 때도 호텔 주인은 감탄하는 눈치였지만, 이들의 화려한 등장에는 비할 바가 못 됐다. 그 때문에 내 존재감은 완전히 약해졌고, 가격을 굳건히 사수하려던 호텔 주인의 의지도 크게 흔들린 듯했다. 나는 그가 야심 차게 정해둔 매각가에서 1억 2,000만 원이나 깎아주기로 한 이유가 바로 이것이라고 확신한다. 그는 매수인들이 머문 두어 시간 만에 그들에게 홀딱 넘어가고 말았다. 전날 밤 나와 식사를 할 때만 해도 그들이 별 볼 일 없는 사람일 거라고 이야기하더니, 이제 그런 생각은 쏙 들어간 것 같았다.

호텔 주인은 헬리콥터라는 소품에 압도당한 것이다. 그는 진정한 재력가와 거래하고 있다고 철석같이 믿고, 상대 쪽에서 자신을 정중하게 대한다는 사실에 그저 황송해했다. 아무래도 자기 역시 언젠가는 헬리콥터를 타고 다닐 만한 거물로 인정받는 듯했던 모양이다.

집으로 돌아가면서 나는 이런 생각을 했다. 헬리콥터를 빌려 그 정도 거리를 왕복하려면 약 450만 원이 들 것이다. 그 액수를 들여 호텔 주인이 원했던 최고 가격에서 1억 2,000만 원이나 깎을 수 있었으니, 소품에 얼마나 투자를 잘한 것인가! 이에 그치지 않고 매수인들은 대금 지급 기한도 연장받았고, 호텔 바의 재고 보유량도 더 유리하게(적게) 평가받았으며, 계약보증금마저 아주 조금만 내기로 했다.

게다가 나는 수수료도 제대로 받지 못할 뻔했다. 나는 강경하게 협상을 해나가며 주인이 최종적으로 합의하려는 금액보다 20퍼센트를 더 받아내고, 상대의 제안보다 더 유리한 조건을 관철하려고 노력했다. 그런데 주인은 매수인들 몰래 내게 더 낮은 가격과 불리한 조건을 수락하라고 지시했고, 나 때문에 '자기' 거래를 망치게 생겼다고 대놓고 말하기까지 했다!

양쪽이 계약서에 서명을 마치자 주인은 뻔뻔하게도 예상보다 싸게 호텔을 넘겼으니 수수료를 낮춰달라고 했다. 다행히도 나는 수수료가 명시된 계약서(꼭 문서화해야 한다는 점을 명심해라)를 소지하고 있었고, 이 종이를 그의 눈앞에서 흔들어 보였다. 또한 그의 무례한 태도가 못마땅해서 현금이나 현물만을 받아야겠다고 고집하고, 당장 내놓을 현찰이 없다면 대신 내 벤츠에 스카치위스키를 가득 실어 가겠다고까지 이야기했다.

우리는 시종일관 상대의 지위를 판단하기 때문에 소품을 이용한 위협에 쉽게 맞서지 못한다. 사람들은 대개 지위를 과시하는 물건들이 곧 힘의 상징이라고 생각한다(사기꾼들이 자신의 역할에 맞는 의상 소품을 사용하는 이유가 그것이다). 또한 물질적인 소품만 위압감을 만들어내는 것도 아니다. 눈에 보이지 않지만 사람들이 주관적으로 인식하는 상대의 평판이나 명성 등도 충분히 위협을 가할 수 있다.

아마 당신은 다음에 소개하는 한 비즈니스 업계의 사례를 보고, 피해자들이 왜 더 현명하게 행동하지 못하는지 의문을 품을 것이다.

'FTSE 100대 기업'을 비롯하여 전 세계 대기업들을 최대한 많이 감사하려는 회계회사들의 집착 이야기다.

감사는 원해서가 아니라 필요하기 때문에 하는 일이다. 자동차 배기관이 고장 나면 현금 사정이 어떻든 무조건 수리를 해야 하지 않는가. 배기관이 없으면 운전을 할 수 없는 것처럼, 감사를 받지 않으면 합법적으로 영업을 할 수 없다. 그런데도 감사 수수료는 지난 몇 년간 30퍼센트나 하락했다. 세계적인 대기업들은 자사의 감사를 맡는 것이 회계회사들에 얼마나 중요한 일인지 알고, 이들의 의존성을 이용해왔다. 대기업들은 협상으로 감사 비용을 낮추지 못할 것 같을 때 입찰을 통해 업체를 선정하겠다고 협박하는데, 보통 이 수법을 쓰면 깎아주지 못하겠다는 회계회사의 반발이 잦아든다. 그리고 만일 정말 입찰이 시작된다면 현재 감사를 담당하는 회사를 포함한 온갖 회계회사가 참여하기 때문에, 기업 입장에선 실제로 비용을 줄이는 효과가 있다.

아주 다양한 대기업을 상대해본 나는 회계회사들의 집착이 잘 이해되지 않았고, 과연 그들의 집착이 타당한지 업계 내에서 확인해보고 싶었다. 나는 영국 상위 100대 기업의 재무이사들이 대거 참석한 협상 전략 세미나에서 'FTSE 100대 기업'의 감사를 담당한 회계회사의 이름을 열 군데 이상 아는 사람이 있느냐고 물었다. 그러나 아무도 손을 들지 않았고, 내가 가장 유명한 세 군데를 언급하자 비로소 손을 드는 사람이 나타났다.

물론 재무이사들은 자사의 감사를 맡은 회사가 어딘지는 알고 있었고, 그중에는 여타 회사를 감사하는 회사 이름을 한 군데 정도 더 아는 이들도 있었다(단순히 같은 회사에 감사를 의뢰한 적이 있기 때문이었다). 그러나 세미나 참석자 대부분이 대형 회계회사의 고객사 소속이었지만, 이들은 낮은 가격을 감수하고라도 대기업을 감사하려는 회계회사의 심리적 집착에 공감하지 못하는 것 같았다. 고객사들은 어떤 회계회사가 어느 기업의 장부를 감사했는지나 어떤 회사가 가장 많은 고객사를 감사했는지를 별로 중요하게 생각하지 않았다.

그러나 자기 생각이 어떻든 상위 100대 기업을 가능한 한 많이 감사하는 것이 일생의 주요 임무인 상대를 만난 상황이라면, 재무이사들은 그 집착에 관여하지 않고 최대한 잘 이용하기만 하면 될 뿐이다. 비용을 깎고 또 깎아서 그들이 그토록 열망하는(그리고 다른 누구도 공감하지 못하는) '특혜'를 즐길 수 있게 해줘야 하지 않겠는가.

사기꾼이라면 누구든 위협의 효과를 알고 있다. 또한 그들은 당신이 누군가의 소유물을 보고 그 사람의 지위를 평가한다는 사실도 알고 있다. 상대의 화려한 과시물을 알아차리고 감탄하는 순간, 당신은 그들의 꾀에 넘어가 더 구워삶기 쉬운 상대가 된다.

이런 일을 어떻게 방지할 수 있을까? 위협은 그저 당신을 겁주려는 행동일 뿐임을 기억하고, 자기 스스로 만들어낸 환상의 피해자가 되지 않아야 한다. 반짝인다고 다 금은 아니듯, 상대가 대단해 보이는 소품들을 과시한다고 해서 당신보다 훨씬 유리한 입장에 있는 업계의 큰손이라는 법은 없다. 한편 소품의 또 다른 종류로는 무례, 분노, 냉정한 무관심, 흥분, 추파 던지기, 칭찬, 눈물 등과 같이 상대가 당신을 위협하려고 하는 행동들이 있다.

　최근 나는 시카고에서 어떤 컨설팅회사 임원들을 만나, 이 회사의 고객사가 우리 고객사에 빚진 33억 8,000만 원을 두고 협상을 벌였다. 그날 나는 미팅이 시작되기 전까지 어떤 회의실에서 1시간가량을 기다려야 했고, 장소를 옮겨 커피를 마시며 진행한 다음 미팅 때도 상대 쪽은 임원회의를 마친 후에 뒤늦게 나타났다. 점심시간에 그들은 6차선 도로 건너편에 있는 근처 쇼핑몰에 가면 식당이 있을 것이라고 알려줬는데, 내가 건물을 나서 도로를 건너려는 찰나에 한 변호사가 내 모습을 측은하게 여겼는지 건물 2층에 있는 구내식당에 나를 데려가 줬다.

　점심식사 후 2시에는 또 다른 회의실에서 나머지 미팅을 진행할 예정이었으나 아무도 제시간에 나타나지 않아서 나는 홀로 기다려야 했다. 나를 이토록 무례하게 대접하려고 치밀하게 계획했던 변호사들은 마침내 자신들이 나타날 즈음이면 내가 분노로 씩씩대고 있으리라고 예상한 것 같다. 하지만 그들이 3시 15분에 도착했을 때 나는 태연히 자리에 앉아 책을 읽고 있었고, 나를 기죽이려는 그들의 수고에 아무런 관심과 반응을 보여주지 않았다. 기죽이기 작전에 실패한 그들은 약간 당황한 채로 본격적인 사업 이야기를 시작했다. 그날 우리는 거래의 대략적인 윤곽을 잡았고, 약 일주일 뒤 영국에서 미팅을 하면서(이 사절단은 제대로 된 대접을 받았다) 최종 합의에 이르렀다.

　당신이 위압감을 느끼지만 않는다면 누구와 거래하든 염려할 필요가 없다. 상대가 당신을 겁주려고 노골적으로 과시하는 소품들에 정신이 팔리지 않도록 자신을 단련해야 한다. 당신이 상대의 소품에 얼마나 탄복하는지 뻔히 알 수 있게 해서는 안 된다. 소품에 정신이 팔릴수록 상대방은 당신의 호감을 더욱 손쉽게 이용할 수 있고, 당신은 그 사람의 자존감만 높여줄 것이다. 그러니 상대 회사의 건물이 정말 멋지다고 감탄사를 연발하는 것은 말할 것도 없고, 사무실 창밖 경관이 훌륭하다고 칭찬하거나(아무리 보기 좋은 경관이라도 감탄은 금물이다. 그들이 왜 그렇게 돈을 많이 들였겠는가) 벽에 걸린 피카소 그림을 보고 놀란 모습을 보이는 등의 행동은 삼가야 한다.

또 주의할 점은 당신도 상대에 맞서 소품이나 거짓말로 상대를 위협할 생각은 하지 말아야 한다는 것이다. 그런 술수보다는 협상 기술을 활용하는 데 집중하고, 비겁한 속임수는 다른 사람들이나 쓰게 해라. 상대가 하는 행동에 겁먹지 않는 것만으로도 이미 충분하다. 내쪽에서 어떤 위협 작전을 써서 상대에게 보복해야 할지 고민할 필요가 없다. 당신이 일을 잘하면 그 자체만으로도 충분한 위협이 된다. 유능하다는 평판만큼 상대를 두려움에 떨게 하는 위협은 없기 때문이다.

■ **자기평가 테스트 25 해설**

1. 당신을 보러 온 남자가 멋진 최고급 정장을 차려입고 구찌 신발을 신었으며 손목에는 롤렉스 금시계를 찼다. 그 사람의 지위를 평가하라고 한다면 어떻게 하겠는가?

① 지위가 낮다고 평가한다? 틀렸다. 이건 조금은 삐딱한 생각이다. 롤렉스 시계가 모조품이 아닐 수도 있고, 정장이나 신발도 그의 것일지도 모른다. 만약 빌린 것

이라고 해도 얼마간의 돈은 들었을 것이다. 하지만 확실히 알 방법은 없다.

② 지위가 높다고 평가한다? 틀렸다. 당신은 위압감을 느끼고 그의 지위가 높다고 판단했지만, 그의 복장은 전부 자기 것이 아닐 수도 있다. 하지만 확실히 알 방법은 없다.

③ 잘 알 수 없다? 맞았다. 누군가의 소품을 보고 지위의 높고 낮음을 판단해서는 안 된다. 상대의 외모에 관심을 두지 않는다면 그로부터 영향을 받지 않을 것이고, 구태여 상대의 지위를 파악하려고 힘을 빼지 않아도 된다.

2. 만남이 끝나고 남자가 돌아갈 때 다음과 같이 행동한다면 당신은 그 사람을 어떻게 평가하겠는가?

① 지나가는 택시를 잡으려고 길가에서 기다린다? 그의 운전기사가 모는 롤스로이스가 교통 체증 때문에 제시간에 도착하지 못했을 수도 있다. 그의 지위를 정확히 알 수는 없다.

② 당신의 비서에게 택시를 불러달라고 한다? 상대는 당신의 비서에게 일을 시킴으로써 권력을 과시하려 했겠지만, 이것만으로 그의 지위를 정확히 알 수는 없다.

③ 근처에 주차해둔 작은 차를 타고 간다? 그가 환경 문제에 관심이 많아서 작은 차를 모는 것일 수도 있다. 그의 지위를 정확히 알 수는 없다.

④ 운전기사가 몰고 온 롤스로이스를 타고 간다? 유명한 사기꾼 로버트 맥스웰처럼 그도 회사연금펀드를 횡령해서 이런 사치를 누릴 수 있는지도 모른다! 그의 지위를 정확히 알 수는 없다.

세상의 모든 협상가에게 감사드리며

비즈니스 세계의 핵심은

무언가를 팔지 못하면 결국 망할 수밖에 없다는 것이다.

대출금, 저녁값, 아이의 게임비, 배우자의 휴가비 등 당신이 가족을 위해 써야 하는 돈은 땅 파서 그냥 나오는 것이 아니다. 무언가를 팔지 못하면 단 한 푼도 벌 수 없다. 이 사실을 절대 잊지 마라!

협상은 쉬운 일이 아니다. 좋은 결과를 기대하려면 협상가의 동기가 충만해야 하며 상대와 좋은 관계를 유지하는 것도 필요하다. 당신 편은 단 한 사람도 없는 상황에서 홀로 앞으로 나아가 한 명 이상의 상대와 부딪쳐야 할 수도 있다. 회사나 조직의 희망을 어깨에 짊어지고 당면한 과제에 초점을 잃지 않는 한편, 당신을 파견한 이들이 수락할 만한 조건으로 목적을 달성하게 해줄 틈바구니를 찾아내기란 여간 어려운 일이 아니다.

비판가들은 당신의 상황이나 어려움을 잘 모르며, 협상 테이블을 감도는 압박감도 알 턱이 없다. 냉정하게도 그들은 당신이 합의를 통해 얻은 수치만을 볼 뿐, 이런 결과를 얻기 위해 얼마나 많은 타협을 견뎌야 했는지에는 관심이 없다. 비판이야 쉽겠지만, 그들이 더 나은 협상 결과를 얻어내긴 어려울 것이다.

가까운 곳에 가든 나라 끝에서 끝까지 이동하든, 촉박한 일정에 맞춰 출장길에 나서는 건 그다지 달가운 일이 아니다. 이번이 벌써 열 번째 하와이 출장이라면, 해외여행의 흥분마저 느끼지 못할 것이다. 하지만 장거리 여행을 하는 협상가들이 전부 피곤하고 지루한 기색만 보이는 것은 아니다. 나는 히스로 공항 라운지에서 생기가 가득한 표정의 한 젊은이와 대화를 나눴다. 그녀는 명품 의류 기업의 국제 대표로서 5일 동안 유럽 각국의 수도들을 순회 방문할 예정이었고, 새로운 임무를 맡게 되어 흥분을 주체할 수 없는 모습이었다. 같은 감정을 느낄 수는 없었지만 나는 그녀의 열정에 탄복했다. 그날 나는 스웨덴 해운회사인 내 고객사를 방문하러 예테보리에 갔다가, 장장 16시간 동안 고객을 상대하느라 특히 고된 일정을 마치고 돌아오는 길이었다. 일요일 하루를 빼서 그곳의 아름다운 자연경관을 감상할 새도 없었다.

다음에 호텔 로비나 공항, 기차역 같은 곳에 갈 기회가 있다면(여행

중에는 이런 곳에 한동안 앉아 있어야 하는 일이 꼭 생길 것이다) 주위를 한번 둘러 봐라. 초행길에 오른 사람들은 표를 확인하고 또 확인하며 긴장한 모습을 그대로 드러내지만, 여행이 익숙한 사람들은 꾸벅꾸벅 졸면서 한껏 여유를 부린다. 그러면서도 출발이나 지연 안내 방송만은 결코 놓치지 않는다. 얼굴에는 세월의 흔적이 역력한데, 주름살은 풍부한 경험을 상징한다. 그들의 가방은 조금은 낡았을지언정 언제 어떤 상황을 만나도 유용하게 쓰일 자료들이 담겨 있을 것이다.

어느 회사의 로비를 가든 구매자를 기다리는 판매자의 모습을 볼 수 있다. 또 어느 공항에 가든 수도 없이 많은 협상가가 이륙과 착륙을 반복한다. 그들은 회사의 희망과 미래를 짊어진 채 또 다른 비행을 기다리고 있을 것이다. 이 사람들이 협상을 어떻게 하느냐에 따라 자신을 비롯한 동료들에게 일거리가 보장될지 아니면 사라질지가 결정된다.

사실 현대의 협상가들은 이름 없는 영웅들이다. 비즈니스 부문만이 아니라 자원봉사 단체 소속 협상가들도 같은 칭송을 받을 자격이 있다. 그들이 협상을 통해 재원을 마련하지 못하면 어려운 처지의 사람들을 도울 길이 없다. 나는 봉사 단체에 소속된 강인한 협상가들을 많이 만났다. 아마 비즈니스 분야의 협상가들은 그들의 당찬 모습을 보면 스스로가 부끄러워질지도 모른다. 그들은 의뢰인의 요구 사항을 구체적으로 전달하면서 내숭을 떨지도 않고, 절대 상대의 첫 제안을 곧바로 받아들이지 않는다. 안타깝지만 정반대 성향의 협상가들도 존재하기에, 이미 힘든 처지에 있는 사람들은 자신을 도와주기로 한 사람들에게서 또 한 번의 좌절을 경험해야 하는 경우도 있다.

현대 사회의 풍요를 누리지 못하고 소외되는 이들의 숫자가 늘면서 자원봉사 단체나 재단의 수도 급격히 증가하고 있다. 후원자나 간사들은 기금 단체와 의뢰인들을 상대하며 다양한 양방향 협상 임무를 수행해야 한다. 그들이 거래를 성사시키지 못하거나 더 좋은 조건을 얻어내지 못하면 도움을 받는 사람들은 물질적·감정적으로 그 차이를 느낄 것이다. 이는 비즈니스 영역에서도 마찬가지다.

세계 무역이 성장하면서 외부로 진출하여 사업을 따내야 하는 협상가들의 책임도 더욱 막중해졌다. 사기꾼들의 주장이 어떻든 누구도 당신을 제 발로 찾아오지는 않기 때문이다. 당신은 직접 세상으로 나가, 다양한 환경에서 부단히 노력하면서 최종 고객들에게 물품과 서비스를 흘려보낼 수 있는 비즈니스를 찾아내고 수익을 창출해야 한다.

매년 새로운 얼굴들이 합류하여 자신의 사업을 확장하거나 유지하려고 노력한다. 슬프지만 그 과정에서 실패하는 이들도 많이 있다. 아마 기본을 잊어버렸거나 애초에 제대로 배우지 못한 사람들일 것이다. 탄탄한 기본기란 결코 쉽게 얻을 수 있는 것이 아니기에 이를 익힌 사람들은 물질적 보상과 기쁨을 누릴 자격이 충분하다.

세상에는 성격과 기질이 다른 각양각색의 협상가가 존재한다. 대화와 사람 사귀기를 즐기는 이들도 있고, 만남에서 뒷걸음질 쳐서 고독과 명상을 찾아가는 사람들도 있다. 협상가들 사이에는 동지애가 존재한다. 그들은 서로 만나 자신의 활약을 자랑하거나, 일에서 느끼는 자부심에 대해 이야기하거나, 거래를 앞두고 느끼는 긴장감을 공유하기도 한다. 어떤 사람들은(사실 다들 한 번쯤은 그랬을 것이다) 자신이 한 협상 이야기를 시시콜콜 늘어놓기도 한다.

지금 일하고 있는 협상가들을 잘 관찰하고 따라 해봐라. 가능하다면 개선점을 찾아보는 것도 좋다. 원하는 거래를 무조건 따내게 해주거나 피해야 할 거래를 알아서 판별해주는 마술 지팡이는 없다. 앞으로 당신은 두 종류의 경험을 모두 풍부하게 해볼 수 있을 것이다. 협상가들은 전부 동일한 과정을 밟는다.

중압감 속에 협상을 해나가면서 상대의 모든 답변을 기억하고 그중 무엇에 반응해야 할지 신중하게 고르는 일은 결코 쉽지 않다. 그래서 우리는 상대에게 굴복하거나 어리석은 말을 하기도 한다. 엉망진창으로 진행된 협상이 끝난 후 당시에 어떤 말을 했더라면 좋았을지 되돌아보노라면, 놀랍게도 그때 했던 어설픈 말 대신에 통쾌하고 재치 있는 응답이나 설득력 있는 멘트가 별 어려움 없이 떠오를 것이다. 그러니 일이 닥치기 전에 대답할 말을 미리 준비해두는 것이 좋다.

지역 자선단체에서 사무용품을 구입하며 가격을 깎으려고 할 때 판매자들은 다음과 같이 흔히 하는 평계를 대며 할인을 거절할 수 있다.

"당신에게 할인을 해주느니 거리에 있는 가난한 사람들에게 돈을 나눠주는 편이 낫지 않겠어요?"

"당신에게 깎아주면 다른 손님들한테도 전부 할인을 해줘야 하는 걸요."

그래도 할인을 요구한다면 어떻게 대답하겠는가? 이렇게 답해보는 것은 어떨까?

"가난한 사람들에게 기부하지 말라는 뜻은 아닙니다. 단지 저희에게도 도움을 주십사 부탁하는 것뿐이죠."

규모가 작은 중고용품 거래에서든 더 큰 예산이 드는 중대한 거래에서든, 이런 광경은 언제나 볼 수 있다.

5대 해저케이블 기업 중 한 곳의 CEO가 내게 사내 최우수 팀을 대상으로 짧은 세미나를 진행해달라고 요청했다. 그는 한 달 전 난처한 상황에 휘말렸던 자신의 경험을 계기로, 회사 직원들이 구매자들의 압박 속에서도 빠르게 사고하는 법을 배우길 바랐다. 이 CEO는 상대측 고문 엔지니어와 협상하면서 1,350억 원 규모의 케이블 설치 계약 건을 마무리 짓는 중이었다. 그런데 다른 모든 사안에 합의가 끝난 상황에서 상대방이 돌연 100억 원을 깎아주지 않으면 제의를 받아들이지 않겠다고 이야기했다는 것이다.

"그의 갑작스러운 요구에 말문이 막히더군요. 우리 쪽에서 가격을 낮춰줘도 이윤을 남기기에는 충분했던지라 난 순순히 동의하고 계약서를 쓰고 말았어요." 그는 두 번 다시 그런 상황에 휘말리고 싶지 않다고 덧붙였다.

나는 CEO의 팀과 미팅을 하고 나서 그의 진짜 문제는 100억 원을 깎아준 것이 아니라는 점을 확실히 알 수 있었다(이 계약은 여전히 이윤을 내고 있었다). 더 큰 문제는 회사에 일거리가 없을 경우 가동을 멈춘 공장에 들어가는 비용이 한 달에 100억 원에 달하며, 5대 케이블 기업이 연간 수주할 수 있는 계약 건수가 다섯 개 미만이라는 점이었다.

CEO가 사전에 이 문제를 어떻게 해결할 것인지 고심하고 협상에 들어갔다면, 100억 원을 깎아달라는 갑작스러운 요구에 허를 찔려 당황하지 않았을 것이다. 상대가 막판에 어떤 요구 사항을 던지든 그는 답변을 준비해두었을 테니 말이다.

어떤 '전문가'들은 "좋은 협상가라면 에스키모인들에게도 눈을 팔수 있어야 한다"라는 주장을 펼치기도 한다. 좋은 협상가를 그토록 쉽게 가려낼 수 있다면 협상도 쉬울 것이다(실제로 눈을 팔 수 있는지 시험해보지 않고도 그런 재능 있는 사람을 찾아낼 수 있다는 가정하에 말이다). 그러지 말고 현실적으로 생각해봐라. 매출 전망은 시장 점유율에 따라 결정되며, 당신은 이 점유율을 토대로 영업 협상가들의 실적을 평가해야 한다. 당신의 시장 점유율이 20퍼센트라면, 영업 담당자들이 적어도 다섯번에 한 번씩은 실적을 올리고 있는지 확인해라. 거래 성사율이 20퍼센트에 미치지 못할 경우, 해당 담당자들이 상대측과 단둘이 있을 때 일을 어떻게 하는지 조사해서 원인을 파악해야 한다.

언젠가 나는 잉글랜드 북부에 있는 자원봉사 단체 40곳을 대상으로 1일 협상 세미나를 개최했다(이들은 정부 보조금을 두고 서로 경쟁하는 사이였다). 세미나 종료 15분 전 나는 청중에게 질문 사항이 있는지 물었고, 사람들이 빽빽이 앉은 회의실 뒤쪽에서 어떤 여성이 마지막 질문을 했다. "정부를 상대로 승산이 있으려면 대체 어떤 꼼수를 써야 하는지 알려주시겠어요?"

나는 이 질문에 큰 충격을 받았다. 그날 내내 윤리적인 협상의 필요성을 강조했건만, 완전히 시간만 낭비한 기분이었다. 세미나가 끝난 후 나는 '꼼수'를 알려달라던 여성에게 말을 걸었다. 난민 가족을 돌보는 자선단체 소속인 그녀는 자기가 속한 단체가 아동 성추행범을 변호하고 있기라도 하듯 늘 홀대를 받아왔다고 말했다. 의회에 어떤 지원을 요청하든 이 단체는 번번이 뒷전이었고, 그녀는 시간에 쫓긴 나머지 비열한 수법을 써서라도 한 푼이라도 더 보조금을 받아내고 싶은 심정이었다. 나는 그녀의 처지를 이해할 수 있었고, 조금 모순되는 것 같기는 하지만 비윤리적인 협상법까지 궁리하도록 내몰려야만 했던 그녀의 처지가 딱하게 느껴졌다. 그녀에게 필요한 건 지금까지 실패한 협상 건들을 재검토해보는 것이었다. 이 단체 사람들은 협상 테이블에서 상대의 편견 섞인 질문에 어떤 반응을 해온 걸까?

그래서 나는 아주 간단하게나마 전반적인 협상 지침을 그녀에게 알려주기로 했다. 이 지침은 협상 목적이 무엇이든 적용할 수 있으며 자신과 가족, 회사, 소속 단체나 지역 단체 등 누구를 위해 협상하든 참고할 수 있다.

- 첫째, 당신이 무언가를 원하며 상대가 무언가를 원하는 이유를 생각해봐라.

상대를 만나기 전에 양측의 서로 다른 목표가 무엇인지 머리로 분명하게 이해해야 한다. 어떤 제의를 할 때 가장 중요한 것은 당신뿐만이 아니라 상대의 관심사와도 연관 지어 내용을 설명하는 것이다. 관심사란, 당신과 상대가 협상을 통해 무언가를 얻으려고 하는 이유를 말한다.

당신은 지금 연봉 인상을 바라고 협상을 시도한다. 당신이 더 많은 연봉을 원하는 이유가 더 다양한 소비 활동을 하고 싶기 때문이라고 가정해보자. 그럼 당신의 관리자는 왜 그런 요구를 별로 반기지 않을 것 같은가? 예를 들면 회사 비용이 증가하기 때문일 수도 있고, 다른 직원들도 같은 요구를 할까 봐 그럴 수도 있을 것이다. 무엇보다도 그는 반드시 "그렇게 하면 나는 무엇을 얻을 수 있죠?"라고 물을 것이다 (19장에서 이야기한 WIIFM 질문, 기억나는가?). 순전히 당신의 바람만 이야기해서는 관리자의 흥미를 자극할 수 없다. 그러므로 관리자가 당신의 연봉을 올려줄 경우 그가 얻을 수 있는 것이 무엇인지 얘기할 수 있도록 그의 관심사를 생각해봐라. 당신이 무언가를 제의했을 때 상대가 "좋아요" 또는 "안 돼요" 또는 "글쎄요"라는 답을 하도록 동기를 부여하는 것이 바로 관심사다. 상대가 "좋아요"라고 답할 만한 이유들에 초점을 맞춰라. 상대는 당신의 제안으로 무엇을 얻을 수 있을까? 자신이 무엇을 얻을 수 있는지는 이미 너무 잘 알고 있지 않은가.

• 둘째, 특정 지점이 아닌 범위의 관점에서 생각해라.

일반적으로 '지점'이란 협상 양 당사자가 세밀하게 검토하는 특정 수치(연봉 인상률이 얼마인지, 가격이 얼마나 낮은지, 땅이 몇 평인지 등)를 뜻한다. 그렇다고 해서 당신이 무조건 한 지점(숫자)만을 원하는 것은 아니다. 상대가 쉽게 굴복할 리는 없으니, 당신이 무모하게 한 지점만을 고집하면 협상을 타결하지 못하고 교착상태에 빠질 가능성이 더 크다.

지점이란 '언제, 어디서, 누가, 무엇을, 얼마만큼 얻느냐'의 문제라고 볼 수 있다. 예컨대 어떤 사람이 배우자와 저녁에 무엇을 할지 정하면서 "007 시리즈를 보든가, 아무것도 안 하든가"라고 이야기한다면, 그건 협상이 아니라 통보를 하는 것이다. 왜 그럴까? 협상이란 사안별로 양 당사자 모두가 수락할 수 있는 공동의 해결책을 향해 특정 범위 내에 있는 여러 지점 중 한 곳으로 움직이는 과정이기 때문이다.

이는 우리가 언제나 정확한 중간 지점에서 합의한다는 의미는 아니다. 당신은 어떤 사안에서 더 큰 수치를 양보한 대가로 다른 문제에서 원하는 바를 얻을 수도 있다. 협상이란 서로 다른 사안에서 조건을 맞교환하는 것이다. 일테면 "당신이 가격을 깎아주면 더 많은 수량을 주문하겠습니다" 같은 식이다.

방금 언급한 007 사례에서 통보가 아니라 협상을 하려면 이런 식으로 제안을 해야 한다. "오늘 저녁에 무엇을 할지는 내가 정할 테니, 당신은 토요일에 뭘 할지 정하는 게 어때?"

• 셋째, 우리가 협상하는 이유는 서로 다른 대상에 가치를 두기 때문이다.

보통 우리는 한 가지 이상의 사안을 두고 협상을 진행한다. 양쪽이 특정 사안에 비슷한 가치를 두는 경우도 있지만, 각자 서로 다른 대상을 더 가치 있게 여기기도 한다. 그래서 가치 있게 여기는 문제와 그렇지 않은 문제들을 조합하여 다양한 패키지를 꾸려보면서 양측 모두가 수락할 수 있는 구성을 찾아내려고 노력한다.

만일 내가 처음에 제시한 가격을 끝까지 고집해서 받아내는 것보다 빠른 지급에 더 가치를 둔다면, 당신이 지금 당장 결제하겠다고 했을 때 더 낮은 가격을 수락할 수도 있다. 반대로 당신은 내가 원한 가격을 그대로 지급하더라도 6개월에 걸쳐 지급하는 편을 선호할 수도 있다. 이렇듯 결제 액수와 지급 시점은 맞교환이 가능한 거래 조건이다(더 빨리 결제할 경우 얼마나 깎을 수 있는가?).

맞교환 가능 여부에 따라 우리는 다양한 지급 시점에 맞는 가격을 협상을 통해 조정한다. 최소한 한쪽의 협상가가 다른 협상가보다 더 가치 있게 여기는 조건이 있다면, 그것은 협상 가능한 변수가 된다. 당신이 일상적으로 하고 있는 업무 협상에는 얼마나 많은 변수가 존재하는가?

만약 주기적으로 협상을 한다면, 그 문제와 관련된 모든 변수를 목록으로 만들어라. 식별한 변수들을 도구 삼아 난해하고 까다로운 문제들의 해결책을 찾을 수도 있고, 압박 속에서 빠른 사고를 하지 못해 상대에게 굴복하는 상황을 피하는 데에도 유용할 것이다.

• 넷째, 어떤 것도 예의 바르고 겸손한 태도를 대체할 수 없다.

세상은 당신의 삶을 책임져주지 않으며, 세상 누구에게도 당신에게 친절을 베풀 의무는 없다. 당신이 제시한 교환 조건을 상대가 얼마만큼 필요로 하는지에 따라 그에게서 무언가를 얻을 수 있느냐 아니냐가 결정될 뿐이다. 그들은 다른 곳에서 더 나은 조건에 거래할 수 있다는 생각이 들면 미련 없이 떠나버릴 것이다.

겸손하고 예의 바른 행동은 비굴한 복종과 다를뿐더러 오히려 아주 거리가 먼 축에 속한다. 공손하게 굴었다고 해서 더 불리한 거래를 맺는 경우는 없다. 그러나 무례하고 공격적인 태도로 협상했다가는 교착상태에 빠지거나, 상대가 다시는 당신과 거래하지 않겠다고 결심하게 만들 수도 있다. 다만 조건부 제안을 하거나 거래를 최종적으로 마무리 지을 때는 늘 적극적이고 단호하게 질문해야 한다(답변을 들을 때는 유심히 귀를 기울여라).

- 다섯째, 협상 상대의 비즈니스 현황, 조직 및 담당자 이력 등을 공부해라.

상대측 회사나 기관의 역사, 그들이 사용하는 기술, 마케팅 전략, 업계 경기를 확인해라. 이런 정보는 대부분 온라인에서 손쉽게 얻을 수 있다.

물론 당신이 몸담은 업계 상황도 잘 알고 있어야 한다. 넬슨의 허버드 아주머니 전략에 넘어갔던 컴퓨터 영업사원 네빌을 기억하는가? 그는 아내에게 도움을 요청하여, 그녀가 컴퓨터 설명서에 있는 내용을 불시에 질문하더라도 완벽하게 대답할 수 있을 때까지 연습하면서 회사가 출시한 모든 기종의 정보를 외웠다. 그 덕에 그는 영업 활동을 하며 자신의 상사보다 더 많은 돈을 벌어들일 수 있었다.

자신이 하는 일을 속속들이 안다는 것은 상대방이 질문을 하거나 의견을 내거나 거절했을 때 분명하고 정확한 답변을 제공할 수 있다는 의미다. 고객들이 흔히 하는 질문들, 특히 당신을 난감하게 했던 질문들을 적어보고, 효과가 있을 만한 답변들을 심사숙고해서 정리해둬라. 이것들을 실전 협상에서 계속 사용하면서 더욱 설득력이 높아지도록 다듬어라. 당신이 종사하고 있는 분야, 조직, 공동체 등을 더 잘 알수록 당신은 연습을 거쳐 더 좋은 협상가로 거듭날 것이다.

무엇보다도 당신의 기본 협상 감각을 마음속에 간직하는 것이 중요하다. 외국에 가거나 출신이 완전히 다른 사람들과 협상할 때 그들이 하는 행동에서 심오한 문화적 의미를 읽어내려고 굳이 노력하지 마라. 아마 그들도 다른 곳에 있는 협상가들과 별반 다르지 않은 의미를 전달하려 했을 것이다. 사회적으로 더 잘 받아들여지는 사람이 되는 한 가지 방법은 상대의 언어를 사용한 간단한 표현들("좋은 아침입니다", "안녕히 계세요", "부탁합니다", "고맙습니다" 등)을 익혀두는 것이다.

거래를 맺고 싶은 상대의 속도에 맞게 당신의 협상 속도를 조절해라. 너무 성급하게 추진하다 보면 일이 잘 풀리지 않을 것이며, 당신이 시간적인 압박을 받고 있다고 상대를 자극해봤자 그들이 서둘러 줄 리 만무하다.

이는 다른 나라에 가서 협상하는 경우에만 요구되는 문화적 원칙이 아니다. 국가적인 차이보다 협상을 할 때 각 개인의 속도 차이가 더 중요하다. 미국의 일부 지역에는 협상을 아주 서서히 진행시키는 사람들이 많고, 중동이나 일본에는 아주 빠른 속도로 협상하는 사람들이 있다. 속도가 느린 상대와 협상할 때는 참을성을 발휘해야 한다. 시간이 더 오래 걸리리라는 사실을 인정하고, 자신이나 상대에게 현실성 없는 일정을 강요하지 말아야 한다. 반대로 상대가 단숨에 일을 진행시키는 유형이라면, 그의 소중한 시간을 낭비하지 않도록 당신도 속도를 내야 한다.

만일 상대가 당신에게 단도직입적으로 가격을 제시해보라고 요구하면, 돌려 말하거나 부연 설명하는 일이 없이 명확한 액수를 즉시 알려줘라. 답변을 한 후에는 잠시 입을 열지 말고, 상대가 이유를 물었을 때만 설명을 해줘라.

- 여섯째, 어떤 제안을 할 때는 반드시 '만약'을 넣어서 잠정적이거나 구체적인 조건을 달아야 한다.

상대를 움직이고 싶을 때 가장 유용한 전략은 '만약'을 활용하는 것이다. 내가 먼저 움직이면 상대도 화답할 것이라고 기대해봤자 아무런 소용이 없다. 그것보다는 상대에게 "이 사안을 양보해준다면 저는 저 사안을 양보할 수 있을지 고려해보겠습니다"라고 잠정적으로 말하거나 "제가 바라는 이것을 주면, 저도 당신이 원하는 저것을 주겠습니다"라고 구체적으로 이야기하는 편이 더 효과적이다.

당신이 원하는 조건을 상대가 거절한다면, 상대도 원하는 조건을 얻을 수 없다. 그러니 이번에는 상대가 움직일 차례다. 상대가 하는 이야기를 잘 들어봐야 한다. 협상이란 움직임을 다스리는 과정이다. 당신은 상대 쪽에서도 똑같이 움직이는 단 한 가지 조건에서만 움직일 의사가 있다는 신호를 보냄으로써 상대를 설득해야 한다.

- 일곱째, 당신은 자신에게 불리한 거래에 대해 싫다고 말할 선택권(의무가 아님)이 있음을 기억하고, 필요시 이 권리를 행사할 수 있어야 한다.

익숙한 곳이 됐든 외국이 됐든 당신이 어딘가에서 협상할 때는 마음이 편한 방식을 택해야 한다. 불편한 마음이 들기 시작한다면, 양심에 손을 얹고 지금 내가 한 행동이 몇 달이나 몇 년 후 또는 당장 내일 신문 기사로 실렸을 때 어떻게 보일 것인지 자문해봐라. 상대가 서명을 해달라며 계약서를 내밀거나, 어떤 조건에 동의해달라고 하거나, 어떤 비즈니스 윤리를 잊어달라고 하는 등 의구심을 자아내는 상황이 발생할 때마다 이런 자문의 시간을 가져야 한다.

당신이 서명하지 말아야 할 것에 서명을 했다면 약속을 이행하는 수밖에 없다. 이는 계약 행위에 존재하는 단 한 가지 진정한 법칙으로, 이 점을 확실히 이해하고 명심해야 한다. 어떤 거래를 따내려고 오랫동안 애써왔더라도, 들여온 노력 때문에 거래에 사사로운 정을 붙여서는 안 된다. 지금까지 투자한 시간, 에너지, 자존심은 결코 돌려받을 수 없다. 이미 지나간 일에 미련을 버리지 못해 계약서에 서명하는 일은 절대 없어야 한다.

사장과 윤리적인 협상

컨설팅 업무를 시작한 지 얼마 안 됐을 무렵, 나는 런던 남동부에 있는 작은 강화콘크리트 회사로부터 컨설팅 의뢰를 받았다. 잘 해내고 싶다는 마음과 긴장 속에 회사 사장을 만나러 갔다. 사장은 어떤 건설 현장에 강화콘크리트 바를 납품하고 5주가 지났지만 대금을 받지 못했다고 설명했다. 또한 그는 배달 인수증에 '하자 발생 시 3주 이내로 공급 업체에 내용을 고지해야 하며, 그렇지 않을 경우 판매 완료로 간주됨'이라는 내용이 명시되어 있다는 사실도 알려줬다.

"당신의 역할은 그들에게서 돈을 받아내는 겁니다." 사장이 이야기했다.

"건축업자는 왜 돈을 지급하지 않은 거죠?" 내가 물었다.

"배달 인수증에는 하자가 있으면 3주 이내에 보고해야 하며, 그 기간이 지나면 대금을 지급해야 한다고 적혀 있어요. 그가 3주 동안 아무런 이야기를 하지 않았으니, 콘크리트 바에 무슨 문제가 있든 돈은 내야 하는 거죠." 사장은 당연하다는 듯이 말했다.

"그럼 콘크리트 바에 하자가 있었던 건가요?"

"그럴지도 모르죠. 어찌 됐건 건축업자는 3주 안에 우리에게 그 내용을 알리지 않았으니 돈을 내야만 해요!"

"하자 있는 제품을 새로 교체해주면 되지 않을까요?"

사장이 목소리를 높였다. "하자 있는 제품을 전부 교체해주면

난 망해버릴 거요!"

"그렇다면 사장님께서 하자 문제를 해결하지 않는 한, 저는 도움을 드릴 수 없습니다."

"뭐라고요? 협상가라는 사람이 내 돈을 떼먹으려 하는 도둑 하나도 설득하지 못한단 말이요?" 사장이 소리쳤다.

"제 수수료는 어쩌실 작정입니까?" 내가 대담하게 물었다.

"!@#$#^&*!" 그가 횡설수설하며 소리를 질렀다.

이 일로 나는 협상가들이 때때로 끔찍한 윤리 감각을 지닌 사람들을 맞닥뜨릴 수도 있다는 사실을 배웠다. 그들은 자신의 모습이 얼마나 우스꽝스럽게 보이는지 꿈에도 모를 것이다.

• 여덟째, 거래에서 만나는 모든 사람을 최대한 존중해라.

지금 협상이 어떻게 흘러가고 있으며 당신이 상대를 어떻게 생각하든 이 원칙은 변함이 없어야 한다(15장에서 소개한 보스니아의 장교를 기억해라). 또한 이 원칙은 당신 편에 있는 이들에게도 동일하게 적용해야 한다(당신에게 붙었다 상대에게 붙었다 하는 느낌이 드는 사람들까지도 말이다). 사람들이 협상에서 한 개인으로서 존중받을 기회는 아주 드물다. 이 이유 하나만으로도 상대를 존중하며 협상할 만한 가치는 충분하다.

어떤 문화가 아무리 낯설고 새롭게 느껴지며 당신과 거래하는 사람들의 사회 예절이 아무리 복잡할지라도, 상대를 한 인간으로서 존중하고 있다는 증거를 지속적으로 보여주려고 노력해라. 그러면 당신이 현지 규범을 잘 모르거나 잊어버려서 하는 실수도 분명 용인될 것이다. 이 원칙에서 제외되는 민족이나 나라는 없다. 사람들은 누구나 자신을 존중하지 않는 사람보다 존중해주는 사람에게 더 따뜻하게 반응한다.

- 아홉째, 협상을 통해 합의한 계약 약관을 지킬 수 있도록 최선, 아니 그 이상의 노력을 기울여라.

당신이 맺는 모든 거래는 개인적인 약속과 마찬가지다. 계약서에 서명했다고 당신의 역할이 끝나는 것이 아니라 계약이 지속되는 한 맡은 책임을 다해야 한다. 거래를 맺은 후에는 상대방에게 전화를 하거나 기회가 있을 때 잠깐 들러, 합의한 사안이 제대로 이행되고 있으며 상대도 결과에 만족하고 있는지 꼭 확인해야 한다. 다르게 표현하자면, 서명하고 나서 돈만 움켜쥐고 도망치지 말아야 한다는 얘기다. 철저한 후속 조치를 통해 다른 문제는 없는지 확인해라. 자존심 때문에라도 이런 조치는 필수적으로 수행해야 한다.

협상가 개인끼리 우호 관계를 오래 유지하면 당사자뿐만 아니라 회사, 단체, 지역 사회에까지 장기적인 관계가 이어지기도 한다. 바로 이런 관계를 통해 거래 파트너들이 상생하고 번영할 수 있는 기틀이 마련된다.

- 열째, 모든 합의가 끝나고 나서 난처한 상황에 갇혔을 때는 '모

든 건 협상(그리고 재협상)이 가능하다'라는 원칙에 따라 행동해야 한다.

당신이 지금까지 얘기한 십계명을 잘 지킨다면 끊임없이 압박을 받는 가장 암울하고 험악한 상황에서도 기회를 찾아낼 수 있을 것이다. 또한 이 원칙은 당신에게 호의적이고 압박이 거의 없는 유리한 상황에서도 동일하게 보상을 안겨줄 것이다. 변화를 만들어내는 방법 중에 협상만큼 만족스러운 수단이 또 있을까?

우리는 신의를 바탕으로 협상한다.

협상 가능

초판 1쇄 발행 2021년 7월 20일 **초판 5쇄 발행** 2024년 11월 13일

지은이 개빈 케네디
옮긴이 박단비
펴낸이 최순영

출판2 본부장 박태근
경제경영 팀장 류혜정
편집 임경은
디자인 신나은

펴낸곳 ㈜위즈덤하우스 **출판등록** 2000년 5월 23일 제13-1071호
주소 서울특별시 마포구 양화로 19 합정오피스빌딩 17층
전화 02) 2179-5600 **홈페이지** www.wisdomhouse.co.kr

ISBN 979-11-91766-43-1 03320